Kooperation von Sozialverwaltung und Organisationen des Dritten Sektors

# Europäische Hochschulschriften

Publications Universitaires Européennes
European University Studies

**Reihe II**
**Rechtswissenschaft**

Série II Series II
Droit
Law

**Bd./Vol. 4541**

PETER LANG
Frankfurt am Main · Berlin · Bern · Bruxelles · New York · Oxford · Wien

Petra Follmar-Otto

# Kooperation von Sozialverwaltung und Organisationen des Dritten Sektors

## Verantwortungsteilung zwischen Staat und Gesellschaft am Beispiel der ambulanten sozialen Arbeit in Berlin und Hamburg

PETER LANG
Europäischer Verlag der Wissenschaften

**Bibliografische Information der Deutschen Nationalbibliothek**
Die Deutsche Nationalbibliothek verzeichnet diese Publikation in der Deutschen Nationalbibliografie; detaillierte bibliografische Daten sind im Internet über <http://www.d-nb.de> abrufbar.

Zugl.: Hamburg, Univ., Diss., 2006

D 18
ISSN 0531-7312
ISBN 978-3-631-56281-9



www.peterlang.de

# Danksagung


Diese Arbeit lag der Universität Hamburg im Wintersemester 2005/2006 als Dissertation vor.

Nach weit längerer Bearbeitungszeit als vorgesehen – unterbrochen durch die Geburt meines Sohnes Pablo und meine Arbeitsaufnahme beim Deutschen Institut für Menschenrechte – bin ich nun sehr froh über den erfolgreichen Abschluss der Arbeit und möchte all denjenigen danken, die mich über die Jahre unterstützt und ermuntert haben.

Mein besonderer Dank gilt meinem Doktorvater, Professor Dr. Hoffmann-Riem, für seine freundliche Betreuung, seine stete Gesprächsbereitschaft, seine hilfreichen Anregungen und Kommentare und nicht zuletzt für seine Geduld. Seine ebenso freundlichen wie beharrlichen Nachfragen zum Stand der Arbeit haben erheblichen Anteil an ihrem Gelingen. Herzlich möchte ich auch der Zweitgutachterin, Frau Professor Dr. Felix, für die rasche Erstellung ihres Gutachtens danken.

Neben eigenen praktischen Erfahrungen in der Arbeit von Nichtregierungsorganisationen waren für die Untersuchung vor allem die Gespräche mit Experten und Expertinnen aus Sozialverwaltung und Verbänden und Organisationen eine wichtige Grundlage. Ihnen allen möchte ich für ihre Gesprächsbereitschaft und die Einblicke in die Praxis, die sie mir gewährten, danken. Beim Forschungsnetzwerk der NPO-Forscher im deutschsprachigen Raum bedanke ich mich für die Einladung an das Colloquium 2002 in Linz, wo ich einige Ausschnitte meiner Forschungsergebnisse präsentieren durfte.

Die Studienstiftung des Deutschen Volkes hat es mir mit der Gewährung eines Promotionsstipendiums ermöglicht, mich auf die Arbeit zu konzentrieren. Auch meinen Eltern möchte ich für ihre Unterstützung danken.

Viele Menschen in meinem beruflichen, persönlichen und familiären Umfeld haben mich begleitet – für Kritik und Anregungen, Aufmunterung und Anstöße, heißen Tee und gute Worte danke ich Euch: Cäcilia und Manfred Follmar, Dirk Otto, Yvonne Vockerodt, Kerstin Schultheiß, Martin Eifert, Hendrik Cremer, Jenny Wesche, Ulrike Mentz und Claudia Lohrenscheit und meinen anderen Kollegen/innen vom Menschenrechtsinstitut. Zu guter Letzt: Danke an Dirk und Pablo, die mich während der ganzen Zeit ausgehalten haben.

Berlin, Dezember 2006
Petra Follmar-Otto

# Inhalt

# Abkürzungsverzeichnis

| | |
|---|---|
| a.A. | andere Ansicht |
| a.F. | alte Fassung |
| AbgH-Drs. | Drucksache des Berliner Abgeordnetenhauses |
| ABl. | Amtsblatt |
| Abs. | Absatz |
| AO | Abgabenordnung 1977 |
| AöR | Archiv des öffentlichen Rechts |
| Art. | Artikel |
| AV | Ausführungsvorschrift |
| BAGS | Behörde für Arbeit, Gesundheit und Soziales (Hamburg) |
| BB | Der Betriebsberater (Zeitschrift) |
| Bd. | Band |
| BerlLHO | Berliner Landeshaushaltsordnung |
| BerlVerfGH | Berliner Verfassungsgerichtshof |
| BFH | Bundesfinanzhof |
| BGB | Bürgerliches Gesetzbuch |
| BGBl. | Bundesgesetzblatt |
| BGH | Bundesgerichtshof |
| BHO | Bundeshaushaltsordnung |
| BldW | Blätter der Wohlfahrtspflege |
| BMF | Bundesministerium der Finanzen |
| BMFSFJ | Bundesministerium für Familie, Senioren, Frauen und Jugend |
| BMI | Bundesministerium des Innern |
| BR-Drs. | Bundesratsdrucksache |
| BSHG | Bundessozialhilfegesetz |
| BT-Drs. | Bundestagsdrucksache |
| Bürgerschafts-Drs. | Drucksache der Hamburgischen Bürgerschaft |
| BVerfG | Bundesverfassungsgericht |
| BVerfGE | Entscheidungssammlung des Bundesverfassungsgerichtes |
| BVerwG | Bundesverwaltungsgericht |
| BVerwGE | Entscheidungssammlung des Bundesverwaltungsgerichtes |
| bzw. | beziehungsweise |
| ders. | derselbe |
| DÖV | Die öffentliche Verwaltung (Zeitschrift) |
| DuD | Datenschutz und Datensicherheit (Zeitschrift) |
| DV | Die Verwaltung (Zeitschrift) |
| DV | Dienstvorschrift |
| DVBl. | Deutsches Verwaltungsblatt |
| e.G. | eingetragene Genossenschaft |
| e.V. | eingetragener Verein |
| ebd. | ebenda |

| | |
|---|---|
| EStDV | Einkommensteuer-Durchführungsverordnung |
| EStG | Einkommensteuergesetz |
| EuGH | Europäischer Gerichtshof |
| FamRZ | Zeitschrift für das gesamte Familienrecht |
| FHH | Freie und Hansestadt Hamburg |
| FS | Festschrift |
| gem. | gemäß |
| GG | Grundgesetz |
| gGmbH | gemeinnützige Gesellschaft mit beschränkter Haftung |
| GmbHR | GmbH-Rundschau |
| GmbH-StB | Der GmbH-Steuerberater |
| GS | Gedächtnisschrift |
| GWB | Gesetz gegen Wettbewerbsbeschränkungen |
| HambLHO | Hamburgische Landeshaushaltsordnung |
| HGrG | Haushaltsgrundsätzegesetz |
| h.M. | herrschende Meinung |
| Hrsg. | Herausgeber |
| i.S.v. | im Sinne von |
| i.V.m. | in Verbindung mit |
| JA | Juristische Arbeitsblätter |
| JbStVerwW | Jahrbuch für Staats- und Verwaltungswissenschaft |
| JR | Juristische Rundschau |
| Jura | Juristische Ausbildung (Zeitschrift) |
| JuS | Juristische Schulung (Zeitschrift) |
| JZ | Juristische Zeitung |
| KGSt | Kommunale Gemeinschaftsstelle für Verwaltungsvereinfachung |
| KJ | Kritische Justiz (Zeitschrift) |
| Kölner Zeitschrft | Kölner Zeitschrift für Soziologie und Sozialpsychologie |
| KritV | Kritische Vierteljahresschrift für Gesetzgebung und Rechtsprechung |
| KStG | Körperschaftsteuergesetz |
| LHO | Landeshaushaltsordnung |
| LIGA | LIGA der Spitzenverbände der freien Wohlfahrtspflege, LV Berlin |
| LV | Landesverband |
| m.w.N. | mit weiteren Nachweisen |
| n.F. | neue Fassung |
| NDV | Nachrichtendienst des deutschen Vereins für öffentliche und private Fürsorge |
| NGO | Non-Governmental Organisation |
| NJW | Neue Juristische Wochenschrift |
| NPO | Non-Profit-Organisation |
| NVwZ | Neue Zeitschrift für Verwaltungsrecht |
| NWVBL | Nordrhein-Westfälische Verwaltungsblätter |

| | |
|---|---|
| OVG | Oberverwaltungsgericht |
| PAR | Public Administration Review |
| PolZg | Aus Politik und Zeitgeschichte; Beilage zur Wochenzeitung Das Parlament |
| PVS | Politische Vierteljahresschrift |
| Rn. | Randnummer |
| Rs. | Rechtssache |
| Rz. | Randziffer |
| RPfleger | Der Deutsche Rechtspfleger (Zeitschrift) |
| RsDE | Beiträge zum Recht der sozialen Dienste und Einrichtungen (Zeitschrift) |
| s. | siehe |
| SDSRV | Schriftenreihe des Deutschen Sozialrechtsverbandes |
| SGB | Sozialgesetzbuch |
| TuP | Theorie und Praxis der sozialen Arbeit (Zeitschrift) |
| u.a. | und andere |
| UR | Umsatzsteuer-Rundschau |
| UStG | Umsatzsteuergesetz |
| UWG | Gesetz gegen den unlauteren Wettbewerb |
| v. | vom |
| VerfGH | Verfassungsgerichtshof |
| VerwArch | Verwaltungsarchiv |
| VG | Verwaltungsgericht |
| vgl. | vergleiche |
| VGH | Verwaltungsgerichtshof |
| VSSR | Vierteljahresschrift für Sozialrecht |
| VV | Verwaltungsvorschriften |
| VVDStRL | Veröffentlichungen der Vereinigung der Deutschen Staatsrechtslehrer |
| VwGO | Verwaltungsgerichtsordnung |
| VwVfG | Verwaltungsverfahrensgesetz |
| WRV | Weimarer Reichsverfassung |
| z.B. | zum Beispiel |
| ZfgG | Zeitschrift für das gesamte Genossenschaftswesen |
| ZfJ | Zeitschrift für Jugendhilfe |
| ZFSH/SGB | Sozialrecht in Deutschland und Europa (Zeitschrift) |
| ZögU | Zeitschrift für öffentliche und gemeinwirtschaftliche Unternehmen |
| ZRP | Zeitschrift für Rechtspolitik |
| ZSR | Zeitschrift für Sozialreform |

# Einleitung

In der Staats- und Verwaltungswissenschaft beherrschen seit Anfang der 1990er Jahre die Schlagwörter vom kooperativen Staat, dem Wandel vom Erfüllungs- zum Gewährleistungsstaat und der Verantwortungsteilung zwischen Staat und Gesellschaft die Debatte. Hinter diesen Begriffen steht die Erkenntnis der gewandelten Staatsfunktionen und der zunehmenden Arbeitsteilung zwischen Staat und Gesellschaft, aber auch der Verwischung der Grenzen zwischen diesen Sektoren.

In diesem Zusammenhang ist neben der Arbeitsteilung zwischen staatlichen Akteuren und solchen des Marktes, wie etwa im Umweltrecht, auch die Kooperation öffentlicher Träger mit Organisationen des so genannten Dritten Sektors, des gesellschaftlichen Bereichs organisierter Individuen zwischen Markt und Staat in den Blickpunkt des Interesses gerückt.

Ein Bereich einer „hergebrachten und durch Jahrzehnte bewährten Zusammenarbeit"[1] von Staat und Organisationen des Dritten Sektors ist der deutsche Sozialsektor. Dort erbringen freie gesellschaftliche Organisationen – zumeist mit dem steuerrechtlichen Status der Gemeinnützigkeit und überwiegend mit zumindest anteilig öffentlicher Finanzierung – soziale Leistungen gegenüber Individuen. Diese Leistungen erfüllen individuelle Sozialleistungsansprüche von Bürgern und Bürgerinnen gegen den Staat oder ergänzen staatliche Leistungen durch adressatennahe, präventive und autonom gestaltete Angebote. Damit nehmen Staat und gesellschaftliche Organisationen ihre „kooperative Sozialverantwortung"[2] wahr und füllen und entwickeln den grundgesetzlichen Begriff des Sozialstaates in Art. 20 Abs. 1 GG.

Der deutsche Sozialsektor weist einen hohen Grad gesellschaftlich-staatlicher Verflechtungen auf. Organisationen des Dritten Sektors sind nicht nur in die Politikimplementation, die Erfüllung sozialstaatlicher Aufgaben, sondern auch in die Politikformulierung, die staatliche Planungs- und Entscheidungsverantwortung, eingebunden. Es sind Strukturen kooperativer Regulierung entstanden. Die ‚hergebrachte Zusammenarbeit' sieht sich jedoch im Zuge der Reformen des öffentlichen Sektors durch das New Public Management, durch den Einspardruck der öffentlichen Haushalte, die Qualitätsdebatte in der sozialen Arbeit und die gesetzgeberischen Reformen des Sozialleistungserbringungsrechtes seit gut zehn Jahren erheblichen Veränderungen ausgesetzt.

Die vorliegende Arbeit betrachtet Kooperationsverhältnisse zwischen Organisationen des Dritten Sektors und Trägern der öffentlichen Verwaltung im Feld ambulanter sozialer Arbeit als Anwendungsfälle der Verantwortungsteilung zwischen Staat und Gesellschaft. Anhand zweier Praxisbeispiele werden die Kooperationen als Rechts- und Steuerungsverhältnisse analysiert und bewertet. Als erstes Beispiel wur-

---

1 BVerfGE 22, 180, 200 (Subsidiaritätsurteil).

2 Geis, Selbsthilfe, 60.

de die Mediatisierung der Zuwendungsvergabe und -verwaltung durch Beleihungen der Wohlfahrtsverbände in Berlin seit Mitte der 1990er Jahre ausgewählt. Das zweite Beispiel beschäftigt sich mit den Neuerungen in der Zuwendungsfinanzierung ambulanter sozialer Leistungen im Fachbereich Soziales[3] in Hamburg seit Ende der 1990er Jahre. In beiden Fällen wurden hergebrachte staatlich-gesellschaftliche Kooperationsformen durch die Umstellung der Steuerung im Zuge des New Public Management verändert, und die Verwaltungsorganisation durch die Kooperation mit gesellschaftlichen Akteuren pluralisiert.

Die Untersuchung der Praxisbeispiele geht den Fragen nach, wie die Verantwortungsteilung zwischen Sozialverwaltung und Organisationen des Dritten Sektors tatsächlich und rechtlich ausgestaltet ist, ob und wie das rechtlich geforderte Maß staatlicher Rahmensteuerung der Kooperation gesichert wird und ob das Ziel erreicht wird, durch die Kooperation spezifische Kenntnisse und Fähigkeiten der gesellschaftlichen Akteure nachhaltig zu nutzen. Der rechtliche Bewertungsrahmen wird dabei durch die Grundrechtsbindung, das Demokratie- und das Rechtsstaatsprinzip, sowie durch sozialrechtliche Verpflichtungen und Leitbilder abgesteckt. Zwei zentrale Problemstellungen sind dabei einerseits die hinreichende demokratische Legitimation der arbeits- und verantwortungsteiligen Strukturen und andererseits die Frage, wie die Interessen der Leistungsadressatinnen und -adressaten angesichts der Grundrechtssensibilität der erbrachten Leistungen in der Sphäre individueller Selbstgestaltung und ihrer rechtlich und prozedural gering abgesicherten Stellung gegenüber den Kooperationsstrukturen abgesichert werden.

Die Arbeit stellt der Betrachtung der Praxisbeispiele einen allgemeinen Teil (Erster Teil) voran, in welchem die spezifischen Strukturen, Handlungsrationalitäten und Funktionen der Organisationen des Dritten Sektors und die Rahmenbedingungen und Spannungslagen einer staatlichen Kooperation mit diesen herausgearbeitet werden. Er dient der Entwicklung von Fragestellungen für die Betrachtung der Praxisbeispiele (Zweiter und Dritter Teil). Dabei wird an sozial-, wirtschafts- und verwaltungswissenschaftliche Erkenntnisse angeknüpft, die notwendiges Steuerungswissen für die Beurteilung konkreter Kooperationsverhältnisse darstellen.

Nach einführenden Begriffsklärungen umreißt Kapitel 1 das Untersuchungsfeld der staatlich-gesellschaftlichen Kooperationen in der ambulanten sozialen Arbeit, welches in Kapitel 2 juristisch eingeordnet wird. Kapitel 3 fasst die Erkenntnisse der Dritte-Sektor-Forschung zu der Entstehung und Entwicklung dritter Sektoren und den Spezifika ihrer Organisationen zusammen und liefert damit Kenntnisse über die Akteure und die Rahmenbedingungen der Kooperation zwischen Staat und Drittem Sektor. Da den institutionellen Entwicklungslinien wesentliche Bedeutung

3 Bis 2001 gehörte der untersuchte Bereich zur Zuständigkeit der Behörde für Arbeit, Gesundheit und Soziales (BAGS). Nach dem Regierungswechsel in Hamburg 2001 wurden im Rahmen der Umstrukturierung der Fachbehörden deren Zuständigkeiten auf die Behörden für Soziales und Familie, für Umwelt und Gesundheit und für Wirtschaft und Arbeit verteilt. Nach dem Regierungswechsel 2004 ging die Zuständigkeit für Gesundheit auf die Behörde für Wissenschaft und Gesundheit über.

für die Ausprägungen, Fähigkeiten und Pathologien des jeweiligen Dritten Sektors zukommt, widmet sich Kapitel 4 widmet sich daher der historischen Entwicklung des deutschen Dritten Sektors; der Schwerpunkt liegt dabei auf denjenigen Organisationen, die im Bereich sozialer Leistungen tätig sind. Im Anschluss ordnet Kapitel 5 den derzeit gängigen Ruf nach einer Stärkung des Dritten Sektors und seiner Einbeziehung in die staatliche Aufgabenerfüllung in die neuere Debatte über das Verhältnis von Staat und Gesellschaft ein. Als wesentliche Pfade dieser Debatte werden die Staatsaufgaben- und Steuerungsdiskussion, kommunitaristische und zivilgesellschaftliche Ansätze und finanzwirtschaftliche Privatisierungstendenzen beleuchtet. Kapitel 6 betrachtet die Auswirkungen des New Public Management auf die Kooperationsverhältnisse zwischen Sozialverwaltung und Organisationen des Dritten Sektors. Kapitel 7 fasst die sozial-, wirtschafts- und verwaltungswissenschaftlichen Erkenntnisse des ersten Teils als Steuerungswissen für die Beurteilung der Kooperationsverhältnisse in den Praxisbeispielen zusammen.

Der Zweite und der Dritte Teil der Arbeit widmen sich konkreten Kooperationsverhältnissen zwischen Organisationen des Dritten Sektors und Trägern öffentlicher Verwaltung im Feld ambulanter sozialer Arbeit in Berlin und Hamburg. In Berlin wird die Mediatisierung der Zuwendungsvergabe und -verwaltung durch komplexe Beleihungsverträge mit Wohlfahrtsverbänden untersucht. Anhand des so genannten LIGA-Vertrages werden exemplarisch Entwicklung und Inhalt solcher Verträge dargestellt. Der LIGA-Vertrag wird rechtlich bewertet und seine Wirkungen auf die Steuerungs- und Kooperationsverhältnisse zwischen Sozialverwaltung und Organisationen des Dritten Sektors werden analysiert.

Der Dritte Teil der Arbeit beschäftigt sich mit den rechtlichen und praktischen Neuerungen in der Zuwendungsfinanzierung freigemeinnütziger Träger für ambulante Leistungen im Fachbereich Soziales in Hamburg. Dargestellt werden die Veränderungen von Zuwendungsrecht und -praxis unter dem Einfluss des New Public Management, insbesondere die Umstellung auf Outputsteuerung, die Einführung von Wettbewerbselementen und der Einsatz kooperativer Rahmenvereinbarungen. Sie werden rechtlich hinsichtlich der Sicherung der staatlichen Rahmensetzung bewertet und ihre Auswirkungen auf die Steuerung des Dritten Sektors und die bestehenden Kooperationsstrukturen erörtert.

Der Schlussteil fasst die Ergebnisse aus der Analyse der Praxisbeispiele zusammen und leistet den Rückbezug auf die Erkenntnisse des ersten Teils. Insbesondere wird reflektiert, inwieweit die in eine Kooperation des Staates mit dem Dritten Sektor gesetzten Erwartungen in den Praxisbeispielen erfüllt werden.

# Erster Teil: Rahmenbedingungen der Kooperation von Sozialverwaltung und Drittem Sektor

## Kapitel 1: Einführung in die Themenstellung

### I. Dritter Sektor, Nonprofit-Organisation, Non-Governmental Organisation – Einführung in Begriffe, Abgrenzung, Definition und Funktionen

#### A. Begriffsklärungen

Die gesellschaftlichen Partner der Kooperationsbeziehungen im Sozialsektor werden in der vorliegenden Untersuchung als Organisationen des Dritten Sektors bezeichnet. Die Begrifflichkeiten Dritter Sektor, Nonprofit-Organisation (NPO), Non-Governmental Organisation (NGO) oder Nichtregierungsorganisation werden im Anschluss an die wirtschafts- und sozialwissenschaftliche Dritte-Sektor-Forschung verwendet, an deren Ergebnisse hinsichtlich der Entstehungs- und Entwicklungsbedingungen und Funktionen des Dritten Sektors sowie den Fähigkeiten und Strukturen der von ihm umfassten Organisationen die Arbeit anknüpft.[1]

Die Dritte-Sektor- oder Nonprofit-Forschung bildete sich als Forschungszweig zunächst in den US-amerikanischen Wirtschafts- und Sozialwissenschaften in den 1970er und 80er Jahren heraus.[2] Seit den frühen 1990er Jahren wird sie auch im deutschsprachigen Raum rezipiert; damit wurden auch die Begriffe des Dritten oder Nonprofit-Sektors nach Deutschland importiert.[3]

##### 1. Der Dritte Sektor

Ungeachtet der Schwierigkeiten einer trennscharfen Definition und Abgrenzung lässt sich der Dritte Sektor vorläufig als **der gesellschaftliche Bereich organisierter**

---

1 Unten Erster Teil, Kapitel 3.

2 Vgl. die Sammelbände von Rose-Ackermann, Nonprofit Institutions und Powell, Nonprofit Sector, sowie Weisbrod, The Nonprofit Economy.

3 Rezeption in den Verwaltungs-, Wirtschafts- und Sozialwissenschaften, etwa Schuppert in JbStVerwW Bd. 3 (1989), 47-87; Seibel, Funktionaler Dilettantismus; ders. in PVS 1991, 479-495 und in JbStVerwW Bd. 4 (1990), 113-141; Ronge in JbStVerwW Bd. 2 (1988), 113-148; Reichard in DÖV 1988, 363-370; Weiß, Der „dritte Sektor" zwischen Markt und Staat. Seit 1994 findet zweijährlich ein Internationales Colloquium der Nonprofit-Forscher im deutschsprachigen Raum statt, Schauer u.a., NPO-Colloquium 1994; NPO-Colloquium 1996; NPO-Colloquium 2000; NPO-Colloquium 2002; Witt u.a., NPO-Colloquium 1998.

**Individuen zwischen den Sektoren Staat und Markt** umschreiben. Gleichfalls geläufig sind die Begriffe Nonprofit-Sektor oder ***voluntary sector***. Die in diesem Bereich operierenden Organisationen werden als Dritte-Sektor, Nonprofit- und Non-Governmental Organisationen oder ***voluntary associations*** bezeichnet.

Diese Begriffe finden weder im deutschen allgemeinen Sprachgebrauch noch in der älteren deutschen Forschung eine Entsprechung. Thema der Forschung war nicht der Sektor als Ganzes, sondern lediglich bestimmte Untergruppen, wie etwa das Vereinswesen[4] oder die Verbände.[5] Die vielfältigen zum Sektor gehörenden Organisationen wurden in der deutschen Tradition nicht zusammen gedacht, der Raum zwischen Markt und Staat nicht als ein gemeinsamer ökonomischer Sektor betrachtet. Vielmehr gibt es eine Vielzahl von Einzelbezeichnungen, die sich jeweils auf Teile des Sektors beziehen, wie Vereine und Verbände, gemeinnützige Organisationen, Unternehmen ohne Erwerbszweck, gemeinwirtschaftliche Unternehmen.[6]

Der Dritte Sektor hat seinen Namen in Abgrenzung vom neoklassischen individualökonomischen Paradigma mit seinen zwei Sektoren Markt und Staat erhalten. Er ist das in jener zweidimensionalen Matrix nicht existierende Dritte, der unbenannte Sektor „zwischen"[7] den oder gar „jenseits"[8] der beiden anderen Sektoren. Um den Sektor grob identifizieren zu können, ist noch eine weitere Abgrenzung notwendig, nämlich jene von der Gesamtheit der unorganisierten Individuen. Diese werden von einigen als weiterer Sektor bezeichnet, als vierter oder informeller Sektor.[9] Abgrenzungsbedarf besteht somit nach drei Seiten, denen sich in der Begriffsbildung des Dritten Sektors verschiedene Merkmale zuordnen lassen:

Der Begriff ‚Nonprofit' bezieht sich auf die Abgrenzung zu den im Markt tätigen Akteuren, deren Verhalten gewinnorientiert ist, die also ***forprofit*** tätig sind.[10] Zwar können auch Nonprofit-Organisationen je nach dem Rahmen der nationalen

---

4 Vgl. Zimmer (Hrsg.), Vereine heute; dies., Vereine-Basiselemente; Kroll, Vereine und Bürgerinitiativen heute; Daum, Vereine.

5 Vgl. Wassermann (Gesamthrsg.), AK-GG- *Rinken* Rn. 19 ff zu Art. 9; von Aleman, Neokorporatismus; ders., Verbände und Staat; Steinberg, Staat und Verbände; Bauer/ Thränhardt, Wohlfahrtspflege; Flierl, Wohlfahrtspflege; Goll, Wohlfahrtspflege; Heinze/ Olk in Kölner Zeitschrift 1981, 94-111; Mayntz, Verbände; Wegener, Staat und Verbände; Ehrlich, Wohlfahrtsverbände; Giger, Mitwirkung privater Verbände; Rauschenbach/ Sachße/ Olk, Wertgemeinschaft;

6 Anheier/ Seibel in Salamon/ Anheier, Defining, 128f.

7 Vgl. Schauer/Anheier/Blümle, NPO-Colloquium 1994 („dritte Kraft zwischen Markt und Staat"); Anheier u.a., Sektor 1998 („Organisationen zwischen Staat und Markt"); Seibel, Funktioneller Dilettantismus; Walz JZ 2002, 268-275.

8 Pestoff, Beyond the Market and State.

9 Pestoff, Beyond the Market and Staate, 42; Bauer in Zimmer, Vereine heute, 155; Schuppert in JbStVerwW Bd. 3 (1989), 57.

10 Schuppert in JbStVerwW Bd. 3 (1989), 52; Kuhnle/ Selle, Government and Voluntary Organizations, 6.

Rechtsordnung Überschüsse erwirtschaften,[11] der Nondistribution-Constraint untersagt ihnen jedoch deren Ausschüttung an ihre Mitglieder und sonstigen Akteure.[12]

Der Begriff ,Non-Governmental' stellt den Unterschied zum staatlichen Sektor heraus, und zwar sowohl zu Gremien der unmittelbaren Staatsverwaltung (*Governmental Organisations*) als auch zu mittelbaren, parastaatlichen und staatsergänzenden Organisationen.[13] Die weiteren Begriffe *voluntary sector*[14] und der *voluntary associations* betonen die Freiwilligkeit, die sowohl hinsichtlich der Mitgliedschaft als auch hinsichtlich des Entstehens der Organisationen prägend für den Sektor ist.[15] Auch dieser Term enthält damit ein Unterscheidungskriterium gegenüber staatlichen Institutionen, bei welchen die Gründung auf einem hoheitlichen Akt und die Mitgliedschaft – wie etwa bei den Kammern und Selbstverwaltungskörperschaften in Deutschland – auf Zwang beruht.

Die Abgrenzung zum informellen Sektor wiederum liegt im Begriff der Organisation – die im Dritten Sektor tätigen Akteure müssen ein Mindestmaß an Institutionalisierung besitzen, welches sie von den klassischen Gemeinschaften wie der Familie oder Nachbarschaft sowie von kurzfristigen Mobilisierungen abgrenzt.[16]

### 2. Nonprofit oder Non-Governmental

Eine klare Trennung zwischen Nonprofit- und Non-Governmental-Organisationen ist nicht möglich und wohl auch nicht erforderlich. Die in der Forschung zunächst bestehende Dominanz des Begriffes Nonprofit rührt daher, dass die Organisationen überwiegend ökonomisch unter dem Gesichtspunkt der von ihnen produzierten Güter betrachtet wurden und damit die Abgrenzung zu den Produzenten des Marktes im Vordergrund stand.[17] In dieser Sicht wird die Dienstleistungsfunktion des Sektors in den Vordergrund gestellt.

Dagegen wurde der Begriff der NGO ursprünglich vor allem auf die international agierenden, rein auf Lobbyarbeit ausgerichteten Organisationen angewandt,[18]

---

11 Vgl. in Deutschland etwa das Zweckbetriebsprivileg der Idealvereine, näher Stöber, Vereinsrecht, Erl. zu §§ 65 AO ff.

12 Der Nondistribution-Constraint findet sich im deutschen Steuerrecht im Dritten Abschnitt der AO, Steuerbegünstigte Zwecke; die gemeinnützigen (§ 52 AO), mildtätigen (§ 53 AO) oder kirchlichen (§ 54) Zwecke müssen von der Organisation ausschließlich, selbstlos und unmittelbar verfolgt werden (§ 51 AO).

13 Zu solchen Verwaltungstrabanten, ,Quagos' (Quasigovernmental Organisations) und ,PGOs' (Paragovernmemntal Organisations) vgl. Schuppert in JbStVerwW Bd. 3 (1989), 48 und 63 f; ders., Verwaltungseinheiten.

14 Kuhnle/ Selle, Government and Voluntary Organizations, 6.

15 Kuhnle/ Selle, Government and Voluntary Organizations, 6 f.

16 Salamon/ Anheier in dies., Defining, 33 f.

17 Vgl. zur Entwicklung der Nonprofit-Forschung Erster Teil, Kapitel 3.

18 Vgl. die Definition von Nichtregierungsorganisationen bei Hirsch, Nichtregierungsorganisationen, 3: Auf nationaler und internationalen Ebene operierende formell private Organisationen mit den Eigenschaften Non Profit-Orientierung, stellvertretende Interessenwahr-

sozusagen die themenanwaltlichen *global players*[19] wie zum Beispiel amnesty international oder Greenpeace. Diese Organisationen haben insbesondere im Kontext der Vereinten Nationen erheblich an Bedeutung gewonnen; ihnen werden Mitwirkungsrechte in den unterschiedlichen Gremien eingeräumt.[20] Der Begriff NGO stellt damit auf die Bündelung und Artikulierung von Meinungen ab.

Im Verständnis beider Begriffe schwingt der jeweils andere bereits mit: Unter NPO versteht man immer zugleich auch immer nichtstaatliche, unter NGO zugleich immer nicht gewinnorientierte Organisationsgebilde. Die Grenzen zwischen den Organisationen, die schwerpunktmäßig mit Agenda-Setting und Lobbying beschäftigt sind, und denjenigen, die stärker praktische Projektarbeit leisten, sind in der Praxis fließend.[21] Der Begriff des Dritten Sektors bzw. der Dritte-Sektor-Organisationen ist daher zur gleichmäßigen Erfassung dieser beiden Funktionen besser geeignet und wird daher in dieser Arbeit bevorzugt.

## B. Die Abgrenzung des Dritten Sektors

Einer klaren Abgrenzung und Definition entzieht sich der Dritte Sektor aufgrund seiner Heterogenität. Er umfasst eine Vielzahl von in Struktur, Entstehungsgeschichte und Funktion heterogenen Organisationen. Die Schwierigkeit, den Sektor zu fassen, wird bereits in den eben dargestellten Begriffen Dritter Sektor, Nonprofit-Organisation und Non-Governmental Organisation deutlich, welche nicht das Proprium des Sektors und seiner Akteure benennen, sondern lediglich eine Negativabgrenzung von den vertrauten Phänomenen von Markt und Staat schaffen.[22] Sie werden als „Catch-All-Worte ohne klare Bestimmung innerhalb des gesellschaftlich-politischen Gefüges“[23] kritisiert.

Insbesondere in der frühen Nonprofit-Literatur wurde versucht, das Abgrenzungsproblem durch die Typisierung und Klassifizierung der vorkommenden Organisationen zu lösen – sei es nach dem Grad der Staatsnähe,[24] nach der Nähe zu den

---

nehmung, relative organisatorische und finanzielle Unabhängigkeit gegenüber Staaten und Unternehmen und gewisses Maß an Professionalisierung und organisatorischer Dauerhaftigkeit.

19 Zimmer/ Priller in Anheier u.a., Sektor 1998, 255 ff.

20 Dies gilt für NGOs mit Konsultativstatus, einer in Abstufungen existierenden Akkreditierung.

21 Hirsch, Nichtregierungsorganisationen, 4.

22 Kuhnle/ Selle, Government and Voluntary Organizations, 6.

23 Hirsch, Nichtregierungsorganisationen, 2.

24 Schuppert in JBStVerwW Bd. 3 (1989), 47 ff typisiert nach verselbständigte Verwaltungseinheiten (Quago, PGO), Nichtregierungsorganisationen, Non-Profit-Organisationen. Reichard in DÖV 1988, 365 f unterscheidet verselbständigte öffentliche Einrichtungen/ Verwaltungstrabanten (z.B. Hochschulen, Rundfunk, Theater, Sozialversicherungen), staatsergänzende Einrichtungen (z.B.: DFG, Goethe-Institute, politische Stiftungen), konventionelle gemeinnützige Einrichtungen (z.B. Wohlfahrtsverbände, Gewerkschaften, kirchliche Dienste), alternative Einrichtungen (z.B. Selbsthilfe, Alternativbetriebe).

Sektoren Markt, Staat und informeller Sektor,[25] danach, ob es sich bei den erbrachten Leistungen um Eigen- oder Fremdleistungen handelt[26] oder nach ihren Tätigkeitsbereichen.[27]

Diese Abgrenzungen über Typisierungen waren zwangsläufig ungenau und vage; einerseits konnten sie nie alle Erscheinungsformen des Sektors umfassen, andererseits verfehlten sie häufig die Abgrenzung zu den anderen Sektoren.[28] Sie führten zu einer gewissen Beliebigkeit und bargen die Gefahr, schlichtweg alles dem neu entdeckten Dritten Sektor zuzuordnen, was nicht eindeutig zum jeweiligen Kernbereich der beiden anderen Sektoren gehörte. Der Dritte Sektor wurde dadurch zum Auffangbecken für Ausdifferenzierungen der Sektoren Staat und Markt und damit zum Mittel zu deren Simplifizierung. Aus der vagen negativen Abgrenzung des Dritten Sektors[29] und seiner Funktion als Auffangbecken für Abweichungen von den Kernen von Markt und Staat entspringt auch eine Tendenz zur idealistischen Überhöhung der Funktion und der Fähigkeiten des Sektors.[30] Dies wird bereits durch die häufig verwandte Formulierung des Sektors oder der Organisationen „jenseits von Markt und Staat"[31] deutlich. Darin schwingt mit, der Dritte Sektor habe alle Probleme und Schwierigkeiten des staatlichen oder erwerbswirtschaftlichen Sektors hinter sich gelassen. Dies soll exemplarisch an einigen Formulierungen

---

25 Bauer in Zimmer, Vereine heute, 155 ff: Selbsthilfesektor (Rand zum informellen Sektor, Eigenleistung); Vereine (autonom, überwiegend Eigenleistung), soziale Verbände (Rand zum Staat; Fremdleistung, überwiegend bezahlte Mitarbeiter), Sozialbetriebe (Rand zum Markt, marktförmige Fremdleistung, z.B. freie Krankenhäuser), Moralunternehmen (Ränder Markt und Staat; bürokratisch-administrativ, organisieren und verwalten betriebswirtschaftlich die Fremdleistung). Zauner in Badelt Handbuch, 108: Verwaltungsnahe NPO (Quagos); Wirtschaftsnahe NPO mit gemeinwirtschaftliche Zielen (Quapos); Basisnahe NPO.

26 So Wagner, Teilen, 222 ff: Informelle Eigenleistungs-NPO (Selbsthilfe, bewegungsähnliche Projekte, organisierte Freizeitbetätigung), bürokratische Eigenleistungs-NPO (Parteien, Wirtschaftsverbände), Fremdleistungs-NPO (Wohlfahrtsverbände); ähnlich Seibel, in Badelt, Handbuch, 23.

27 Die International Classification of Nonprofit Organizations von Salamon/ Anheier in dies., Defining, 51 ff unterscheidet zwölf Tätigkeitsbereiche.

28 So umfasst beispielsweise die vermutlich weiteste Beschreibung des Sektors von Reichard in DÖV 1988, 365 f, den Bereich der mittelbaren Staatsverwaltung ebenso wie einige Forprofit-Unternehmen. Etzioni in PAR 1973, 314 ff, bezieht sich in seinem frühen Aufsatz über den Sektor auf Organisationen und Unternehmen, die wir heute als Public-Private-Partnerships mit marktlichen Akteuren einordnen würden, so etwa die NASA, die National Railroad Corporation AMTRAK und die Communications Satellite Corporation COMSAT. Seibel in JbStVerwW Bd. 4 (1990), 113, nennt als Bestandteile des Sektors neben anderen Organisationstypen auch Kirchen, öffentliche Stiftungen und öffentliche Unternehmen.

29 Ein Beispiel für die Negativabgrenzung findet sich bei Zimmer, Vereine- Basiselemente, 83: Zum Dritten Sektor gehörten alle Organisationen, deren Handlungslogiken weder eindeutig dem Sektor Markt noch dem Sektor Staat zuzuordnen seien, die aber über eine formalere Organisationsform verfügten als etwa Freundeskreise.

30 Zimmer/ Priller in Anheier u.a., Sektor 1998, 253f.

31 Pestoff, Beyond the Market and State.

der deutschsprachigen und US-amerikanischen Literatur verdeutlicht werden: Der Sektor finde seine Berechtigung „zwischen Marktversagen und Staatsversagen".[32] „Der Dritte Sektor ist der Sektor der Uneigennützigkeit, Freiwilligkeit und Mitmenschlichkeit."[33] Er biete „den Ausweg aus einer letztlich unheilvollen Auseinandersetzung zwischen Staat und Markt"[34] oder einen Lösungsansatz für die Kombination „des Besten aus den beiden Welten"[35] Markt und Staat.

## C. Die Definition des Dritten Sektors

In der neueren Literatur besteht weitgehende Einigkeit, dass eine positive Definition und Beschreibung der spezifischen Fähigkeiten und Pathologien des Sektors erforderlich sei,[36] wenn dies auch aufgrund seiner Heterogenität schwierig erscheine.[37]

Nachdem rechtliche,[38] ökonomische[39] und funktionale[40] Definitionen als unzureichend erkannt worden waren, scheint sich in der Dritten-Sektor-Forschung die vom *Johns Hopkins Comparative Nonprofit Sector Project (JHP)*[41] für den transnationalen Vergleich entwickelte struktural-operationale Definition durchgesetzt zu

---

32 Badelt in ders., Handbuch, 83.

33 Wagner, Teilen, 91.

34 Graf Strachwitz in PolZG Bd. 9/1999, 24.

35 Etzioni in PAR 1973, 315, Übersetzung d. Autorin.

36 Badelt in ders., Handbuch, 8 f und 62; Zauner ebd. 108; Anheier in Schauer/ Anheier/ Blümle NPO-Colloquium 1994, 19; Ronge in JbStVerwW 2 (1988), 123 f; Pestoff, Beyond the Market and State, 40 f.

37 Pestoff, Beyond the Market and State, 40 f.

38 Rechtliche Definitionen könnten sich an den Rechtsformen der Organisationen oder ihrem steuerrechtlichen Status (Gemeinnützigkeit) orientieren; dies birgt aber die Gefahr statischer Kriterien, die noch dazu von Rechtsordnung zu Rechtsordnung variieren, Salamon/ Anheier in dies., Defining, 30; Weiß, Der „dritte Sektor", 14; Douglas in Powell, Nonprofit Sector, 51.

39 Für ökonomische Abgrenzungen bieten sich Kategorien wie die „Privaten Organisationen ohne Erwerbszweck" in der deutschen Volkswirtschaftlichen Gesamtrechnung bzw. der „Nonprofit Institutions Serving Households" im System of National Accounts der USA an. Diese umfassen jedoch jeweils nur spezifische Teile des Sektors und eigenen sich wegen der national unterschiedlichen Erfassungssysteme wiederum nicht für transnationale Vergleiche, Salamon/ Anheier in dies., Defining, 30f.; Badelt in ders., Handbuch, 7; Weiß, Der „dritte Sektor", 17.

40 Funktionale Definitionen stellen auf Gemeinwohlziele ab, vgl. McCarthy/ Hodgekinson/ Sumariwalla, Global Community oder auf die internen Funktionsprinzipien von Solidarität, Kooperation und Gegenseitigkeit, Zauner in Badelt, Handbuch, 116 ff. Kritisiert wird, dies seien Kriterien ohne definitorische Trennschärfe, Badelt in ders., Handbuch, 7f; Ronge in JbStVerwW Bd. 2 (1988), 118ff.

41 Das Projekt an der gleichnamigen Universität in Baltimore verfolgte das Ziel, vergleichende empirische Erkenntnisse über die Sektoren verschiedener Staaten und Staatstypen (Industriegesellschaften, Entwicklungsländer und postsozialistische Staaten) zu gewinnen und war damit gezwungen, eine über nationale rechtliche, institutionelle und ökonomische Rahmenbedingungen hinausgehende Erfassung des Sektors zu erreichen.

haben, die mit fünf sozioökonomischen Kriterien arbeitet, welche je nach Organisationstyp und Tätigkeitsbereich unterschiedlich stark ausgeprägt sein können.[42]

Danach besitzen Organisationen des Dritten Sektors ein Mindestmaß an **organisatorischer formeller Struktur**. Dies ist nicht gleichbedeutend mit einer Rechtsform oder -persönlichkeit; ausreichend sind beispielsweise regelmäßige Treffen, vereinbarte Verfahren, eine gewisse Stetigkeit der Mitgliedschaft. Mit diesem Kriterium werden informelle und ad hoc- Zusammenschlüsse und kurzfristige Mobilisierungen aus dem Sektor ausgeschlossen.

Sie sind **private Vereinigungen**. Auch dieses Kriterium stellt nicht auf den juristischen Begriff der Vereinigungen des Privatrechts ab, sondern bezieht sich auf die institutionelle und strukturelle Trennung der Organisation vom Staat. Im Zusammenhang mit dem folgenden Kriterium der Autonomie sollen Organisationen ausgeschlossen werden, die rechtlich oder faktisch externer Kontrolle unterliegen.

Sie sind **autonom**, das heißt, dergestalt im Besitz der Kontrolle über die eigenen Geschäfte, dass sie ihre Aktivitäten weitgehend selbst bestimmen.

Sie sind **nicht gewinnorientiert**. Dies bezieht sich auf den klassischen Nondistribution-Constraint: Die Organisationen können zwar möglicherweise Gewinne erwirtschaften, schütten diese jedoch nicht an Mitglieder, Gründer, Angestellte oder Eigner aus.[43]

Zum letzten basieren sie auf **Freiwilligkeit**. Dies soll in zweierlei Hinsicht verstanden werden: Einerseits ist ein gewisser Anteil an Ehrenamtlichkeit bei der Tätigkeit oder Verwaltung der Organisation erforderlich, andererseits soll das Kriterium solche Organisationen ausschließen, bei denen die Mitgliedschaft oder die Beiträge auf Zwang beruhen.

## D. Die wesentlichen Funktionen des Dritten Sektors

Neben den Fragen der Begrifflichkeiten und der Abgrenzung sind für das Verständnis des Dritten Sektors und seiner Kooperationsbeziehungen mit dem Staat auch einige einleitende Bemerkungen zu den gesellschaftlichen Funktionen des Sektors erforderlich.

Die Positionierung des Dritten Sektors zwischen Markt und Staat kommt darin zum Ausdruck, dass dieser Funktionen aus beiden klassischen Sektoren übernimmt: Er stellt Dienstleistungen bereit, ist aber dennoch nicht dem Markt zuzuordnen – er ist maßgeblich an der Gestaltung und Implementation von Politik beteiligt, zählt

---

42 Salamon/ Anheier in dies., Defining, 33f; Salamon/ Anheier, Sektor 1999, 40ff.

43 An diesem Kriterium entscheidet sich die Einstufung genossenschaftlicher oder anderer gemeinwirtschaftlicher Organisationen. Diese basieren auf der gemeinsamen und solidarischen Produktion von Gütern bzw. Erwirtschaftung für die Mitglieder. Nach den Vorgaben des JHP sollen solche Genossenschaften und Kooperativen zum Sektor gerechnet werden, die primär auf die Bereitstellung von Leistungen für Menschen im lokalen Umfeld abzielen und für die das Gewinnmotiv lediglich sekundär ist, Salamon/ Anheier, Sektor 1999, 41.

aber nicht zum hoheitlichen Staat.[44] Zugleich nimmt er auf unterschiedlichen Ebenen Aufgaben der Meinungsbildung und -artikulation als Gegengewicht zur institutionellen Politik in Form von Lobbyarbeit, Agenda-Setting oder Organisation von Protest wahr.[45] Von einigen NPO-Forschern werden diese Funktionen mit den Stichworten ‚Service' und ‚*voice*'[46] gekennzeichnet: Der Sektor produziere Service, indem er soziale Dienstleistungen zur Verfügung stelle, und *voice*, indem er politische Mitgestaltung ermögliche.[47]

Diese Mehrfachfunktion des Dritten Sektors trifft – in unterschiedlicher Gewichtung – auch auf seine einzelnen Organisationen zu.[48] Einen Schwerpunkt bei der Service-Funktion haben die nicht gewinnorientierten sozialen Dienstleistungsunternehmen, die Leistungen an Organisationsexterne erbringen und damit bei der Politikimplementation mitwirken. Dagegen besitzen die großen Themenanwälte[49] einen Schwerpunkt bei der *Voice*-Funktion, der Politikartikulation. In einer Vielzahl von Fällen sind die beiden Aspekte innerhalb einer Organisation kombiniert: So bieten alternative Dienstleistungsanbieter etwa in der Stadtteil-, Sozial-, Kultur- und Jugendarbeit zugleich ein Sammelbecken für ein alternatives Meinungsspektrum. Selbsthilfegruppen oder Kooperativen mit Produzenten- und Konsumentenidentität erbringen Eigenleistungen für ihre Mitglieder, bieten damit zugleich Mitgestaltungsmöglichkeiten und artikulieren Kritik an staatlichen Angeboten oder solchen des Marktes.

Eine dritte Funktion des Sektors wird seinen Leistungen im Hinblick auf gesellschaftliche Partizipation und Inklusion gesehen. In den Organisationen des Sektors begeben sich Individuen in soziale Bindungen. Dadurch kommt es zur Akkumulation von Sozialkapital[50] durch Teilhabe und Teilnahme: Die Organisationen bilden einen institutionellen Kern für die Einbindung von Menschen in überschaubare funktionelle Gemeinschaften. Soziale Netzwerke entstehen, Werte wie Betroffenenpartizipation, Selbsthilfe, Integration und soziale Inklusion werden erreicht. Die Organisationen ersetzen, entlasten oder stärken damit die primären Sozialsysteme, die

---

44 Zimmer/ Priller in Anheier u.a., Sektor 1998, 250; Pestoff, Beyond the Market and State, 45 ff.

45 Je nach Verflechtungsgrad mit staatlichen Instanzen vermischt sich diese Funktion mit jener der Politikgestaltung und -implementation.

46 Der Begriff ‚Voice' ist dabei dem Begriffspaar ‚voice and exit' entlehnt, welches in der politischen Soziologie die klassischen Handlungsoptionen zur Ausübung von Mitgliedermacht wiedergibt. Dazu grundlegend Hirschmann, Exit, Voice and Loyality.

47 Lundström/ Wijkström, The Nonprofit Sector in Sweden, 257 ff.

48 Douglas in Powell, Nonprofit Sector, 51; Kuhnle/ Selle, Government and Voluntary Organizations, 10; Pestoff, Beyond the Market and State, 45 ff; Schuppert in JbStVerwW 3 (1989), 51 ff.

49 Z.B. Greenpeace, amnesty international.

50 Sozialkapital wird durch die Interaktion von Menschen in sozialen Aktivitäten vermehrt und stellt ein Indiz für die demokratische und wirtschaftliche Entwicklung einer Gesellschaft dar, grundlegend Putnam in National Civic Review 1993, 101 ff; siehe auch Reutter in PolZG Bd. 26-27/2000, 8 und Mutz in PolZG Bd. 9/1999, 9 f.

Gemeinschaften wie Familie oder Nachbarschaft.[51] Eine hohe partizipative Kraft weisen insbesondere kleine, basisnahe Organisationen mit flachen Hierarchien auf. Sie besitzen niedrige Schranken sowohl für den Zugang zur Organisation, wie auch für den Zugang zu den Entscheidungsebenen, welche dem einzelnen Individuum Mitgestaltungsmöglichkeiten eröffnen.[52] Dagegen sind die Entscheidungsebenen bei größeren Organisationen von der Basis einzelner Mitglieder abgekoppelt und hierarchisiert.

## II. Zahlen und Fakten zum deutschen Dritten Sektor

### A. Zahl von Organisationen und Mitgliedern

In den letzten Jahrzehnten ist im deutschen Dritten Sektor ein enormes Wachstum nicht nur hinsichtlich der ökonomischen Bedeutung, sondern auch der Anzahl der Organisationen zu verzeichnen.[53] Dazu gehören Sportvereine ebenso wie im Umfeld der neuen sozialen Bewegungen entstandene Organisationen, die Expansion der Vereine unterstreicht also die zunehmende Heterogenisierung der Bevölkerung bei steigendem Wohlstand.[54] Auch das Stiftungswesen hat sich beträchtlich ausgeweitet; die über 12.000 deutschen Stiftungen[55] bilden nach den USA den weltweit zweitgrößten Stiftungssektor.[56] In den 80er Jahren fand ein regelrechter Stiftungsboom statt,[57] Reformen im Stiftungsrecht haben seitdem die Gründung von Stiftungen zusätzlich erleichtert.[58]

Allerdings gestalten sich absolute Angaben über die Zahl deutscher Dritte-Sektor-Organisationen und ihren Mitgliedern bzw. Aktiven schwierig. Die Vereinsregister taugen nicht als Quelle, da zum einen nur die eingetragenen Vereine als nur eine – wenn auch die häufigste – der möglichen Rechtsformen dokumentieren. Zum anderen erfolgt eine Aktualisierung des Registers nur auf Antrag der betreffenden Vereine, so dass eine Weiterführung bereits aufgelöster Vereine nicht auszuschließen ist. Noch weniger sagen Mitgliederzahlen über die Zahl aktiver Bür-

---

51 Kramer, Voluntary Agencies, 4.

52 Zimmer/ Priller in Anheier u.a., Sektor 1998, 263 ff.

53 Die Zahl eingetragener Vereine im Verhältnis zur Wohnbevölkerung hat sich im früheren Bundesgebiet von 1960 bis 1990 annähernd verdreifacht; 1960: 160 eingetragene Vereine pro 100.000 Einwohner; 1990, bezogen auf das alte Bundesgebiet: 474 eingetragene Vereine pro 100.000 Einwohner; Quelle: Johns Hopkins Comparative Nonprofit Sector Project, Anheier in ders. u.a., Sektor 1998, 33.

54 Anheier in ders. u.a., Sektor 1998, 32.

55 Bestand rechtsfähiger Stiftungen des bürgerlichen Rechts im Jahr 2003 in Deutschland. Quelle: Bundesverband Deutscher Stiftungen, Stiftungen in Zahlen 2004, 7.

56 Anheier in ders. u.a., Sektor 1998, 32 f.

57 Die Stiftungen fördern die Bereiche Soziale Dienstleistungen, Bildung, Wissenschaft, Kunst und Kultur, Anheier in ders. u.a., Sektor 1998, 62 ff.

58 Die Zahl der jährlichen Stiftungserrichtungen hat sich von 1990 bis 2000 vervierfacht. Bundesverband Deutscher Stiftungen, Stiftungen in Zahlen 2004, 4.

gerinnen und Bürger aus. Die Deutsche Gesellschaft für Freizeit ging für das Jahr 1997 von einer Zahl von 345.400 Vereinen in Deutschland mit 75.056.300 Mitgliedern aus – davon entfallen allerdings bereits über 24 Millionen Mitglieder auf die sieben Automobilclubs.[59]

Die wirtschaftliche Macht des Sektors,[60] gemessen an den bereitgestellten Arbeitsplätzen und seinen Ausgaben, wird in Deutschland nach den Ergebnissen des *Johns Hopkins Project*[61] unverändert durch die Säulen soziale Dienste und Gesundheitsfürsorge bestimmt: Ein Drittel der Erwerbsarbeitsplätze im Nonprofit-Sektor findet sich im Bereich Gesundheitsfürsorge; ein weiteres Drittel im Bereich Soziale Dienste. In beiden Bereichen zusammengenommen werden 60 Prozent der Ausgaben getätigt. Dagegen stehen andere Teilsektoren im Vordergrund, wenn es um den Anteil freiwilliger, unbezahlter Arbeit geht, etwa Kultur und Erholung, Umweltschutzorganisationen sowie Staatsbürgervereinigungen. Bildung und Forschung, Gesundheitswesen und Soziale Dienste sind vorrangig auf bezahlte Arbeit angewiesen.

Im internationalen Vergleich liegt die Größe des deutschen Dritten Sektors gegenüber einem 8-Länder-Durchschnitt[62] 1990 gemessen an der Zahl von Beschäftigten in den Bereichen Gesundheitswesen und Soziale Dienste deutlich über dem Durchschnitt, während die Bereiche Kultur und Erholung, Bildung und Wissenschaft einen unterdurchschnittlichen Anteil aufweisen.[63] Hinsichtlich der Einnahmenstruktur ist Deutschland das Land mit dem höchsten Anteil an öffentlicher Finanzierung, wogegen der Einnahmeanteil aus Spenden am geringsten ist.[64]

## B. Systematisierung des deutschen Dritten Sektors

Der deutsche Dritte Sektor umfasst eine Vielzahl von Organisationen unterschiedlicher Rechtsformen, Strukturen und Größe, die ein breites Spektrum von Tätigkeitsfeldern abdecken. Um die Organisationen einzugrenzen, die zum Untersuchungsfeld der Arbeit, der Kooperation im Feld ambulanter sozialer Arbeit, gehören, soll der Sektor grob systematisiert werden.

Als augenscheinliches Unterscheidungskriterium fällt dabei zunächst die Größe der Organisationen auf: Zum Dritten Sektor gehören zum einen große, überregional organisierte Einheiten wie die Wohlfahrtsverbände, die Tarifpartner oder große Themenanwälte wie etwa Greenpeace und amnesty international, zum anderen eine

---

59 Unveröffentlichte Angabe, zitiert nach Daum, Vereine, 36. Aktuellere Angaben waren nicht verfügbar.

60 Vgl. zur volkswirtschaftlichen Bedeutung des deutschen Dritten Sektors auch die empirische Untersuchung von Goll, 191 ff.

61 Anheier in ders. u.a., Sektor 1998, 33 ff.

62 Deutschland, Frankreich, Großbritannien, Italien, Schweden, Ungarn, Japan und die Vereinigten Staaten.

63 Anheier in ders. u.a., Sektor 1998, 67 f.

64 Anheier in ders. u.a., Sektor 1998, 67.

Myriade kleiner lokaler Bürgerinitiativen, Selbsthilfegruppen und Geselligkeitsvereine. Wie die Beispiele zeigen, stellt die Größe der Organisationen zugleich ein Indiz für ihre Struktur dar: Die großen Organisationen sind stärker hierarchisch organisiert und in ihrer Verwaltung durch die Tätigkeit von hauptamtlichen Mitarbeitenden geprägt, während die kleinen Zusammenschlüsse eher egalitäre und spontane Strukturen aufweisen und auf dem Engagement von Ehrenamtlichen aufbauen.

Unterscheiden lassen sich die Organisationen weiter nach ihrer vorrangigen Funktion im Sinne der oben[65] getroffenen Unterscheidung nach *voice*, Service und Partizipation.

Eine dritte Möglichkeit der Systematisierung bietet das Kriterium, an wen sich die Tätigkeiten und die Leistungen der Organisation richten. Damit werden Eigenleistungs-, Fremdleistungs- und staatsersetzende Organisationen unterschieden.[66] Eigenleistungsorganisationen erbringen für ihre Mitglieder Leistungen, sei es in Form von *voice* als Interessensvertretung, wie etwa die Tarifpartner, oder in Form von Service, wie Sport- und Geselligkeitsvereine, Automobilclubs oder Genossenschaften. Zu den Eigenleistungsorganisationen gehören auch die stark partizipatorisch geprägten Selbsthilfegruppen, bei welchen Konsumenten und Produzenten der Leistung identisch sind.

Die Tätigkeit von Fremdleistungsorganisationen richtet sich an Organisationsfremde. Einen Schwerpunkt in der Service-Funktion haben bei diesen Wohlfahrtsverbände, freigemeinnützige Krankenhäuser oder Bildungs- und Ausbildungsträger. Die *Voice*-Funktion üben die großen Themenanwälte aus, wie etwa Umwelt-, Menschenrechts- und Bürgerrechtsorganisationen. Eine Vermischung der Funktionen *voice*, Service und Partizipation sowie veränderliche Anteile von Fremd- und Eigenleistung finden sich bei lokalen Bewegungsorganisationen wie Stadtteilzentren, Arbeitsloseninitiativen, Frauenhäusern etc. Diese Organisationen weisen eine geringe Spezialisierung in ihren Funktionen und in der Rolle der beteiligten Individuen auf. Sie besitzen vormoderne Charakteristika, da sie der funktionalen Ausdifferenzierung unter Zuordnung spezifischer Handlungslogiken nur bedingt gefolgt sind.[67]

Die dritte Gruppe der staatsersetzenden Organisationen bewegt sich im Grenzbereich zum Staat. Beispiele sind die berufliche Selbstverwaltung, Organisationen der technischen Normung, technische Hilfswerke und Organisationen der Forschung und Wissenschaft, sowie Mittlerorganisationen, die als Stiftungen oder Fonds staatliche Mittel an Individuen oder Organisationen weiterreichen. Diese Gruppe zeichnet sich durch einen geringeren Anteil an Freiwilligkeit aus. Die Organisationen übernehmen gegenüber ihren Mitgliedern auch Disziplinierungsfunktionen. Ob einzelne dieser Institutionen, wie etwa die berufsständischen Kam-

---

65 Erster Teil, Kapitel 1, I.D.

66 Seibel in Badelt, Handbuch, 23; ders. in JbStVerwW Bd. 4 (1990), 113; Horch in Zimmer, Vereine heute, 58.

67 Zimmer/ Priller in Anheier u.a., Sektor 1998, 250 f.

mern, dem Dritten Sektor oder dem ausdifferenzierten öffentlichen Sektor zuzurechnen sind,[68] kann für die Zwecke dieser Untersuchung außer Betracht bleiben.

Die vorgestellten drei Kriterien ergeben in einer schematischen Darstellung folgende Matrix des deutschen Dritten Sektors:

| Größe | Schwerpunkt | Eigenleistung | Fremdleistung | staatsersetzend |
|---|---|---|---|---|
| Groß, überregional | *voice* | klassische Interessenvertretung (Tarifpartner, Industrieverbände) | Themenanwälte (Umwelt-, Menschen- und Bügerrechtsorganisationen) | Berufliche Selbstverwaltung Innungen |
| | Service | Automobilclubs Sportverbände | Wohlfahrtsverbände Krankenhäuser | Technische Normung Forschung Technische Hilfswerke Mittlerorganisationen (Fonds, Stiftungen) |
| | Partizipation | | | Berufliche Selbstverwaltung |
| Klein, lokal | *Voice* | Bürgerinitiativen | Lokale Bewegungsorganisationen, Initiativen | Lokale Einheiten der beruflichen Selbstverwaltung |
| | Service | Selbsthilfegruppen Sportvereine | lokale freie Träger der Jugendhilfe Frauenhäuser | |
| | Partizipation | Selbsthilfegruppen Bürgerinitiativen Geselligkeitsvereine | lokale Bewegungsorganisationen Bürgerstiftungen | |

Die Matrix macht deutlich, dass es bei kleinen Organisationen zu einer Vermischung der Funktionen kommt, während bei den großen Organisationen klare Schwerpunkte in der Funktion erkennbar sind. Weiter fällt auf, dass partizipative Elemente in den großen Organisationen in den Hintergrund treten, und staatsersetzende Organisationen auf lokaler Ebene nur als Untereinheiten der überregionalen Verbände vorkommen.

Innerhalb der Felder der Matrix kann noch weiter danach unterschieden werden, welcher Rechtsform sich die Organisationen bedienen – etwa des rechtsfähigen oder nichtrechtsfähigen Vereins, der Stiftung oder stiftungsähnlichen Gebilden,[69]

68 Vgl. zu den Selbstverwaltungskörperschaften Seibel in JbStVerwW Bd. 4 (1990), 113; Salamon/Anheier in dies., Defining, 33 ff.

69 Stiftungsverein, Stiftungs-GmbH und unselbständige Stiftung. Zur Zulässigkeit und Ausgestaltung derartiger Umgehungsformen des Stiftungsrechtes vgl. Seifart/ v. Campenhausen- *v. Campenhausen*, Stiftungsrecht, § 2 Rn. 5 und 19 ff; Wochner in RPfleger 1999, 310

der gemeinnützigen GmbH,[70] der Gesellschaft bürgerlichen Rechtes oder der eingetragenen Genossenschaft.[71]

## III. Eingrenzung des Untersuchungsfeldes

### A. Tätigkeitsfeld der Organisationen

Hinsichtlich der Kooperation und der Verflechtung des Dritten Sektors mit dem Staat lassen sich in Deutschland keine einheitlichen Aussagen für den gesamten Sektor treffen, wie die empirische Analyse des *Johns Hopkins Project* ergeben hat.[72] Ein Grund hierfür liegt in den unterschiedlichen institutionellen Entwicklungslinien der Beziehungen zwischen Staat und Sektor in den einzelnen Tätigkeitsfeldern.[73] Als Gradmesser für Kooperationsbeziehungen wurde in der empirischen Forschung der Anteil staatlicher Mittel an den Einnahmen der Organisationen in einzelnen Tätigkeitsfeldern gewertet. Danach ist die größte Abhängigkeit von staatlicher Finanzierung in den Feldern Gesundheitswesen, Soziale Dienste sowie Bildung und Forschung festzustellen.[74]

Eine Untersuchung von Kooperationsbeziehungen zwischen Staat und Drittem Sektor muss sich daher an den Tätigkeitsfeldern der Organisationen orientieren. Die vorliegende Untersuchung konzentriert sich auf den Bereich Soziale Dienste, und dort auf in einem weiten Sinne **ambulante soziale Leistungen auf lokaler und regionaler Ebene.**

Der weite Gebrauch des Begriffes ‚sozial' beruft auf dem Bild einer sozialen Daseinsvorsorge, zu der auch gesundheitliche Leistungen, insbesondere im Bereich der Prävention, Beratung und niederschwelligen ambulanten Behandlung, sowie sozio-

---

ff; Neumayer/ Schmidt in GmbH-StB 1998, 73, jew. m.w.N.. Zur Reform des Stiftungsrechtes vgl. Wagner/ Walz, Zweckerfüllung; Bischoff in ZRP 1998, 391 ff, Schwintek in ZRP 1999, 26 ff, sowie das Gesetz zur weiteren steuerlichen Förderung von Stiftungen vom 14. Juli 2000, BGBl. I 2000, 1034-1036.

70 Die gGmbH findet sich in der industriellen Grundlagenforschung, bei Beschäftigungs- und Strukturentwicklungsgesellschaften und bei Unternehmen der Wohlfahrtsverbänden mit großem Finanzvolumen wie etwa Krankenhäusern, vgl. Thiel in GmbHR 1997, 10; Neumayer/ Schmidt in GmbH-StB 1998, 73; Thermann in ZögU 1979, 446; Bockhacker in ZögU 1985, 8.

71 Bei der Genossenschaft stellt sich die Frage der Abgrenzung zum Sektor Markt, vgl. Salamon/ Anheier, Sektor 1999, 41; Jäger in ZfgG Bd. 50 (2000), 77, Steding in ZfgG Bd. 50 (2000), 50 f.

72 Anheier in ders. u.a., Sektor 1998, 50 ff.

73 Die historische Entwicklung des deutschen Dritten Sektors wird unten, Erster Teil, Kapitel 4 ausführlich dargestellt.

74 Anheier in ders. u.a., Sektor 1998, 55 (Tabelle 14); die Zahlen beziehen sich auf das Jahr 1990 im früheren Bundesgebiet.

kulturelle Angebote[75] gehören. Diese grobe Eingrenzung geschieht in dem Bewusstsein, dass das Verständnis und die Begrifflichkeiten hinsichtlich der Tätigkeiten der Organisationen heterogen sind. Fremdzuschreibungen, beispielsweise rechtliche Einordnungen, und Selbstdefinitionen der Organisationen können erheblich differieren, und die Wahl der Terminologie kann fachlich und ideologisch aufgeladen sein.

Unter ambulanten Leistungen werden – ebenfalls in einem weiten Sinne – Leistungen verstanden, die einer unbestimmten Anzahl von Personen niederschwellig und ohne dauerhafte personenbezogene Unterbringung angeboten werden. Dabei werden auch solche Organisationen eingeschlossen, in deren breiteren Leistungsangebot auch kurzfristige Unterbringungen oder die Vermittlung von Unterkünften enthalten sind, wie Einrichtungen der Wohnungslosen- und Suchthilfe sowie Frauenhäuser.

Die im untersuchten Feld erbrachten Leistungen umfassen aus rechtlicher Perspektive personenbezogene Sozialleistungen und regional- und zielgruppenspezifische Präventionsangebote, wie sie in den Sozialgesetzbüchern vorgesehen sind, daneben jedoch auch eine Vielzahl gemeinwohlbezogener Leistungen und Angebote, die nicht durch die Sozialgesetzbücher garantiert oder eröffnet sind, dennoch aber der sozialen, gesundheitlichen oder sozialkulturellen Infrastruktur zugeordnet werden können. Beispiele für die Leistungsangebote der Organisationen sind etwa: Jugendzentren und -projekte, Familienberatungsstellen, Selbsthilfekontaktstellen, Frauennotrufe, Einrichtungen der Aidshilfe, Arbeitsloseninitiativen, Wohnungslosenhilfe, Suchtberatungsstellen, Beratungsstellen für Migranten/innen.

Das Untersuchungsfeld wurde anhand der dargestellten Kriterien eingegrenzt, um eine Vergleichbarkeit der untersuchten Kooperationsverhältnisse hinsichtlich der beteiligten Akteure und ihres rechtlichen Rahmens zu gewährleisten. Ambulante soziale Leistungen werden durch einen bestimmten Typus von Organisationen (im Sinne der oben aufgestellten Matrix) erbracht, und ihre staatliche Unterstützung erfolgt herkömmlich durch Zuwendungen. Hochschwellige, personenbezogene und stationäre Leistungen werden dagegen überwiegend im Rahmen der einzelnen Sozialgesetzbücher einzelfallbezogen im sozialrechtlichen Dreiecksverhältnis abgerechnet.[76]

---

75 Zum Begriff und dem Selbstverständnis der Sozio-Kultur oder sozial-kulturellen Arbeit vgl. Knoth, Gratwanderungen, 43 f; Verband für sozial-kulturelle Arbeit, Arbeitsmaterialien, 1 ff.

76 Zu den Formen staatlicher Finanzierung der Tätigkeiten von Organisationen des Dritten Sektors unten Erster Teil, Kapitel 2, III.

## B. Typus von Organisationen als Kooperationspartner

Bezogen auf die oben entwickelte Matrix des deutschen Dritten Sektors werden derartige ambulante soziale Leistungen primär von lokalen und regionalen Fremdleistungsorganisationen mit einem Schwerpunkt auf der Service-Funktion erbracht, also von den lokalen und regionalen Mitgliedsorganisationen oder Gliederungen der Wohlfahrtsverbände und weiteren freien Trägern der Jugendhilfe. Auch lokale Bewegungsorganisationen sowie Bürgerstiftungen und -initiativen, können solche Angebote machen. Einzubeziehen sind aus der Gruppe der Eigenleistungsorganisationen auch Selbsthilfegruppen, die in Konsumenten-Produzenten-Identität ambulante soziale Leistungen erbringen.

Im Untersuchungsfeld sind gesellschaftliche Kooperationspartner somit kleine und mittelgroße Organisationen mit lokaler oder regionaler Anbindung, bei denen eine Vermischung der Funktionen *voice*, Service und Partizipation typisch ist. Häufig sind diese Organisationen Teil überregionaler Zusammenschlüsse und Verbände. Die in die Gruppe der staatsersetzenden Organisationen spielt im Untersuchungsfeld dagegen keine Rolle.

## C. Bezugsebenen der Kooperation in der Verwaltung

Bezugsebenen der Kooperation in der Verwaltung sind, soweit es sich um Sozialleistungen handelt, die jeweiligen örtlichen und überörtlichen Leistungsträger der Sozialverwaltung. Örtliche Träger sind die Kreise und kreisfreien Städte.[77] Überörtliche Träger werden durch das Landesrecht festgelegt,[78] überwiegend haben sich die Länder selbst zu überörtlichen Trägern bestimmt.[79]

Bei zuwendungsfinanzierten Aufgaben sowie bei allen Leistungsangeboten, welche keine Sozialleistungen im Sinne der Sozialgesetzbücher darstellen, kommen als finanzierende öffentliche Kooperationspartner alle Ebenen der Bundes- und Landesverwaltung und der Kommunen in Betracht, ebenso wie die Europäische Union.[80] Eine Finanzierung mit Bundesmitteln erfolgt grundsätzlich nur für Pilot- und Modellprojekte.[81]

---

77 Für die Sozialhilfe § 3 Abs. 2 SGB XII, für die Kinder- und Jugendhilfe § 69 Abs. 1 S.1 SGB VIII.

78 Für die Sozialhilfe § 3 Abs. 3 SGB XII, für die Kinder- und Jugendhilfe § 69 Abs. 1 S.2 SGB VIII.

79 Schellhorn SGB VIII, § 69 Rn. 7.

80 Flierl, Wohlfahrtspflege, 41 ff.

81 Trenk-Hinterberger in SDSRV Bd. 43, 37.

## VI. Zusammenfassung

Den Dritten Sektor kann man als den gesellschaftlichen Bereich organisierter Individuen zwischen Staat und Markt umschreiben. Die Dritte-Sektor-Forschung bildete sich als Forschungszweig der Wirtschafts- und Sozialwissenschaften zunächst in den USA heraus; seit den 1990er Jahren wird sie auch in Deutschland rezipiert.

Der Dritte Sektor umfasst eine Vielzahl von in Struktur, Entstehungsgeschichte und Funktion heterogenen Organisationen und entzieht sich deshalb einer klaren Abgrenzung und Definition. Durchgesetzt hat sich die struktural-operationale Definition des *Johns Hopkins Comparative Nonprofit Sector Project*, nach der Organisationen des Dritten Sektors ein Mindestmass an organisatorischer Struktur besitzen, private, autonome, nicht gewinnorientierte Vereinigungen, die auf Freiwilligkeit basieren. Die wesentlichen Funktionen des Dritten Sektors sind die Bereitstellung von Dienstleistungen (Service), die Ermöglichung politischer Mitgestaltung *(voice)* und die Einbindung von Menschen in funktionelle Gemeinschaften (Partizipation).

Der deutsche Dritte Sektor ist in den letzten fünfzig Jahren sowohl ökonomisch als auch im Hinblick auf die Zahl von Organisationen stark gewachsen. Seine wirtschaftliche Macht liegt in den Säulen soziale Dienste und Gesundheitsvorsorge. Der deutsche Dritte Sektor lässt sich in einer Matrix anhand der drei Kriterien Größe der Organisation, vorrangige Funktion (Service, *voice*, Partizipation) sowie Adressaten der Tätigkeit (Eigenleistung, Fremdleistung, staatsersetzend) systematisieren.

Die vorliegende Untersuchung bezieht sich auf Kooperationsverhältnisse zwischen Organisationen des Dritten Sektors und Trägern öffentlicher Verwaltung im Feld ambulanter sozialer Arbeit. Der Begriff der ambulanten sozialen Arbeit wird dabei weit verstanden und umfasst sowohl personenbezogene Sozialleistungen und Präventionsangebote, wie sie in den Sozialgesetzbüchern vorgesehen sind, als auch eine Vielzahl gemeinwohlbezogener Leistungen und Angebote, die nicht durch die Sozialgesetzbücher garantiert oder eröffnet sind, dennoch aber der sozialen, gesundheitlichen oder sozialkulturellen Infrastruktur zuzuordnen sind. Die typischen Kooperationspartner der Sozialverwaltung sind kleine und mittlere Organisationen mit lokaler oder regionaler Anbindung, bei denen die Funktionen *voice*, Service und Partizipation sich vermischen und die häufig in Verbänden organisiert sind.

# Kapitel 2: Der rechtliche Bezugsrahmen der Kooperation

## I. Das Dreiecksverhältnis zwischen dem Träger öffentlicher Verwaltung, der Organisation des Dritten Sektors und den Leistungsadressaten/innen

Die Kooperation zwischen Verwaltungsträgern und Organisationen des Dritten Sektors im Feld der ambulanten sozialen Arbeit ist keine lediglich bipolare Interessensbeziehung zwischen den Akteuren. Vielmehr ist sie Teil des Dreiecksverhältnisses zwischen Verwaltungsträger, Organisation und dem/der individuellen Leistungsadressaten/in.[1] Zwischen diesen drei Polen bestehen – je nach der konkreten Ausgestaltung der Kooperation – unterschiedliche Rechtsbeziehungen.

So kann der Leistungsadressat gegenüber dem staatlichen Träger einen Rechtsanspruch auf die (Sozial-) Leistung haben oder es handelt sich um eine Leistung, deren Gewährung und Ausgestaltung die Sozialgesetzbücher in das pflichtgemäße Ermessen der Behörde stellen. Vielfach geht es im Untersuchungsfeld auch um Leistungen, die aus Sicht des Sozialrechtes ‚freiwillige Leistungen' im Rahmen der sozialen Daseinsvorsorge in Wahrnehmung des Gestaltungsspielraumes bei der Konkretisierung des Sozialstaatsprinzips darstellen. Bei diesen ist der Gesetzgeber hinsichtlich der Wahl der Maßnahmen und Mittel frei.[2] Dann hat der Leistungsadressat allenfalls Teilhabeansprüche.[3]

Das Rechtsverhältnis zwischen dem staatlichem Träger und der gesellschaftlichen Organisation wird durch die unterschiedlichen Formen staatlicher Finanzierung geprägt. Sie kann durch Zuwendungen, einzelfallbezogene Abrechnung im sozialrechtlichen Dreiecksverhältnis oder adressatenbezogene Finanzierung erfolgen. Die Finanzierungsformen unterliegen unterschiedlichen gesetzlichen Regelungen oder Vereinbarungen hinsichtlich der Art und Weise der Leistungserbringung und ihrer Kontrolle.[4]

Den dritten Schenkel des Dreiecks bildet das Verhältnis zwischen der leistungserbringenden Organisation und dem Leistungsadressaten. Zwischen diesen kann eine privatrechtliche Vereinbarung hinsichtlich der Leistungserbringung bestehen. Oder die Organisation wird lediglich als Erfüllungsgehilfe des staatlichen Trägers tätig, wenn der Verwaltungsträger eine zuvor genau konkretisierte Leistung bei der Organisation ‚einkauft'. Denkbar sind auch Fälle, in denen die Angebote der Orga-

---

1 Der in der vorliegenden Arbeit verwendete Begriff des Leistungsadressaten ist kein rechtstechnischer Begriff. Er umfasst – in Abgrenzung zum Begriff des Leistungsberechtigten des SGB XII – Anspruchsberechtigte von Sozialleistungen ebenso wie die Empfänger freiwilliger sozialer Leistungen (dazu im Einzelnen unten, Erster Teil, Kapitel 2, II.B).

2 Vgl. Trenk-Hinterberger in SDSRV Bd. 43, 37.

3 Zu den unterschiedlichen Rechtsverhältnissen zwischen öffentlichem Träger und Leistungsadressat unten, Erster Teil, Kapitel 2, II.B.

4 Zu den Finanzierungsformen unten, Erster Teil, Kapitel 2. III.

nisation als Präventions- und Informationsleistungen nicht individuellen Nutzer/innen zuzuordnen sind und daher keine Rechtsbeziehung zwischen Organisation und Nutzer/in besteht.

Die unterschiedlichen Interessen der Leistungsadressaten/innen, des staatlichen Trägers und Finanziers der Leistung und der leistungserbringenden Organisation prägen die grundlegenden Rechtsfragen, welche im zweiten und dritten Teil der Arbeit anhand konkreter Praxisbeispiele behandelt werden:

Der staatliche Träger bedient sich der Organisationen des Dritten Sektors, weil ihm eigene Implementationsstrukturen fehlen. Zudem will er in der Kooperation die besonderen Fähigkeiten des Sektors und seine Selbststeuerungspotentiale nutzen und entsprechend den Zielen des New Public Management die eigene Verwaltung verschlanken. Zugleich darf er sich jedoch nicht rechtlich oder faktisch sämtlicher Steuerungsmöglichkeiten entledigen. Anforderungen an die staatliche Rahmensteuerung ergeben sich aus dem Demokratieprinzip, dem Prinzip der Gemeinwohlsicherung und sozialrechtlichen Vorgaben.

Die Organisationen verfolgen in der Kooperation mit dem Staat ideelle Oberziele ebenso wie formale Ziele, letztere etwa hinsichtlich des Bestands der Organisation und von Arbeitsplätzen. Für die Organisationen und die organisierten Individuen ist die Kooperation und Finanzierung einerseits grundrechtsermöglichend und -fördernd, indem der Staat sie bei der Wahrnehmung selbstdefinierter Aufgaben unterstützt.[5] Zugleich ist die Finanzierungspraxis aber auch grundrechtsbeschneidend, indem die Förderung mit staatlicher Steuerung durch Auflagen und Bedingungen verknüpft wird.[6]

Der Leistungsadressat ist typischerweise der schwächste Teil im Dreiecksverhältnis, da er nicht in Kooperations- und Verhandlungsinstanzen einbezogen ist, obwohl die Leistungen die Sphäre seiner individuellen Selbstgestaltung betreffen und damit Grundrechtsrelevanz besitzen können. Es existiert eine Stellvertreterfiktion, die davon ausgeht, dass die Organisationen des Dritten Sektors in der Kooperation mit dem Staat sozialanwaltlich auch die Interessen der Leistungsadressaten/innen wahrnehmen. Die materielle oder institutionelle Sicherung der grund- und sozialrechtlichen Positionen der Adressaten/innen in der Kooperationsbeziehung steht also in Frage.

Als weitere, außerhalb des dargestellten Dreiecks stehende Interessensgruppe sind die nicht an der Kooperation beteiligten Organisationen zu berücksichtigen, soweit deren Zugang zur Kooperation erschwert ist. Die Verleihung staatlich vermittelter Machtpositionen an die gesellschaftlichen Kooperationspartner durch die Einräumung von Mitwirkungs- und Mitentscheidungsrechten in der Planung und Politikformulierung kann zu selektiver Interessensbewertung[7] und zu Abschlusstendenzen

---

5 Trute in Schuppert, Verantwortungsteilung, 39; für Selbsthilfegruppen Geis, Selbsthilfe, 102.

6 Neumann, Freiheitsgefährdung, 416 ff; Geis, Selbsthilfe, 102 ff; Wegener, Staat und Verbände, 286 ff; Neumann/Nielandt/Philipp, Sozialleistungen nach Vergaberecht, 9 f und 12 ff.

7 Trute in Schuppert, Verantwortungsteilung, 32 ff.

führen. Die nicht beteiligten Organisationen können also konkurrenten- oder wettbewerbsrechtliche Ansprüche haben.

## II. Der sozialrechtliche Rahmen der Kooperation

Der Untersuchungsbereich der Arbeit wurde oben mit der Kooperation im Bereich ambulanter sozialer Arbeit gekennzeichnet. Der Begriff ‚ambulante soziale Arbeit' ist dabei nicht als Rechtsbegriff zu verstehen, sondern definiert aus einer empirischen Betrachtung des deutschen Dritten Sektors ein bestimmtes Tätigkeitsfeld. Umfasst sind nicht nur Angebote aus dem Spektrum der Sozialgesetze, und der benutzte Begriff der sozialen Leistung stimmt nicht mit dem Rechtsbegriff der Sozialleistung überein. Dennoch bildet das Sozialrecht mit seinen grundlegenden Strukturprinzipien, Begriffen und einzelnen Regelungen in seinen besonderen Teilen, insbesondere dem Recht der Sozialhilfe- und der Kinder- und Jugendhilfe, einen Bezugsrahmen der Kooperation, der im Folgenden umrissen werden.

### A. Begriff des Sozialrechtes

Eine materielle gesetzliche Definition des Sozialen oder des Sozialrechtes existiert nicht. Den grundgesetzlichen Rahmen bilden das Sozialstaatsprinzip aus Art. 20 Abs. 1, 28 Abs. 1 S. 1 GG, welches sich als verfassungsrechtliche Grundsatzentscheidung in erster Linie an den Gesetzgeber wendet und diesem einen großen Gestaltungsspielraum belässt,[8] und die Menschenwürde als Leitprinzip insbesondere der Sozialhilfe.[9] Als Elemente des Prinzips wurden durch die Rechtsprechung des BVerfG das Schutz- und Fürsorgegebot für Hilfsbedürftige als Gebot sozialer Sicherheit,[10] das Angleichungsgebot als Gebot sozialer Gerechtigkeit[11] sowie das Lastenausgleichsgebot[12] konkretisiert. Damit wird nicht der Begriff des Sozialen umfassend definiert, sondern es werden lediglich verschiedene Aufgabenbereiche des Gesetzgebers herausgearbeitet.

Das Sozialgesetzbuch fasst mit seinen besonderen Teilen und weiteren, ihm zugeordneten Gesetzen sozialrechtliche Regelungen ohne abschließenden Charakter zusammen. Der formelle, rechtspositivistische Begriff des Sozialrechtes qualifiziert als Sozialrecht daher das, was der Gesetzgeber diesem Rechtsgebiet zuordnet, im engsten Sinne also das Recht des Sozialgesetzbuches und der ihm in § 68 SGB I zugeordneten weiteren Gesetze.

Die Sozialrechtslehre bemüht sich daneben um die Entwicklung eines materiel-

---

8 BVerfGE 1, 97, 105; 22, 180, 204; 33, 303, 333; 36, 73, 84; 71, 66, 80; 75, 348, 360; 82, 80.

9 Vgl. § 1 S.1 SGB XII.

10 BVerfGE 5, 85, 198; 40, 121, 133; 43, 13, 19; 45, 376, 387.

11 BVerfGE 22, 180, 204; 35, 248, 355 f.

12 BVerfGE 27, 253 LS 2.

len oder substantiellen Sozialrechtsbegriffes, welcher an das grundgesetzliche Sozialstaatsgebot anknüpft. Materielles Sozialrecht ist danach jenes, welches die primäre Aufgabe besitzt, mittels gezielter Leistungen eines öffentlichen Trägers soziale Hilfe und soziale Gerechtigkeit im Einzelfall zu verwirklichen.[13] Auch § 1 Abs. 1 S. 1 SGB I enthält einen vergleichbaren Programmsatz, indem er die Verwirklichung sozialer Gerechtigkeit und sozialer Sicherheit durch Sozialleistungen zum Ziel setzt. Diese Begriffe werden in Satz 2 der Vorschrift im Hinblick auf die Menschenwürde (Art. 1 Abs. 1 S.1 GG) und weitere Grundrechtsgarantien (Art. 2 Abs. 1, 3 Abs. 1, 6 Abs. 1, 12 Abs. 1 GG) konkretisiert: Das Recht des SGB soll zur Sicherung eines menschenwürdigen Daseins, zur Schaffung gleicher Voraussetzungen für die freie Entfaltung der Persönlichkeit, insbesondere auch für junge Menschen, zum Schutz und zur Förderung von Familien, zur Ermöglichung zum Erwerb des Lebensunterhalts durch eine frei gewählte Tätigkeit und zur Abwendung und zum Ausgleich besonderer Belastungen des Lebens beitragen. Das Sozialrecht wird in die Bereiche der sozialen Vorsorge, der sozialen Entschädigung und der sozialen Förderung gegliedert. Die soziale Vorsorge dient der Absicherung kalkulierbarer Lebensrisiken und entspricht dem Gebiet der Sozialversicherungen. Die soziale Entschädigung meint den öffentlichen Schadensausgleich für Gesundheitsschäden aus besonderen Risiken, für die eine besondere Verantwortung der Allgemeinheit besteht, etwa Wehrdienst- und Kriegsschäden sowie Schäden durch Gewaltverbrechen. Die soziale Förderung und Hilfe wiederum dient der Verbesserung der sozialen Chancengleichheit sowie der Basissicherung zur Bekämpfung sozialer Notlagen.[14]

## B. Soziale Rechte, Ansprüche und Leistungen

Die Angebote ambulanter sozialer Leistungen im Untersuchungsfeld sind rechtlich unterschiedlich einzuordnen: Zum Teil werden Organisationen für die Erbringung von Leistungen finanziert, die zugleich Sozialleistungsansprüche gegenüber dem staatlichen Sozialleistungsträger erfüllen; zum Teil kooperiert der öffentliche Träger zur Erfüllung objektiv-rechtlicher Verpflichtungen; zum Teil fördert er Angebote, welche als freiwillige soziale Leistungen anzusehen sind. Die rechtliche Einordnung ergibt sich dabei immer aus dem Rechtsverhältnis zwischen dem öffentlichen Träger und dem Adressaten der Leistung.

### 1. ‚Soziale Rechte' und Sozialstaatsprinzip

In §§ 2 – 10 SGB I werden sog. soziale Rechte statuiert, welche Leitvorstellungen für einzelne Sozialleistungsbereiche herausstellen und die weitere Sozialgesetzgebung sowie gemäß § 2 Abs. 2 SGB I als Richtlinien die Ermessensbetätigung der öffentlichen Träger steuern.[15] Diese sozialen Rechte stellen jedoch keine subjektiven

13 Bley/ Kreikebohm/ Marschner, Sozialrecht, Rn. 2 f.

14 Bley/ Kreikebohm/ Marschner, Sozialrecht, Rn. 2 f.

15 Wannagat-*Rüfner*, SGB, § 2 AT, Rn. 6 ff.

Ansprüche dar;[16] Sozialleistungsansprüche ergeben sich lediglich aus den besonderen Teilen des Sozialgesetzbuches, § 2 Abs. 1 S. 2 SGB I.

Auch aus dem grundgesetzlichen Sozialstaatsprinzip allein ergeben sich keine subjektiven Rechte;[17] nur in Ausnahmefällen können unter seinem Einfluss aus den Grundrechten Leistungsrechte entstehen.[18] Ebenso setzt das BVerfG der Konstruktion von Teilhabeansprüchen an existierenden staatlichen Leistungen bzw. dem Zutritt zu vorhandenen Einrichtungen aus dem Sozialstaatsprinzip und dem Gleichheitssatz aus Art. 3 Abs. 1 GG enge Grenzen, indem es solche Teilhaberechte unter den „Vorbehalt des Möglichen im Sinne dessen stellt, was der einzelne vernünftigerweise von der Gesellschaft beanspruchen kann;“[19] die Konkretisierung dieser Abwägung von Individual- und Kollektivinteressen im Lichte des Sozialstaatsprinzips obliege weitgehend dem Gesetzgeber.[20]

### 2. Sozialleistungsansprüche

Ein Sozialleistungsanspruch ist ein gerichtlich durchsetzbares subjektiv-öffentliches Recht auf eine Sozialleistung.[21] Sozialleistungen können als sich unmittelbar aus dem Gesetz ergebende Anspruchsleistungen, als dem Grunde nach bestehende Ansprüche, die in Art und Maß im Ermessen des Leistungsträgers stehen,[22] sowie als Regel- bzw. Ermessensleistungen in Form von Soll- und Kann-Vorschriften ausgestaltet sein.[23]

Selbst bei Anspruchsleistungen kann jedoch aufgrund der Verwendung unbestimmter Rechtsbegriffe die Möglichkeit gerichtlicher Durchsetzung praktisch begrenzt sein, da viele Konkretisierungen dem allgemein formulierten Normprogramm entsprechen.[24] Dies trifft insbesondere für die Leistungsart der Dienstleistung nach §§ 10 Abs. 2, 11 SGB XII[25] zu, welche die umfassende Beratung, die persönliche Unterstützung, die Besorgung und die Behandlung umfasst.[26]

---

16 Bley, SGB-SozVers-GesKomm-*Lilge* § 2 SGB I, 3f) cc).
17 BVerfGE 27, 253, 283; 82, 60, 80.
18 BVerfGE 82, 60, 80; 82, 264, 368.
19 BVerfGE 33, 303, 333 (Numerus-clausus-Entscheidung).
20 BVerfGE 33, 303, 333.
21 Bley/ Kreikebohm/ Marschner, Sozialrecht, Rn. 100.
22 Z.B. in der Sozialhilfe § 17 Abs. 2 SGB XII.
23 Bley/ Kreikebohm/ Marschner, Sozialrecht, Rn. 102.
24 Vgl. BSGE 38, 282, 289 m.w.N..
25 Der Begriff der Dienstleistung in § 10 SGB XII hat jenen der persönlichen Hilfe in § 8 BSHG abgelöst; zum Inhalt der persönlichen Hilfe vgl. Schellhorn/ Jirasek/ Seipp, BSHG § 8, Rn. 7 und 16 ff.
26 Münder u.a., LPK-SGB XII-*Roscher*, § 10, Rn. 4.

### 3. Objektiv-rechtliche Verpflichtungen

Der Staat finanziert auch Angebote und Leistungen, die nicht der Erfüllung subjektiver öffentlicher Rechte der Adressaten dienen, welche aber dennoch nicht als freiwillige Leistungen einzustufen sind, da sie in Erfüllung objektiv-rechtlicher Verpflichtungen erfolgen. Objektiv-rechtliche Verpflichtungen haben lediglich die Verwaltungsträger als Normadressaten; sie sind damit rechtlich bindend, für Dritte aber nicht im Sinn der Schutznormtheorie gerichtlich durchsetzbar.[27] Soziale Angebote, die in Erfüllung objektiv-rechtlicher Verpflichtungen gemacht werden, richten sich häufig an einen nicht oder schwer individualisierbaren Adressatenkreis, zum Beispiel allgemeine Präventions- und Aufklärungsarbeit oder Förderangebote.[28]

### 4. Freiwillige Leistungen

Als freiwillige Leistung wird die sozialpolitische Betätigung von öffentlichen Trägern außerhalb des formellen Sozialrechtes bzw. außerhalb der Leistungsansprüche, Ermessensansprüche und objektiv-rechtlichen Verpflichtungen der Sozialgesetzbücher betrachtet. Unter den Begriff der freiwilligen Leistung werden in der Praxis fälschlicherweise auch Leistungen gefasst, welche entweder einen geringen Verpflichtungsgrad aufweisen oder zu den objektiv-rechtlichen Verpflichtungen im Sozialrecht gehören. Bei den freiwilligen Leistungen ist der öffentliche Träger von den Vorgaben der besonderen Bücher des SGB hinsichtlich der Voraussetzungen und des Verfahrens befreit.[29]

## C. Das Sozialleistungserbringungsrecht als Verwaltungskooperationsrecht

Das Sozialrecht regelt nicht nur das Sozialleistungsrecht im Verhältnis zwischen dem staatlichen Leistungsträger und dem individuellen Leistungsadressaten. Es enthält auch Regelungen zum Leistungserbringungsrecht zwischen dem öffentlichen Sozialleistungsträger[30] und demjenigen, der die Leistung tatsächlich an den Leistungsempfänger erbringt. Das Verhältnis zwischen dem Leistungsberechtigten und dem öffentlichen Leistungsträger wird als Sozialrechtsverhältnis bzw. enger als Sozialleistungsverhältnis bezeichnet; die entsprechenden Regelungen bilden das Sozialleistungsrecht.[31] Dagegen stellen die Rechtsbeziehungen des öffentlichen Trägers

---

27 Objektiv-rechtliche Verpflichtungen, aus denen sich keine subjektiven öffentlichen Rechte ergeben, sind etwa die Regelungen in Art. 6 GG. Der besondere staatliche Schutz von Ehe und Familie nach Art. 6 Abs. 1 GG und von Müttern nach Art. 6 Abs. 4 GG verpflichtet den Staat auch zur deren Förderung auch im wirtschaftlich-materiellen Bereich, BVerfGE 40, 121, 132; 48, 346, 366; 55, 114, 126 f; 61, 18, 25; 62, 323, 332.

28 Vgl. zum Jugendhilferecht Schellhorn, SGB VIII, § 2 Rn. 11ff.

29 Mrozynski in RsDE Bd. 47, 33.

30 Die für einzelne Sozialleistungen zuständigen Sozialleistungsträger ergeben sich aus §§ 12, 18 – 29 SGB I i.V.m. den besonderen Teilen des SGB.

31 Bley/ Kreikebohm/ Marschner, Sozialrecht, Rn. 51.

zu den Leistungserbringern aus Sicht des Sozialrechtes Drittrechtsverhältnisse dar, welche nicht der materiell-rechtlichen Konkretisierung und Realisierung des Sozialrechtes als Ganzem dienen, sondern instrumentelle Funktionen bei der Sozialverwaltung haben.[32] Die diesbezüglichen Regelungen werden als Leistungserbringungsrecht bezeichnet.[33]

Das Leistungserbringungsrecht bildet den wesentlichen sozialrechtlichen Rechtsrahmen für die Kooperationsverhältnisse zwischen staatlichen Trägern und dem Dritten Sektor, es stellt sozusagen das spezielle ‚Verwaltungskooperationsrecht'[34] des Sozialsektors dar. Im Leistungserbringungsrecht regelt das Sozialrecht Strukturprinzipen der Zusammenarbeit mit den Trägern, wie das Zusammenarbeitsgebot, Förderungsgebote und die Selbständigkeitsgarantie, sowie einzelne Typen von Rechtsverhältnissen in der Leistungserbringung[35] und Kooperationsgremien.[36]

Das Leistungserbringungsrecht ist in jenen Feldern des Sozialrechtes relevant, die nicht durch die öffentlichen Sozialversicherungssysteme abgedeckt werden: In diesen Feldern ist in Deutschland die Tradition der Erbringung von Sozialleistungen durch Dritte, insbesondere durch freie gesellschaftliche Organisationen, historisch gewachsen.[37] Die klassische Kooperation Staat – Dritter Sektor besteht in den herkömmlich mit den Begriffen ‚Fürsorge' und ‚Wohlfahrt'[38] gekennzeichneten Bereichen. Die wesentlichen gesetzlichen Regelungen stellen das Sozialhilferecht (SGB XII) und das Gesetz über die Kinder- und Jugendhilfe (SGB VIII) dar.[39]

Die Tätigkeiten der Dritte-Sektor-Organisationen im Untersuchungsbereich bewegen sich damit in den Rechtsbereichen Sozialhilfe und Kinder- und Jugendhilfe bzw. an deren Rändern und Übergängen zu freiwilligen Leistungen.

---

32 Bley/ Kreikebohm/ Marschner, Sozialrecht, Rn. 61.

33 Münder u.a., LPK-SGB-*Münder*, vor § 75, Rn.1; Neumann, Freiheitsgefährdung, 47 ff.

34 Begriff von Schuppert, Verwaltungskooperationsrecht.

35 Etwa das Leistungsvertragsrecht in §§ 75 – 81 SGB XII und §§ 77, 78a – 78g SGB VIII.

36 Etwa den Jugendhilfeauschuss in §§ 70, 71 SGB VIII.

37 Zu historischen Entwicklungslinien Erster Teil, Kapitel 4.

38 Zur Geschichte des Begriffs der Wohlfahrt als „planmäßige, zum Wohl der Allgemeinheit und nicht des Erwerbes wegen ausgeübte Sorge für notleidende oder gefährdete Mitmenschen" (§ 2 S.1. Dritte Verordnung zur Durchführung des Gesetzes über die Ablösung öffentlicher Anleihen von 1926) ausführlich Neumann, Freiheitsgefährdung, 68 ff.

39 Ferner auch das Recht der Pflegeversicherung, SGB XI. Obwohl dieses nunmehr zum Sozialversicherungsrecht, also zur sozialen Vorsorge zu rechnen ist, sind auch hier viele Kooperationsverhältnisse zwischen öffentlichen und privaten – gemeinnützigen wie gewerblichen – Trägern vorzufinden. Das rührt daher, dass die Pflege vor der Einführung der Pflegeversicherung über das Sozialhilferecht abgedeckt war.

## D. Das Verhältnis zwischen öffentlichen und privat-gemeinnützigen Trägern im Sozialrecht

Die im Folgenden dargestellten Prinzipien beziehen sich auf das Verhältnis zwischen den öffentlichen Trägern und den Wohlfahrtsverbänden bzw. den so genannten ‚freien Trägern', das heißt den privat-gemeinnützigen Trägern. Als zentrale sozialrechtliche Norm für das Verhältnis öffentlicher Träger zu den Verbänden der freien Wohlfahrtspflege wird § 5 SGB XII (zuvor § 10 BSHG) angesehen. Für die Sozialhilfe als den Kernbereich der Kooperation von öffentlichen und freigemeinnützigen Trägern im Sozialsektor regelt sie die grundsätzlichen Prinzipien der Kooperation und die Stellung der Verbände. Die in § 5 SGB XII niedergelegten Prinzipien wurden auch im Kinder- und Jugendhilferecht, sowie für das gesamte besondere Sozialrecht in § 17 Abs. 3 SGB verankert.[40] Dabei wurde ihr Anwendungsbereich auf alle freien Träger ausgeweitet. Mittlerweile hat sich auch im Hinblick auf § 5 SGB XII eine weite Auslegung des Begriffs des Verbands der freien Wohlfahrtspflege durchgesetzt, wonach dazu alle freigemeinnützigen Vereinigungen unabhängig von deren Zugehörigkeit zu einem Spitzenverband der freien Wohlfahrtspflege gehören.[41] Damit deckt sich der Anwendungsbereich des § 5 SGB XII mit jenem des § 17 SGB I.

Diese Prinzipien gelten jedoch nicht für die privat-gewerblichen Träger, welche im Rahmen der Sozialrechtsreformen seit den 1990er Jahren immer stärker in die Kooperation aufgenommen wurden. Auch für die gewerblichen Träger gelten mittlerweile die Vorrangregeln und Strukturvorgaben, welche das Leistungserbringungsrecht regelt.[42]

### 1. Subsidiaritätsprinzip

Das institutionelle Subsidiaritätsprinzip[43] sieht einen grundsätzlichen[44] Nachrang der Leistungserbringung durch Einrichtungen öffentlicher Träger gegenüber den Angeboten freier gemeinnütziger Träger vor. Zugleich behält der Sozialleistungsträger jedoch die Gesamtverantwortung für die Erfüllung der Aufgaben.[45]

---

40 Wannagat-*Rüfner* § 17 AT Rn. 8; BochKomm-*Rode* § 17 SGB I Rn. 18; enger SGB-SozVers-GesKomm-*Lilge* § 17 SGB I, 8, der eine Verpflichtung der öffentlichen Träger zur Zusammenarbeit den besonderen Teilen vorbehalten sieht.

41 Münder u.a., LPK-SGB XII-*Münder*, § 5, Rn. 7 ff m.w.N.; a.A. Schellhorn/ Jirasek/ Seipp BSHG § 10, Rn.10; Neumann, Freiheitsgefährdung, 75 ff.

42 Vgl. das Leistungsvertragsrecht in §§ 75 ff SGB XII und §§ 78 a ff SGB VIII, in welchem nicht mehr von freien, sondern lediglich von „anderen Trägern" (§ 75 Abs. 2 S. 1 SGB XII) bzw. von „Trägern" (§ 78 b Abs. 1 SGB VIII) die Rede ist. Anders dagegen § 77 SGB VIII, der sich nur auf Träger der freien Jugendhilfe bezieht.

43 Vgl. zur Entwicklung des Subsidiaritätsprinzips Erster Teil, Kapitel 4, II.A.

44 Zu den Grenzen BVerfGE 22, 180.

45 BVerfGE 22, 180, 206. Dieser Grundsatz ist ausgeprägt in § 79 SGB VIII, §§ 3, 5 Abs. 5 SGB XII.

Im Sozialhilferecht wird ein grundsätzlicher Nachrang der öffentlichen gegenüber den Trägern der freien Wohlfahrtspflege in § 5 Abs. 4 SGB XII in einer Soll-Vorschrift niedergelegt. Im Feld der Leistungserbringung war im BSHG zunächst daneben ein Vorrang für Dienste und Einrichtungen der freien Wohlfahrtspflege in § 93 BSHG vorgesehen. Dieser wurde mittlerweile von einem allgemeinen Vorrang aller privaten, einschließlich gewerblichen, Einrichtungen abgelöst.[46] Dies gilt auch heute in § 75 Abs. 2 SGB XII fort.

### 2. Zusammenarbeitsgebot

Durch das Zusammenarbeitsgebot soll eine gleichberechtigte, partnerschaftliche Kooperation zwischen öffentlichen und freien Trägern hergestellt und weitergeführt werden.[47] Neben seiner grundsätzlichen Normierung etwa in § 5 Abs. 2 SGB XII, § 17 Abs. 3 S. 1 SGB I wird auch eine Vielzahl von Einzelregelungen des Sozialrechtes als Konkretisierung dieses Prinzips verstanden.[48]

### 3. Selbständigkeitsgarantie

Während das Zusammenarbeitsgebot vor allem aktive Verpflichtungen der öffentlichen Träger zur Kooperation mit den freien Trägern begründet, schützt die Selbständigkeitsgarantie, niedergelegt etwa in § 5Abs. 2 SGB XII, § 17 Abs. 3 S.1 SGB I, deren *status negativus*, die Freiheit von staatlicher Einflussnahme auf Zielsetzung und eigene Tätigkeit der Organisationen.[49]

Aus Zusammenarbeitsgebot und Selbständigkeitsgarantie wird ein gewisser Vorrang der freien Träger insofern abgeleitet, als diese Grundsätze eine Konkurrenz öffentlicher mit freien Trägern zugunsten von Koordination und Arbeitsteilung ausschlössen; wo eine Koordinierung nicht zu erreichen sei, habe sich der öffentliche Träger daher zurückzuhalten.[50]

### 4. Förderungsgebot

In § 5 Abs. 3 S. 2 SGB XII ist niedergelegt, dass die öffentlichen Träger die Wohlfahrtsverbände bei ihrer Tätigkeit „angemessen unterstützen„ sollen; § 74 SGB VIII enthält eine noch weiter ausdifferenzierte Regelung für die Förderung der freien Jugendhilfe. Ein Rechtsanspruch auf Förderung ergibt sich aus diesen Regelungen

---

46 BSHG-Reformgesetz 1996 v. 23. Juli 1996 (BGBl. I S. 1088).

47 BochKomm-*Rode* SGB I, § 17 Rn. 18; zu den Facetten des Prinzips ausführlich Geis, Selbsthilfe 155 ff.

48 Etwa § 28 Abs. 2, 2.Hs SGB I; §§ 4 Abs. 1 S.1, 71 Abs. 1 Nr. 2, 78, 80 SGB VIII; § 95 Abs. 1, S. 1, 2 SGB X; §§ 4, 11 Abs. 5, 68 Abs. 3, 75 Abs. 2 SGB XII.

49 Ausführlich zum Inhalt und zu Konkretisierungen Geis, Selbsthilfe 171 ff.

50 Wannagat-*Rüfner* § 17 AT Rn. 8.

nach hM jedoch nicht, sondern ein Anspruch fehlerfreie Ermessensausübung bei Förderungsentscheidungen.[51]

### 5. Pluralismusgebot

Als weiteres Strukturprinzip des SGB-Sozialrechtes wird das Pluralismusgebot sowohl aus den Rechten der kooperierenden freien Organisationen[52] als auch aus den Rechten Leistungsadressaten, insbesondere deren Wunsch- und Wahlrechten,[53] hergeleitet. Das Prinzip, welches in § 3 Abs. 1 SGB VIII ausdrücklich normiert ist, enthält ein Gebot für Legislative und Exekutive, auf die Herstellung und das Fortbestehen einer pluralen Trägerlandschaft aktiv hinzuwirken.[54]

### 6. Einwirkung des Sozialleistungsrechts auf das Leistungserbringungsrecht

Auch Grundsätze des Sozialleistungsrechtes, welche subjektive Rechte oder objektiv-rechtliche Verpflichtungen zugunsten der Leistungsempfänger entfalten, wirken auf das Leistungserbringungsrecht ein. Die Rechtskreise sind nicht völlig voneinander zu trennen.

Zu nennen sind etwa Vorgaben zur Ausführung von Sozialleistungen in § 17 Abs. 1 SGB I, wonach die Berechtigten die Leistungen zeitgemäß, umfassend und zügig erhalten sollen, die erforderlichen sozialen Dienste und Einrichtungen rechtzeitig und ausreichend zur Verfügung stehen sollen, und der Zugang zu Leistungen einfach gestaltet sein soll und sie barrierefrei erbracht werden sollen.[55]

Gleiches gilt für Grundprinzipien des Leistungsrechtes in den besonderen Teilen, etwa dem Grundsatz der Individualisierung der Hilfe[56] und der Vorrang ambulanter Leistungen[57] im Sozialhilferecht und die Grundsätze der Betroffenenorientierung und Partizipation im Jugendhilferecht.[58] Diese inhaltlichen Leitlinien des Leis-

---

51 Münder u.a., LPK-SGB XII-*Münder*, § 5, Rn. 32 und ders., SGB VIII, § 74, Rn. 14, jeweils m.w.N.

52 Geis, Selbsthilfe, 153; Wegener, Staat und Verbände, 282 f.

53 Geis, Selbsthilfe, 154; Wegener, Staat und Verbände, 190 f.

54 Wegener, Staat und Verbände, 282 ff; Scholz in v. Campenhausen, Kann der Staat für alles sorgen?, 27; Geis, Selbsthilfe, 153 ff; Neumann, Freiheitsgefährdung, 14 f.

55 Die Rechtsnatur dieser Vorschriften ist umstritten; überwiegend werden sie als rein objektiv-rechtliche Vorschriften mit dem Normadressaten Sozialverwaltungsträger betrachtet, vgl. etwa Wannagat-*Rüfner* § 17 AT, Rn. 3. Differenzierend SGB-SozVers-GesKomm-*Lilge* §17 SGB I, 3a): Kein isolierter Anspruch des Bürgers auf die institutionellen Leistungsvoraussetzungen aus § 17; soweit aber ein Sozialleistungsanspruch besteht, besteht auch ein Anspruch auf dessen Erfüllung nach den Maßgaben des § 17.

56 § 9 SGB XII.

57 § 13 Abs. 1 SGB XII.

58 § 8, 9 SGB VIII; eine Verknüpfung mit dem Leistungserbringungsrecht findet sich in der Vorrangregelung bei der Förderung von Trägern der freien Jugendhilfe, § 74 Abs. 4 SGB VIII.

tungsrechtes kommen bei den Formen der Dienst- und Sachleistungen, wie sie von den freien Trägern erbracht werden, in besonderem Maße zum Tragen. Sie müssen beispielsweise bei der Ausgestaltung von Förderrichtlinien und konkreten Förderentscheidungen berücksichtigt werden.

## III. Formen öffentlicher Finanzierung von Organisationen des Dritten Sektors

Das zentrale staatliche Steuerungsmittel gegenüber den Organisationen des Dritten Sektors ist deren materielle Förderung. Über Geld oder geldwerte Leistungen, die zu bestimmten Bedingungen überlassen werden, erfolgt eine indirekte Anreizsteuerung. Der staatliche Sektor bildet die Hauptfinanzierungsquelle des deutschen Dritten Sektors, wobei sich die staatliche Unterstützung als komplexes Netz verschiedener Förderungsarten darstellt.[59] In einer vereinfachten Unterteilung machen Zuwendungen und Subventionen etwa 32,8 Prozent der Nonprofit-Einnahmen aus; weitere 35,4 Prozent der Einnahmen fließen aus Kostenerstattungen, insbesondere im sozialrechtlichen Dreiecksverhältnis.[60]

Die zumindest anteilige öffentliche Finanzierung der ambulanten sozialen Leistungen privater Träger kann in unterschiedlichen Rechtsformen stattfinden. Grundlage ist dabei immer das Dreiecksverhältnis zwischen öffentlicher Verwaltung, gemeinnütziger Organisation und Leistungsadressaten/innen. In diesem Dreieck ist die Finanzierung von Leistungen in drei Konstellationen denkbar: Zum ersten das Modell der institutionenbezogenen Finanzierung: Der Staat finanziert die Organisation, geknüpft an die Bedingung, gewisse Leistungen gegenüber nicht individualisierten Adressaten/innen zu erbringen, bzw. ein Leistungsangebot für einen Personenkreis bereitzuhalten. Zum zweiten das Modell der einzelfallbezogenen Leistung: Die Organisation erhält öffentliche Mittel jeweils für konkrete Leistungen, die sie gegenüber Adressaten/innen erbringt. Zum dritten das Modell der personenbezogenen Förderung der Leistungsberechtigten: Der Staat stattet individuelle Adressaten/innen mit Mitteln aus, damit diese gewisse Leistungen bei der Organisation erwerben.

Im Folgenden werden die im Bereich sozialer Leistungen in Deutschland üblichen Finanzierungsformen vorgestellt, den eben skizzierten Grundmodellen zugeordnet und die zugrunde liegenden Rechtsregimes vorgestellt.

### A. Zuwendungen als institutionenbezogene Förderung

Zuwendungen sind in § 23 BHO/ LHO legaldefiniert: Zuwendungen sind öffentliche Leistungen an Stellen außerhalb der Bundes- bzw. Landesverwaltung zur Erfüllung bestimmter Zwecke. Als weitere definitorische Voraussetzung wird von der

59 Vgl. die Aufstellung bei Flierl, Wohlfahrtspflege, 84 ff.
60 Anheier in ders. u.a., Sektor 1998, 52.

Literatur in Abgrenzung vom Leistungsaustausch vorausgesetzt, dass der staatlichen Leistung keine individualisierbare marktmäßige Gegenleistung gegenübersteht.[61] Zudem darf der Empfänger vor der Vergabeentscheidung keinen dem Grund und der Höhe nach bestimmten Rechtsanspruch auf Finanzierung haben.[62]

Zuwendungen sind damit, bezogen auf die oben dargestellten Modelle der Finanzierung im Dreieck, der klassische Fall institutionsbezogener staatlicher Leistungen. Die Zuwendung unterstützt die Organisation bei der Wahrnehmung eigener Aufgaben. Zwischen Zuwendungsgeber und -nehmer besteht ein zweiseitiges Rechtsverhältnis, wobei die Leistungen, welche der Zuwendungsnehmer gegenüber Dritten erbringt, den Zuwendungszweck bilden. Rechtmäßigkeitsvoraussetzung der Veranschlagung von Zuwendungen im Haushalt ist nach § 23 BHO, dass an der Erfüllung des Zuwendungszweckes ein erhebliches öffentliches Interesse besteht und dieses ohne die Zuwendung nicht oder nicht im notwendigen Umfang befriedigt werden kann (zuwendungsrechtlicher Subsidiaritätsgrundsatz).

Zuwendungen für ambulante soziale Leistungen werden auf der gesetzlichen Grundlage sozialrechtlicher Förderungsnormen[63] oder auf Grundlage des Haushaltsplanes[64] vergeben. In ihrer Ausgestaltung sind sie durch das Rechtsregime der §§ 23, 44 BHO/LHO mit ihren Verwaltungsvorschriften[65] und Allgemeinen Nebenbestimmungen[66] und weiteren haushaltsrechtlichen Verwaltungsvorschriften,[67] sowie durch fachliche Rahmenregelungen[68] geprägt. Sie können als institutionelle Förderung, bezogen auf die gesamten Kosten der geförderten Organisation, oder als Projektförderung, bezogen auf ein zeitlich und inhaltlich klar abgegrenztes Projekt einer Organisation, gewährt werden. Die Mittel können dabei als prozentuale Anteilsfinanzierung, als Fehlbedarfsfinanzierung oder als Festbetragsfinanzierung ausgekehrt werden.[69]

Zuwendungen finden sich im Feld sozialer Leistungen vielfach dort, wo ein öffentlich-rechtlicher Anspruch der Adressaten/innen auf bestimmte Leistungen nicht

---

61 Pöld-Krämer/ Fahlbusch in RsDE Bd. 46, 10; Neumann in SDSRV Bd. 43, 10; Geis, Selbsthilfe, 129.

62 BMF, Haushaltssystem, 29.

63 Etwa § 74 SGB VIII; auch bei der Förderung auf spezialgesetzlicher Grundlage kann sich nur in Ausnahmefällen ein Anspruch der Organisation auf Förderung ergeben, vgl. Neumann, Freiheitsgefährdung, 361 ff.

64 Als Rechtsgrundlage für die Gewährung von Zuwendungen reicht nach inzwischen allg. Meinung die Ausweisung entsprechender Mittel im Haushaltsplan und das nur materielle Haushaltsgesetz aus, vgl. HambOVG in HmbJVBl. 1977, 116; Gusy in JA 1991, 287 f, Ehlers in DVBl. 1993, 861 f.

65 Vorläufige VV zur BHO bzw. VV zu den jeweiligen LHO.

66 ANBest-I (Institutionelle Förderung); ANBest-P (Projektförderung); ANBest-Kost (Förderung nach Kosten).

67 Z.B. Erläuterungen zu den VV, Verfahrens- und Durchführungsbestimmungen.

68 Z.B. Förderrichtlinien.

69 Vgl. die Vorläufige VV zur BHO bzw. VV zu den jeweiligen LHO.

besteht,[70] wo eine Individualisierung der Leistungen und Leistungsempfänger schwierig ist – etwa bei der Prävention – oder das Konzept des Angebotes und den Zugang zu den Adressaten/innen gefährden würde, wie etwa bei der anonymen und niederschwelligen Arbeit mit Drogenabhängigen, Prostituierten oder Migranten ohne Aufenthaltsstatus.

## B. Einzelfallbezogene Auftrags- oder Leistungsverhältnisse

In einzelfallbezogenen Auftrags- und Leistungsverhältnissen erhalten die Organisationen öffentliche Mittel jeweils für konkrete Leistungen, die sie gegenüber individuellen Adressaten/innen erbringen.

### 1. Sozialrechtliche Auftrags- und Leistungsverhältnisse

Typischer Fall eines einzelfallbezogenen Auftrags- und Leistungsverhältnisses ist die Kostenübernahme im so genannten ‚sozialrechtlichen Dreiecksverhältnis'.[71] Dort stellen alle drei Schenkel des Dreiecks unmittelbare Rechtsbeziehungen dar: Das primäre Rechtsverhältnis besteht in einem Sozialleistungsanspruch des Adressaten gegen den öffentlichen Träger. Dieser Anspruch wird durch den freien sozialen Träger in einem Zivilrechtsverhältnis zum Adressaten erfüllt, wofür der freie Träger öffentliche Mittel erhält. Rechtsgrund für die Leistung öffentlicher Mittel an die Organisation des Dritten Sektors ist damit das Sozialrechtsverhältnis zwischen öffentlichem Leistungsträger und berechtigtem Bürger.[72] Wie das Rechtsverhältnis über die Leistung von öffentlichen Mitteln zwischen Staat und öffentlichem Träger ausgestaltet ist, bestimmt sich nach den zugrunde liegenden sozialrechtlichen Normen des Leistungserbringungsrechtes.[73]

Die Kostenerstattung in Form der Pflegesatzfinanzierung stand nach alter Rechtslage dem Recht des Auftrags nahe.[74] Das bedeutet, dass vor dem Anfall von Leistungen vertraglich zwischen der Organisation – bzw. üblicherweise den Spitzenverbänden für die ihnen angeschlossenen Organisationen – und öffentlichem Sozialleistungsträger Pflegesätze für bestimmte Leistungen vereinbart werden und anhand dieser Sätze dann eine einzelfall- und personenbezogene Abrechnung der

---

70 Neumann, Freiheitsgefährdung, 349.

71 Ob der Begriff des sozialrechtlichen Dreiecksverhältnisses die Rechtswirklichkeit zutreffend erfasst oder hinsichtlich des Verhältnisses Staat – freiem Träger idealisiert, wird in der sozialrechtlichen Literatur diskutiert, vgl. Neumann, Freiheitsgefährdung, 87 ff und in RsDE Bd. 31, 47; Giese in RsDE Bd. 46, 1 f; sowie die Beiträge in Verband der ev. Einrichtungen für geistig und seelisch Behinderte (Hrsg.), Das so genannte Dreiecksverhältnis.

72 Münder u.a., LPK-SGB XIII-*Münder*, Vor § 75, Rn. 5 ff; Neumann in RsDE Bd. 31, 47.

73 S. oben Erster Teil, Kapitel 2, II.C.

74 Vgl. zu dieser Finanzierungsform, insbesondere zu der Entwicklung von der Erstattung tatsächlich angefallener Kosten zu immer stärkerer Pauschalierung und Deckelung in den einzelnen Zweigen des Sozialrechtes ausführlich Neumann, Freiheitsgefährdung, 87 ff.

Organisation mit dem Leistungsträger erfolgt.[75] Mit den in den letzten Jahren getroffenen Neuregelungen der gesetzlichen Grundlagen der Pflegesatzvereinbarungen im Recht der Sozialhilfe, §§ 75 ff SGB XII, der Kinder- und Jugendhilfe, §§ 77, 78 a bis 78 g SGB VIII, und der Pflegeversicherung, §§ 72 ff SGB XI, sind diese nunmehr als echte öffentlich-rechtliche Austauschverträge gem. § 55 SGB X zu qualifizieren.[76] Mit geringen Unterschieden wird durch die Sozialgesetzbücher die Vereinbarung synallagmatischer Leistungs-, Entgelt- und Qualitätssicherungs- bzw. Qualitätsentwicklungsvereinbarungen angeordnet.

### 2. Haushaltsrechtliche Austausch- und Leistungsverträge

Neben den eben dargestellten sozialrechtlich determinierten Verträgen, in denen die sozialrechtlichen Normen die Formenwahl und die Regelungsgegenstände vorgeben, stehen weitere allgemeine Austausch- und Leistungsverträge zwischen Trägern öffentlicher Verwaltung und Organisationen des Dritten Sektors auf der Grundlage des Haushaltsrechtes. Soweit ein Anspruch des Leistungsadressaten auf eine konkrete Leistung nicht besteht, lösen sie Zuwendungsfinanzierungen ab.[77]

Allgemeine Leistungsverträge werden in der Regel einzelfallbezogen gestaltet, indem Preise für nach Inhalt, Umfang und Qualität konkret beschriebene Leistungseinheiten vereinbart werden. Sie können jedoch auch institutionenbezogen gestaltet werden, indem, vergleichbar mit der klassischen Zuwendung, als Gegenleistung der Organisation die Bereithaltung eines Leistungsangebots vereinbart wird, etwa der Betrieb eines Jugendzentrums;[78] dann sind sie wie die Zuwendungen dem Modell der institutionenbezogenen Finanzierung zuzuordnen.

## C. Übertragung von Aufgaben der Sozialhilfe auf Verbände der freien Wohlfahrtspflege

Öffentliche Mittel erhalten die Verbände der freien Wohlfahrtspflege auch, wenn ihnen nach § 5 Abs. 5 SGB XII Aufgaben übertragen bzw. sie an der Erfüllung von Aufgaben beteiligt werden. Meist handelt es sich dabei um eine tatsächliche Aufgabenwahrnehmung durch die Verbände, ohne dass diese beliehen werden; der Übertragungs- oder Beteiligungsakt kann durch öffentlich-rechtlichen Vertrag oder Verwaltungsakt erfolgen.[79] Auf dieser Grundlage erbringt der freie Träger sodann Lei-

---

75 Neumann in RsDE Bd. 31, 54.

76 Götz in RsDE Bd. 44, 12 f; Opitz in RsDE Bd. 44, 25 ff ("spezieller koordinationsrechtlicher öffentlich-rechtlicher Austauschvertrag i.S.d. § 53 SGB X"); Mehls in NDV 1996, 129; Münder TuP 8/97, 21 f; anders Mehls/ Salas-Gomez in BldW 1+2/99, 6: Vertragsinhalt ist nicht "Kauf" konkreter Leistung, sondern Sicherung der Leistungsbereitschaft zu bestimmten Kostensätzen.

77 Vgl. insbesondere die Entwicklung in Berlin, dazu unten Zweiter Teil, Kapitel 1.

78 Vgl. Goetz in RsDE Bd. 44, 16.

79 Münder u.a., LPK-SGB XII-*Münder*, § 5, Rn. 52; Opitz in RsDE Bd. 44, 28; Ehlers in NJW 1990, 802.

stungen an den Leistungsadressaten. Ähnlich wie bei den Auftrags- und Leistungsverhältnissen kann die Rechtsbeziehung als Auftrag oder als Leistungsvertrag ausgestaltet sein.[80] Die öffentlichen Mittel werden überwiegend einzelfallbezogen ausgekehrt, es kann aber auch eine institutionenbezogene Finanzierung für einen bestimmten Zeitraum erfolgen.

### D. Mittelbare Finanzierung durch Förderung der Leistungsadressaten/innen

Bei dieser Finanzierungsform werden die Leistungsberechtigten durch die Vergabe von Gutscheinen (*voucher*)[81] oder durch Geldleistungen der öffentlichen Hand in die Lage versetzt, gegenüber den freien Organisationen – den Anbietern von Dienstleistungen – als Nachfrager aufzutreten. Die Organisation erhält die staatlichen Mittel nicht unmittelbar durch Zuwendungen oder Kostenerstattung, sondern mittelbar durch die Nachfrager. Diese Modelle gehören daher eigentlich in den Bereich indirekter Finanzierung, bzw. sind Modelle der direkten Nutzer- oder Nachfragerfinanzierung der Organisation.[82]

Derartige Modelle wurden zwar als Möglichkeit marktnäherer Sozialpolitik durch Nachfrageorientierung und zur Stärkung der Rechtsrealisierung und Konsumentensouveränität der Leistungsberechtigten diskutiert,[83] jedoch in Deutschland wenig praktiziert. Dies beginnt sich nun durch die Einführung ‚persönlicher Budgets' in verschiedenen Bereichen des Sozialrechts zu verändern.[84] Mit dem persönlichen Budget werden den Leistungsadressaten regelmäßige Geldleistungen zur Verfügung gestellt, um sie in die Lage zu versetzen, Leistungen selbst zu organisieren und zu bezahlen. Vorreiter war die Reform des Rechts der Rehabilitation und Teilhabe behinderter Menschen.[85]

Rechtsbeziehungen bestehen in diesen Fällen zwischen dem Leistungsberechtigten und dem den staatlichen Träger und zwischen dem Leistungsempfänger und

---

80 Es handelt sich nach allg. Meinung um einen öffentlich-rechtlichen Vertrag; die Einordnung als koordinationsrechtlich oder subordinationsrechtlich ist jedoch umstritten. Opitz in RsDE Bd. 44, 28: subordinationsrechtlich; Münder u.a., LPK-SGB XII-*Münder*, § 5, Rn. 52: koordinationsrechtlicher Vertrag sui generis; offengelassen bei Ehlers in NJW 1990, 802 f.

81 Voucher-Modelle finden sich in der Praxis etwa in Großbritannien, wo die Berechtigten aus einem Markt von staatlichen, gemeinnützigen und gewinnorientierten Anbietern wählen sollen, vgl. Kramer in Kuhnle/ Selle, Government and Voluntary Organizations, 37 ff.

82 Zu derartigen Modellen vgl. Budäus, Verwaltungsreform, 13.

83 Haverkate in SDSRV Bd. 43, 89 ff; Möschel in JZ 1988, 887 ff; Staiber/ Kuhn in RsDE Bd. 17, 70 ff.

84 § 17 Abs. 1 Nr. 4 SGB IX; § 35a Abs. 2 SGB VIII; § 35a SGB XI; §§ 57 und 61 Abs. 2 S. 3 SGB XII.

85 Vgl. die Regelungen in § 9 Abs. 2 S. 1 SGB IX – Sachleistungen als Geldleistungen, um unabhängig von den Leistungsvereinbarungen der öffentlichen Träger eine freie Trägerwahl zu ermöglichen- und § 17 Abs. 1 Nr. 4 SGB IX – „persönliches Budget" des Behinderten. Zur Neuregelung des SGB IX Welti in NJW 2001, 2210.

der leistungserbringenden Organisation. Der staatliche Träger nimmt gegenüber der Organisation nur noch ordnungsrechtliche Aufsichtspflichten wahr.[86]

## E. Mischformen

Die dargestellten Arten öffentlicher Finanzierung ambulanter sozialer Leistungen treten auch in Mischformen auf; beispielsweise kann eine offene Jugendeinrichtung eine Sockelfinanzierung für ihren Betrieb über Zuwendungen erhalten, zu der Kostenerstattungen oder Leistungsentgelte für einzelfallbezogene Leistungen hinzutreten. Oder Einrichtungen erhalten ihre Finanzierung von unterschiedlichen Leistungs- und Kostenträgern nach den jeweils für diese geltenden Normen, etwa in der Drogen- und Suchthilfe, in denen Leistungen des Sozialhilfeträgers sowie der Krankenkassen zusammenkommen und zusätzlich präventive und niederschwellige Angebote über Zuwendungen gefördert werden.

Auch innerhalb der einzelnen Rechtsinstrumente kommt es zu Mischformen: So tendiert die Zuwendungsverwaltung zu einem stärkeren Leistungsbezug der Finanzierung und verwischt so die Grenzen zum Leistungsvertrag;[87] oder Leistungsverträge werden institutionenbezogen gestaltet und enthalten so Elemente des Zuwendungsrechts.

## F. Indirekte Förderung

Neben die Formen direkter Finanzierung der Tätigkeiten von Organisationen des Dritten Sektors tritt deren indirekte öffentliche Förderung.

Anreize für bestimmte Tätigkeiten von Organisationen werden durch die steuerrechtliche Privilegierung bestimmter, als gemeinnützig anerkannter Zwecke nach §§ 52 ff AO gegeben. Steuererleichterungen bestehen einerseits direkt für die Organisationen selbst im Gemeinnützigkeits- und Umsatzsteuerrecht, andererseits erleichtert die steuerliche Abzugsfähigkeit von Spenden für derartige Organisationen im Spendenrecht diesen die Einwerbung von Eigenmitteln.[88]

Eine weitere Form indirekter Förderung ist die staatliche Finanzierung von Arbeitsbeschaffungsmaßnahmen, welche zwar in erster Linie arbeitsmarktpolitischen Zwecken dienen, zugleich aber dem Dritten Sektor kostenlose bzw. mit geringen Aufwendungen verbundene Arbeitskräfte zur Verfügung stellen.

Auch investive staatliche Vorleistungen und Infrastrukturleistungen etwa bei Bauprojekten, z.B. durch Bau von Kultur- und Bürgerzentren oder Sportanlagen

---

86 Etwa im Heimgesetz; vgl. Staiber/ Kuhn in RsDE Bd. 17, 71 f.

87 Hinsichtlich der Hamburger Praxis unten Dritter Teil, Kapitel 2, III.

88 Zur Rechtslage im Gemeinnützigkeits- und Spendenrecht: Stöber, Vereinsrecht, Rn. 62 ff; Hüttemann in NJW 2000, 638 ff; zur Reformdiskussion vgl. Menninger, Reform des Stiftungs- und Gemeinnützigkeitsrechts, 1 f.

können eine Form indirekter Förderung freiwilliger Organisationen darstellen.[89] Insbesondere für kleine, selbsthilfeorientierte Projekte auf lokaler Ebene findet sich Infrastrukturförderung und Strukturpolitik, die Vernetzungs- und Beratungsangebote, die Bereitstellung von Räumen und Sachmittelfinanzierung mit Maßnahmen zur strukturellen Öffnung des formellen Systems für Betroffene verbindet.[90]

Die Maßnahmen indirekter Förderung ergeben – gemeinsam mit der Bereitstellung von Rechtsformen für die Organisationsbildung – den rechtlichen und tatsächlichen Gesamtrahmen, den der Staat für den Dritten Sektor als Ganzen bereitstellt. Die Ausgestaltung dieses Gesamtrahmens erfüllt Steuerungsfunktionen hinsichtlich der Existenz und Ausprägung des Sektors als Ganzen, wie sich etwa an der Definition gemeinnütziger Zwecke im Steuerrecht beobachten lässt.

## IV. Formen der Mitwirkung von Organisationen des Dritten Sektors in der Sozialverwaltung

Neben der öffentlichen Finanzierung der Tätigkeit von Organisationen des Dritten Sektors ist die zweite juristisch fassbare Ausprägung der Kooperation die Einbindung der Organisationen in Planungsgremien und die Einräumung sonstiger Beteiligungsrechte bei der Formulierung, Planung und Implementierung von Sozialpolitik.[91] Dies ist zugleich das zweite Steuerungsmittel gegenüber den Organisationen des Dritten Sektors; es findet eine prozedurale Steuerung über Zusammenarbeit und Konsensbildung statt.

Die veränderten Formen der Wahrnehmung öffentlicher Aufgaben und die arbeitsteilige Gemeinwohlproduktion schlagen sich in veränderten Organisationsstrukturen nieder. Die klassisch hierarchische staatliche Verwaltungsorganisation wird durch die Einbeziehung gesellschaftlicher Akteure pluralisiert;[92] das vertikale monokratische Hierarchieprinzip wird zunehmend durch das horizontale, auf Mehrheitsentscheidungen beruhende Kollegialprinzip ergänzt.[93] Neben einer derartigen rechtlich institutionalisierten Einbeziehung Privater in öffentlich-rechtlich verfasste Organisationen existieren vielfältige informelle Verhandlungsnetzwerke zwischen nichtstaatlichen und staatlichen Akteuren bei der Formulierung und Implementierung von Politik.[94] Es herrscht allgemeine Einigkeit, dass die klassischen dogmatischen Figuren des Übergangs zwischen Staat und Gesellschaft, der Verwal-

89 Zur Praxis von (Bau-) Investitionszuschüssen an gemeinnützige Träger Staiber/ Kuhn in RsDE Bd. 17, 67 ff.

90 Roth, Demokratie von unten, 242 f und Thiel in Roth/ Wollmann, Kommunalpolitik, 289.

91 Zu den Ebenen der Zusammenarbeit Flierl, Wohlfahrtspflege, 377 ff.

92 Trute in Schuppert, Verantwortungsteilung, 29.

93 Umfassende organisationsrechtliche Darstellung und Systematisierung des Kollegialprinzips in der deutschen Verwaltung bei Groß, Kollegialprinzip.

94 Trute in Schuppert, Verantwortungsteilung, 30 f.

tungshelfer und der Beliehene, zur Abbildung der vielfältigen realen Verflechtungen nicht mehr ausreichen.[95] Die Erscheinungsformen der Teilhabe Privater an behördlichen Entscheidungen werden nach der Reichweite der Einflussmöglichkeiten Privater wie folgt systematisiert: Antragsberechtigung, Anhörungs- und Beteiligungsrechte, Mitentscheidungsrechte und Alleinentscheidungsrechte.[96]

Kooperative, sektorenverschränkende Gremien werden in jüngerer Zeit unter dem Begriff der Public Private Partnership (PPP) zusammengefasst. Der Begriff der PPP ist nicht rechtsdogmatisch, sondern deskriptiv; er stellt eine „Chiffre für verschiedene Erscheinungsformen kooperativen Handelns von öffentlicher Verwaltung und nichtstaatlichen Akteuren"[97] dar.[98] Auf die Kooperationsformen des Sozialrechtes findet der Begriff der PPP bislang nur selten Anwendung,[99] was damit zusammenhängt, dass die sozialrechtlichen Kooperationsverhältnisse erheblich älter sind als die allgemeine verwaltungs- und rechtswissenschaftliche Beschäftigung mit PPP.

Das Sozialrecht kann auf eine lange Tradition gesetzlich und untergesetzlich etablierter kondomnialer Gremien verweisen, und die Vielzahl informeller Verknüpfungen und gegenseitigen Einwirkungen bei Politikformulierung und -implementation sind vorwiegend in der sozialwissenschaftlichen Literatur beschrieben worden.[100] Mit der zunehmenden Bedeutung von Verhandlungen nimmt auch die Bedeutung der formellen wie informellen Gremien und Mitwirkungsmöglichkeiten zu.

Im Folgenden wird eine Systematisierung der Einbeziehung von Organisationen des Dritten Sektors in die Sozialverwaltung versucht. Die Darstellung bezieht sich sowohl auf die klassischen Beteiligungs- und Mitentscheidungsrechte, wie sie in den Sozialgesetzbüchern geregelt sind, als auch auf die neuen Formen von Gremien, wie sie gesetzlich, untergesetzlich, vertraglich oder informell in den letzten Jahren etabliert wurden und sektoral an Bedeutung gewonnen haben. Die Gremien werden jeweils nach ihrer Besetzung, Kompetenz und ihrem Verhältnis zur öffentlichen Verwaltung untersucht.

---

95 Trute in DVBl. 1996, 963; Osterloh in VVDStRL Bd. 54, 223 ff.

96 Krebs in HbdStR Bd. III, § 69, Rn. 10; weitere Typologie der Entscheidungsbeteiligung Privater bei Trute in DVBl. 1996, 9 52 ff.

97 Schuppert, Verwaltungskooperationsrecht, 5 f.

98 Unterschieden werden nach dem Formalisierungsgrad informelle Kooperationsformen, kontraktbestimmte Kooperationen, welche auf gemeinsam ausgehandelten Verträgen oder Vereinbarungen beruhen, und schließlich als höchster Grad der formalen Institutionalisierung, der Zusammenschluss staatlicher und privater Akteure in gemeinsamen Gesellschaften, vgl. Budäus in Harms, Ökonomisierung; Schuppert, Verwaltungskooperationsrecht, 13 f.

99 Etwa Schuppert, Verwaltungskooperationsrecht, 59 ff.

100 Backhaus-Maul in PolZG, Bd. 26-27/2000, 22 ff; Heinze/ Olk in Kölner Zeitschrift 1981, 94 ff; Seibel in JbStVerwW Bd. 4 (1990), 113 ff; Mayntz, Verbände; Bauer/Thränhardt, Wohlfahrtspflege; Pankoke/ Nokielski/ Beine, Gesellschaftliche Selbststeuerung.

## A. Traditionelle gesetzliche Gremien zur Einbindung freier Träger in die Planung

Die Sozialgesetzbücher sehen traditionell die Einbindung von Organisationen des Dritten Sektors in sozialrechtliche Planungsgremien vor, wie etwa den Jugendhilfeausschuss (§§ 70, 71 SGB VIII)[101] oder die Arbeitsgemeinschaften für die Sozialhilfe (§ 4 Abs. 2 SGB XII) und die Jugendhilfe (§ 78 SGB VIII). Voraussetzung der Mitwirkung oder Repräsentation der Organisationen ist, dass sie einen für das jeweilige Spezialgesetz anerkannten Status innehaben. Im Kinder- und Jugendhilferecht ist dies der Status des anerkannten Trägers der freien Jugendhilfe (§ 71 Abs. 1 Nr. 2 i.V.m. § 75; § 78 SGB VIII), im Sozialhilferecht jener eines Verbandes der freien Wohlfahrtspflege (§ 5 SGB XII).

Die Besetzung dieser traditionellen gesetzlichen Gremien und ihre Kompetenzen sind unterschiedlich stark rechtlich determiniert. Während das Kinder- und Jugendhilferecht für den Jugendhilfeausschuss als Teil des zweigliedrigen Jugendamtes die Besetzung und das Besetzungsverfahren (§ 71 Abs. Nr. 2 SGB VIII) sowie die Beratungs- und Beschlusskompetenzen (§ 71 Abs. 2 und 3 SGB VIII) präzise regelt, enthalten die Regelungen für die Arbeitsgemeinschaften im Sozial- und Jugendhilferecht in § 4 Abs. 2 SGB XII und § 78 SGB VIII lediglich allgemeine Aussagen zur Kompetenz der Arbeitsgemeinschaften und zur Beteiligung der Wohlfahrtsverbände bzw. anerkannten freien Träger.

Im Jugendhilfeausschuss erhalten die freien Träger umfassende Beratungsrechte (§ 71 Abs. 2 SGB VIII) und kommunalverfassungsrechtlich begrenzte Mitentscheidungsrechte (§ 71 Abs. 3 SGB VIII),[102] die nicht zu Alleinentscheidungskompetenzen werden können, da lediglich zwei Fünftel der Ausschussmitglieder Vertreter der freien Träger sind. Der Jugendhilfeausschuss ist als Teil des Jugendamtes ein pluralisierter Teil der öffentlichen Verwaltung;[103] er ist öffentlich-rechtlich verfasst und somit Adressat von Grundrechten. Bei den Arbeitsgemeinschaften des Sozialhilferechts werden den Organisationen dagegen nur Beratungs- und Anhörungsrechte ohne eigene Entscheidungsbefugnisse eingeräumt, die nicht in den kommunalen Verwaltungsaufbau eingeordnet, sondern als Beratungs- und Zusammenarbeitsgremien institutionalisiert sind.[104]

---

101 Die Regelung entspricht weitgehend dem früheren Recht des Jugendwohlfahrtsausschusses in §§ 14, 15 JWG.

102 Vgl. zum Umfang der Rechte Schellhorn-*ders.*, SGB VIII, Rn. 12 ff. zu § 71 und Mrozynski, SGB VIII, Rn. 5 zu § 71.

103 Mrozynski, SGB VIII, Rn. 1 zu § 70; vgl. zur Einordnung als pluralistisches korporatives Kollegialorgan auch Groß, Kollegialprinzip, 81.

104 Münder u.a., LPG-SGB XII- *Münder*, § 4 Rn. 4 f.; Schellhorn- *ders.*, SGB VIII, Rn. 3 zu § 78; Mrozynski, SGB VIII, 1 zu § 78.

## B. Neue gesetzliche Gremien zur Durchführung von Leistungsverträgen

Mit den Reformen der Kostenübernahme im sozialrechtlichen Dreiecksverhältnis in den Sozialgesetzbüchern in den 1990er Jahren wurden neue kooperative Gremien der öffentlichen Träger und privaten freigemeinützigen und gewerblichen Leistungserbringer (z.B. §§ 78 e, 78 f SGB VIII, 79 SGB XII) eingerichtet, deren Aufgabe der Abschluss von Leistungsverträgen und Rahmenvereinbarungen ist.

Die Besetzung und Beschlussfassung dieser Gremien erfolgt nach dem Vereinbarungsprinzip: Da es um den Abschluss von Verträgen geht, sind alle Interessenten beteiligt, und Vereinbarungen kommen bei Zustimmung aller Beteiligten bzw. lediglich für die Zustimmenden zustande; eine Beteiligung an diesen Gremien kann nicht erzwungen werden.[105] Die Gremien sind nicht in die öffentliche Verwaltung eingeordnet; sie sollen Verhandlungsprozesse institutionalisieren und vereinheitlichen.

Die gleichfalls eingeführten Schiedsstellen (§ 78 g SGB VIII, § 80 SGB XII) entscheiden in Konfliktfällen beim Abschluss von Leistungsvereinbarungen über zwischen den Verhandlungspartnern streitig gebliebene Punkte. Sie werden durch Rechtsverordnung der Länder eingerichtet und paritätisch mit Vertretern der öffentlichen Jugendhilfe und der privaten Leistungsanbieter besetzt. Sie besitzen Beschlusskompetenz über die streitigen Punkte, und ihre Entscheidungen sind nur begrenzt gerichtlich nachprüfbar.[106] Die Schiedsstellen sind als Behörden Teil der öffentlichen Verwaltung.[107]

## C. Untergesetzliche Gremien für die Fördermittelvergabe in spezifischen Bereichen

In spezifischen Bereichen der Fördermittelvergabe sind vor dem Hintergrund der Betroffenenpartizipation regional unterschiedliche Beiräte und Kuratorien entstanden. Dies betrifft insbesondere den Bereich der Selbsthilfeförderung.[108] Zusammensetzung und Kompetenzen dieser Gremien sind unterschiedlich; zum Teil haben sie rein beratende Funktion,[109] zum Teil erhalten paritätisch[110] oder allein aus dem Selbsthilfesektor[111] besetzte Gremien die Mit- oder Alleinentscheidungsbefugnis über einen festgelegten Umfang von Fördermitteln. Die Einrichtung der Gremien kann auf Verwaltungsvorschriften oder allein auf der Bereitstellung entsprechender Mittel im Haushaltsplan beruhen.

Im Bereich der Gesundheitsvorsorge wurden paritätische Gremien zur Entschei-

---

105 Vgl. Schellhorn-*ders.*, SGB VIII, Rn. 8 ff. zu § 78 e.
106 BVerwG NDV-RD 1999, 34 zur Regelung des § 94 BSHG.
107 Mrozynski, SGB VIII, Rn 2 zu § 78 g.
108 Zur Ausgestaltung Geis, Selbsthilfe, 72 ff.
109 So das Berliner Modell, Geis, Selbsthilfe, 73 f.
110 So das Hamburger Modell, Geis, Selbsthilfe, 76.
111 So das Bremer Modell, Geis, Selbsthilfe, 77.

dung über die Selbsthilfeförderung mit der Neufassung des § 20 Abs. 4 SGB V im Rahmen der GKV-Gesundheitsreform 2000[112] nun auch gesetzlich etabliert.[113]

## D. Vertraglich etablierte Gremien im Kontext längerfristiger Zuwendungs- und Leistungsverträge

Für die Durchführung längerfristiger, umfangreicher Zuwendungs- und Leistungsverträge zwischen Verwaltung und Organisationen des Dritten Sektors in der ambulanten sozialen Arbeit vereinbaren die Parteien vertraglich die Einsetzung zumeist paritätisch besetzter Kooperationsgremien. Diesen Gremien werden vertraglich bestimmte Kompetenzen bei der Kontrolle der Leistungserbringung und Qualitätssicherung sowie der Umsetzung struktureller Vorgaben für die Finanzierung eingeräumt. Daneben haben sie informatorischen Charakter und institutionalisieren die Zusammenarbeit zwischen den Parteien.

Die Entstehung derartiger Gremien hängt mit der Zunahme der Finanzierung über vertragliche Vereinbarungen zusammen. Die vertragliche Form ermöglicht die Institutionalisierung und Ausgestaltung von Verhandlungsprozessen; die Einführung von Controlling und Qualitätssicherungssystemen erfordert eine verstärkte Zusammenarbeit. Beispiele bilden die Kooperationsgremien der Beleihungsverträge zur Zuwendungsmittlung in Berlin; sie werden im Rahmen des Berliner Praxisbeispiels im zweiten Teil der Arbeit eingehend dargestellt und untersucht.

## E. Gesetzlich eingeräumte Beteiligungsbefugnisse

Neben den sozialgesetzlich eingesetzten Gremien zur Einbindung der Organisationen des Dritten Sektors in die Planung, wie etwa den Jugendhilfeausschuss, gewähren die einzelnen Sozialgesetze weitere Anhörungs- und Beteiligungsrechte freier Träger, die nicht in Gremien längerfristig institutionalisiert sind, sondern in einzelnen Verwaltungsverfahren eingeräumt werden.

Beispiele sind die Beteiligungsrechte der anerkannten Träger der freien Jugendhilfe in der Jugendhilfeplanung (§ 80 Abs. 3 SGB VIII) sowie die Anhörung ‚sozial erfahrener Dritter' vor dem Erlass allgemeiner Verwaltungsvorschriften und Entscheidung über Widersprüche gegen die Ablehnung oder die Festsetzung der Sozialhilfe (§ 116 SGB XII). Die letztgenannte Regelung ist zugleich das einzige Mitwirkungsrecht, das explizit die Beteiligung von Leistungsadressaten/innen vorsieht, indem Vereinigungen von Sozialleistungsempfängern in § 116 Abs. 1 SGB XII als

---

112 Gesetz zur Reform der gesetzlichen Krankenkassen vom 16.12.1999, in Kraft seit 1.1.2000.

113 Mit der Neuregelung werden die Krankenkassen zur einheitlichen Förderung von Selbsthilfegruppen in Höhe eines Sollbetrags von 0,51 € pro Versichertem verpflichtet. Die förderungsfähigen Krankheitsbilder und die Grundsätze der Inhalte der Förderung sind von den Spitzenverbänden der Krankenkassen unter Beteiligung der ärztlichen Bundesvereinigung und der Spitzenverbände der Selbsthilfebewegung festzulegen.

mögliche Beteiligte benannt werden.[114] Ihr wird jedoch in der Praxis nur geringe Relevanz zugemessen.[115]

Diese Rechte verbleiben stets auf der Ebene von Anhörung und Beratung und räumen den Organisationen keine (Mit-) Entscheidungsrechte ein.

### F. Informelle Mitwirkungs- und Beteiligungsmöglichkeiten

Neben den gesetzlich, untergesetzlich und vertraglich institutionalisierten Gremien und Anhörungs- und Beteiligungsrechten stehen eine Vielzahl informeller Aushandlungsgremien und Mitwirkungsmöglichkeiten der Organisationen des Dritten Sektors. So wirken die Organisationen etwa auf den Erlass von Förderrichtlinien und andere Verwaltungsvorschriften ein oder beraten die Sozialverwaltung bei Lösungskonzepten für neue Problemlagen. Die faktischen Einwirkungsmöglichkeiten auf formell allein von der Verwaltung getroffene Entscheidungen können hierbei ähnlich stark ausgeprägt sein wie in formalisierten und verstetigten Gremien.

Die Systematisierung hat die Vielfalt auf gesetzlicher, untergesetzlicher und vertraglicher Grundlage institutionalisierter sowie informeller Gremien der Zusammenarbeit der Sozialverwaltung mit Organisationen des Dritten Sektors aufgezeigt. In einigen Fällen sind diese Gremien in den staatlichen Verwaltungsaufbau inkorporiert worden; größtenteils bleibt ihr Status jedoch unbestimmt. Den Vertretern der freien Organisationen werden (Mit-)Entscheidungsbefugnisse an der Entscheidung der Sozialverwaltung eingeräumt oder sie besitzen Anhörungsrechte oder Einflussmöglichkeiten. Auffällig ist, dass mit Ausnahme der Regelung in § 116 SGB XII in keinem der dargestellten Fälle neben der Beteiligung der leistungserbringenden freien Organisationen und ihrer Verbände die Beteiligung der Adressaten von Sozialleistungen vorgesehen ist.

## V. Zusammenfassung

Die Kooperationsverhältnisse zwischen der öffentlichen Verwaltung und dem Dritten Sektor im Feld ambulanter sozialer Arbeit bewegen sich in dem Dreieck von Rechten und Interessen von Sozialverwaltung, Organisation des Dritten Sektors und dem individuellen Leistungsadressaten. Zwischen diesen drei Polen bestehen – je nach Ausgestaltung des konkreten Falls – unterschiedliche Rechtsbeziehungen.

Die Kooperation von Verwaltungsträger und freier Organisation wird durch sozialrechtliche Leitlinien geprägt, und zwar im Hinblick auf die individuellen Rechte der Leistungsadressaten/innen, sozialgesetzliche Leitbilder und die sozialrechtlich garantierten Rechte der freien Träger.

Staatliche Steuerung des Dritten Sektors erfolgt einerseits über indirekte Anreiz-

114 Zur Funktion der Beteiligung als Interessensschutz der Sozialhilfeempfänger: Hess.VGH MDR 1967, 245.

115 Münder u.a., LPK-SGB XII-*Münder*, § 116, Rn. 20.

steuerung durch finanzielle Förderung, andererseits prozedural durch Einbindung in die Politikformulierung und -implementation. Die rechtlichen Rahmenbedingungen der finanziellen Förderung ergeben sich aus dem Sozialrecht und dem Zuwendungs- und Haushaltsrecht. Verwaltungsvorschriften und Verwaltungspraxis sind für die Gestaltung der Finanzierungsverhältnisse von besonderer Bedeutung. Rechtsgrundlagen für die Einbindung von Organisationen des Dritten Sektors in die Politikformulierung und -implementation finden sich wiederum im Sozial- und Haushaltsrecht, auf der Ebene von Verwaltungsvorschriften sowie von zweiseitigen Vereinbarungen. Zudem bestimmen informelle Aushandlungen die Verwaltungspraxis.

# Kapitel 3: Die Erkenntnisse der Dritten-Sektor-Forschung

Wie die Einführung in Kapitel 1 gezeigt hat, finden sich im Untersuchungsbereich eine Vielzahl von Organisationen mit einer breiten Varianz von Strukturen, Tätigkeiten und Funktionen. Für die Betrachtung der Kooperation des Staates mit derartigen Organisationen ist von Interesse, ob und welches Proprium der Dritte Sektor besitzt und welche Spezifika die in ihm vertretenen Organisationen auszeichnen. Mit der Frage der Entstehung und Entwicklung von Dritten Sektoren und der Fähigkeiten ihrer Organisationen beschäftigt sich die Nonprofit- oder Dritte-Sektor-Forschung, deren wesentliche Erkenntnisse im Folgenden vorgestellt werden. Die ökonomischen, sozioökonomischen, politischen und soziologischen Theorien wählen einen transnationalen Zugang. Mit der spezifischen historischen Entwicklung des Dritten Sektors in Deutschland beschäftigt sich das folgende Kapitel 4.

Die Nonprofit- oder Dritte-Sektor-Forschung bildete sich als Forschungszweig zunächst in den US-amerikanischen Wirtschafts- und Sozialwissenschaften in den 1970er und 80er Jahren heraus.[1] In der Anfangsphase dominierten volkswirtschaftliche Ansätze, die den Dritten Sektor als Produzenten sozialer Dienstleistungen in Konkurrenz zu den klassischen Sektoren Staat und Markt analysierten. Diese wurden durch politische, sozioökonomische Theorien ergänzt, welche sich mit der Funktion des Sektors im *policy process* im Allgemeinen und als Institution im Wohlfahrtsstaat im Besonderen beschäftigten. Erforscht wurden aus soziologischer Sicht auch die Hintergründe des freiwilligen Engagements der organisierten Individuen sowie die Entwicklungszyklen einzelner Organisationen.

Mitte der 1980er Jahre formten sich in den USA interdisziplinäre Forschungszentren wie das *Program on Nonprofit-Organizations* an der Yale University und das *Johns Hopkins Comparative Nonprofit Sector Project* an der gleichnamigen Universität in Baltimore, welche die unterschiedlichen Ansätze interdisziplinär zusammenfügten. Mit der Etablierung des *Johns Hopkins Comparative Non-Profit Sector Project* (JHP),[2] einem internationalen Forschungsvorhaben von über 150 Wissenschaftlern, verschob sich der Schwerpunkt der Forschung von der theoretischen Analyse auf die transnationale vergleichende empirische Erfassung des Dritten Sektors und die Analyse seiner historischen, gesellschaftlichen und politischen Dimensionen.

Im Folgenden werden die Erkenntnisse der Dritten-Sektor-Forschung zunächst hinsichtlich der Entstehungs- und Entwicklungsbedingungen des Sektors als Ganzem und in einem zweiten Schritt hinsichtlich der organisationsinternen Strukturen und Prozesse zusammenfassend dargestellt.

---

1 Wesentlich für diese Zeit die Sammelbände von Rose-Ackermann, Nonprofit Institutions und Powell, Nonprofit Sector.

2 In der ersten Projektphase (1990-1995) waren zwölf Länder beteiligt, in der zweiten Projektphase (1995-1999) insgesamt 22 Länder.

## I. Erkenntnisse zur Entstehung und Entwicklung Dritter Sektoren

### A. Ökonomische Theorien – Die Organisationen des Dritten Sektors als ökonomische Akteure

Nach dem neoklassischen Modell des funktionierenden, sich selbst regulierenden Marktes einerseits und des öffentliche Güter bereitstellenden Staates andererseits ist die Entstehung und Funktion des Dritten Sektors nicht erklärlich. Das neoklassische individualökonomische System geht von einem Zweisektorenmodell von Markt und Staat aus, in welchem der Markt private und der Staat öffentliche Güter produziert.[3] Konsumrivale private Güter werden nach den Axiomen dieses Systems vom Markt bereitgestellt und über die Gesetze von Angebot und Nachfrage reguliert. Öffentliche Güter sind dagegen nicht konsumrival, d.h. ein zusätzlicher Benutzer reduziert den Konsumnutzen der bisherigen Benutzer nicht, und der Ausschluss von ihrer Nutzung ist aus ökonomischen oder technischen Gründen unmöglich.[4] Aufgrund der fehlenden Ausschlussmöglichkeit sind die Nutzer nicht gezwungen, ihre Zahlungsbereitschaft zu offenbaren, so dass an der Produktion öffentlicher Güter für den Markt kein Interesse besteht (Marktversagen). Daher übernimmt der Staat die Bereitstellung öffentlicher Güter.

Festzustellen ist jedoch, dass der Dritte Sektor sowohl öffentliche[5] als auch konsumrivale private Güter[6] produziert. Dies führt zu der Hypothese, dass der Dritte Sektor als Konkurrenz, Korrektiv oder Ergänzung zu staatlichen und marktmäßigen Allokationsprozessen auftritt.[7]

Die im Folgenden dargestellten ökonomischen Theorien zum Dritten Sektor gehen über die neoklassischen Annahmen hinaus, indem sie institutenökonomische, individualistische und sozioökonomische Ansätze mit aufnehmen. Sie können unterschieden werden in Staatsversagenstheorien, welche den Dritten Sektor bei der Produktion von öffentlichen Gütern oder Kollektivgütern in Abgrenzung vom öffentlichen Sektor analysieren, und Marktversagenstheorien, welche die Konkurrenz zwischen Organisationen aus dem Dritten Sektor und dem Markt bei der Produktion privater, konsumrivaler Güter betrachten. Einige der Theorien richten ihr Augenmerk auf die Nachfrageseite und fragen, warum Konsumenten/innen die vom Dritten Sektor produzierten Güter bevorzugen. Andere Theorien beschäftigen sich mit der Angebotsseite und untersuchen, welche Motivation Individuen haben, Gü-

3 Hohlstein u.a., Lexikon der Volkswirtschaft, Stichwort Klassik, 318.

4 Rein öffentliche Güter mit einem unendlich großen Benutzerkreis (klassisches Beispiel: Leuchtturm) sind relativ selten; meistens handelt es sich um Kollektivgüter / Clubgüter, deren optimaler Benutzerkreis zwar größer als 1 ist (z.B. Spielplatz), bei dem ab einem bestimmten Punkt zusätzliche Benutzer den Konsumnutzen der bisherigen Benutzer beeinträchtigen, Wagner, Teilen, 56.

5 Z.B. die Wahrung von Ökosystemen durch Naturpatenschaften; oder zumindest Kollektivgüter wie Leihbüchereien, Kultur- und Sportangebote.

6 Z.B. Kindergartenplätze, Heimplätze.

7 Wagner, Teilen, 42.

ter im Nonprofit-Sektor statt im erwerbswirtschaftlichen Sektor anzubieten. Die Darstellung der theoretischen Ansätze wird auf die oben[8] entwickelte Matrix des deutschen Dritten Sektors bezogen.

### 1. Staatsversagenstheorien

Staatsversagenstheorien fragen nach den relativen Vorteilen von Organisationen des Dritten Sektors zur Kompensation von Leistungs- und Funktionsschwächen des Staates bei der Produktion öffentlicher Güter. Sie erklären diese Vorteile aus der Heterogenität der Nachfrage- wie der Angebotsseite. Die Staatsversagenstheorien bieten keine Abgrenzung zum Markt und können diejenigen Organisationen nicht erklären, die Güter in Konkurrenz zum Markt anbieten.[9]

Bei der Bereitstellung der vom Markt nicht produzierten öffentlichen Güter richte sich der Staat in Quantität und Qualität nach der Nachfrage des Durchschnittswählers. Minderheiten mit abweichenden Vorstellungen blieben dagegen unbefriedigt.[10] Je heterogener eine Bevölkerung und ihre Nachfrage nach öffentlichen Gütern seien, umso wahrscheinlicher sei, dass kein Konsens über die Art und Menge der bereitzustellenden Kollektivgüter hergestellt werden könne. Es komme zu einer quantitativen oder qualitativen Unterversorgung; die enttäuschten Minderheitennachfrager wendeten sich dann an Organisationen des Dritten Sektors.[11] Auch die staatliche (Teil-)finanzierung des Sektors wird damit erklärt, dass eine politische Mehrheit für die teilweise Finanzierung zusätzlicher öffentlicher Güter existiere.[12] Dieser Ansatz bezieht sich auf große und kleine Fremdleistungsorganisationen, die öffentliche Güter produzieren, in Deutschland etwa die Wohlfahrtsverbände, die freien Träger der Jugendhilfe sowie lokale Projekte.

Auf der Angebotsseite seien Sozialunternehmer präsent, deren Motivation zur Schaffung von Nonprofit-Organisationen vorrangig in einer ideologischen, insbesondere religiösen Konkurrenzsituation begründet sei.[13] Politische Gruppen, Gewerkschaften und vor allen Dingen Kirchen träten in ‚sozialisiationsprägenden' Sektoren wie Bildung und Soziale Dienste untereinander oder mit staatlichen Angeboten in Konkurrenz, um Zugang zu potentiellen Mitgliedern zu finden.[14] Als Beispiele könnten in Deutschland wiederum die Wohlfahrtsverbände dienen, hinter denen die Kirchen und die Arbeiterbewegung stehen, sowie die politischen Stiftungen mit ihren Bildungsangeboten. Mögliche weitere Beweggründe für Nonprofit-Unterneh-

---

8 Erster Teil, Kapitel 1, II.B.

9 Hansmann in Powell, Nonprofit Sector, 29; Weiß, Der „dritte Sektor", 152.

10 Heterogenitätstheorie; Weisbrod in Rose-Ackerman, Nonprofit Institutions, 22-44, ders., The Nonprofit Economy; ebenso Wagner, Teilen, 72 ff.

11 Weisbrod in Rose-Ackermann, Nonprofit Institutions, 27 und 37; Salamon/ Anheier in Anheier u.a., Sektor 1998, 217 f.

12 Weisbrod in Rose-Ackermann, Nonprofit Institutions, 35f.

13 Theorie der ideologischen Konkurrenz der Anbieter, James in Powell, Nonprofit Sector, 397-415.

14 James in Powell, Nonprofit Sector, 404 f.

mer könnten jedoch auch verdeckte Gewinnabsichten, Prestige- und Machtstreben und die Knüpfung staatlicher Zuschüsse an den Gemeinnützigkeitsstatus sein.[15]

## 2. Marktversagenstheorien

Marktversagenstheorien untersuchen die Konkurrenz des Dritten Sektors zum Markt bei der Produktion von Individualgütern.

Auf der Nachfrageseite werden Ursachen für die Überlegenheit von Organisationen des Dritten Sektors in Informationsasymmetrien[16] und überhöhten Transaktionskosten[17] gesehen. Bei sozialen Dienstleistungen und hinsichtlich der Verwendung von Spenden für wohltätige Zwecke könnten Konsumenten häufig nicht auf alle notwendigen Informationen zurückgreifen, um die Qualität des Angebots angemessen zu beurteilen. Damit ergäben sich für Produzenten Anreize, geringwertigere Leistungen zu produzieren als vereinbart.[18] Die Nachfrager suchten daher nach anderen Kriterien, um die vereinbarte Qualität der Dienstleistung sicherzustellen, etwa das Verbot der Gewinnausschüttung bei Nonprofit-Organisationen (Nondistribution-Constraint) und die Überwachung dieser Einschränkung durch den Staat.[19] Aus Sicht der Institutenökonomik[20] wird argumentiert, wenn die Kosten für die Gewinnung der notwendigen Informationen für Auswahl und Kontrolle des Vertragspartners besonders hoch seien, böten sich Nonprofit-Organisationen an. Zum einen produzierten sie eine besondere Vertrauenswürdigkeit von gegenseitiger Unterstützung und Achtung, welche der Markt nicht anbieten könne. Zum anderen garantiere der Staat die Einhaltung des Nondistribution-Constraint und sanktioniere vom Nachfrager ungewollte Transaktionen, wodurch individuelle Kontrollkosten verringert würden.[21]

---

15 James in Powell, Nonprofit Sector, 408.

16 Kontraktversagenstheorie, Hansmann in Powell, Nonprofit Sector, 27-42.

17 Transaktionskostentheorien, Krashinsky in Rose-Ackerman, Nonprofit Institutions, 114 ff.

18 Hansmann in Powell, Nonprofit Sector, 31f. Damit beschreibt Hansmann ein Prinzipal-Agent-Problem: Der Prinzipal (Auftraggeber) kann den Agenten (Auftragnehmer) nicht vollständig überwachen. Der Agent verfolgt bei der Erfüllung des Auftrags Eigeninteressen (Maximierung des individuellen Nutzens), die von den Interessen des Prinzipals differieren. Der Prinzipal sucht daher nach alternativen institutionellen Vereinbarungen, die dem Agenten Anreize gegen, sich im Sinne des Prinzipals zu verhalten. Vgl. Hohlstein u.a., Lexikon der Volkswirtschaft, 415f und 418; Weiß, Der „dritte Sektor“, 68.

19 Hansmann in Powell, Nonprofit Sector, 31ff.

20 Der Transaktionskostenansatz der Institutenökonomik vergleicht die Kosten verschiedener institutioneller Arrangements, insbesondere die Kosten von Auswahl (Informations- und Mobilitätskosten) und Überwachung des Vertragspartners (Kontrollkosten). Die Neue Institutenökonomik untersucht die Vorteile bestimmter institutioneller Arrangements, berücksichtigt also die Einbettung der Präferenzentscheidungen des Individuums in eine institutionell vorgeprägte Umwelt; vgl. Hohlstein u.a., Lexikon der Volkswirtschaft, 415, Weiß, Der „dritte Sektor“, 39f.

21 Krashinsky in Rose-Ackerman, Nonprofit Institutions, 122; ähnlich Müller, Rechtsformenwahl, 146 und 414 ff.

Indem diese nachfrageorientierten Ansätze den Nondistribution-Constraint für entscheidend halten, können sie lediglich den jeweiligen national positivrechtlich festgeschriebenen Bereich der Gemeinnützigkeit erklären. Sie beziehen sich in diesem Rahmen auf Fremdleistungsorganisationen mit dem Schwerpunkt auf der Servicefunktion.

Anbieterorientierte Marktversagenstheorien gehen von der Annahme aus, dass Organisationen des Dritten Sektors in besonderem Maße geeignet seien, die Nachfrager von Leistungen in ihre Strukturen zu integrieren und somit eine Teilidentität von Anbietern und Nachfragern herzustellen. Deshalb setzten sie sich in Leistungsbereichen durch, in denen die Konsumenten der Leistungen und andere Personen inner- und außerhalb der Organisation ein besonderes Interesse daran haben, Kontrolle über den Produktionsprozess auszuüben.[22] Die Kontrolle durch die Konsumenten könne erhöht und damit die Transaktionskosten minimiert werden, wenn die Konsumenten als *,co-producers'* in den Produktionsprozess integriert würden.[23] Dabei werden die Anbieter – insoweit im Anschluss an die oben dargestellte Heterogenitätsthese – als Gruppen von Individuen betrachtet, die mit den von Staat oder Markt produzierten Gütern nicht zufrieden sind, die deshalb die gewünschten Güter selbst produzieren oder anbieten.

Dieser Ansatz legt seinen Schwerpunkt auf eine andere Kategorie von Dritte-Sektor-Organisationen als die bislang vorgestellten Theorien. Ihm geht es weniger um gemeinnützige Dienstleistungsunternehmen, die Fremdleistungen erbringen, als um kooperative Organisationsformen mit Konsumenten- und Produzenten-(teil-)identität.[24] Zumindest soll ein Teil der *stakeholder* an der Kontrolle der leistungserstellenden Organisation beteiligt werden. Damit rücken auch andere Organisationstypen in den Fokus, welche die Konsumentenbeteiligung in besonderem Maße garantieren, angefangen bei Selbsthilfegruppen bis hin zu genossenschaftlichen Organisationen.[25]

### 3. Reichweite der ökonomischen Theorien

Die erläuterten Modelle stellen ihre Erklärungen jeweils auf besondere Typen von Organisationen des Dritten Sektors ab und unterscheiden sich durch ihre Schwerpunktsetzung auf Staatsversagen oder Marktversagen einerseits und Nachfrage- oder Angebotsorientierung andererseits.

---

22 Ben-Ner in Rose-Ackermann, Nonprofit Institutions, 97 f, insofern im Anschluss an Hansmanns These von den Informationsasymmetrien; zustimmend Hansmann in Powell, Nonprofit Sector, 39 f.

23 Pestoff, Beyond State and Market, 208 ff; Öhlschläger, Freie Wohlfahrtspflege im Aufbruch, 187 ff.

24 Dementsprechend liegt der Theorie auch eine andere Auffassung des Dritten Sektors zugrunde. Genossenschaftliche Organisationen unterliegen nicht dem Nondistribution-Constraint, die Distribution der gemeinsam produzierten Leistungen und erwirtschafteten Vorteile unter den Genossen ist gerade konstitutiv für diese Organisationsform.

25 Vgl. Ben-Ners Untersuchungen zu Kooperativen, in Powell, Nonprofit Sector, 434-449.

Allen Modellen ist gemeinsam, dass sie die Existenz des Dritten Sektors negativ aus dem Versagen anderer Institute (Staat oder Markt) erklären; sie sind damit Substitutiv- oder Failure-Performance-Modelle.[26]

Zweitens beruhen sie auf der Annahme eines Wettbewerbsverhältnisses zwischen den drei Sektoren.[27] Sie gehen davon aus, dass die Nachfrager/innen sich grundsätzlich zwischen konkurrierenden Angeboten von Institutionen des Staates und des Dritten Sektors bei den öffentlichen Gütern bzw. des Marktes und des Dritten Sektors bei den privaten Gütern entscheiden können, und suchen nach Gründen, warum der Dritte Sektor in bestimmten Situationen das bessere Angebot machen kann bzw. Wettbewerbsvorteile hat. Der Dritte Sektor wird also als Konkurrenz der beiden klassischen Sektoren gesehen, weniger als deren Ergänzung und Korrektiv.[28] Ob jedoch eine derartige Wettbewerbsbeziehung zwischen Staat und Drittem Sektor überhaupt vorliegt, ist fraglich.[29] Durch die Einbeziehung der im Folgenden dargestellten sozioökonomischen und politischen Theorien wird diese Annahme in Frage gestellt.

## B. Sozioökonomische und politische Theorien – Der Dritte Sektor als Institution im Wohlfahrtsstaat

Bereits die Fortentwicklung neoklassischer ökonomischer Theorien durch die Institutenökonomik beruht auf der Erkenntnis, dass die Vor- und Nachteile institutioneller Arrangements wesentliche Bedeutung für die Sektorenwahl der Anbieter und Nachfrager haben. Sie berücksichtigt jedoch nicht in ausreichendem Maße, dass eine tatsächliche Wahlfreiheit der individuellen Nachfrager und Anbieter häufig nicht besteht.[30]

Politikwissenschaftler weisen auf die Bedeutung historischer institutioneller Entwicklungsmuster hin, welche die Wahlalternativen der Individuen wesentlich vorprägen.[31] Gerade in den vom Dritten Sektor abgedeckten Bereichen wie Soziale Dienste, Kultur, Bildung etc. sei eine starke Abhängigkeit von einmal eingeschla-

---

26 Badelt in Handbuch, 89 f.

27 Seibel in JbStVerwW 4 (1990), 114; Salamon/ Anheier in Anheier u.a., Sektor 1998, 222.

28 Diese konfliktorische Sichtweise ist nicht nur in der klassischen ökonomischen Perspektive begründet, sondern auch in der US-amerikanischen liberal-pluralistischen Tradition, den Staat und den Dritten Sektor als Gegenspieler zu betrachten, vgl. etwa Douglas in Powell, 47 und 51. Aus dieser Tradition lässt sich auch Salamons zuweilen sarkastische Argumentation gegen das "Konfliktparadigma" begreifen, vgl. insb. Salamon in Powell, Nonprofit Sector, 113 f.

29 Seibel in JbStVerwW 4 (1990), 115; Pestoff, Beyond Market and State, 48; Kuhnle/Selle, Government and Voluntary Organizations, 6.

30 Weiß, Der „dritte Sektor", 163 und 174.

31 Kuhnle/ Selle, Government and Voluntary Organizations, 7 f und 17; Seibel in Badelt, Handbuch, 20 f; Salamon/ Anheier in Anheier u.a., Sektor 1998, 225; Bauer in Schauer/ Anheier /Blümle, NPO-Colloquium 1994, 66; Heinze/Olk in Kölner Zeitschrift 81, 107 (zu den deutschen Wohlfahrtsverbänden).

genen nationalen Entwicklungspfaden zu beobachten, weil in diesen Bereichen der institutionelle Anteil hoch und der technische Anteil gering sei.[32]

Mit den institutionellen Rahmenbedingungen der Wohlfahrtssysteme beschäftigt sich die Wohlfahrtssystemforschung.[33] Sie untersucht die Strukturen und Funktionsweisen von Wohlfahrtssystemen vor allem in marktwirtschaftlichen Systemen[34] und kann zur Ergänzung und Überprüfung der mikroökonomischen Forschungen zum Dritten Sektor dienen.

So hat sich je nach Ausprägung des wohlfahrtsstaatlichen Systems eine bestimmte Struktur von Anbietern sozialer Leistungen herausgebildet, wie der Vergleich zwischen dem skandinavischen Typ des staatsorientierten Wohlfahrtssystems und dem bundesdeutschen ständisch-korporativen Wohlfahrtsmodell zeigt:[35] Im staatsorientierten System kommen – idealtypisch – keine privaten Anbieter vor. Im bundesdeutschen Modell finden sich dagegen auf vielen Feldern keine staatlichen, sondern lediglich freigemeinnützige Anbieter, da sich staatliche Implementationsstrukturen der Sozialpolitik erst gar nicht entwickelt haben. Die Nachfrager/innen derartiger Leistungen finden somit keinen Anbietermarkt vor, auf dem sie eine Auswahlentscheidung treffen könnten.

Vordringliches Interesse am Dritten Sektor entwickelte die Wohlfahrtsforschung erst in den 1990er Jahren.[36] Traditionelle Wohlfahrtsstaatstheorien hatten Organisationen des Dritten Sektors als vormoderne Mechanismen des Umgangs mit sozialen Problemen behandelt, welche mit zunehmender wirtschaftlicher Entwicklung durch staatliche Leistungen verdrängt würden.[37] Diese Annahme wurde durch die Privatisierung von Wohlfahrtsleistungen in den Dritten Sektor und den Markt widerlegt.

Die neueren Untersuchungen von Wohlfahrtssystemen haben dementsprechend das „Konfliktparadigma",[38] die Annahme eines grundsätzlichen Konkurrenzverhältnisses zwischen Staat und Drittem Sektor nicht bestätigt, sondern unterschiedliche Korrelationen zwischen den Sektoren mit gegenseitigen Abhängigkeiten und partnerschaftlichen Elementen ausgemacht.[39] Die Abkehr vom Konfliktparadigma be-

---

32 Lehmbruch in PVS 1996, 743 zieht den Vergleich zum ebenfalls staatsnahen Sektor der Telekommunikation, bei dem aufgrund des hohen technischen Anteils im internationalen Vergleich eine starke Konvergenz vorliege.

33 Zur Entwicklung dieser Forschungsrichtung Kuhnle/ Selle, Government and Voluntary Organizations, 1 ff und Salamon in Powell, Nonprofit Sector, 108 ff.

34 Vgl. Flora/ Heidenheimer, Welfare States; Esping-Andersen, Welfare Capitalism; Bauer/ Thränhardt, Wohlfahrtspflege.

35 Zander in Braun/ Jung, Globale Gerechtigkeit, 25 ff.

36 Vgl. den Sammelband von Kuhnle/ Selle, Government and Voluntary Organizations; Salamon, Partners in Public Service, sowie die Beiträge in Bauer/ Thränhardt, Wohlfahrtspflege.

37 Heinze/ Olk in Kölner Zeitschrift 1981, 102 ff; Graf Strachwitz in PolZG Bd. 9/1999, 26; vgl. auch Leadbeater in Reflexion und Initiative 1999/2000, 23.

38 Salamon in Powell, Nonprofit Sector, 113.

39 Salamon, Partners in Public Service; Kuhnle/ Selle, Government and Voluntary Organizations, 2 und 32.

deutet aber auch die Erkenntnis, dass entgegen der Annahme des de-Toqueville-Phänomens[40] komplementäre Kooperation mit dem Staat und staatliche Finanzierung den Dritten Sektor nicht per se zerstören.[41] Eine Ursache partnerschaftlicher Arbeit liegt darin, dass NPO häufig bereits in bestimmten Bereichen aktiv sind, bevor der Staat diese als wichtig erkennt und eingreift, und die Organisationen daher über Fachwissen, Strukturen und Erfahrungen verfügen, auf die der Staat zurückgreifen kann.[42] Oder die Organisationen mobilisieren die nötige politische Unterstützung für ein Engagement des Staates und sichern sich dadurch eine Rolle im dem zukünftigen staatlichen Tätigkeitsfeld.[43]

## C. Die empirische Überprüfung durch das *Johns Hopkins Project*

Das *Johns Hopkins Project Phase I und II* hat die bislang größte transnationale empirische makroquantitative Analyse des Dritten Sektors vorgenommen.[44] Das Forschungsprojekt hat in den 22 untersuchten Ländern fünf unterschiedliche Grundmuster von Dritten Sektoren vorgefunden und kommt daher zu dem Schluss, ‚den' Dritten Sektor gebe es nicht. Die wechselnden Größenordnungen und die uneinheitliche Zusammensetzung in den untersuchten Ländern stützten die herkömmlichen Theorien hinsichtlich der Entstehung des Sektors nicht. Vielmehr stelle er sich je nach den Konstellationen kultureller, historischer, politischer und wirtschaftlicher Bedingungen unterschiedlich dar.[45]

Der Versuch einer empirischen Überprüfung einzelner der ökonomischen Theorien kommt dementsprechend auch zu dem Ergebnis, dass den Theorien eine gewisse Plausibilität zukomme, sie teilweise aber auch zu irreführenden Resultaten führten.[46] Dies erklärt sich zunächst daraus, dass die Theorien – wie oben dargestellt – den Schwerpunkt auf unterschiedliche Aspekte und Funktionen des Sektors legen. Zum anderen kommt zu der Heterogenität des Dritten Sektors bereits in einem Land die transnationale Feststellung hinzu, dass Dritte Sektoren von ähnlichen

40 De Tocqueville verglich in 'De la démocratie en Amerique' im 19. Jahrhundert den freiwilligen Sektor Frankreichs mit seinem zentralistischen, dem freien Vereinswesen ablehnend gegenüberstehenden System mit jenem der USA mit der schwachen zentralstaatlichen Macht und kam zu dem Ergebnis, dass die freien Organisationen Gegenspieler des Staates seien und dass staatliche Einflussnahme und Finanzierung zu deren Absterben führen müssten. Vgl. Zusammenfassung bei Pestoff, Beyond Market and State, 34 ff und Zimmer/ Priller in Anheier u.a., Sektor 1998, 259 f.

41 Kuhnle/ Selle, Government and Voluntary Organizations, 22; Salamon in Powell, Nonprofit Sector, 114 f.

42 Kuhnle/ Selle, Government and Voluntary Organizations, 32; Salamon/ Anheier in Anheier u.a., Sektor 1998, 223.

43 Salamon/ Anheier in Anheier u.a., Sektor 1998, 223.

44 Ergebnisse in Anheier u.a. Sektor 1998 und Salamon/Anheier Sektor 1999.

45 Salamon/ Anheier, Sektor 1999, 22 f.

46 Vgl. im Einzelnen Salamon/ Anheier in Anheier u.a., Sektor 1998, 216-243.

quantitativen Ausmaßen unterschiedliche Funktionen übernehmen und unterschiedliche Strukturen aufweisen.[47]

Die Hypothese eines grundsätzlichen Konkurrenzverhältnisses zwischen dem öffentlichen und dem Dritten Sektor scheint damit widerlegt. Die Analysen des *Johns Hopkins Project* zeigen zum einen die Ausdehnung staatlicher Finanzierung der Tätigkeiten von NPO[48] und die überraschend geringe Bedeutung des Spendenaufkommens.[49] Zum anderen machen sie deutlich, dass die Aktivität des Dritten Sektors vor allem in den Bereichen floriert, in denen auch der öffentliche Sektor in der Bereitstellung von Diensten stark engagiert ist.[50]

## D. Schlussfolgerungen

Deutlich wird, dass den institutionellen Rahmenbedingungen und Entwicklungslinien für die Entwicklung und Ausprägung des Dritten Sektors eine erhebliche Bedeutung zukommt.[51] Auch die Frage, ob zwischen dem Dritten und dem Öffentlichen Sektor ein Substitutiv- und Konkurrenzverhältnis oder ein Komplementär- und Interdependenzverhältnis besteht, lässt sich nicht, wie die ökonomischen Theorie voraussetzen, generell beantworten, sondern hängt von den nationalen institutionellen Bedingungen ab. Die rechtlichen und politischen Möglichkeiten zur Gründung freier Assoziationen, die staatstheoretischen Traditionslinien,[52] die historischen Entscheidungen im Verwaltungsaufbau,[53] die gesellschaftliche Einstellung zu freien Vereinigungen[54] und Partizipationskulturen[55] und deren sozio-politische Ein-

47 Salamon/ Anheier Sektor 1999, 22 f; Weiß 183; Lundström/Wijkström 257.

48 Salamon/ Anheier in Anheier u.a., Sektor 1998, 51 ff.

49 Salamon/ Anheier in Anheier u.a., Sektor 1998, 165 ff und Salamon/ Anheier/ Archambault ebd., 199 ff. Dies gilt insbesondere für die USA, für die – im Gegensatz zu Kontinentaleuropa – lange das Bild eines hauptsächlich durch private Wohltätigkeit und große private Stiftungen geprägten Sektors aufrechterhalten wurde, vgl. etwa James in Powell, Nonprofit Sector, 407.

50 Seibel in JbStVerwW 4 (1990), 114.

51 Salamon/ Anheier in Anheier u.a., Sektor 1998, 241 ff.

52 Vgl. bspw. zur Auswirkung der jakobinischen Staatstradition (Gemeinwohlmonopol des Staates, Verbot jeglicher intermediärer Organisation als gleichheitsfeindlich im Loi Chapelier von 1791) auf den heutigen Dritten Sektor in Frankreich Archambault in Anheier u.a., Sektor 1998, 178 ff.

53 Müller, Rechtsformenwahl, 25ff; zum deutsch-französischen Vergleich Seibel in JbStVerwW 4 (1990), 123 f.

54 Vgl. die schwedische Tradition der Volksbewegungen (folkrörelsetradition) mit den zentralen Werten innerer Demokratie, Transparenz und Offenheit, Lundström/Wijkström, The Nonprofit Sector in Sweden, 184 ff und die Idealisierung des freien Vereinswesens in Deutschland nach der gescheiterten Revolution von 1848, Seibel in JbStVerwW 4 (1990), 120.

55 Ein Vergleich der Partizipationskulturen Deutschlands, Frankreichs, Irlands, Italiens und der Niederlande in Herrmann, Partizipationskulturen; zu den institutionellen Entwicklungslinien insbes. 63 ff und 121 ff.

bettung[56] müssen in die Betrachtung einbezogen werden. Mit der Anerkennung der Bedeutung institutioneller Entwicklungslinien konzentriert sich der Blick der Dritte-Sektor-Forschung verstärkt auf das Verhältnis zwischen dem öffentlichen und dem Drittem Sektor. Die Versuche, die Existenz des Sektors eigenständig und unabhängig vom öffentlichen Sektor zu erklären, werden aufgegeben.

Soweit jedoch eine Wahlfreiheit der individuellen Nachfrager und Anbieter hinsichtlich des institutionellen Arrangements besteht, besitzen die von den ökonomischen Theorien ermittelten Zusammenhänge Plausibilität. Sie können möglicherweise Aufschluss über das Proprium der Organisationen unabhängig von deren Einbindung in neokorporatistische oder staatsergänzende Strukturen geben. Wegen der Heterogenität der nationalen Sektoren ist dabei jeweils zu berücksichtigen, auf welchen Typus von Organisationen sich die theoretischen Ansätze beziehen.

## II. Erkenntnisse zur Entstehung und Entwicklung einzelner Organisationen des Dritten Sektors

Den Organisationen des Dritten Sektors werden in Alltagsaussagen, aber auch in der Wissenschaft spezifische Fähigkeiten bei der Erbringung ambulanter sozialer Leistungen zugeschrieben. Als Qualitäten der Organisationen werden genannt: ihre Innovationsbereitschaft,[57] Experimentierfreudigkeit[58] und Flexibilität;[59] ihre Nähe zum Aufgabengebiet[60] und Akzeptanz bei den Leistungsadressaten/innen;[61] die besondere Motivation ehrenamtlicher und hauptamtlicher Mitarbeiter/innen über das

56 Seibel in JbStVerwW 4 (1990), 118 und 121 ff.

57 Bauer in Schauer/ Anheier/ Blümle, NPO-Colloquium 1994, 83; Badelt in Handbuch, 425; Zauner ebd., 108. Nach den Ergebnissen der deutschen Teilstudie des JHP Phase II erwog ein gutes Drittel der untersuchten Organisationen eine Veränderung ihres Tätigkeitsprofils. Als Gründe für Veränderungen wurde an erster Stelle mit 77 Prozent die Reaktion auf aktuelle gesellschaftliche Probleme genannt. Als weitere Gründe folgen ökonomische Zwänge (56%), zunehmender Konkurrenzdruck (25%) und der Zugang zu weiteren staatlichen Förderungsmitteln (18%). Die Autoren/innen der Studie werten diese Ergebnisse als Indiz für die Flexibilität und Responsivität der Organisationen. Zum Sample und zur Befragung vgl. Zimmer u.a., Organisationsbefragung 8 ff. Zum Begriff sozialer Innovationen und deren Chancen und Hemmnissen in NPO: Öhlschläger, Freie Wohlfahrtspflege im Aufbruch, 149 ff.

58 Douglas in Powell, Nonprofit Sector, 47 ff.

59 Geis, Selbsthilfe, 59 f; Bauer in Schauer/ Anheier/ Blümle, NPO-Colloquium 1994, 83; Badelt in Handbuch, 425.

60 Seibel in PVS 1991, 480 f; Douglas in Powell, Nonprofit Sector, 50.

61 Matul/Scharitzer in Badelt, Handbuch, 387 ff; Bauer in Schauer/ Anheier/ Blümle, NPO-Colloquium 1994, 83; Seibel in PVS 1991, 480 f.

inhaltliche Oberziel der Organisation;[62] sowie ihre Wirtschaftlichkeit durch im Vergleich zu Staat und Markt kostengünstigere Dienstleistungen.[63]

Diese Fähigkeiten können auf Besonderheiten in der Gründung, gesellschaftlichen Positionierung, Struktur und Handlungsrationalität der Organisationen zurückgeführt werden. Zu berücksichtigen sind darüber hinaus die Einflüsse auf die Ausbildung und Nachhaltigkeit der sektoralen Spezifika einzelner Organisationen. Diese werden zum einen durch organisationsinterne Lebenszyklen und Transformationsprozesse, zum anderen durch organisationsexterne Rahmenbedingungen und Einwirkungen ausgeübt und können zu Strukturveränderungen und Zielverschiebungen in den Organisationen führen.

## A. Gründung, Struktur und Handlungsrationalität der Organisation

### 1. Die Mobilisierungs- und Bindungsfähigkeit der Organisation

Eines der definitorischen Merkmale der Organisationen des Dritten Sektors ist, dass sie in ihrer Gründung und zumindest in Teilen ihrer Tätigkeit und Verwaltung auf freiwilligen Leistungen der organisierten Menschen beruhen.[64] Daher geht die Forschung davon aus, dass wesentliche Voraussetzung für die Gründung und das Überleben einer Organisation des Dritten Sektors ihre Mobilisierungs- und Bindungsfähigkeit gegenüber ihren Mitgliedern sei. Dies habe nicht nur Bedeutung für die Mobilisierung ehrenamtlicher und freiwilliger Leistungen, sondern auch für die Erhaltung der solidarischen Strukturen und der Flexibilität und Entwicklungsoffenheit der inhaltlichen Ausrichtung der Organisation. Organisationen des Dritten Sektors formierten sich um ein ideelles Oberziel.[65] Ziel des Zusammenschlusses sei nicht die Gewinnerzielung und -maximierung, sondern die Erreichung materieller, aus der Mission operationalisierbarer Leistungswirkungsziele.[66]

Die Motivation der beteiligten Individuen gehe jedoch vielfach über das altruistische Motiv der Erreichung des materialen Oberzieles hinaus. Die engagierten Menschen könnten ihre Betätigung als Eigenwert zur Selbstverwirklichung und persönlichen Bereicherung empfinden.[67] Besondere Bedeutung wird auch der Tauschkomponente zugemessen, da die engagierten Menschen im Austausch für ihre Betätigung nicht monetäre, immaterielle Güter[68] wie Information und Einfluss, Samm-

---

62 Zimmer, Vereine – Basiselemente, 83; Zauner in Badelt, Handbuch, 114; Matul/Scharitzer ebd., 394.

63 Matul/Scharitzer in Badelt, Handbuch, 394; James in Powell, Nonprofit Sector, 409; Berman, Productivity; Salamon, Partners in Public Service.

64 Vgl. zur struktural-operationalen Definition oben, Erster Teil, Kapitel 1, I.C.

65 Horak/ Matul/ Scheuch in Badelt, Handbuch 136; Reichard in DÖV 1988, 364; Treutner in Voigt, Der kooperative Staat, 284.

66 Horak/ Matul/ Scheuch in Badelt Handbuch 136 f.; Reichard in DÖV 1988, 364.

67 Badelt in Handbuch, 360 ff; Jakob in AG der Freien Wohlfahrtspflege Hamburg e.V., Ehrenamt, 31 f.

68 Olson, Collective Action, 166 f, entwickelte durch den Begriff der immateriellen Güter eine Erklärung für kollektives Handeln im neoklassischen ökonomischen System, in dem

lung bestimmter (Arbeits-) Erfahrungen, einen Gewinn an Ansehen, Gruppensolidarität, weltanschauliche Geborgenheit, Anerkennung oder – bei allen Organisationen mit Selbsthilfecharakter – die reziproken Leistungen anderer[69] erlangten. Dies deckt sich mit den Befunden der Forschung zum ‚neuen Ehrenamt' oder zur ‚neuen Freiwilligenarbeit', die als handlungsleitendes Motiv für freiwilliges Engagement nicht Altruismus, sondern die Reziprozität von Geben und Nehmen und sowie die eigene Persönlichkeitsentwicklung identifiziert.[70]

Danach hängt die Bindungsfähigkeit der Organisationen entscheidend davon ab, dass der Mitwirkung ihrer Mitglieder Möglichkeiten der Mitgestaltung gegenüberstehen, dass also inhaltlich autonome Mitgestaltungsräume mit flachen Hierarchien existieren.

### 2. Die Struktur und Handlungsrationalität der Organisation

Die idealtypische Struktur freiwilliger Zusammenschlüsse als Kernelemente des Dritten Sektors wird als informell, egalitär und flexibel gekennzeichnet.[71] Sie stehen damit im Gegensatz zum bürokratisch-hierarchischen Modell. Ihre Arbeitsweise sei geprägt von unmittelbarer Kommunikation, persönlicher Nähe und gleichberechtigtem Zusammenwirken.[72] Solidarität[73] und der Bezug auf das appellfähige materielle Oberziel[74] werden als Medien der Handlungskoordination oder Binnensteuerung genannt. Die Fähigkeit zur schnellen Reaktion auf neue gesellschaftliche Probleme und die adäquate Behandlung von Einzelfällen werde durch egalitäre und spontane Strukturen mit geringen bürokratischen Strukturen begünstigt.[75] Vielfalt und Experimentierfreude der Organisationen rührten daher, dass diese nicht auf die Bildung von gesellschaftlichen Mehrheiten angewiesen seien, sondern die Tätigkeiten entfalten, welche die in der Organisation vereinte Minderheit für richtig halte.[76]

Das soeben gezeichnete idealtypische Bild muss jedoch eingeschränkt werden: Aufgrund der Heterogenität der jeweiligen nationalen Sektoren finden sich in ihnen Organisationen unterschiedlicher Strukturen. Dies sind die strukturellen Konsequenzen aus der Intermediarität[77] des Sektors, seiner Vermittlungsposition zwischen den drei Bereichen Staat, Markt und informellem Sektor. Je nach der Positio-

---

nur der Eigennutzen als handlungsleitendes Motiv der Individuen in Betracht kommt.

69 Horch in Zimmer, Vereine heute, 50; Badelt in Handbuch, 360 ff; Seibel in JbStVerwW 4 (1990), 117.

70 Beher/ Liebig/ Rauschenbach, Ehrenamt, 147 f; Olk in AG der Freien Wohlfahrtspflege Hamburg e.V., Ehrenamt, 12 ff; Jakob ebd. 31 f; Oliva in BMFSFJ, Qs Bd. 15, 12 ff..

71 Zauner in Badelt, Handbuch, 109; Reichard in DÖV 1988, 364.

72 Treutner in Voigt, Der kooperative Staat, 284.

73 Zimmer in Schauer/ Anheier/ Blümle, NPO-Colloquium 1996, 64 f; Reichard in DÖV 1988, 367 f.

74 Zauner in Badelt, Handbuch, 116; Seibel in JbStVerwW Bd. 4 (1990), 118.

75 Müller, Rechtsformenwahl, 125 ff

76 Douglas in Powell, Nonprofit Sector, 47 f.

77 Zur Intermediarität vgl. unten, Erster Teil, Kapitel 5, II.B.1.

nierung der einzelnen Organisation zu den anderen Sektoren weisen sie diesen zumindest teilweise angeglichene Strukturen und Handlungsweisen auf: Sie erbringen etwa Sozialleistungen und orientieren sich in ihrer Struktur stark am Staat oder sie betreiben quasi-kommerzielle Aktivitäten von Lotterien bis Unternehmen oder sie agieren auf der Grundlage mehr oder weniger spontaner Solidarität.[78] Die oben idealtypisch dargestellten Struktur- und Handlungsmuster finden sich am stärksten bei lokalen Organisationen, die nah am informellen Sektor agieren.

Für Aussagen über Struktur und Handlungsfähigkeit einzelner Organisationen muss daher zum einen deren Positionierung im Sektor berücksichtigt werden. Zum anderen kommt es darauf an, in welcher Entwicklungsphase die Organisation sich befindet, und welchen externen Einflüssen sie ausgesetzt ist.

## B. Lebenszyklen und Metamorphosen der Organisation

### 1. Innerorganisationale Entwicklungsprozesse

Die Organisationssoziologie beschäftigt sich mit Wandlungsprozessen und Lebenszyklen von Organisationen und der Möglichkeit der Beeinflussung typischer Pathologien in einzelnen Entwicklungsstadien. Grundlegende Transformationstendenzen jeder Organisation sind die Tendenz zur Kommerzialisierung (Oppenheimersches Transformationsgesetz) und zur Oligarchisierung (Michelsches Gesetz der Oligarchisierung).[79] Bürokratisierung, Zentralisierung, Professionalisierung und Ökonomisierung sind weitere Tendenzen, die für die Entwicklung von Dritte-Sektor-Organisationen – insbesondere im Zusammenhang mit externen Einwirkungen auf den Sektor – diskutiert werden.

#### *a) Entwicklungsphasen*

Als Phasen in der Entwicklung von Dritte-Sektor-Organisationen beschreibt die Organisationssoziologie die Pionier-, die Organisations- und die Integrationsphase.[80]

Die Pionierphase sei von einer informellen familienartigen Struktur geprägt, der Bezugspunkt des gemeinsamen Handelns sei die Gründungsidee. Mit dem einsetzenden Wachstum der Organisation oder aufgrund veränderter Umweltbedingungen komme es zu Machtkämpfen und zur Oligarchisierung der Organisation.[81] Zugleich schwinde die Reziprozität von Teilnahme und Teilhabe; dies führe zu einer sinkenden Verbindlichkeit und Motivation der Beteiligten und zu Trittbrettfahrerverhalten.[82] Darauf reagiere die Organisation mit der Ablösung des Gleichverteilungsprinzips durch das Äquivalenzprinzip, indem statt freiwilliger (Arbeits-)Beiträge feste monetäre Beiträge vereinbart werden. Damit beginne die Kommerzialisie-

---

78 Pestoff, Beyond the Market and State, 45 ff.

79 Horch in Zimmer, Vereine heute, 55.

80 Dreiphasenmodell von Heimerl-Wagner in Badelt, Handbuch, 191 ff.

81 Heimerl-Wagner in Badelt, Handbuch, 192.

82 S. oben Erster Teil, Kapitel 3, II.A.1.

rung, da die Mitglieder nicht mehr rein über die ideellen Ziele und immateriellen Güter, sondern durch selektive materielle Anreize eingebunden würden.[83]

Der Bindungsverlust des materiellen Oberziels und das Auftreten von Machtungleichgewichten leiteten typischerweise eine Selbstveränderung des Systems ein, die auf eine starke transparente Strukturierung, Formalisierung und Steuerbarkeit abziele. Diese Veränderung wird als Organisationsphase bezeichnet. Sie führe aber zumeist zu einer Überorganisation mit der Folge der Erstarrung und Verlängerung von Entscheidungsprozessen, der Bürokratisierung und Zentralisierung.[84] Bürokratisierung und Kommerzialisierung der Organisation führten zu einem weiteren Rückgang der affektiven Bindungen der Mitglieder, da deren Teilhabeinteressen zunehmend in den Hintergrund geraten. In einem selbstverstärkenden Zirkel beschleunige das nachlassende Mitgliederinteresse wiederum die Transformationstendenzen.[85]

Diese drei typischen Transformationen – Kommerzialisierung, Oligarchisierung, Bürokratisierung – seien für freiwillige Organisationen jedoch nicht unausweichlich; sie sind rückführbar auf die Problematik der Integration unverträglicher Strukturformen in eine soziale Einheit, die sie aufgrund ihrer Stellung an den Schnittstellen verschiedener Teilsysteme zu bewältigen haben.[86] Im Idealfall führten die auftretenden Pathologien zu einer weiteren Selbstveränderung hin zur Integrationsphase, die geprägt sei von Teamstrukturen, Dezentralisierung und überorganisationaler Vernetzung und Kooperation.[87]

### *b) Die Auswirkungen von Bürokratisierung und Zentralisierung*

Die Bürokratisierung einer Organisation führt zu Problemzersplitterung und Zuständigkeitsdenken und hat eine verminderte Flexibilität gegenüber diffusen oder variablen Problemlagen zur Folge.[88] Die Dritte-Sektor-Forschung sieht den größten Vorteil der Organisationen in ihrer Fähigkeit, schneller, flexibler und angemessener auf soziale Problemlagen reagieren zu können als die staatliche Verwaltung; diese Fähigkeit nehme jedoch in dem Maße ab, in dem sich die Einheiten selbst zu Großorganisationen entwickelten.[89] Würden die Entscheidungen über die Tätigkeit einer Organisation zentralisiert, werde die Art und Verteilung ihres Leistungsangebots fern von den Bedürfnissen der Konsumenten festgelegt. Die Organisation verliere die Fähigkeit, basisnah situative Ansprüche zu berücksichtigen.[90] Die Zentralisierung ganzer Teilbereiche des Sektors durch die Schaffung vertikaler verbandli-

---

83 Horch in Zimmer, Vereine heute, 57 ff.
84 Heimerl-Wagner in Badelt, Handbuch, 191 ff; Öhlschläger, Freie Wohlfahrtspflege im Aufbruch, 180 ff.
85 Streeck in Kölner Zeitschrift 1987, 482 und 492.
86 Horch in Zimmer, Vereine heute, 60 f.
87 Heimerl-Wagner in Badelt, Handbuch, 196.
88 Heinze/ Olk in Kölner Zeitschrift 1981, 110.
89 Öhlschläger, Freie Wohlfahrtspflege im Aufbruch, 173; Geis, Selbsthilfe, 26.
90 Heinze/ Olk in Kölner Zeitschrift 1981, 110.

cher Strukturen laufe der Vielfalt der Organisationen zuwider,[91] welche die Voraussetzung der Innovations- und Experimentierfreudigkeit des Sektors bilde.[92]

Durch Einbußen beim materiellen Oberziel (Mission) komme es zu einer Zielverschiebung zu den Formalzielen wie Bestand und Wachstum.[93] Die zunehmende Etablierung, finanzielle Absicherung und die Tätigkeit als Auftragnehmer staatlicher Stellen gehen mit einem Verlust zivilgesellschaftlicher Potentiale einher. Die Orientierung an Anschlussfinanzierung und die Professionalisierung zähmten den gesellschaftskritischen Eigensinn der Organisationen, und damit auch ihr experimentelles und innovatives Potential.[94]

### *c) Die Auswirkungen der Professionalisierung*

Mit dem Ende der Pionierphase einer Organisation kommt es vermehrt zum Einsatz hauptamtlicher Mitarbeiter und zu einer Spaltung der Tätigkeiten Haupt- und Ehrenamtlicher. Die Professionalisierung der Arbeit der Organisation ist die Konsequenz des Wachstums der Organisation sowie organisationsinterner und -externer Anforderungen an die Konstanz und Qualität ihrer Arbeit.

So waren beispielsweise die Organisationen aus dem Kontext der neuen sozialen Bewegungen[95] in Deutschland zunächst – in Opposition zur Sozial"fürsorge"politik des Staates und der etablierten Wohlfahrtsverbände – explizit antiprofessionell.[96] In den 1980er Jahren setzte dann – gefördert durch die Einbeziehung der Organisationen in staatliche Förderungsstrukturen – die Institutionalisierung und Professionalisierung ein. Für die sektorinterne Diskussion in Deutschland – und zwar sowohl in den klassischen Verbänden wie den neuen freien Trägern – kann Professionalisierung als das Schlagwort der Debatte in den 90er Jahren betrachtet werden. Es wird dabei einerseits auf die fachspezifischen Qualitätsmaßstäbe in der Arbeit, anderseits auf interne Strukturen (Management) als auch auf den Auftritt nach außen (Öffentlichkeitsarbeit, Kunden/innen- Mitglieder- und Spendenwerbung, Marketing) bezogen.

Die Dritte-Sektor-Forschung sieht als Folge der Professionalisierung einerseits eine Stabilisierung der Netzwerke und eine Erhöhung der Seriosität der Organisationen. Anderseits sei es zu einer Verwissenschaftlichung der Debatte und einem politikfernen Expertenstreit gekommen.[97] Damit verringere die Professionalisierung die Wertigkeit von Teilhabe und freiwilliger Tätigkeit der ehrenamtlichen Mitglieder.[98] Angesichts dieser Affektionsverluste, vor allem jedoch unter dem Druck sin-

---

91 Lord Dahrendorf in Reflexion und Initiative, 14.

92 Vgl. oben Erster Teil, Kapitel 3, II.A.2.

93 Horch in Zimmer, Vereine heute, 57.

94 Roth, Demokratie von unten, 252.

95 Zur Bedeutung der neuen sozialen Bewegungen für den Dritten Sektor s. unten Erster Teil, Kapitel 4, V.

96 Geis, Selbsthilfe, 22 f.

97 Roth, Demokratie von unten, 35.

98 v. Eckardstein/ Zauner in Badelt, Handbuch, 346.

kender Finanzierung streben die Organisationen derzeit die (Wieder-) Aufwertung des Ehrenamtes an, um die hauptamtlichen professionellen Strukturen zu ergänzen und zu stützen.[99]

## 2. Externe Einwirkungen auf die Organisation

### *a) Die Einbeziehung der Organisationen in die Erbringung öffentlicher Aufgaben*

Organisationale Bürokratisierungs- und Hierarchisierungsprozesse können extern durch die Kooperation mit dem Staat begünstigt oder gar erzwungen werden.[100] Es wird kritisiert, die Einbeziehung der Organisationen in staatliche Finanzierungssysteme, die Zwänge staatlicher Zuwendungsrichtlinien und die Verpflichtung zur Einhaltung einschneidender Regelungen in Bezug auf Leistungsangebot, Personalwirtschaft und Rechnungswesen führten zu einer Bürokratieüberwälzung aus dem öffentlichen Dienst, zu Überformalisierung und Erstarrung der Organisation.[101] Diese Konvergenz, das heißt die Übernahme staatlicher Strukturen und Handlungsrationalitäten, habe langfristig auch den Verlust der sektoralen Eigenheiten der Organisationen zur Folge.[102] Eine derartige Entwicklung wurde in der Literatur anhand der deutschen Spitzenverbänden der Wohlfahrtspflege beschrieben.[103]

### *b) Der Wettbewerb mit gewinnorientierten Anbietern sozialer Dienstleistungen*

Soweit es um die Bereitstellung privater, konsumrivaler Dienstleistungen geht, wie etwa Heim- und Betreuungsplätze, können die Organisationen im Wettbewerb mit kommerziellen Anbietern stehen. Eine vergleichbare Wettbewerbssituation entsteht, wenn die staatliche Finanzierung auf ein leistungsbezogenes Modell umgestellt wird. Die Organisationssoziolgie nimmt an, dass der Wettbewerbsdruck die Tendenz zur Formalisierung und Hierarchisierung, der ‚Managerisierung' der Organisationsstruktur durch die Nachahmung der Strukturen des Marktes, erhöhe.[104] Die Organisation gleiche sich mimetisch den Marktstrukturen an, und es kommt zu einer Ausdifferenzierung der ökonomischen Rollen Produzent – Finanzier – Entscheider – Konsument, welche in Organisationen des Dritten Sektors klassischer-

---

99 Vgl. die Beiträge in AG der Freien Wohlfahrtspflege Hamburg e.V., Ehrenamt; die Ergebnisse einer Befragung von Vertretern der Wohlfahrtsverbände in Daum, Vereine, 54 f; Beher/ Liebig/ Rauschenbach, Ehrenamt; die Beiträge in Qs 15; ferner Badelt in Handbuch, 425 f; Zimmer/ Priller in Anheier u.a., Sektor 1998, 262.

100 Geis, Selbsthilfe, 26 f; v.Eckardstein/ Zauner in Badelt, Handbuch, 348; Lehmbruch in PVS 1996, 744.

101 Heimerl-Wagner in Badelt, Handbuch, 192; Graf Strachwitz in PolZG Bd. 9/1999, 28; Reichard in DÖV 1988, 368; Öhlschläger, Freie Wohlfahrtspflege im Aufbruch, 173 f.

102 Öhlschläger, Freie Wohlfahrtspflege im Aufbruch, 174.

103 Heinze/ Olk in Kölner Zeitschrift 1981, 106 ff; Bauer in Schauer/ Anheier/ Blümle, NPO-Colloquium 1994, 66; Schuppert in JbStVerwW Bd. 3 (1989), 68.

104 Heimerl-Wagner in Badelt, Handbuch, 193; v. Eckardstein/ Zauner ebd., 348; Öhlschläger, Freie Wohlfahrtspflege im Aufbruch, 197.

weise nicht klar getrennt seien.[105] Auch dies habe die Diffusion der Ziele der Mitglieder von jenen der Organisationsführung und damit die Abnahme der Bindungsfähigkeit zur Folge.[106]

In beiden Fällen, sowohl bei der Einbindung der Organisation in staatliche Finanzierungssysteme als auch in der Situation des Wettbewerbs am Markt, gerate die Organisation in das Mobilisierungs- Integrationsdilemma: Einerseits müsse sie Ressourcen mobilisieren, andererseits gegenüber Mitgliedern und Engagierten Integrationsleistungen erbringen. Dies erfordere die gleichzeitige Ausrichtung auf widersprüchliche Bezugssysteme.[107]

#### *c) Die Einbindung der Organisationen in staatliche Verhandlungssysteme*

Auch die Einbindung der Organisationen in staatliche Verhandlungssysteme forciere Strukturveränderungen hin zur Hierarchisierung und verbandlichen Zentralisierung der Entscheidungsfunktionen.[108] Es drohe der Verlust der Interessenidentität zwischen Mitgliedern und verbandlicher Führung und die Oligopolisierung von Interessenssphären durch Großverbände.[109] Dadurch könne es zu Zielverschiebungen in der Organisation hin zu Formalzielen wie der Besitzstandswahrung und zur Korrumpierung zentraler Akteure kommen.[110]

## III. Zusammenfassung

Die ökonomischen Theorien stellen ihre Erklärungen jeweils auf besondere Typen von Organisationen des Dritten Sektors ab und unterscheiden sich durch ihre Schwerpunktsetzung auf Staatsversagen oder Marktversagen einerseits und Nachfrage- oder Angebotsorientierung andererseits. Sie erklären als Substitutivmodelle die Existenz des Dritten Sektors negativ aus dem Versagen der Institute Staat oder Markt und beruhen auf der Annahme eines Wettbewerbsverhältnisses zwischen Drittem Sektor und Staat. Sie konnten empirisch in einer transnational vergleichenden Untersuchung nicht bestätigt werden.

Unter dem Einfluss der Wohlfahrtssystemforschung setzte sich in der Nonprofit-Forschung die Erkenntnis durch, dass die Entwicklung und Ausprägung nationaler Dritter Sektoren erheblich durch die institutionellen Rahmenbedingungen und historischen Entwicklungslinien bestimmt wird. Insbesondere der Typus des wohlfahrtsstaatlichen Systems setzt institutionelle Rahmenbedingungen, die zu unterschiedlichen Korrelationen zwischen dem staatlichen und dem Dritten Sektor, zu

105 Horch in Zimmer, Vereine heute, 57 ff.

106 Öhlschläger, Freie Wohlfahrtspflege im Aufbruch, 194 f.

107 Knoth, Gratwanderungen, 40.

108 Bauer in Schauer/ Anheier/ Blümle, NPO-Colloquium 1994, 66; Heinze/ Olk in Kölner Zeitschrift 1981, 106 f.

109 Wassermann (Gesamthrsg.), AK-GG- *Rinken* Rn. 24 zu Art. 9.

110 Zimmer in Anheier u.a. Sektor 1998, 86.

gegenseitigen Abhängigkeiten, partnerschaftlichen Elementen und zu partieller Konkurrenz führen können. Soweit jedoch eine Wahlfreiheit der individuellen Nachfrager und Anbieter hinsichtlich des institutionellen Arrangements besteht, besitzen die von den ökonomischen Theorien ermittelten Zusammenhänge Plausibilität.

Als spezifische Fähigkeiten von Organisationen des Dritten Sektors bei der Erbringung ambulanter sozialer Leistungen werden Innovationsbereitschaft, Flexibilität, Nähe zum Aufgabengebiet und Akzeptanz bei den Leistungsadressaten/innen genannt. Die Mobilisierungs- und Bindungsfähigkeit einer Dritte-Sektor-Organisation ist wesentliche Voraussetzung für ihr Überleben und die Nachhaltigkeit ihrer spezifischen Fähigkeiten. Flexibilität, Basisnähe, Experimentier- und Innovationskraft der Organisationen werden durch informelle, egalitäre und flexible Handlungs- und Strukturmuster begünstigt.

Die Handlungs- und Strukturmuster der Organisationen sind durch innerorganisationale Entwicklungsprozesse und externe Einflüsse einem Wandel unterworfen. Aufgrund der Vermittlungsrolle des Sektors zwischen den Sektoren Staat, Markt und informellem Sektor weisen die Organisationen Strukturkonvergenzen mit diesen Sektoren auf, welche ihre spezifischen Eigenschaften gefährden und zu Affektionsverlusten und Zielverschiebungen führen. Diese Entwicklungspathologien werden durch externe Strukturüberwälzungen aus den Sektoren Staat und Markt verstärkt. Diese Entwicklungsprozesse müssen für Kooperationsstrukturen mit dem Staat berücksichtigt werden, um eine nachhaltige Nutzung der Spezifika der Dritte-Sektor-Organisationen nicht zu gefährden.

# Kapitel 4: Die historische Entwicklung des deutschen Dritten Sektors

Die theoretischen und empirischen Erkenntnisse der Dritten-Sektor-Forschung haben ergeben, dass für die Analyse eines nationalen Dritten Sektors dessen historische institutionelle Entwicklungslinien von großer Bedeutung sind.[1] Die Entwicklungspfade bestimmen einerseits die Ausprägung, Funktionen und Eigenschaften der im Sektor heute vorzufindenden Organisationen und bilden andererseits den Rahmen für die Anwendbarkeit der oben[2] vorgestellten mikroökonomischen Theorien. Für die Einbindung der Organisationen des Dritten Sektors in Kooperationsverhältnisse mit dem Staat in Deutschland liefern sie notwendige Informationen über die Prämissen und Bedingungen der Kooperation.

## I. Die Ausgangslage im 19. Jahrhundert: Ständestaat und freies Assoziationswesen

In Deutschland hat der Dritte Sektor seine Wurzeln zum einen in der mittelalterlichen Ständegesellschaft mit ihrer geschlossenen Sozialstruktur, zum anderen enthält er mit privaten politischen, sozialen und geselligen Vereinigungen Elemente moderner bürgerlicher Gesellschaften.[3]

Die Institutionen der Ständegesellschaft, die mittelalterlichen Zünfte, Gilden und Stände, umfassten soziale Gruppen und disziplinierten mit ihren Regelungen das ganze Leben ihrer Mitglieder von Geburt an. In der ständischen Gesellschaft wurden der Status des Einzelnen und seine Lebenschancen weitgehend durch seine soziale Herkunft bestimmt. Die ständischen Korporationen reglementierten entsprechend als umfassende Zwangs- und Disziplinargemeinschaften den gesamten Lebenszusammenhang der Individuen.[4] Dagegen zeichneten sich die ab Mitte des 18. Jahrhunderts entstehenden Assoziationen durch den freiwilligen Zusammenschluss von Individuen aus.

Der Zusammenschluss bezog sich auf einen bestimmten Zweck, auf welchen die Tätigkeit der Assoziation auch begrenzt war.[5]

Diese beiden Ursprünge des heutigen Dritten Sektors erfuhren im 19. Jahrhundert eine gegensätzliche Behandlung: Der feudale Staatsapparat schuf dort, wo seine Interessen an ökonomischer Modernisierung mit jenen des Bürgertums zusammenfielen, günstige Rahmenbedingungen zur Umwandlung ständischer in freie Assozia-

---

1 S. oben Erster Teil, Kapitel 3, I.D.
2 S. oben Erster Teil, Kapitel 3, I.A.
3 Seibel in Badelt, Handbuch, 20; Anheier/ Seibel in Salamon/ Anheier, Defining, 130 f.
4 Kroll, Vereine und Bürgerinitiativen heute, 36.
5 Daum, Vereine, 14.

tionen;[6] insoweit wurde die Entwicklung des Sektors stimuliert.[7] Für bedeutende Teile des deutschen Dritten Sektors ist festzuhalten, dass er sich nicht in einer Antithese zum Staat entwickelte, sondern in Interaktion mit diesem.[8] Auf der anderen Seite wurden jedoch bürgerschaftliche, apokryph politische Organisationen wie Turn- und Gesangsvereine politisch und rechtlich unterdrückt.[9] Sie galten als Brutstätten revolutionären Gedankengutes.[10] Durch die Beschränkung der Vereinsfreiheit in der Phase der Restauration[11] in Reaktion auf die liberale Burschenschaftsbewegung wurde die Bildung politischer Vereine verboten. Dies hatte die ‚Kryptopolitisierung' von Kultur-, Geselligkeits- und Turnvereinen zur Folge.

Die Paulskirchenverfassung sah zwar in Art. VIII § 162 die Garantie der Vereinsfreiheit vor; nachdem ihr Inkrafttreten jedoch gescheitert war, blieb die Vereinsfreiheit nur in einigen Teilstaaten gewährt. Eine reichseinheitliche Regelung wurde erst mit dem Reichsvereinsgesetz von 1908 erreicht. Aus dieser Repression insbesondere nach der gescheiterten Revolution von 1848 resultierte in der gesellschaftlichen Stimmung eine Idealisierung des freien Vereinssektors als Surrogat der politisch nicht erreichten Demokratie.[12] Die Forderung nach Vereinigungsfreiheit wurde sogar zum Synonym für die Forderung nach einer konstitutionellen Demokratie;[13] die vorenthaltene Beteiligung an der Staatsmacht machte die Vereinstätigkeit zur politischen Ersatzbetätigung für Bürgertum und Arbeiter.[14]

## II. Die prägenden Prinzipien der Entwicklung

Die weitere Entwicklung des Dritten Sektors in Deutschland war geprägt durch die Prinzipien der sozialpolitischen Subsidiarität, der Selbstverwaltung und der Gemeinwirtschaft. Diese Prinzipien formten die Trennlinie in der soeben beschriebenen zweigleisigen Behandlung gesellschaftlicher Organisationen: In ihrem Anwendungsbereich fand eine staatliche Förderung der Organisationen statt, und insoweit

---

6 Etwa bei berufsständischen Selbstverwaltungsorganisationen; diese üben entsprechend auch staatsersetzende Disziplinierungsfunktionen gegenüber ihren Mitgliedern aus, vgl. die Matrix des deutschen Dritten Sektors in Erster Teil, Kapitel 1, II.B.

7 Anheier/ Seibel in Salamon/ Anheier, Defining, 131.

8 Anheier/ Seibel in Salamon/ Anheier, Defining, 131.

9 Vgl. Daum, Vereine, 13 ff; Anheier/ Seibel in Salamon/ Anheier, Defining, 133.

10 Graf Strachwitz in PolZG Bd. 9/1999, 26.

11 Durch die Karlsbader Beschlüsse von 1819. In Reaktion auf die liberale Burschenschaftsbewegung (Wartburgfest 1817) wurde ein Verbot der Bildung politischer Vereine und die Vorzensur von Druckschriften beschlossen. Eine weitere Unterdrückung der Presse-, Vereins-, und Versammlungsfreiheit folgte mit den ‚Sechs Artikeln' des Deutschen Bundes von 1832 sowie den ‚Sechzig Artikeln' von 1834.

12 Seibel in JbStVerwW 4 (1990), 120.

13 Anheier/ Seibel in Salamon/ Anheier, Defining, 133.

14 Seibel in PVS 1987, 200.

entwickelte sich der Dritte Sektor weniger als Gegenmacht gegen den Staat, als in Interaktion mit dem Staat.

Die Verfasser der deutschen Teilstudie des *Johns Hopkins Project*, kommen zu dem Ergebnis, dass diese drei Prinzipien die wesentlichen institutionellen Entwicklungspfade sind, welche die Besonderheiten des heutigen deutschen Dritten Sektors im internationalen Vergleich verursachen.[15] Für den Bereich der ambulanten sozialen Arbeit ist das Subsidiaritätsprinzip von besonderer Bedeutung.

### A. Das sozialpolitische Subsidiaritätsprinzip

In den Bereichen Wohlfahrtspflege, Soziale Dienste und Gesundheit und damit auch für den Untersuchungsbereich der ambulanten sozialen Arbeit hat das Subsidiaritätsprinzip prägenden Einfluss auf die Struktur des deutschen Dritten Sektors.

Das aus der katholischen Soziallehre stammende Prinzip postuliert den funktionellen Vorrang der jeweils kleineren Einheit und will damit die Einflussnahme des Staates auf die Gesellschaft begrenzen. Es besagt, dass ein Eingreifen der öffentlichen Hand zumindest entbehrlich[16] bzw. sogar unzulässig[17] sei, wo die freie gesellschaftliche, auch kirchliche, Initiative hinreichende Gewähr für die Beseitigung des Notstandes biete. In der katholischen Soziallehre fand das Prinzip seine Ausprägung in der Sozialenzyklika „Quadragesimo Anno" von 1931. Dort wird vor allem der Vorrang und Schutz des Individuums vor kollektivistischen, nicht unbedingt nur staatlichen Tendenzen betont.[18] In der heutigen Rezeption wird das Prinzip allerdings überwiegend auf das Verhältnis staatlicher Maßnahmen zu gesellschaftlichen, insbesondere kirchlichen, Initiativen bezogen.

Die Institutionalisierung des Ausgleichs kirchlicher und staatlicher Interessen[19] ist jedoch nur ein Gesichtspunkt dieses Prinzips. Seine heutige Bedeutung verdankt es auch seinem Einsatz als Gegenstrategie zu sozialrevolutionären Ansätzen der Kommunalisierung und Verstaatlichung von Sozialpolitik.[20] Im frühen 19. Jahrhundert wurde eine staatliche Versorgung Bedürftiger nur orientiert am Ziel der Aufrechterhaltung der öffentlichen Ordnung geleistet. Die armenpolizeilichen Maßnahmen waren von dürftigen Leistungen und erheblicher Repression (Zwangsarbeit, Freiheitsentzug, Verlust des Wahlrechts) geprägt. Mit dem durch die gesellschaftlichen

---

15 Vgl. zur Entwicklung des deutschen Dritten Sektors die Beiträge von Anheier, Seibel und Zimmer in Anheier u.a., Sektor 1998, sowie Anheier/ Seibel in Salamon/Anheier, Defining, 128 ff und Seibel in JbStVerwW Bd. 4 (1990), 113 ff und in Badelt, Handbuch, 19 ff.

16 Schellhorn/Jirasek/Seipp § 10 BSHG, Rn. 3.

17 Geis, Selbsthilfe, 87.

18 Nr. 79 der Enzyklika lautet: „Was der Einzelmensch aus eigener Initiative und mit seinen eigenen Kräften leisten kann, (darf) ihm nicht entzogen und der Gesellschaftstätigkeit zugewiesen werden...".

19 Der Konflikt bestand vorrangig zwischen dem protestantischen Preußen und dem politischen Katholizismus (Gründung der Zentrumspartei 1871).

20 Zimmer in Anheier u.a., Sektor 1998, 80.

Umwälzungen der industriellen Revolution verursachten Pauperismus verschärfte sich die soziale Frage. Das weitgehende Vakuum an Versorgungsleistungen wurde durch die Privatwohltätigkeit, die ‚freie Liebestätigkeit', kleiner und zunächst unorganisierter christlich-karitativer Vereinigungen gefüllt.[21] Es kam zu Kooperationen mit dem Staat, da die sozialpolitischen Aktivitäten den staatlichen und kapitalistischen Interessen entgegenkamen.[22] Auch die karitativen Vereinigungen, welche die bürgerliche Mittelschicht im Umfeld der Kirchen gründete, verfolgten das Ziel, eine Politisierung und Radikalisierung der Arbeiterschaft abzuwenden.[23]

Nach der Realisierung der Bismarckschen Sozialgesetzgebung Ende des 19. Jahrhunderts[24] durchliefen die Vereinigungen eine Phase der Konzentration und Zentralisation in übergreifenden Spitzenverbänden und eine Professionalisierung ihrer Leitungsfunktionen.[25] Ihre Tätigkeit wurde auf die von den Sozialversicherungen nicht erfassten Notlagen in den sozialen Diensten und der Gesundheitsfürsorge konzentriert; für diese erhielten sie bereits im 19. Jahrhundert staatliche Subventionen.[26] In der Weimarer Republik folgte die staatliche Anerkennung und die gesetzliche Zuweisung öffentlicher Funktionen:[27] Im staatlichen Erlass über die Fürsorgepflicht von 1924 wurden die Verbände der freien Wohlfahrtspflege erstmals ausdrücklich erwähnt und die Nachrangigkeit öffentlicher Armenfürsorge festgeschrieben.[28] Im gleichen Jahr wurde unter erheblicher Mitwirkung des Reichsarbeitsministeriums der Zusammenschluss der Verbände in der ‚Deutschen Liga der Freien Wohlfahrtspflege' erreicht.[29]

---

21 Heinze/ Olk in Kölner Zeitschrift 1981, 97 f; Wegener, Staat und Verbände, 53 ff; Kessels in v. Campenhausen, Kann der Staat für alles sorgen, 34 ff.

22 Kroll, Vereine und Bürgerinitiativen heute, 41; Wegener, Staat und Verbände, 60 ff.

23 Daum, Vereine, 18.

24 Das Sozialistengesetz vom 21.10.1878 hat die Zerschlagung sozialdemokratischer Organisationen und Gewerkschaften zum Ziel; deren zusätzliche Schwächung beabsichtigt Bismarck durch eine positive staatliche Sozialpolitik. Eine kaiserliche Botschaft kündigt 1881 die Einführung der Sozialversicherungen an (‚Magna Charta der Sozialversicherung'). Es folgen die Gesetze über die Arbeiterkrankenversicherung (Juni 1883), die Unfallversicherung (27.06.1884) und die Alters- und Invaliditätsversicherung (22.06.1889).
Ähnlich wie im Konflikt mit dem liberalen Bürgertum setzte der Staat auf eine Kombination von Repression und Integration durch Selbstverwaltung (hier der Sozialversicherungen); Anheier/ Seibel in Salamon/ Anheier, Defining, 134.

25 Heinze/ Olk Kölner Zeitschrift 1981, 100 f. Zur Geschichte der einzelnen Spitzenverbände Flierl, Wohlfahrtspflege, 181 ff.

26 Heinze/ Olk Kölner Zeitschrift 1981, 101.

27 Heinze/ Olk Kölner Zeitschrift 1981, 102; zur Rechtsentwicklung im Einzelnen: Kessels in v. Campenhausen, Kann der Staat für alles sorgen, 36 ff.

28 Daum, Vereine, 21 f; Heinze/ Olk in Kölner Zeitschrift 1981, 102.

29 Mitglieder: Centralauschuss für die Innere Mission (gegr. 1849, Vorläufer des Diakonischen Werkes); Deutsches Rotes Kreuz (gegr. 1864); Caritasverband (gegr. 1897); Zentralwohlfahrtsstelle der Juden in Deutschland (gegr. 1917) und der 5. Wohlfahrtsverband (gegr. 1920, Vorläufer des Deutschen Paritätischen Wohlfahrtsverbandes); nicht beteiligt war zunächst die sozialdemokratische geprägte Arbeiterwohlfahrt (gegr. 1919). Da die Sozi-

Das Subsidiaritätsprinzip wurde somit zum einflussreichen ideologischen Gegenpol zu Systemen staatlicher Wohlfahrt, wie sie im skandinavischen Modell eines universalistischen, staatsorientierten Wohlfahrtssystem[30] ausgeprägt sind und auch von der deutschen Sozialdemokratie bis in die 1960er Jahre vertreten wurden.[31] Das Prinzip wurde damit formell zu einem Faktor in der Institutionenwahl gesellschaftlicher oder staatlicher Wohlfahrtspflege. So wurde der Subsidiaritätsstreit der 60er Jahre, der sich an der Verankerung des Grundsatzes in den Sozialgesetzen, in das damalige Bundessozialhilfegesetz und das damalige Jugendwohlfahrtsgesetz, entzündete und in der Wohlfahrtsentscheidung des BVerfG[32] mündete, um eine begrenzte Subsidiarität zugunsten der freien Wohlfahrtsverbände als Institutionen geführt.[33] In diesen Rechtsbereichen wird den Leistungsangeboten der Spitzenverbände der freien Wohlfahrt der grundsätzliche Vorrang vor jenen öffentlicher Träger eingeräumt.

Das sozialpolitische Subsidiaritätsprinzip hat somit zum einen zu hoher Strukturiertheit und engmaschiger rechtlicher Regelung der Beziehungen zwischen öffentlichem und Drittem Sektor geführt.[34] Zum anderen bildete sich in den von ihm umfassten Feldern in Deutschland schon früh ein Dritter Sektor von beachtlicher Größe und Professionalisierung heraus.[35] Die Kooperation des Staates mit den Wohlfahrtsverbänden wurde von Anfang an gezielt mit dem Ziel der Staatsentlastung und der Nutzung der Ressourcen und Implementationsstrukturen der Verbände betrieben. Ihre Privilegierung durch das Subsidiaritätsprinzip stellt einen deutschen institutionellen Sonderweg dar.[36]

---

aldemokratie die Kommunalisierung und Verstaatlichung der Sozialfürsorge anstrebte, wollte sie mit der Gründung der Arbeiterwohlfahrt nur Einflussmöglichkeiten auf die Wohlfahrtspflege sichern. Ein Angebot fürsorgerischer Leistungen war nicht intendiert, Heinze/ Olk Kölner Zeitschrift 1981, 102 ff. Zu Geschichte, Selbstverständnis und Organisation der einzelnen Spitzenverbände Flierl, Wohlfahrtspflege, 181 ff.

30 S. oben Erster Teil, Kapitel 3, I.B.

31 Anheier/ Seibel in Salamon/ Anheier, Defining, 135.

32 BVerfGE 22, 180. Die Bund-Länder-Klage einer Reihe überwiegend sozialdemokratisch regierter Bundesländer hatte keinen Erfolg, soweit sie sich gegen die Regelungen der Subsidiarität wandte.

33 Neben dieser institutionellen Ausprägung des Subsidiaritätsprinzips spielt der Begriff der Subsidiarität im Recht der sozialen Förderung und Hilfe bei der Frage der Anspruchsberechtigung eine Rolle, um die Nachrangigkeit der öffentlichen Unterstützung gegenüber den Leistungen anderer Verpflichteter, etwa den Unterhaltspflichtigen oder anderen Leistungsträgern, abzusichern; § 2 SGB XII, 10 SGB VIII.

34 Anheier in ders. u.a., Sektor 1998, 30; Bauer in Schauer/ Anheier/ Blümle, NPO-Colloquium 1994, 66.

35 Zimmer in Anheier u.a., Sektor 1998, 79; Graf Strachwitz in PolZG Bd. 9/1999, 26.

36 Münder u.a., LPK-SGB XII, § 5, Rn. 14 ff; Backhaus-Maul in PolZG Bd. 26-27/2000, 22.

## B. Das Selbstverwaltungsprinzip

Das Selbstverwaltungsprinzip entfaltet Wirkungen auf das Verhältnis zwischen Staat, kommunalen Körperschaften und Zivilgesellschaft.[37] Selbstverwaltung stellt eine Mischform zwischen demokratisch-repräsentativer Staatlichkeit mit hierarchischer Verwaltung einerseits und grundrechtlich abgesicherter Individualrechtssphäre andererseits dar.[38] Angesichts der im 19. Jahrhundert nur begrenzt gewährten Vereinigungsfreiheit schuf dieses Prinzip Raum für die Entwicklung abgegrenzter Bereiche der Selbstorganisation bestimmter Gruppen.[39]

Diesen Gruppen wurden Selbstverwaltungsbereiche überlassen, welche zugleich in den Staatsapparat inkorporiert wurden. Damit wurde einerseits das Streben des Bürgertums nach Mitwirkungsmöglichkeiten auf kommunaler Ebene und hinsichtlich der berufsständischen Selbstorganisation befriedigt. Andererseits unterstellten sich die Selbstverwaltungskörperschaften der Staatsaufsicht und standen aufgrund der häufig vorgesehenen Zwangsmitgliedschaft als Disziplinierungssysteme zur Verfügung.[40] Politische Konflikte wurden also durch die Integration der Akteure in staatlich-gesellschaftliche Verflechtungen befriedet. Auch die Vorläufer kommunaler Selbstverwaltung in Preußen nach 1806 dienten der Befriedung des schwelenden Konfliktes zwischen dem zu wirtschaftlicher Macht aufsteigenden Bürgertum und dem aristokratischen Staat. Daneben hatte die Anerkennung im engeren Sinne staatsfreier Spielräume auch erhebliche ökonomische Gründe und dienten der wirtschaftlichen Liberalisierung.[41]

Ob die heutigen deutschen Selbstverwaltungsträger mit ihrem Rechtsstatus als Träger mittelbarer Staatsverwaltung nach der struktural-operationalen Definition[42] noch dem modernen Dritten Sektor zuzurechnen sind, ist angesichts ihrer geringen institutionellen und strukturellen Trennung vom Staat fraglich.[43]

Unabhängig von der Einordnung der Selbstverwaltungskörperschaften hat das Selbstverwaltungsprinzip noch in anderer Hinsicht erhebliche Auswirkungen auf die Entwicklung des deutschen Dritten Sektors: Die kommunale Selbstverwaltung erhöht die Anknüpfungsmöglichkeiten für Kooperationen zwischen Verwaltung und Organisationen des Dritten Sektors. Mit der Konzeption der kommunalen Selbstverwaltung geht eine Dezentralisierung einher.[44] Zusammen mit der föderalen Staatsstruktur in Deutschland führt sie zu einer hohen Zahl nicht nur von Verwal-

---

37 Anheier in ders. u.a., Sektor 1998, 32; Anheier/ Seibel in Salamon/ Anheier, Defining, 129. Zur heutigen Bedeutung des Selbstverwaltungsprinzips Schmidt-Aßmann in GS Martens, 249 ff und Hendler, Selbstverwaltung.

38 Schmidt-Aßmann in GS Martens, 254.

39 Anheier in ders. u.a., Sektor 1998, 31; Groß, Kollegialprinzip, 131 ff.

40 Schuppert in AöR 114 (1989), 132; Maurer, Allgemeines Verwaltungsrecht, § 23 Rn 30.

41 Anheier/ Seibel in Salamon/ Anheier, Defining, 132.

42 Erster Teil, Kapitel 1, I.C.

43 Vgl. dazu Seibel in JbStVerwW Bd. 4 (1990), 116; Anheier in ders. u.a., Sektor 1998, 31 (Fn. 3).

44 Schuppert in AöR 114 (1989), 129.

tungsebenen, sondern auch von voneinander relativ unabhängigen Entscheidungsebenen. Damit stehen auf lokaler, regionaler, Landes- und Bundesebene Anknüpfungspunkte für Kooperationen von Verwaltung und Organisationen des Dritten Sektors zur Verfügung. Das eröffnet einerseits Zugangsmöglichkeiten zu Kooperationen auch für kleine, lokal begrenzte Organisationen. Andererseits kann dies insbesondere bei Mischfinanzierungen durch verschiedene Ebenen zu Koordinationsschwierigkeiten führen.

### C. Das Prinzip der Gemeinwirtschaft

Ebenfalls im Zuge der gesellschaftlichen Umwälzung durch die Industrialisierung entstanden in Deutschland gemeinwirtschaftliche Zusammenschlüsse: Genossenschaften, Konsum- und Sparvereine verfolgten versorgungswirtschaftliche Ziele und wollten Wucher und Kreditnot beseitigen. Ähnlich wie die karitativen, sozialpolitischen Vereinigungen waren sie zunächst Gründungen des Bürgertums oder von Unternehmen und sollten neben der Versorgung der Arbeiter auch deren Erziehung und Disziplinierung im Umgang mit Geld erreichen. Erst Ende des 19. Jahrhunderts wurden die gemeinwirtschaftlichen Zusammenschlüsse auch von Arbeitern in Selbstorganisation betrieben.[45]

Im Bereich der Wirtschaftsorganisationen, den Genossenschaften und Organisationen auf Gegenseitigkeit im Bank- und Wohnungswesen, fungierte das Prinzip der Gemeinwirtschaft als Alternative sowohl zum Kapitalismus als auch zum Sozialismus. Dieser Teilsektor hat jedoch gravierende Veränderungen durchlaufen und sich dem kommerziellen Sektor angenähert.[46] Die heutigen gemeinwirtschaftlichen Organisationen sind nur noch in Einzelfällen dem Dritten Sektor zuzurechnen, wenn sie primär auf die Bereitstellung von Leistungen für Menschen im lokalen Umfeld abzielen und ihr Gewinnmotiv lediglich sekundär ist. Für den Untersuchungsbereich ambulanter sozialer Arbeit sind sie nur insoweit von Bedeutung, als Selbsthilfeaktivitäten sich in genossenschaftlicher Form institutionalisieren.

## III. Die erste Hälfte des 20. Jahrhunderts: Expansion des Sektors, Gleichschaltung im NS-Staat und Reorganisation in der Bundesrepublik

Die zu Beginn des 20. Jahrhunderts zugestandene völlige Vereinsfreiheit[47] forcierte die Ausbreitung des deutschen Vereinswesens. Während des Ersten Weltkrieges kam es zu einer Stagnation, danach folgte die Expansion durch Kleingruppen mit immer neuen Abspaltungen.[48] Zur Erklärung der Expansion wird – vergleichbar mit

45 Daum, Vereine, 20.
46 Anheier in ders. u.a., Sektor 1998, 30 f.
47 Reichseinheitliche Regelung durch das Reichsvereinsgesetz von 1908.
48 Kroll, Vereine und Bürgerinitiativen heute, 45.

der geschilderten Motivation des aufstrebenden Bürgertums im 19. Jahrhundert – das Streben der irritierten kleinbürgerlichen Schichten nach gesellschaftlicher Anerkennung und Mitbestimmung herangezogen.[49] Auch die zeitgenössische Kritik an der deutschen ‚Vereinsmeierei' bezieht sich auf die Ersatzfunktion des Vereins als Bezugspunkt in gesellschaftlicher Orientierungslosigkeit.[50]

Diese Expansion wurde durch die nationalsozialistische Politik der Gleichschaltung unterbrochen; Teile des Sektors wurden durch Zwangszusammenschlüsse unter die völlige Kontrolle des Parteiapparats gestellt, andere wurden brutal unterdrückt.[51] So wurden politische oder konfessionelle Vereine verboten; ihre faktische Vernichtung wurde durch die Gesetze über Einziehung kommunistischen Vermögens vom 26. Mai 1933 und über Einziehung staats- und volksfeindlichen Vermögens vom 14. Juli 1933 erreicht. Andere Vereine wurden mit der Zeit vom nationalsozialistischen Staat aufgesogen. Die Gleichschaltung aller demokratischen Organisationen schuf ein Überwachungssystem, das Vereine zu halbstaatlichen Organisationen umfunktionierte.[52] Durch die Schaffung der Nationalsozialistischen Volkswohlfahrt e.V. im Jahr 1933 zog der Staat die Dominanz in der Wohlfahrtspflege an sich; die existierenden Wohlfahrtsverbände wurden gleichgeschaltet, aufgelöst oder kooperierten im Rahmen der katholischen bzw. evangelischen Kirche mit dem nationalsozialistischen Staat.[53]

Nach 1945 stellten die Besatzungsmächte die Vereinsfreiheit wieder her, und das Vereinswesen reorganisierte sich.[54] In Folge der Ideologisierung von Gemeinschaftswerten im Nationalsozialismus erlitt das Vereinswesen in politischer Hinsicht einen Funktionsverlust.[55] Ebenso kam den Vereinen im Freizeitsektor durch die Entwicklung der Freizeitindustrie und des Fernsehens zunehmend ihre Vormachtstellung abhanden.[56]

## IV. Die neokorporatistische Einbettung der Wohlfahrtsverbände in das Sozialsystem der Bundesrepublik von 1950 bis 1970

Auch im Bereich der Wohlfahrtspflege knüpfte die junge Bundesrepublik wieder an die Strukturen an, die sich vom 19. Jahrhundert bis in die Weimarer Republik entwickelt hatten. Die traditionellen Spitzenverbände reorganisierten sich und bildeten in den Bereichen soziale Dienste und Gesundheit bei der Politikformulierung

49 Kroll, Vereine und Bürgerinitiativen heute, 45 f.

50 Vgl. Kurt Tucholskys Gedicht „Das Mitglied": „... Da draußen bin ich nur ein armes Luder/ Hier bin ich ich – und Mann und Bundesbruder/ in vollen Reihn...", in: Zwischen Gestern und Morgen, hrsg. von Mary Gerold-Tucholsky, Hamburg 1952.

51 Anheier/ Seibel in Salamon/ Anheier, Defining, 137.

52 Flierl, Wohlfahrtspflege, 159 ff; Kroll, Vereine und Bürgerinitiativen heute, 46.

53 Flierl, Wohlfahrtspflege, 159; Daum, Vereine, 22 ff.

54 Kroll, Vereine und Bürgerinitiativen heute, 47.

55 Kroll, Vereine und Bürgerinitiativen heute, 50.

56 Kroll, Vereine und Bürgerinitiativen heute, 48 f.

und -implementation Verflechtungsstrukturen mit der Sozialverwaltung, die als neokorporatistische Modelle beschrieben worden sind.[57]

Neokorporatismus[58] meint die Einbindung organisierter Interessen in die Formulierung und Ausführung staatlicher Politik.[59] Typisch für neokorporatistische Arrangements ist die administrative Einbeziehung einer begrenzten Anzahl von hierarchischen Verbänden, die in abgegrenzten Funktionsbereichen tätig sind und nicht im Wettbewerb miteinander stehen. Diese organisierten Interessen verfügen über eine staatliche Anerkennung oder wurden auf Betreiben des Staates gegründet; innerhalb ihres Funktionsbereiches wird ihnen ein Repräsentationsmonopol zugestanden und sie besitzen durch die Herausbildung von Repräsentanz- und Entscheidungseliten Bindungs- und Verpflichtungsfähigkeit gegenüber ihren Mitgliedern.[60]

Die Wohlfahrtsverbände stellten in der Bundesrepublik eine entwickelte Implementationsstruktur und detaillierte Sachinformationen in den Bereichen Soziales und Gesundheit bereit und erhielten dafür ein Monopol auf staatliche Finanzierung dieser Struktur.[61] Aus dem wechselseitigen Abhängigkeitsverhältnis resultierte ein System institutionalisierter Beziehungen wie etwa gemischt besetzter Gremien, das einen wachsenden Einfluss der Verbände auf die Politikformulierung sicherte.[62] Diese Interdependenzbeziehungen wurden in der Formulierung der deutschen Sozialgesetzbücher durch die Aufnahme des sozialrechtlichen Subsidiaritätsprinzips, des Zusammenarbeitsgebots und der Selbständigkeitsgarantie[63] weiter verfestigt und erhielten mit der Ausdehnung der Staatsinterventionen im Sozialisations-, Gesundheits- und Freizeitsektor Ende der 60er Jahre eine neue Qualität, insbesondere bei der Einbeziehung in Planungsaufgaben.[64] Auch eine personelle Verflechtung der Verbände mit dem Staat ist zu konstatieren, wobei Parteien als ‚Brückenköpfe' fun-

---

57 Heinze/Olk in Kölner Zeitschrift 1981, 107 f ; Heinze/ Voelzkow in Roth/ Wollmann, Kommunalpolitik, 247; Geis, Selbsthilfe, 28; Seibel in JbStVerwW 4 (1990), 122 f; Zimmer in Anheier u.a., Sektor 1998, 76 f.

58 Der Begriff Neokorporatismus wird in Abgrenzung zum klassischen Begriff des Korporativismus oder Korporatismus verwendet, mit dem man die Übertragung öffentlicher Gewalt auf ständische Korporationen in der ständestaatlichen Gesellschaftsordnung bezeichnet; die angloamerikanische Literatur verwendet auch für neokorporatistische Arrangements überwiegend den Begriff *corporatism*.

59 Zum Neokorporatismus in Deutschland grundlegend die Beiträge in von Aleman, Neokorporatismus und Glagow, Gesellschaftssteuerung, sowie Heinze/ Voelzkow in Roth/ Wollmann, Kommunalpolitik, 246; Voelzkow/ Heinze in Behrens u.a., Den Staat neu denken, 65 ff; Heinze/ Olk in Kölner Zeitschrift 1981, 96 ff; Lehmbruch PVS 1996, 735 ff, Münch in Bußhoff, Steuerung, 83 ff; Weßels in PolZG Bd. 26-27/2000, 17 ff; Böhret/ Konzendorf in Behrens u.a., Den Staat neu denken, 19 ff; jeweils m.w.N.

60 Vgl. Schuppert in JbStVerwW 3 (1989), 67 ff und Abb. 13, der in seiner Differenzierung des Dritten Sektors den korporatistischen Steuerungstyp den organisierten Interessen zuordnet.

61 Heinze/ Voelzkow in Roth/ Wollmann, Kommunalpolitik, 247.

62 Heinze/Olk in Kölner Zeitschrift 1981, 107 f.

63 Zu diesen Grundprinzipien oben, Erster Teil, Kapitel 2, II.D.

64 Heinze/ Olk in Kölner Zeitschrift 1981, 108.

gieren, und jeder Verband einem traditionellen politischen soziokulturellen Lager verbunden ist.[65] Im Gegensatz zu einer Verflechtung der Wohlfahrt mit individuellen kommunalen Honoratioren, wie sie in anderen Ländern zu beobachten ist,[66] dominieren in Deutschland die hinter den Akteuren stehenden Institutionen, namentlich die Parteien.[67]

Der Interaktionsstil der Verbände ist nicht kompetitiv, auf offenen Wettbewerb ausgerichtet, sondern concertativ, konsensorientiert mit abgegrenzten Aufgaben und Kompetenzen.[68] Zwischen den Verbänden besteht kein pluralistisches Konkurrenzverhältnis, sondern eine informell geregelte Kooperation; die Verbandsspitzen klären untereinander die Positionen und treten den staatlichen Instanzen sodann geschlossen gegenüber.[69]

Die Spitzenverbände der deutschen Wohlfahrt stellen durch ihre Monopolstellung im Sozialrecht staatlich lizenzierte Vertreter von Interessen im Sozialbereich dar. Die Organisationsressourcen und die Verpflichtungsfähigkeit der Wohlfahrtsverbände gegenüber ihren Mitgliedsorganisationen werden in den Dienst staatlicher Politik gestellt und zugleich der Staat von unmittelbarer Dienstleistungsproduktion entlastet.[70]

Mit der Entwicklung der Verbände zu zentralisierten hierarchischen Großorganisationen ging der Verlust der ursprünglichen Fähigkeit, schnell, flexibel und angemessen auf neue soziale Problemlagen eingehen zu können, einher, da es zu einer Angleichung an die staatlich bürokratische Struktur und dem Verlust sektoraler Eigenheiten kam.[71] Die Verbände werden als paternalistische Verdoppelung der staatlichen Sozialbürokratie kritisiert.[72] Die Entstehung neuer basisorientierter Zusammenschlüsse in den Tätigkeitsfeldern der Verbandswohlfahrt seit den 1960er und 1970er Jahren hat ihre Ursache auch in der Unzufriedenheit mit Haltung und Tätigkeit der Verbände.[73]

Ideologisch verklammert werden die neokorporatistischen Strukturen durch das Subsidiaritätsprinzip. Dieses ist für den deutschen Nonprofit-Sektor auch von herausragender ökonomischer Bedeutung. Die Untersuchung im Rahmen des *Johns Hopkins Project* ergab, dass das Prinzip in den letzten Jahren zum Wachstumsmotor geworden ist, der die wirtschaftliche Expansion des Nonprofit-Sektors vorangetrie-

---

65 So etwa die Arbeiterwohlfahrt mit der Sozialdemokratie oder die Caritas mit den Christdemokraten; Seibel in JbStVerwW 4 (1990), 122 f; Zimmer in Anheier u.a., Sektor 1998, 76 f.

66 Zu Frankreich Seibel in JbStVerwW 4 (1990), 121 f.

67 Seibel in JbStVerwW 4 (1990), 123.

68 Seibel in JbStVerwW 4 (1990), 124.

69 Heinze/ Olk in Kölner Zeitschrift für 1981, 108. Gegen die Einordnung der Wohlfahrtsverbände als neokorporatistische Akteure Neumann, Freiheitsgefährdung, 426 f.

70 Lehmbruch in PVS 1996, 744.

71 Vgl. dazu oben Kapitel 2, B.

72 Bauer in Schauer/ Anheier/ Blümle, NPO-Colloquium 1994, 66; Heinze/ Olk in Kölner Zeitschrift 1981, 106 ff.

73 Dazu im Einzelnen im folgenden Abschnitt V.

ben hat.[74] Das Subsidiaritätsprinzip wird gar als „das ökonomische Rückgrat des deutschen Nonprofit-Sektors“[75] bezeichnet. Es garantierte die Expansion der sechs Spitzenverbände der Deutschen Wohlfahrt, die als Agglomerate von Nonprofit-Organisationen zu den weltweit größten Nonprofit-Organisationen zählen,[76] seit den 1950er und 1960er Jahren. Die bilaterale, wettbewerbsfreie Aushandlung von Leistungen und Preisen zwischen staatlichen Trägern und den Wohlfahrtsverbänden bot letzteren einen sicheren Wachstumspfad.[77]

Die nach wie vor privilegierte Rolle der Wohlfahrtsverbände wurde im Zuge der deutschen Vereinigung deutlich: In Art. 32 Einigungsvertrag wurde die besondere Funktion der Wohlfahrtsverbände festgeschrieben, und ihre Expansion in die neuen Bundesländer wurde mit erheblichen öffentlichen Mitteln unterstützt.[78] Allerdings arbeiten die konfessionellen Verbände sowie die AWO in den Neuen Ländern praktisch ohne milieuspezifischen Unterbau.[79]

Erst mit den 1990er Jahren setzte mit der Auflösung des Wohlfahrtsmonopols und der Wettbewerbsöffnung für gewerbliche Träger in den einzelnen Büchern des SGB eine Gegenbewegung ein.[80] Die betriebwirtschaftlich orientierten Vorgaben des New Public Managements[81] führten in der Folge zu einer Verbetrieblichung und „GmbH-isierung“[82] der Verbände und ihrer Einrichtungen. Die Verbandszentralen werden zu Serviceeinrichtungen und Arbeitgeberverbänden der ihnen angeschlossenen Organisationen. Als Gegenreaktion gegen die Konkurrenz und die staatliche Sparpolitik schließen sich die Verbände ungeachtet ihrer weltanschaulichen Gegensätze zusammen, um ihre angestammten Märkte zu verteidigen.[83]

Die besondere Stellung der deutschen Verbändewohlfahrt spiegelt sich auch in deren gesetzlicher Verankerung in den Sozialgesetzen wider. Diese erlegen den öffentlichen Trägern für das Verhältnis zu den freien Trägern bestimmte Verhaltenspflichten auf und prägen damit die Stellung der Verbände erheblich.[84] Zentrale Regelung für die Sonderstellung der Verbände ist dabei § 5 SGB XII. Als Rechtfertigung wird angeführt, dass die Verbände zusammen mit den öffentlichen Trägern „Garant für die Gewährleistung der Sozialstaatlichkeit“ und damit weit mehr als lediglich Leistungserbringer im Sinne des § 75 SGB XII, vormals § 93 BSHG, seien.[85] Erst in den letzten Jahren umstritten ist dabei der Begriff des Verbands der freien Wohlfahrtspflege. Zuvor wurde entsprechend der tatsächlich vorherrschen-

74 Anheier in ders. u.a., Sektor 1998, 31 f.
75 Anheier in ders. u.a., Sektor 1998, 50.
76 Anheier in ders. u.a., Sektor 1998, 30.
77 Backhaus-Maul in PolZG Bd. 26-27/ 2000, 26 f.
78 Priller in Anheier u.a., Sektor 1998, 109 und 114 f; Seibel ebd., 128 ff.
79 Seibel in Anheier u.a., Sektor 1998, 128 ff; Zimmer in ZSR 1996, 298.
80 Dazu unten Erster Teil, Kapitel 6, IV.A.1.
81 Dazu unten Erster Teil, Kapitel 6, II.
82 Zimmer in ZSR 1996, 296.
83 Zimmer in ZSR 1996, 296.
84 Vgl. im Einzelnen Erster Teil, Kapitel 2, II.C.
85 Noch vertreten von Schellhorn/ Jirasek/ Seipp BSHG § 10 Rn. 9a.

den Verflechtungsstrukturen davon ausgegangen, dass die gesetzliche Regelung sich stillschweigend auf die in der Liga der freien Wohlfahrtspflege zusammengeschlossenen klassischen Verbände bezieht.[86] Damit wären die Garantien des § 5 SGB XII auf Organisationen, welche diesen nicht angeschlossen sind, nicht anwendbar.[87] Die jüngeren Sozialgesetze vollzogen diese Beschränkung auf die klassische Verbandswohlfahrt nicht nach, sondern erweiterten den Begriff auf jenen der freien und gemeinnützigen Träger (§ 17 Abs. 3 SGB I, §§ 3, 4 SGB VIII), und mittlerweile hat sich eine weite Auslegung des Verbandsbegriffs auch für § 5 SGB XII durchgesetzt.[88] Das gesetzliche Wohlfahrtsmonopol wird in den letzten Jahren zudem durch die gesetzliche Einbeziehung privatgewerblicher Träger in die Leistungserbringung aufgeweicht.[89]

## V. Der Einfluss der neuen sozialen Bewegungen

Auch wenn die Prinzipien der Subsidiarität und Gemeinwirtschaft weitgehend die ökonomische Basis des heutigen deutschen Dritten Sektors ausmachen, hat der Sektor seit den 60er und 70er Jahren des 20. Jahrhunderts einen Struktur- und Bedeutungswandel durch jene Organisationen erfahren, welche außerhalb dieser traditionellen Säulen stehen.

### A. Die Entwicklung der neuen sozialen Bewegungen

Die neuen sozialen Bewegungen[90] haben zu einer bedeutenden Neuorientierung des deutschen Dritten Sektors geführt. Sie erhöhten die bürgerliche Bereitschaft zu politischer Partizipation nach basisdemokratischen Modellen gegenüber den erstarrten Verhältnissen der formalen Demokratie und institutionellen Politik.[91] Mitte der 1970er Jahre erlebten die großen Protestbewegungen eine Blüte in Deutschland.[92] Aus der neuen Frauenbewegung, der Ökologiebewegung, der Anti-Atomkraftbewegung und der neuen Friedensbewegung entstanden vielfältige Organisationen, Pro-

---

86 Schellhorn/ Jirasek/ Seipp BSHG § 10, Rn.10.

87 Schellhorn/ Jirasek/ Seipp, Einführung Rn. 52 und § 10, Rn. 11 ff; diese freien und gemeinnützigen Organisationen wären damit lediglich von den weniger akzentuierten Regelungen in § 17 Abs. 3 SGB I umfasst, vgl. Wannagat-*Rüfner* § 17 AT Rn. 8; BochKomm-*Rode* § 17 SGB I Rn. 18; enger SGB-SozVers-GesKomm-*Lilge* § 17 SGB I, 8, der eine Verpflichtung der öffentlichen Träger zur Zusammenarbeit den besonderen Teilen vorbehalten sieht.

88 Münder u.a., LPK-SGB XII-*Münder*, § 5, Rn. 7 ff m.w.N.

89 Dazu unten Erster Teil, Kapitel 6, IV.A.1.

90 Eine Bewegung ist ein kollektiver Akteur mit Massenmobilisierung, der das Ziel grundlegenden sozialen Wandels verfolgt. Die Bewegungsstruktur ist durch geringe Rollenspezifikation und eine flache innere Struktur geprägt.

91 Kroll, Vereine und Bürgerinitiativen, 57.

92 Roth in ders./ Wollmann, Kommunalpolitik, 233.

jekte und Netzwerke wie Frauenhäuser und -notruftelefone, Umwelt- und Naturschutzgruppen, Eine-Welt- und Solidaritätsinitiativen, soziokulturelle Zentren und Stadtteilgruppen, Kinderläden und andere selbstorganisierte Kinder- und Jugendprojekte. Die Bewegungen befassten sich mit globalen Themen und erreichten überregionale Mobilisierungen; dabei setzten sie häufig auf lokaler Ebene an.[93]

Parallel dazu entwickelte sich seit Ende der 1960er Jahre eine Bürgerinitiativbewegung. Orientiert an konkreten Alltagsproblemen verstanden sich die Initiativen nicht als Fundamentalopposition, sondern als bürgerliches Regulativ des parlamentarischen Systems.[94] Bürgerinitiativen werden als „Standardform lokaler Mobilisierung von unten"[95] bezeichnet. Entstanden aus isolierten lokalen Gruppen, konsolidierten sich in einigen Bereichen, insbesondere Umweltschutz und Ökologie, regionale und nationale Zusammenschlüsse;[96] in der Umwelt- und Anti-Atomkraftbewegung fand die Bürgerinitiativbewegung mit den neuen sozialen Bewegungen zusammen.[97]

Charakteristisch für die Organisationen aus beiden Strömungen war in der Anfangszeit ihre betont antihierarchische, antibürokratische und antiprofessionelle Haltung. Vor dem Hintergrund globaler Probleme einerseits und Eigenbetroffenheit andererseits wurden auf lokaler Ebene Handlungskonzepte und Leistungsangebote entwickelt, die sich bewusst von der als paternalistisch kritisierten traditionellen Stadtplanungs-, Sozial-, Kultur-, Kinder und Jugendarbeit sowohl des Staates als auch der Wohlfahrtsverbände abgrenzten. In diesem Kontext kam es auch zu einer deutlichen Expansion der Selbsthilfebewegung im Sozial- und Gesundheitswesen.[98]

Die Ausformung dieser Organisationen ist im Hinblick auf die Funktionen von *voice*, Service und Partizipation[99] bemerkenswert: In ihren Tätigkeitsfeldern verstanden sie sich als Opposition zu den Anschauungen und Konzepten des Staates wie auch der etablierten Institutionen wie Parteien und Gewerkschaften. Sie erreichten überregionale Mobilisierungen für ihre Forderungen und bildeten damit ein Sammelbecken für ein alternatives Meinungsspektrum. Angesichts ihres lokalen Handlungsansatzes verblieben sie zumeist nicht auf der Ebene der Meinungsbildung. Ihre politische Artikulation war zumeist auch verknüpft mit der Entwicklung eines partizipativen alternativen Leistungsangebotes – ob nun als reine Selbstleistung (Selbsthilfegruppen), als Fremdleistung (Frauenhäuser) oder in Mischformen (Stadtteilgruppen). Damit erfüllten sie zugleich auch die Service-Funktion, wobei dies von den Organisationen wiederum auch als Ausdruck von Interessenartikulation verstanden wurde.[100]

---

93 Roth in ders./ Wollmann, Kommunalpolitik, 233.
94 Kroll, Vereine und Bürgerinitiativen, 58.
95 Roth in ders./Wollmann, Kommunalpolitik, 230 f.
96 Z.B. der Bundesverband Bürgerinitiativen Umweltschutz (BBU), gegr. 1972.
97 Kroll, Vereine und Bürgerinitiativen, 63 f.
98 Geis, Selbsthilfe, 22 f.
99 Vgl. oben Erster Teil, Kapitel 1, I.D.
100 Dieses Selbstverständnis, mit dem Angebot bestimmter Leistungen die Artikulation von

Obwohl der tatsächliche quantitative Umfang der Bewegungen eher gering blieb,[101] wird ihnen maßgeblicher Einfluss auf die deutsche Zivilgesellschaft zugemessen.[102] Durch den aus den neuen sozialen Bewegungen entstandenen alternativen Sektor wurde das gewachsene, stark segmentierte und hierarchisch strukturierte Gefüge des Nonprofit-Sektors und seine engen Kooperationsbeziehungen zum Staat erstmals nachhaltig in Frage gestellt.[103] Diese neuen Organisationen beanspruchten und übernahmen zunehmend diejenigen Funktionen und Aufgaben, die im 19. Jahrhundert von den freien Assoziationen realisiert wurden.[104]

## B. Die Einbindung der Bewegungsorganisationen in die Kooperation mit dem Staat

Nach anfänglicher Ausgrenzung der neuen Initiativen und Einrichtungen und einer Blockadesituation zwischen Kommunalverwaltungen und dem lokalen Bewegungsmilieu wurden sie seit Beginn der 80er Jahre unter dem Stichwort der „Neuen Subsidiarität“[105] als Reformressource entdeckt[106] und zunehmend bei der Förderung berücksichtigt.[107] Es fand ein vielfältiger Institutionalisierungs- und Professionalisierungsprozess statt, der zu einer Fülle von neuen intermediären, öffentlich finanzierten oder unmittelbar kommunalen Einrichtungen geführt hat.[108] Die Bewegungen differenzierten sich organisatorisch immer stärker aus, ihr Protest wurde symbolisch und professionell, sie passten sich an staatliche Verhandlungsroutinen an und ihre Tätigkeit wurde pragmatisch und dienstleistungsorientiert. Die Organisationen der Umwelt- oder Frauenbewegung sind mittlerweile fest institutionalisiert, andere (z.B. Friedensbewegung) haben an Einfluss verloren. Zumeist sind die Gruppen

---

Protest gegen traditionelle Angebote zu verbinden, kann auch zu einem strukturellen „erfolgreichen Scheitern“ der Organisationen führen, indem etwa die Ablehnung der Einordnung in bestehende sozialrechtliche Leistungstypen in dauerhafter Akzeptanz von Unterbezahlung resultiert, vgl. Seibel in PVS 1991, 481 und 485 f zum Beispiel der Autonomen Frauenhäuser.

101 Anheier in ders. u.a., Sektor 1998, 65 schätzt die Organisationen auf 10 Prozent des Vereinssektors.

102 Anheier in ders. u.a., Sektor 1998, 65.

103 Zimmer in Anheier u.a., Sektor 1998, 88 f; zu den Herausforderungen der neuen sozialen Bewegungen an das etablierte Institutionengefüge in der Bundesrepublik vgl. Roth, Demokratie von unten, 231 ff.

104 Heinze/ Olk in Kölner Zeitschrift 1981, 111. Diese Traditionslinie vom freien Assoziationswesens des 19. Jhdt. zu den neuen sozialen Bewegungen des 20. Jhdt. zieht auch Seibel, der daran seine Kritik des antietatistischen Verhaltensstils der deutschen Linken als "politischer Gebrauchsphilosophie" und "Lebenslüge" knüpft, in PVS 1987, 200 ff.

105 Fink in Heinze, Neue Subsidiarität, 158 ff; Olk ebd., 283 ff; Heinze ebd., 15 ff.

106 Roth in ders./ Wollmann, Kommunalpolitik, 235.

107 Anfang der 80er Jahre wurde der „Berliner Topf“ für Selbsthilfegruppen unter Gesundheits- und Sozialsenator Fink (CDU) eingerichtet.

108 Roth in ders./ Wollmann, Kommunalpolitik, 233.

mittlerweile formal organisiert – überwiegend als eingetragener Verein – und erhalten staatliche Mittel.[109]

Ihre Integration in das bestehende System der Verflechtung von Staat und Verbänden als Dienstleistern erfolgte im Wesentlichen von oben und unter Umgehung der Wohlfahrtsverbände durch Pilotprojekte[110] und flexible Förderung.[111] Öffentliche Programme zur Förderung Zweiter Arbeitsmärkte, insbesondere Arbeitsbeschaffungsmaßnahmen, und die Selbsthilfeförderung haben zusätzlich zur Institutionalisierung beigetragen.[112] Mit der Zielsetzung längerfristiger Ressourcensicherung setzte daraufhin eine verbandliche Organisation der Szene ein. Das bestehende Strukturmuster des Dritten Sektors wurde dadurch additiv um neue Verbände und Koppelungsinstanzen zum Staat ergänzt (Isomorphismus). Dadurch kam es auch in der alternativen Szene zu einer Segmentierung nach Tätigkeitsbereichen und einer vertikalen Integration, sowie zur pragmatischen Reduzierung der politischen Zielsetzungen.[113] Es fand ein Wandel von der Bewegung zur Institution und vom Protest zu kooperativen Politikstrategien statt.[114] Es wäre jedoch falsch, die Institutionalisierungsprozesse allein als Entwicklung zur Hierarchie, Bürokratie und formaler Organisation zu lesen; entstanden ist ein Nebeneinander unterschiedlicher Organisationsmuster von informellen Basisgruppen, lokaler Szenen, Bewegungsnetzwerken, alternativen Berufsverbänden und Gegenexperten bis hin zu professionellen ‚Bewegungsunternehmen'.[115]

Somit haben die neuen sozialen Bewegungen trotz der anfänglich grundsätzlichen Infragestellung der etablierten Wohlfahrtspflege die Strukturen des deutschen Nonprofit-Sektors kaum verändert. Der Sektor ist in seiner Angebotspalette und seinen Organisationsformen vielfältiger geworden; dies hatte aber keine grundlegenden Auswirkungen auf die Verflechtungsmatrix des Sektors mit dem Staat.[116] Die alternativen Organisationen haben die Etablierten nicht abgelöst, sondern werden nachrangig und flexibel als weitere Variante sozialpolitischer Intervention für marginale gesellschaftliche Sektoren eingebaut.[117] Vielfach sind die Organisationen trotz ihrer Verbändekritik in die etablierten Wohlfahrtsverbände eingetreten, insbeson-

---

109 Anheier in ders. u.a., Sektor 1998, 66.

110 Z.B. Modellprojekt des Bundes zur Förderung und Unterstützung von Selbsthilfegruppen: Aufbau eines Netzes von Kontaktstellen in enger Zusammenarbeit mit der kommunalen (staatlichen) Ebene. Kritik der Spitzenverbände der Wohlfahrtspflege in Deutscher Verein, NDV 1986, 337 ff.

111 Zimmer in Anheier u.a., Sektor 1998, 89.

112 Roth in ders./ Wollmann, Kommunalpolitik, 234.

113 Zimmer in Anheier u.a., Sektor 1998, 90; diese Entwicklung prognostizierten bereits Heinze/ Olk in Kölner Zeitschrift 1981, 111.

114 Hirsch, Nichtregierungsorganisationen, 5.

115 Roth, Demokratie von unten, 33.

116 Zimmer in Anheier u.a., Sektor 1998, 90 f.

117 Roth, Demokratie von unten, 246; Heinze/ Voelzkow in Roth/ Wollmann, Kommunalpolitik, 252.

dere in den Deutschen Paritätischen Wohlfahrtsverband und die Arbeiterwohlfahrt.[118]

Dennoch sind die neuen Organisationen nicht auf gleichem Niveau ausgestattet, finanziell und personell abgesichert und lobbymäßig vertreten wie die etablierten Verbände; überwiegend werden sie auch nicht institutionell, sondern durch Projektmittel gefördert.[119] Zudem sind sie überwiegend erheblich kleiner und es herrscht eine geringere vertikale Hierarchie. Ihre Tätigkeitsbereiche sind häufig themenspezifisch begrenzt. Sie müssen weniger unterschiedliche Positionen integrieren; ihre Funktion als Interessensvertretung oder Lobbyorganisation bleibt daher stärker erhalten.

Seit den 1990er Jahren lässt sich das Auftreten einer neuen Art von Initiativen und Organisationen wie etwa Spendenparlamente, Bürgerstiftungen und Tafeln betrachten, die sich an Leitlinien bürgerschaftlichen und zivilgesellschaftlichen Engagements orientieren. Zum Teil sind diese Organisationen aus Bewegungsorganisationen entstanden,[120] zum Teil handelt es sich um neu entstandene Organisationen. Sie sind am lokalen Gemeinwesen orientierte, bürgerliche Organisationen, die sich nicht als Opposition, sondern als Ergänzung institutioneller Politik verstehen. Sie zielen auf die langfristige und breitenwirksame Einbindung von Bürger/innen durch aktive und finanzielle Beiträge und initiieren und fördern soziale Projekte.[121]

Den Strukturen der dauerhaften Finanzierung über öffentliche Mittel stehen sie ablehnend gegenüber. Sie streben eine Eigenständigkeit auf Grundlage der von den Bürger/innen erbrachten Mittel an. Dennoch lässt sich beobachten, dass die Stiftungen und Spendenparlamente bislang eher Teil- und Zusatzfinanzierungen ansonsten öffentlich finanzierter Projekte anderer freier Träger übernehmen, bzw. bei der Initiierung eigener Projekte auf öffentliche Teilfinanzierungen zurückgreifen. Sie scheinen damit weniger die öffentlich- privaten Verflechtungsstrukturen in Frage zu stellen, als in einer weiteren funktionellen Ausdifferenzierung des Dritten Sektors die Aufgabe zu übernehmen, ergänzende nichtstaatliche Finanzierungsquellen für die Projektträger zu eröffnen.

---

118 Backhaus-Maul in PolZG, Bd. 26-27/2000, 25.

119 Zimmer in Anheier u.a., Sektor 1998, 91. Die unterschiedliche Finanzierung beruht auch auf einer Umstellung von institutioneller auf Projektförderung (Modell-/ Pilotprojekte; Vergabe durch Mittlerorganisationen wie Stiftungen und Fonds) Anfang der 80er Jahre. Die alternative Szene war von dieser Umstellung stärker als die etablierten Verbände betroffen, weil bei ihr geringere Besitzstände an staatlicher Finanzierung vorhanden waren; zudem sind sie seltener in Bereichen des formellen Sozialrechts tätig und kommen daher nicht in den Genuss des sozialrechtlichen Subsidiaritätsprinzips (mit Ausnahme der freien Träger der Jugendhilfe).

120 Knoth, Gratwanderungen, 80 ff zur sozial-kulturellen Arbeit.

121 Bundesverband Deutscher Stiftungen, Bürgerstiftungen in Deutschland; Bertelsmann Stiftung: Handbuch Bürgerstiftungen; Becker/ Wolf, Stiften findet Stadt.

## VI. Zusammenfassung

Die Grundlinien der Entwicklung des deutschen Dritten Sektors sind durch eine Dualität geprägt: Einerseits wurden Repressionsstrategien gegen gesellschaftliche Vereinigungen verfolgt, andererseits wirkte der Staat den Emanzipationsbestrebungen des Bürgertums, den Konflikten mit der Kirche und später der Radikalisierung der Arbeiterbewegung durch eine partielle Einbeziehung der Gruppen in einzeln sanktionierte Beteiligungsräume entgegen. Die Prinzipien der sozialpolitischen Subsidiarität, der Selbstverwaltung und der Gemeinwirtschaft waren Instrumente für die Befriedung politischer Konflikte durch die Förderung bestimmter Interessensgruppen und deren Einbeziehung in das staatliche Machtgefüge.

Diese Einbeziehung entsprach schon früh korporatistischen Mustern. Die partielle Einbeziehung erfolgte entweder über die Inkorporierung der Gremien in den Staat im weiteren Sinne oder durch die Schaffung neokorporatistischer Verhandlungsstrukturen mit privaten Organisationen. Durch die Überlassung von Selbstverwaltungsbereichen bzw. die Etablierung von Verhandlungs- und Kompromissgremien wurden zugleich Mitwirkungsinteressen befriedigt als auch staatliche Kontrolle sichergestellt.

Die Zweiteilung der Politik gegenüber dem Dritten Sektor in Repression und Förderung spiegelt sich noch heute in der Machtverteilung im Sektor wieder. Zwar haben hinsichtlich der Voice-Funktion, der Artikulierung und Bündelung von Interessen ehemals unterdrückte Vereinigungen wie politische Parteien und Gewerkschaften hohen politischen Einfluss und wirtschaftliche Macht gewonnen. Hinsichtlich der Erbringung von Dienstleistungen hat das Subsidiaritätsprinzip bezüglich der Ressourcenausstattung und der Einräumung von Beteiligungsrechten an staatlichen Entscheidungen zu einer Aufspaltung des Sektors in zwei Gruppen geführt: Zur ersten Gruppe gehören Organisationen in den staatsnah organisierten Bereichen Soziale Dienste und Gesundheitswesen, die professionelle Dienstleistungen für Organisationsfremde erbringen und daher als ökonomisch starke Nonprofit-Unternehmen bezeichnet werden können. Die zweite Gruppe bilden in den eher staatsfernen Tätigkeitsfeldern freiwillige Vereinigungen oder Vereine, die entweder – wie in den Bereichen Sport und Kultur – Clubgüter für ihre Mitglieder erbringen oder – wie in den Bereichen Umweltschutz und Bürgerrechte – als Interessenvertretung und Lobbyorganisation für die Erreichung gesellschaftlicher Veränderungen eintreten.

Der Untersuchungsbereich der ambulanten sozialen Arbeit gehört in dieser Einteilung grundsätzlich in den staatsnahen Bereich soziale Dienste und Gesundheit. Zu beachten ist jedoch die weitere Unterteilung der Anbieter ambulanter sozialer Leistungen in die Spitzenverbände und Organisationen der deutschen Wohlfahrtspflege und die Bewegungsorganisationen. Obwohl die neuen Organisationen in die öffentliche Förderung und die bestehenden Verflechtungsstrukturen einbezogen wurden, reicht ihr materieller und rechtlicher Status nicht an jenen der traditionellen Verbände heran. Auch das Auftreten neuer bürgerschaftlicher Organisationen wie den Bürgerstiftungen scheint diese Unterteilung nicht grundlegend in Frage zu stellen.

# Kapitel 5: Der Dritte Sektor und die Debatten über das Verhältnis von Staat und Gesellschaft

## I. Einführung

Dem Dritten Sektor werden in Politik und Öffentlichkeit mannigfaltige Qualitäten und Chancen zugeschrieben. Seine Qualitäten als Dienstleister, der seine Leistungen billiger als der Markt anbieten und effizienter als der Staat ausführen kann, und seine Innovationsfähigkeit werden ebenso gepriesen wie seine demokratische Funktion in der *civil society*. Er wird als Hoffnungsträger sowohl für die wirtschaftliche Entwicklung wie für neue beschäftigungspolitische Modelle vom Basislohn bis zur Neuen Arbeitsgesellschaft gehandelt.[1] Das von 1990 bis 1999 laufende *Johns Hopkins Project* kommt zu dem Ergebnis, dass der Nonprofit-Sektor international zu einem Hauptthema der politischen Diskussion geworden sei. Zwar seien die Fragestellungen an die jeweilige nationale Situation geknüpft; in ihnen spiegele sich jedoch das universelle Anliegen einer Neudefinition der Grenzen zwischen öffentlich und privat und der Verantwortlichkeiten von Bürger und Staat wider.[2]

Damit werden vor dem Hintergrund verschiedener politischer Interessen und unterschiedlicher theoretischer Ansätze Erwartungen an den Dritten Sektor und seine Kooperation mit staatlichen Trägern gerichtet. Der Inhalt dieser Erwartungen variiert – ebenso wie die Teilbereiche und Funktionen des Sektors, sowie die Typen von Organisationen, auf welche sie sich beziehen. Der Sektor in seiner Heterogenität und Vielfalt bietet für jede dieser Interessen zugleich auch einen plausiblen Anknüpfungspunkt. Die Folge dieser Vielfalt von Theorien einerseits und Organisationstypen im Dritten Sektor andererseits ist die Gefahr der undifferenzierten Vermischung der erwarteten Effekte in pauschalen Appellen zur Stärkung des Dritten Sektors.

Im Folgenden sollen die drei zentralen Blickrichtungen dargestellt werden, welche den Dritten Sektor in den vergangenen Jahren auf die wissenschaftliche und politische Agenda gesetzt haben: Erstens die Steuerungsdebatte, die Organisationen des Dritten Sektors funktionalistisch als Steuerungsressource in neuen Modellen gesellschaftlicher Steuerung begreift; zum zweiten der kommunitarisch-zivilgesellschaftliche Diskurs, für den der Dritten Sektor als Ort der organisierten Individuen, der Bildung neuer Gemeinschaften auf der Grundlage von Solidarität, Toleranz und Partizipation im Zentrum des Interesses steht; und drittens die finanzwirt-

---

1 Vgl. Presseerklärung Bundesministerium der Justiz vom 6. Juli 2000 zur Reform des Stiftungsrechtes; BMFSFJ, Ehrenamtliches und bürgerschaftliches Engagement in unserer Gesellschaft, 2001; OECD, The Nonprofit Sector in a Changing Economy, 2003; Beiträge in Reflexion und Initiative 1999/ 2000; Beiträge in PolZG Bd. 9/1999; Wagner, Teilen; Zimmer/Priller, Gemeinnützige Organisationen.

2 Anheier u.a., Sektor 1998, 20; Salamon/ Anheier, Sektor 1999, 10 f; Zimmer in ZSR 1996, 285.

schaftliche Privatisierungsdebatte, die unter dem Topos der Krise des Sozial- und Wohlfahrtsstaates in der Übertragung gemeinwohlbezogener Aufgaben an Organisationen des Dritten Sektors Einsparpotentiale sieht.

Die ausgewählten Strömungen dominieren die Debatten über das Verhältnis von Staat und Gesellschaft in den letzten beiden Jahrzehnten und bilden den Kontext für einzelne Forderungen nach der Stärkung des Dritten Sektors bzw. dessen Einsatz als politische und wirtschaftliche Ressource. Aus ihnen lässt sich schlussfolgern, welche Erwartungen an die Kooperation zwischen staatlichen Trägern und Organisationen des Sektors geknüpft sind, welche Effekte dabei genutzt werden sollen und auf welche Funktionen des Sektors jeweils abgestellt wird.

Die Ansätze bewegen sich auf unterschiedlicher Abstraktionshöhe, und der Dritte Sektor steht nicht bei allen im Zentrum der Überlegungen, sondern bildet häufig nur einen Randbereich im Vergleich zum Verhältnis zwischen Staat und Markt; dies gilt insbesondere für die Steuerungs- und die Privatisierungsdebatte. Die Einteilung in drei Strömungen ist nicht trennscharf und weist Überschneidungen auf. Vielfach vermischen sich die Motive: So werden Privatisierungsstrategien nicht nur mit dem Blick auf die staatlichen Finanzknappheit, sondern auch mit dem Ziel der Entlastung des Staates von unerfüllbaren Steuerungsaufgaben propagiert; oder Staatsentlastungsargumente verbinden sich mit dem kommunitaristischen Motiv stärkerer Betroffenenpartizipation. Die hier vorgenommene Einteilung rechtfertigt sich aber aus den unterschiedlichen Effekten und Fähigkeiten des Sektors, an die jede der Perspektiven anknüpft. Gerade die Motivvermischung verstellt nämlich den Blick auf Zielkonflikte und Gegenläufigkeiten.

Die drei Strömungen werden vorgestellt und dann jeweils darauf bezogen, an welche Funktionen und Teilbereiche des Dritten Sektors und Typen von Organisationen im Sektor sie anknüpfen. Unter dem Gesichtspunkt der Nachhaltigkeit geht es auch um die Wechselwirkungen zwischen den unterschiedlichen Effekten und Funktionen. Die gewonnenen Erkenntnisse werden dann auf den Untersuchungsbereich bezogen.

## II. Die Steuerungsdebatte: Der Sektor als Steuerungsressource

### A. Die Entwicklung der Steuerungswissenschaft

#### 1. Interventionalistische Steuerung und Zweifel an der Steuerungsfähigkeit und Steuerbarkeit

Nach dem klassischen interventionalistischen Steuerungsbegriff wirkt ein Steuerungssubjekt (der Staat) unter Einsatz von Steuerungsinstrumenten zur Erreichung eines Steuerungszieles auf ein Steuerungsobjekt (gesellschaftlicher Bereich) ein.[3]

3 Mayntz in JbStVerwW Bd. 1 (1987), 93 ff; Trute in Schuppert, Verantwortungsteilung, 15 ff; Schuppert in Hoffmann-Riem/ Schmidt-Aßmann/ ders., 68 f; Schmidt-Preuß VVDStRL Bd. 56, 163.

Voraussetzung für die erfolgreiche Steuerung ist dabei Wissen über die Steuerungsbedürftigkeit des Steuerungsobjektes, die Steuerbarkeit (d.h. die prinzipielle Möglichkeit der Einwirkung auf das Objekt) und die Steuerungsfähigkeit des Steuerungssubjektes.[4]

In den frühen 1970er Jahren ergaben sich Zweifel an der Steuerungsfähigkeit des Steuerungssubjektes Staat: Die Implementationsforschung[5] widerlegte die Annahme, der Staat könne als einheitliches Steuerungssubjekt betrachtet werden.[6] Aufgrund von Binnenpluralität und Ausgliederungsprozessen in der Verwaltung setzt sich der Staat aus einer Vielzahl von Akteuren mit jeweiligen Eigeninteressen zusammen,[7] hieraus ergeben sich Vollzugsdefizite bereits staatsintern beim administrativen Normadressaten.[8]

Es folgte die Erkenntnis, dass die spätindustrielle Gesellschaft funktional in Sektoren ausdifferenziert ist, die jeweils mit typischen Selbstregelungsfähigkeiten, Entwicklungsfähigkeiten und Veränderungswiderständen ausgestattet sind, und deren Reaktion auf steuernde Einwirkungen nicht im Sinne eines *social engineering*[9] programmierbar ist. Damit war auch die Frage nach der Steuerbarkeit des Steuerungsobjektes aufgeworfen.

## 2. Systemtheoretische Ansätze und das Konzept der Autopoietik

Im Anschluss an die soziologische Systemtheorie Luhmanns[10] und unter der Rezeption biologischer Erkenntnisse über die Abgeschlossenheit lebender Systeme (Autopoiesis)[11] entwickelte sich ein Bild der Gesellschaft als Gesamtheit autonomer Subsysteme.[12] Damit wird sowohl die Prämisse eines den Teilsystemen übergeordneten

---

4 Schuppert in Hoffmann-Riem/ Schmidt-Aßmann/ ders., Reform, 68 f.

5 Die Implementationsforschung beschäftigt sich mit der Verbesserung politisch-administrativer Steuerungsleistungen bei der Umsetzung gesetzgeberischer Vorgaben in den administrativen Strukturen; vgl. Mayntz/ Scharpf, Selbstregelung, 10 f.; Trute in Schuppert, Verantwortungsteilung, 15 f.

6 Böhret/ Konzendorf in Behrens u.a., Den Staat neu denken, 19.

7 Mayntz/ Scharpf, Selbstregelung, 9; Schuppert in JbStVerwW 3 (1989), 47; Böhret/ Konzendorf in Behrens u.a., Den Staat neu denken, 19.

8 Voigt, Recht als Instrument, 6.

9 Dieser Begriff wurde für den Versuch einer gesamtgesellschaftlichen und gesamtwirtschaftlichen Globalsteuerung nach keynesianisch-korporatistischen Modellen (Stabilisierungspolitik) in den 60er und frühen 70er Jahren geprägt. Dem *social engineering* lag die Vorstellung der konzertierten Planbarkeit von Wirtschaft und Gesellschaft zugrunde, vgl. Lehmbruch in PVS 1996, 738, Böhret/ Konzendorf in Behrens u.a., Den Staat neu denken, 19.

10 Grundlegend Luhmann, Soziale Systeme.

11 In der Biologie bezeichnen autopoietische Systeme abgeschlossene lebende Systeme, die nicht gezielt von außen beeinflussbar sind. Autopoietische Systeme öffnen sich zur Aufnahme von Informationen aus der Umwelt, die Informationsverarbeitung im System erfolgt jedoch selektiv. Vgl. zu den Grundlagen in der Biologie Schwegler/ Roth in Bußhoff, Steuerung, 11 f.

12 Teubner, Recht; Willke in Bußhoff, Steuerung, 51 ff.

Steuerungssubjektes Staat abgelehnt – auch das System Politik ist nur ein gesellschaftliches Subsystem –, als auch die Steuerbarkeit der Subsysteme durch systemexterne Einflüsse verneint.[13]

Die begrenzte Steuerbarkeit der Gesellschaft beruht danach auf ihrer Komplexität, ihrer Ausdifferenzierung in autopoietische, selbstreferentielle und autonome Subsysteme, welche nicht steuerbar, sondern nur perturbierbar sind, d.h. Umwelteinflüsse auf das System werden selektiv und systemspezifisch abgearbeitet.[14] Eine Veränderung selbstreferentieller Systeme kann daher nur als Eigenleistung jedes Systems erwartet werden; die Konzepte zielen daher auf die Selbstkontrolle des Systems anhand seiner jeweiligen durch das Steuerungsmedium bestimmten Handlungsrationalität.[15] Steuerung ist daher im systemtheoretischen Sinne die sinnvolle Integration der autonomen Subsysteme durch Kommunikationsprozesse.[16] Sie kann nicht materiell gemeinsame Werte oder Normen vorgeben, sondern lediglich über die Definition von Strukturprämissen und die Etablierung von Verhandlungssystemen Einfluss auf die Kommunikationsprozesse zwischen den Systemen nehmen.[17]

### 3. Aufgabenspezifische Varietät von Steuerungskonzepten und regulierte Selbstregulierung

Im Anschluss an die dargestellten systemtheoretischen Überlegungen folgte ab dem Ende der 1980er Jahre eine Zeit der Hochkonjunktur ‚postinterventionalistischer' Steuerungs- und Rechtskonzepte, die unter Berücksichtigung der jeweiligen Eigenheiten der Systeme dennoch eine Einflussnahme ermöglichen sollten. Damit setzten sie sich der Kritik aus, mit ihren Modellen etwas erreichen zu wollen, was nach ihren Prämissen – nämlich der Autopoietik der Subsysteme – doch unmöglich sein sollte.[18] Die Steuerungswissenschaft spaltete sich in Vertreter der Autopoietik-These und andere, die ihre Prämissen und damit ihren „prinzipiellen Steuerungspessimismus"[19] nicht teilten.[20]

Mittlerweile scheint sich diese Auseinandersetzung etwas abgekühlt zu haben, und auch die Genese immer neuer postinterventionalistischer Rechtskonzepte hat

---

13 Willke in Bußhoff, Steuerung, 72 ff; Schwegler/ Roth ebd. 43 ff; Zauner in Badelt, Handbuch, 104 ff.

14 Schwegler/ Roth in Bußhoff, Steuerung, 11 f; Teubner, Recht. Kritisch gegen das Konzept der Autopoietik: Nahamowitz in Görlitz/ Voigt, Postinterventionistisches Recht, 14; Druwe ebd., 112 ff.

15 Willke in Bußhoff, Steuerung,72 ff.

16 Voigt, Recht als Instrument, 126.

17 Dose in Görlitz/ Voigt, Postinterventionistisches Recht, 82 ff; Willke in Bußhoff, Steuerung, 67 ff.

18 Mayntz/ Scharpf, Selbstregelung, 11; Dose in Görlitz/ Voigt, Postinterventionistisches Recht, 96; Druwe ebd. 112.

19 Mayntz/ Scharpf, Selbstregelung, 11.

20 Nahamowitz in Voigt, Der kooperative Staat, 119 ff; v. Aleman in PolZG Bd. 26-27/2000, 6.

an Geschwindigkeit verloren. Geblieben ist jedoch die grundsätzliche Übereinstimmung über die Unmöglichkeit einer interventionalistischen Feinsteuerung der modernen Gesellschaft.[21] Jede Dimension des Steuerungsprozesses ist mit Schwierigkeiten behaftet: Die Steuerbarkeit der funktional hoch differenzierten Gesellschaft, die Steuerungsfähigkeit und Problemverarbeitungskapazität des binnenpluralen politisch-administrativen Komplexes und die Bestimmung von Steuerungsinhalten angesichts der komplexen und risikobehafteten Regelungsmaterien.

Als Leitlinie erfolgreicher Steuerung werden damit funktionen- und aufgabenspezifische Differenzierung und Varietät von Steuerungsmitteln vorgegeben: Neben der weitest möglichen Ausnutzung von Selbststeuerungsressourcen soll das regulative Recht durch andere Rechtskonzepte ergänzt werden, die statt auf Intervention auf die Beeinflussung der Problemlösungskapazitäten der Akteure zielen.[22]

## B. Die Rolle des Dritten Sektors

### 1. Übersetzungsinstanz zwischen gesellschaftlichen Subsystemen

Systemtheoretische Ansätze schreiben Organisationen des Dritten Sektors die Rolle intermediärer Vermittlungsinstanzen zwischen Subsystemen zu. Die Organisationen sind an den Schnittstellen von Teilsystemen angegliedert und müssen daher die Fähigkeit zur Interaktion mit mehreren Systemumwelten mit jeweils unterschiedlichen Handlungslogiken und Steuerungsmechanismen besitzen. Ihre Funktion in der gesamtgesellschaftlichen Steuerung wird daher als eine Übersetzungs- oder Mittlungsleistung angesehen.[23] In der Organisation werden Informationen aus unterschiedlichen Teilsystemen verarbeitet und weitergegeben. Sie vermitteln vorrangig zwischen den Bereichen Politik/ Administration und dem informellen Sektor, zwischen „der bürokratischen und der persönlichen Welt".[24] Sie bilden dabei eine Verhandlungsinstanz, indem die Organisation in sich die verschiedenen Handlungslogiken der angrenzenden Systeme repräsentiert und zum Ausgleich bringt. Die kontinuierliche Anpassung an sich verändernde Umweltbedingungen unter

---

21 Trute in Schuppert, Verantwortungsteilung, 18; Mayntz/Scharpf, Selbstregelung, 12 f; Willke in Bußhoff, Steuerung, 72.

22 Mayntz/ Scharpf, Selbstregelung, 12 f und 19 ff; Schmidt-Aßmann in Hoffmann-Riem/ ders./ Schuppert, Reform, 15 f; Schuppert ebd. 96 f; Voigt, Recht als Instrument, 137 ff ; Tonner in Görlitz/ Voigt, Postinterventionistisches Recht, 68 ff; Münch in Bußhoff, Steuerung, 81 ff; Nahamowitz in Voigt, Der kooperative Staat, 124; Trute in DVBl. 1996, 950f; Hill in Ellwein/ Hesse, Staatswissenschaften, 57 ff.

23 Streeck in Kölner Zeitschrift 1987, 473; Zauner in Badelt, Handbuch, 105 f und 113 ff spricht von NPO als ‚intermediären Sinnsystemen', da sie die Informationen über das Kriterium ihres materialen Oberzieles (=Sinn) selektierten; die Intermediaritätsthese wird auch ohne Bezug zur Autopoietik vertreten, vgl. Zimmer in Schauer/ Anheier/ Blümle, NPO-Colloquium 1996, 83; Zimmer/ Priller in Anheier u.a., Sektor 1998, 254; Bauer in Zimmer, Vereine heute, 152 f; Pestoff, Beyond the Market and State, 45.

24 Bauer in Schauer/ Anheier/ Blümle, NPO-Colloquium 1994, 85.

Beibehaltung der Strukturfunktion der Vermittlung wird als konstitutives Element von Dritte-Sektor-Organisationen betrachtet.[25]

Dabei kann die Übersetzungsleistung durchaus darin liegen, einen Konflikt nicht zu lösen, sondern abzufedern: Durch den Puffer des Verhandlungssystems Dritter Sektor wird ein administrativ unlösbarer Konflikt entschärft und damit die Legitimation des politischen Systems gesichert.[26] *Seibel* hat daher die Begriffe des „funktionellen Dilettantismus" und des „erfolgreichen Scheiterns" von Organisationen des Dritten Sektors geprägt.[27]

Die Organisationen erbringen Übersetzungsleistungen einerseits bei der Politikimplementation: Durch ihre Nähe zum informellen Sektor, zu den Adressaten der jeweiligen Leistung, erbringen die Organisationen basisnahe und problemgerechte Leistungen und erfüllen zugleich Vorgaben des administrativen Systems hinsichtlich Bürokratie und Kontrolle; oder – sofern problemgerechte Leistungen nicht möglich sind – sie dienen durch die „symptomatische Milderung des Problemdrucks"[28] als Puffer für scheinbar unlösbare Probleme. Andererseits findet eine Vermittlungs- und Übersetzungsleistung auch in umgekehrter Richtung statt, indem die Organisationen sich in politische Willensbildungs- und Entscheidungsprozesse einbinden und aufgrund ihrer Mobilisierungs- und Bindungsfähigkeit als Repräsentanten eines Teils des informellen Sektors agieren.[29]

Die Intermediaritätsthese vermittelt allerdings ein idealtypisches Bild. Die Beobachtung von Organisationen und ihrer Entwicklung zeigt die Schwierigkeiten dieser Übernahme von Handlungslogiken: Organisationen, die an der Grenze zum informellen Sektor existieren und daher eine besondere Basis-, Klientel- und Problemnähe aufweisen, haben erhebliche Schwierigkeiten mit dem Zugang zu administrativen Strukturen und der Erfüllung bürokratischer Vorgaben.[30] Dagegen haben Organisationen, die nah an der Sozialadministration angesiedelt sind, mit Strukturkonvergenzen zu kämpfen, welche ihre Verbindung zum informellen Sektor gefährden.[31]

Im untersuchten Tätigkeitsbereich der ambulanten sozialen Leistungen herrschen kleine und mittelgroße Organisationen vor. Die beschriebenen Schwierigkeiten mit dem Zugang zu administrativen Strukturen und der Erfüllung bürokrati-

---

25 Zimmer in Schauer/ Anheier/ Blümle, NPO-Colloquium 1996, 83; skeptisch zu den Fähigkeiten formaler intermediärer Organisationen zur erfolgreichen Anpassung: Streeck in Kölner Zeitschrift 1987, 474 f.

26 Bauer in Schauer/ Anheier/ Blümle, NPO-Colloquium 1994, 83 ff; Seibel in PVS 1991, 480 ff.

27 Seibel, Funktioneller Dilettantismus, 10 ff; ders. in PVS 1991, 480 und 488 ff.

28 Seibel in PVS 1991, 480.

29 Diese Funktion der Interessensrepräsentanz wurde vor allem in der pluralistischen Verbändeforschung betont, Streeck in Kölner Zeitschrift 1987, 472.

30 Geis, Selbsthilfe, 63 ff; Gantz-Rathmann in Behrens u.a., Den Staat neu denken, 345 f zur sozialen und gesundheitlichen Selbsthilfe.

31 Vgl. die Kritik an der paternalistischen Doppelbürokratie der Wohlfahrtsverbände, etwa Bauer in Schauer/ Anheier/ Blümle, Colloquium 1994, 66.

scher Vorgaben treten daher vielfach auf. Es lässt sich beobachten, dass in einer funktionellen Ausdifferenzierung des Sektors weitere intermediäre Vermittlungsinstanzen dort dazwischentreten können, wo zu große Strukturunterschiede bestehen, so etwa Selbsthilfekontaktstellen oder Stadtteilzentren, die kleine und kleinste Initiativen beim Zugang zu administrativen Entscheidungsträgern und bei Anträgen auf staatliche Finanzierung unterstützen.

### 2. Selbststeuerungsressource in Konzepten regulierter Selbstregulierung

Konzepte regulierter Selbstregulierung sehen eine Änderung des Steuerungsansatzes von der interventionalistischen Feinsteuerung auf die Rahmensteuerung privater Selbstregulierung vor, indem Rahmenbedingungen geschaffen, Ziele vorgegeben und Strukturen und Verfahren zur Verfügung gestellt werden.[32] Die öffentliche Politik muss durch Rahmensteuerung Machtasymmetrien ausgleichen,[33] Ausschlusstendenzen entgegenwirken,[34] Mindestansprüche Schwacher garantieren[35] und Maßnahmen zur Qualitätssicherung durchführen.[36]

Im Konzept der regulierten Selbstregulierung bieten sich die Organisationen des Dritten Sektors als Selbststeuerungsressourcen an, da in ihnen eine Selbstorganisation des informellen Sektors stattfindet.[37] Das zeigt sich beispielsweise im Rahmen der Leistungserbringung, wenn aus der Unzufriedenheit mit dem staatlichen Angebot an sozialen Betreuungsleistungen die Entwicklung eines alternativen Leistungsspektrums resultiert.[38]

Es wird kritisiert, dass die Sozialverwaltung trotz hohen Mitteleinsatzes einen geringen Zielerreichungsgrad aufweise. Diese Ineffizienz wird auf die staatliche Übersteuerung, insbesondere die zu kleinteilige Regulierung des Gebietes, zurückgeführt.[39] Das Feld ambulanter sozialer Arbeit ist durch schnell wechselnde und schnell zu befriedigende existenzielle Bedürfnisse und durch die Sphäre der personalen Selbstgestaltung geprägt.[40] Die Rücknahme staatlicher Steuerungsintensität durch die Nutzung des endogenen gesellschaftliche Potentials bietet sich als Lö-

---

32 Trute in DVBl. 1996, 950; v. Bandemer u.a. in Behrens u.a., Den Staat neu denken, 51; Schuppert in VVDStRL Bd. 47, 309 (Diskussion); Geis, Selbsthilfe, 59.

33 Hoffmann-Riem in VVDStRL Bd. 47, 211 (Diskussion).

34 Trute in Schuppert, Verantwortungsteilung, 36.

35 Geis, Selbsthilfe, 53 ff; v. Bandemer u.a. in Behrens u.a., Den Staat neu denken, 53; Treutner in Voigt, Der kooperative Staat, 291.

36 v. Bandemer u.a. in Behrens u.a., Den Staat neu denken, 53 f.

37 Hufen in VVDStRL Bd. 47, 156 f; Hill in NJW 1986, 2605; Schuppert in JbStVerwW Bd. 3 (1989), 53 ff; Hoffmann-Riem in VVDStRL Bd. 47, 211 f (Diskussion).

38 Beispiele hierfür bei Geis, Selbsthilfe, 22 ff; etwa die Elterninitiativen behinderter Kinder in den 1950er Jahren als Protest gegen die entpersönlichte Verwahrung, sowie die große Selbsthilfewelle in den 1970er Jahren.

39 Ausführlich Hufen in VVDStRL Bd. 47, 150 ff; ferner auch Geis, Selbsthilfe, 59 f; Treutner in Voigt, Der kooperative Staat, 278 f.

40 Geis, Selbsthilfe, 59.

sungsweg an: Die Qualität von Maßnahmen soll durch die Mitwirkung Betroffener gesteigert werden, Leitbild der Steuerung soll die Stimulierung eigener sozialer Interessen statt hoheitlicher Direktiven sein.[41]

Diese Überlegungen knüpfen an einen bestimmten Typus von Organisationen an, nämlich an kleine, lokale und regionale Organisationen, die Eigen- und Fremdleistungen erbringen.[42] Dazu gehören Selbsthilfeorganisationen in allen Tätigkeitsfeldern, Organisationen mit kooperativ-genossenschaftlichem Charakter und alternative Angebote in den Bereichen Soziales, Gesundheit, Kultur und Stadtteilarbeit. Diese Selbstorganisations- und -steuerungspotentiale können genutzt werden, indem in den jeweiligen Tätigkeitsbereichen Projektkonzeptionen nicht administrativ erarbeitet werden, sondern auf bestehende Organisationen im Feld zurückgegriffen, deren Expertise anerkannt wird und die inhaltlichen Vorgaben bei der Förderung gering gehalten werden.[43]

Dieser Typus von Organisationen ist im Untersuchungsfeld dieser Arbeit vorrangig vertreten. Die ambulante soziale Arbeit bietet damit aussichtsreiche Anknüpfungspunkte für Konzepte regulierter Selbstregulierung. Es wird anhand der Praxisbeispiele im zweiten Teil der Arbeit zu untersuchen sein, inwieweit diese Potentiale bei der staatlichen Steuerung gesellschaftlicher Organisationen bei der Erbringung ambulanter sozialer Leistungen tatsächlich im Sinne einer „machtarmen und toleranten Rahmensetzung"[44] genutzt werden.

### 3. Akteur in verhandlungsorientierten Steuerungskonzepten

Prozedurale Steuerungsansätze – häufig, aber nicht zwingend auf systemtheoretischer Grundlage – setzen darauf, dass der Staat nicht durch inhaltliche Vorgaben steuert, sondern Rahmenbedingungen für Verhandlungssysteme schafft, an denen alle betroffenen Interessengruppen beteiligt sind. Nicht nur die Ergebnisse, auch die Bestimmung des Verhandlungsinhaltes bleibt den Verhandlungsakteuren überlassen; der Staat gibt keine bindenden Entscheidungen mehr vor, sondern steuert nur abstrakt das Zustandekommen von Entscheidungen.[45] In solchen Verhand-

---

41 Hufen in VVDStRL Bd. 47, 156 f; Geis, Selbsthilfe, 59 f; Treutner in Voigt, Der kooperative Staat, 279; Hill in NJW 1986, 2605; Schuppert in JbStVerwW Bd. 3 (1989), 53 ff; Hoffmann-Riem in VVDStRL Bd. 47, 211 f (Diskussion).

42 Vgl. Schuppert in JbStVerwW Bd. 3 (1989), 62 ff, 68 und Abb. 13, der in seiner Differenzierung des Dritten Sektors dem Sektor der Selbstorganisation die Steuerung durch Unterstützung der Selbststeuerung zuordnet.

43 Vgl. Treutner zur Selbststeuerung im Sozialbereich in Voigt, Der kooperative Staat 278 ff; Hoffmann-Riem in VVDStRL Bd. 47, 211 f. (Diskussion).

44 Hoffmann-Riem in VVDStRL Bd. 47, 211 f. (Diskussion).

45 Vgl. zu prozeduralen Konzepten: Dose in Görlitz/ Voigt, Postinterventionistisches Recht, 87 ff; Willke in Bußhoff, Steuerung, 70 ff; Sudhof in Görlitz/ Voigt, Postinterventionistisches Recht, 59; Münch in Bußhoff, Steuerung, 81 ff; Hoffmann-Riem in Ellwein/ Hesse, Staatswissenschaften, 89 ff; Beispiele bei Tonner in Görlitz/ Voigt, Postinterventionistisches Recht, 73 ff.

lungssystemen sollen die intermediären Potentiale der Organisationen des Dritten Sektors genutzt werden.[46]

### *a) Der Dritte Sektor in neokorporatistischen Arrangements*

Eine Form prozeduraler Steuerung sind neokorporatistische Arrangements.[47] Die Neokorporatismus-Forschung[48] hat die Gesellschaftssteuerung über die Einbindung organisierter Interessen in die Formulierung und Ausführung staatlicher Politik für die Bundesrepublik Deutschland als typisches Grundmuster von Politik ausgemacht.[49] Die neokorporatistischen Arrangements befriedigten den wachsenden Konsensbedarf für staatliches Handeln.[50]

Neben den klassischen tripartistischen Konstellationen, bei denen sich zwei konfliktorische Interessensgruppen mit Vermittlung des Staates gegenüberstehen,[51] gilt auch die deutsche Verbandswohlfahrt als typische neokorporative Verflechtung mit dem Staat.[52] In den Tätigkeitsfeldern Gesundheit und Soziale Dienste sind in Deutschland korporatistische Verflechtungen mit den großen Wohlfahrtsverbänden dominant.[53] Dies hat zu einer verbandlichen Organisation und vertikalen Versäulung des Sektors in diesen Tätigkeitsfeldern geführt.[54] Weite Teile des Sektors sind

---

46 Voelzkow/ Heinze in Behrens u.a., Den Staat neu denken, 65 ff.

47 Schuppert in Hoffmann-Riem/ Schmidt-Aßmann/ Schuppert, Reform, 88; Voigt, Recht als Instrument, 40; Heinze/ Voelzkow in Roth/ Wollmann, Kommunalpolitik, 252; Voelzkow/ Heinze in Behrens u.a., Den Staat neu denken, 65 ff.

48 Sie löste seit Mitte der 70er Jahre die demokratisch-pluralistische Verbändeforschung ab, deren besonderes Augenmerk auf der Einwirkung der Verbände als „pressure groups" gegenüber den gesetzgebenden Instanzen bei der Politikformulierung lag. Die Neokorporatismus-Theorien betonen dagegen die Verflechtung und gegenseitige Entgrenzung zwischen Verwaltung und Verbänden bei der Politikformulierung und -implementation; vgl. Weßels in PolZG 26-27/2000, 16 ff; Heinze/ Olk in Kölner Zeitschrift 1981, 96 f; Voelzkow/ Heinze in Behrens u.a., Den Staat neu denken, 64 ff.

49 Zum Neokorporatismus in Deutschland grundlegend die Beiträge in von Aleman, Neokorporatismus und Glagow, Gesellschaftssteuerung, sowie Heinze/ Voelzkow in Roth/ Wollmann, Kommunalpolitik, 246; Voelzkow/ Heinze in Behrens u.a., Den Staat neu denken, 65 ff; Heinze/ Olk in Kölner Zeitschrift 1981, 96 ff; Lehmbruch PVS 1996, 735 ff, Münch in Bußhoff, Steuerung, 83 ff; Weßels in PolZG Bd. 26-27/2000, 17 ff; Böhret/ Konzendorf in Behrens u.a., Den Staat neu denken, 19 ff; jeweils m.w.N.

50 Lehmbruch in PVS 1996, 737.

51 Klassisches Beispiel für Tripartismus sind die Tarifparteien, deren Repräsentations- und Aushandlungsmonopol über Art. 9 Abs. 3 GG vermittelt wird; neuere Beispiel das Bündnis für Arbeit oder die „Konzertierten Aktionen", vgl. Heinze/ Voelzkow in Roth/ Wollmann, Kommunalpolitik, 246.

52 Vgl. dazu oben Kapitel 3, IV.; ferner Heinze/ Olk in Kölner Zeitschrift 1981, 94 ff; Voelzkow/ Heinze in Behrens u.a., Den Staat neu denken, 78; Heinze/ Voelzkow in Roth/ Wollmann, Kommunalpolitik, 247 ff; Lehmbruch in PVS 1996, 744; Seibel in JbStVerwW Bd. 4 (1990), 124; Zimmer in Anheier u.a., Sektor 1998, 80; Geis, Selbsthilfe, 28.

53 Vgl. oben Erster Teil, Kapitel 4, IV.

54 Zimmer in Anheier u.a., Sektor 1998, 81: Nach einer Untersuchung aus 1991 seien 70 Prozent der lokalen Vereine einem überregionalen Verband angeschlossen; Geis, Selbsthilfe, 26 ff.

von diesen korporatistischen Strukturen jedoch ausgeschlossen. Zwar wird diagnostiziert, die aus den neuen sozialen Bewegungen entstandenen Organisationen hätten sich nach anfänglicher Ablehnung in die Verflechtungsmatrix integriert; das geschah jedoch durch Eingliederung in das hierarchische Gefüge der Wohlfahrtsverbände,[55] nicht durch Eintritt in die Entscheidungseliten.[56]

### *b) Der Dritte Sektor in neueren prozeduralen Konzepten*

Die neueren prozeduralen Konzepte grenzen sich weitgehend von neokorporatistischen Arrangements ab, an denen sie den Ausschluss von Interessen und einen status-quo-orientierten Politikstil kritisieren; der Korporatismus sei nur eines von möglichen Modellen von Aushandlungsprozessen.[57] Statt eines Interessenausschlusses durch Gewährung von Repräsentationsmonopolen wird die Berücksichtigung aller Interessen angestrebt; statt einer Anknüpfung an und Perpetuierung von vorhandener Machtverteilung solle ein Verhandlungsgleichgewicht erforderlichenfalls künstlich hergestellt werden; statt einer Verflechtung staatlicher und verbandlicher Macht solle sich der Staat auf Moderations- und Aktivierungsfunktionen zurückziehen. Das Gemeinwohl wird dann nicht *ex ante* durch die Regierenden definiert, sondern ist *ex post* Ergebnis eines Aushandlungsprozesses.[58] Neben die Vorgaben für die Ausgestaltung ‚gerechter' Verfahren treten aber in unterschiedlich starkem Maße auch normative Vorgaben gewisser Grundwerte für einen Steuerungsrahmen.[59]

In diesen Konzepten werden dem Dritten Sektor ebenfalls wichtige Funktionen zugeschrieben: Zum einen muss jedes Verhandlungssystem auf die Problematik treffen, dass nicht alle an einem Konflikt beteiligten Interessen gleichermaßen gut organisiert sind.[60] Gerade die klassischen Gemeinwohlinteressen, etwa der Ausgleich sozialer Benachteiligung, weisen einen geringen Organisationsgrad auf. Für andere Interessen kann eine ausreichende Eigenorganisation nicht vorliegen, etwa für die Interessen zukünftiger Generationen oder von Gruppen, denen eine eigene Beteiligung versagt ist, so etwa Umweltinteressen, Kinder- und Zukunftsinteressen. Hier sollen die Organisationen des Dritten Sektors als unterstützendes Korrektiv auftreten, aufgrund ihrer Bindungs- und Mobilisierungsfähigkeit eine stärkere Organisation unterrepräsentierter Interessen erzeugen bzw. für nicht organisierbare Interessen als Sachwalter agieren. Mit ihrer Gemeinwohlorientierung lösen sie sozusagen den Staat mit seiner Gemeinwohlverpflichtung bei der Entscheidung ab. Ihre Betei-

---

55 Vorrangig in den Paritätischen Wohlfahrtsverband, der als Auffangbecken für die alternativen Organisationen fungierte, vgl. Geis, Selbsthilfe, 26 ff.

56 Vgl. oben Erster Teil, Kapitel 4, V.B.

57 Münch in Bußhoff, Steuerung, 83 ff.

58 Böhret/ Konzendorf in Behrens u.a., Den Staat neu denken, 20.

59 Etwa Voigt, Recht als Instrument, 137 ff; Görlitz in ders./ Voigt, Postinterventionistisches Recht, 151 ff; Böhret/ Konzendorf in Behrens u.a., Den Staat neu denken, 26 f; v. Bandemer u.a. ebd., 52 ff.

60 Hoffmann-Riem in Ellwein/Hesse, Staatswissenschaften, 87 ff; Geis, Selbsthilfe, 52 f; Treutner in Voigt, Der kooperative Staat, 291; Reutter in PolZG Bd. 26-27/2000, 10.

ligung soll auch die Legitimität des Verfahrens sichern, indem sie zur Transparenz beitragen und Öffentlichkeit herstellen.[61]

Die neueren prozeduralen Konzepte knüpfen somit an die Voice-Funktion des Dritten Sektors an. Angesprochen sind dabei einerseits Eigenleistungsorganisationen wie die klassische Interessensvertretung, mit Blick auf die wenig organisierten und nicht organisierbaren Interessen aber vor allem die Themenanwälte als Fremdleistungsorganisationen. Erforderlich sind zudem Organisationen zumindest mittlerer Größe, da kleinere Einheiten nicht über ausreichende Kapazitäten für die Verhandlungsführung und die Herstellung von Öffentlichkeit verfügen.

Im Untersuchungsfeld stellt sich die weitere Schwierigkeit, dass neue prozedurale Modelle sich selbst auf lokaler Ebene gegen die vorherrschende Machtverteilung durch die eben beschriebenen neokorporatistischen Verflechtungssysteme durchsetzen müssten.

### C. Schlussfolgerungen

Die Ausführungen haben gezeigt, dass bereits innerhalb der Steuerungsdebatte auf unterschiedliche Funktionen und Fähigkeiten der Organisationen des Dritten Sektors abgestellt wird, welche gegenläufige Effekte aufweisen.

Mit der Rolle als intermediäre Vermittlungsinstanz zwischen dem administrativen und dem informellen Sektor ist die Gefahr der Angleichung an bürokratische Strukturen und damit dem Verlust sektoraler Eigenheiten und der Vermittlungsfähigkeit gegenüber Individuen verbunden. Das kann zur Folge haben, dass sich die Kommunikationsschwierigkeiten nicht auflösen, sondern lediglich in den Sektor hinein verschieben, nämlich an die Grenze zwischen den großen Verbänden und kleinen Organisationen.

Festzustellen ist auch, dass die für die Einbindung in Verhandlungssysteme erforderliche Verpflichtungsfähigkeit, welche große und hierarchische Strukturen erfordert, im Verhältnis zu der Bindungsfähigkeit gegenüber den organisierten Individuen und der Selbststeuerungspotentiale der Organisation gegenläufig ist.

## III. Kommunitarismus und Zivilgesellschaftsdebatte

### A. Die Elemente des Kommunitarismus-Diskurses

Den Kontrapunkt zu den funktionalistischen Steuerungsansätzen, die Dritte Sektor-Organisationen als Steuerungsressourcen betrachten, bilden die normativen, wertbezogenen Ansätze, die sich unbenommen großer Differenzen hinsichtlich des Inhalts der Werte dem kommunitaristischen Diskurs[62] zuordnen lassen.

---

61 V. Bandemer u.a. in Behrens u.a., Den Staat neu denken, 52 ff; Böhret/ Konzendorf ebd., 20.

62 Vom Kommunitarismus als einer politischen Theorie kann aufgrund der Unterschiedlich-

In diesem Diskurs konstituiert sich der Begriff der Freiheit nicht wie im Liberalismus aus der ‚Freiheit von', sondern aus der Verknüpfung individuellen Selbstinteresses mit der Teilhabe und -nahme an der Entwicklung sozialer Ordnung, als ‚Freiheit zu'.[63] Das Demokratie- und Gerechtigkeitsverständnis beruht auf einem horizontalen statt vertikalen Politikkonzept und auf der Aufwertung von Solidarität. Funktionen, die bislang im Verantwortungsbereich des Staates lagen, sollen in gesellschaftliche Strukturen, in das ‚Gemeinwesen', hinein gegeben[64] und dadurch zur eigenen Angelegenheit aller werden.[65] Neben die Tauschgerechtigkeit des Marktes und die Verteilungsgerechtigkeit staatlicher Tätigkeit tritt die Beteiligungsgerechtigkeit als „dritte Dimension des Gerechtigkeitsbegriffes".[66]

Der Bezugspunkt des Denkens ist dabei die Gemeinschaft (*community*)[67] unter den Bedingungen posttraditioneller und postmoderner Dienstleistungsgesellschaften, in denen die klassischen Gemeinschaften wie die Familie oder das Dorf aufgrund der hohen geographischen, sozialen, politischen und Beziehungsmobilität stark an Bedeutung verloren haben. Ziel ist die Wiederbelebung des Gemeinschaftsbegriffs auf nichtpuritanische und nichtrepressive Weise. Dabei umfasst er auch virtuelle Kommunen und Interessensgruppen, etwa die *scientific community* oder die *gay community*.[68]

Die Gemeinschaft gründet sich auf die wechselseitige Anerkennung der gleichen Rechte ihrer Mitglieder.[69] Konfliktlösungen sollen durch öffentliche Debatten und Konsens angestrebt werden, inhaltlich orientiert am Gemeinsinn als den von allen geteilten Werten, statt durch Regulierung und Einräumung von Rechtsansprüchen.[70] Die Universalität von Rechtsansprüchen soll durch partikulare, zu verhandelnde Verbindlichkeiten der Gemeinschaft abgelöst werden.

Kritiker meinen, die „sympathische Utopie"[71] des Kommunitarismus blende die massiven vertikalen Gegenkräfte der etatistischen kapitalistischen Gesellschaften analytisch aus und wolle nicht nur neben dem Kapitalismus, sondern auch neben

---

keit der von seinen Vertretern vertretenen Positionen nicht gesprochen werden, Arenhövel in Neumann, Handbuch Bd. 1, 236 f.

63 Wagner, Teilen, 101 und 113 f; Haltern in KritV 2000, 155 f.

64 Badelt in Handbuch, 419.

65 Vgl. dazu Seibel in PVS 1987, 204 f, der als Grundsyndrom des deutschen Bürgertums bezeichnet, den Staat statt als eigene Angelegenheit stets als freiheitsbedrohendes Gegenüber wahrgenommen zu haben.

66 Beteiligungsgerechtigkeit bedeutet die aktive Teilnahme aller Menschen sowohl am wirtschaftlichen wie am politischen Geschehen; sie schließt auch die Pflicht zur Teilnahme mit ein; Wagner, Teilen, 74 ff.

67 Im Gegensatz zur Gesellschaft fehlt der Gemeinschaft ein konstituierender Rechtsetzungsakt (Gesellschaftsvertrag); sie besteht aufgrund des gemeinschaftlich geteilten Willens zur Gemeinschaft, Arenhövel in Neumann, Handbuch Bd. 1, 240.

68 Arenhövel in Neumann, Handbuch Bd. 1, 241.

69 Roth in ders./ Wollmann, Kommunalpolitik, 235 f.

70 Arenhövel in Neumann, Handbuch Bd. 1, 241.

71 Roth, Demokratie von unten, 263.

den politischen Organisationen wie Staatsverwaltungen, Verbänden und Parteien landen. Die Zivilgesellschaft sei ein überschätzter Akteur, der angesichts der Steuerungsprobleme und der durch die Globalisierung eingeschränkten nationalen politischen Spielräume dem fortschreitenden Demokratieverlust nichts entgegensetzen könne.[72] Mit der Rückkehr zu Werturteilen überschaubarer Gemeinschaften werde die Geltung universeller und verfassungsrechtlicher Verbindlichkeit aufgehoben, sie sei mit dem Grundsatz des *rule of law* nicht vereinbar.[73]

Der US-amerikanische Diskurs über Kommunitarismus[74] und die Stärkung der *civil society*[75] sind in Deutschland mit einiger Zeitverzögerung vorwiegend in Überlegungen zur Stärkung der Zivilgesellschaft, zur aktiven Partizipation der Bürger/ innen am Gemeinwesen und zur Förderung des Gemein- und Bürgersinns auf örtlicher und regionaler Ebene rezipiert worden.[76] Zu Beginn der 1990er Jahre – nach dem Scheitern des Sozialismus – wurden diese Forderungen zum Utopieersatz für Teile der neuen sozialen Bewegungen und zu „Suchstrategien für die Zweite Moderne".[77] Sie bieten mit ihrem horizontalen Politikkonzept ein Gegenmodell zur von Affektionsverlusten betroffenen partizipationsfernen repräsentativen Demokratie[78] und stellten sich mit ihrer Kollektiv- und Wertbezogenheit gegen den individualistischen Neoliberalismus.[79] Auf der praktischen Ebene – zumindest im Bereich Soziale Dienste/ Gesundheit- konnten sie an die Überlegungen zur ‚Neuen Subsidiarität' anknüpfen, in deren Mittelpunkt ebenfalls soziale Selbstorganisation und Reziprozität standen.[80]

## B. Die Rolle des Dritten Sektors

Indem der Kommunitarismus nicht das Individuum, sondern dessen Engagement in der Gemeinschaft als Ausgangspunkt für die Neuorganisation der Gesellschaft

72 Hirsch, Nichtregierungsorganisationen, 1 und 7 ff.

73 Haltern in KritV 2000, 157.

74 Etzioni, Die Entdeckung des Gemeinwesens; Selznick, The Moral Commonwealth; Putnam in National Civic Review 1993, 101-107; Giddens, Jenseits von Links und Rechts. Der Anklang kommunitarischer Themen in den USA war eine Reaktion auf den extremen individualistischen Liberalismus der Reagan-Ära, Arenhövel in Neumann, Handbuch Bd. 1, 237; Roth in Demokratie, 55.

75 In diesem Zusammenhang bezeichnet der Begriff der Zivilgesellschaft anders als in der Hegelschen Tradition nicht den staatsfreien Raum der Individualinteressen, also vorrangig den Markt, sondern im de Toquevilleschen Sinn die Bürger, die außerhalb der öffentlichen Sphäre aktiv am Gemeinwesen teilhaben, vgl. Zusammenfassung bei Pestoff, Beyond the Market and State, 34 ff und Zimmer/ Priller in Anheier u.a., Sektor 1998, 259 f. Synonym werden die Begriffe der aktiven Bürgergesellschaft oder der "civic democracy" verwandt.

76 Wendt, Zivilgesellschaft und soziales Handeln; Honneth, Kommunitarismus; Marquard in BldW 1999 (Heft 1+2), 25 ff; Roth in ders./ Wollmann, Kommunalpolitik, 235 f.

77 Beck in ders., Modernisierung, 22.

78 Graf Strachwitz in PolZG Bd. 9/1999, 23 f.

79 Salamon/ Anheier, Sektor 1999, 7 f.

80 Fink in Heinze, Neue Subsidiarität, 158 ff; Olk ebd., 283 ff; Heinze ebd., 15 ff.

und der Staatlichkeit wählt, steht für seine Vertreter der Dritte Sektor als Ort der organisierten Individuen im Zentrum des Interesses. Die vielfältigen freiwilligen Zusammenschlüsse, in denen die Bürger agieren, sind die Bausteine für eine Gesellschaft mit horizontalem Politikkonzept. Zentrale Aufgabe der Politik stellt für sie die Förderung gemeinwohlorientierter individueller Präferenzen wie Toleranz, Solidarität und Empathie dar. Die freiwilligen Organisationen werden als Keimzellen eines kommunitarischen Gesellschaftskonzepts angesehen. Die Organisationen sind dabei in allen drei Funktionen, *voice* und Partizipation, sowie Service angesprochen:

Aufgrund des horizontalen Demokratiekonzeptes sind die Funktionen *voice* und Partizipation dabei ineinander verschränkt: Die Organisationen sollen die öffentliche Debatte und die Aushandlung von Konfliktlösungen organisieren und die Voraussetzung für Teilnahme und -habe aller Bürger/innen am Gemeinwesen und damit für die Akkumulation von Sozialkapital bieten. Der Sektor aktiviere freie gesellschaftliche Kräfte und stärke die Verantwortungsbereitschaft der Menschen[81] und bilde für eine neue Partizipation einen Erfolg versprechenden Kristallisationspunkt.[82] Zugleich bilde die aktive Beteiligung ein konstitutives Element einer lebendigen Demokratie; die Organisationen würden zu „*schools in democracy*".[83] Es bedürfe daher der sozialen Selbstorganisation in einer Vielzahl kleiner Vereinigungen und Gruppen.[84]

Das Konzept der bürgerschaftlichen Teilnahme am Gemeinwesen setzt andererseits auch die Produktion von Dienstleistungen durch dessen Organisationen voraus: Die Verantwortung für ehemals staatliche Funktionen soll in das Gemeinwesen hinein gegeben und Bürger/innen sollen zu Koproduzenten/innen öffentlicher oder kollektiver Güter aufgewertet werden.[85] Durch aktive Beteiligung sollen sie in den sozialen und gemeinnützigen Institutionen zu mitgestaltenden *stakeholders* werden.[86]

## C. Schlussfolgerungen

Kommunitarismus und Zivilgesellschaftsdebatte setzen somit auf lokal integrierte Organisationen mit aktiver Mitgliederpartizipation, die sowohl Voice- als auch Service-Funktion übernehmen. Insgesamt wird die Fähigkeit des deutschen Dritten Sektors zu Integration aktiver Bürger/innen jedoch bezweifelt: Das bürgerschaftliche Handeln vertrage sich nicht mit der Bürokratie, der radikal-demokratische Ansatz nicht mit dem hierarchischen und autoritären Aufbau weiter Teile des Sektors.[87]

81 Wagner, Teilen, 91 und 113 f.

82 Graf Strachwitz in PolZG Bd. 9/1999, 23 f; Becker/ Löhr in PolZG Bd. 10-11/ 2000, 26.

83 Kuhnle/ Selle, Government and Voluntary Organizations, 10.

84 Beher/ Liebig/ Rauschenbach, Ehrenamt, 19.

85 V. Bandemer u.a. in Behrens u.a., Den Staat neu denken, 52 ff; Naschold ebd., 86; Pestoff, Beyond the Market and State, 81 ff; Zimmer/ Nährlich in ZSR 1997, 676 f.

86 Wagner, Teilen, 76.

87 Zimmer/ Priller in Anheier u.a., Sektor 1998, 254 und 262 ff.

Die Betonung liegt auf der freiwilligen aktiven Beteiligung der Bürger/innen; die Entwicklungen des ehrenamtlichen Engagements zeigen jedoch, dass eine Bereitschaft zu solcher Beteiligung nur in Reziprozitätsverhältnissen vorhanden ist, nämlich dann, wenn auch die Möglichkeit der Mitgestaltung existiert.[88]

Die großen Themenanwälte, die *global players* unter den NGOs, sind nicht mitgliederbasiert, sondern eine kleine internationale Elite von Aktivisten/innen, zu der die Unterstützerinnen nur durch finanzielle Unterstützung in Kontakt treten.[89] Sie bieten daher kein Fundament für aktive Partizipation. Die großen Verbände der sozialen Dienstleister wiederum, die trotz Bindungsverlusten nach wie vor mitgliederstark sind, stellen eine Basis für Mitgestaltung aufgrund ihrer hierarchischen und bürokratischen Strukturen und ihrer Einbindung in neokorporatistische Arrangements nicht zur Verfügung.[90]

Nur ein spezifischer Teil des deutschen Dritten Sektors weist also das erforderliche Integrationspotential auf: Nur solche Organisationen, bei denen die Funktion der Partizipation gegeben ist, können die Reziprozität zwischen Teilnahme und Teilhabe gewährleisten.

Wenn sich in der kritischen Auseinandersetzung mit der klassischen Moderne Hinweise auf das Erneuerungspotential des Dritten Sektors finden, beziehen sich diese dementsprechend auf Bewegungsorganisationen,[91] welche Anteile aller drei Funktionen des Sektors aufweisen. Wie oben dargestellt, sind derartige Organisationen für das Untersuchungsfeld typisch.

## IV. Privatisierungsstrategien und Einsparmotive

### A. Staatsaufgabendiskussion, Privatisierung und Spardruck

Als weitere Motivation für die Propagierung einer Stärkung des Dritten Sektors dürfen Privatisierungsstrategien und Einsparmotive nicht vernachlässigt werden.

Die Rede vom „Rückzug des Staates“[92] und die Staatsaufgabendiskussion haben neben den oben[93] beschriebenen Zweifeln an staatlicher Steuerungsfähigkeit noch eine zweite Dimension: Der stetig wachsende und sich ausdifferenzierende Bestand von Staatsaufgaben[94] steht sich verknappenden staatlichen Finanzen gegenüber. Die

---

88 Beher/ Liebig/ Rauschenbach, Ehrenamt,147 ff. zum "Neuen Ehrenamt"; Zimmer/ Priller in Anheier u.a., Sektor 1998, 263 ff.

89 Zimmer/ Priller in Anheier u.a., Sektor 1998, 255 ff.

90 Zimmer/ Priller in Anheier u.a., Sektor 1998, 263 f; Streeck in Kölner Zeitschrift 1987, 474 ff.

91 Zimmer/ Priller in Anheier u.a., Sektor 1998, 251.

92 Begriff etwa bei König in DÖV 1998, 963. Schuppert in DÖV 1995, 761, diagnostiziert in den Privatisierungsfolgebereichen keinen vollständigen Rückzug des Staates, sondern das Auftreten neuer öffentlich-privater Regulierungsstrukturen.

93 Erster Teil, Kapitel 5, II.A.

94 Zu den Mechanismen, die zur stetigen Ausweitung des Bestandes führen, vgl. Müller, Rechtsformenwahl, 13 f und 116 ff.

Beschränkung der Staatsaufgaben führt zu einer Verschiebung der Staatsfunktionen vom Leistungs- zum Steuerungs- und Ordnungsstaat, von der unmittelbaren Aufgabenerfüllung zur Organisation gesellschaftlicher Interaktions-, Produktions- und Entscheidungsprozesse.[95] Diese Erneuerung der Staatsfunktionen und des öffentlichen Sektors werden unter anderem durch Privatisierungs- und Deregulierungsstrategien verfolgt. Die Privatisierung zieht sich durch vielfältige Aufgabenbereiche und Ebenen, sowohl in der kommunalen Daseinsvorsorge bei Abfallentsorgung, Abwasser, Ver- und Entsorgung oder Straßenbau[96] als auch auf Bundesebene bei den großen Staatsunternehmen wie Post, Bahn und Telekom.[97] Neben die Privatisierung treten Umstellungen der Strukturen und des Handelns von Behörden durch das New Public Management.[98]

Die Privatisierungsziele können zwei Motiven zugeordnet werden: Zum einen soll die Überforderung des Staates mit seiner „Gestaltungsfunktion“[99] überwunden werden durch die Einbeziehung privaten Sachverstandes, die Beschleunigung von Projekten, die Steigerung der Effizienz oder eine größere Flexibilität bei Personal und Haushalt. Das zweite Motiv ist finanzpolitischer Natur: Mit dem Rückzug des Staates aus der Erfüllungsverantwortung sind Einsparerwartungen verbunden. Nicht wenige Forscher betrachten dieses in Deutschland als Hauptmotiv der Veränderungen und sehen eine notwendige programmatische Erneuerung des öffentlichen Sektors dadurch gefährdet.[100]

## B. Die Krise des Sozialstaates und Privatisierung

Insbesondere im Bereich der Sozialausgaben werden Staatsaufgabenkonzentration, Privatisierung und Deregulierung als Lösungen für die wiederholt diagnostizierte ‚Krise des Wohlfahrts- und Sozialstaates‘[101] angeboten.[102] Die Einsparmotive verbergen sich dabei nicht selten hinter der Betonung von Eigenverantwortlichkeit und Freiheitsstreben des Individuums.

---

95 Hesse in Ellwein/ ders., Staatswissenschaften, 166; Hill ebd. 57.

96 Vgl. Berg in Achterberg, FS Scupin 519 ff; Wahl in DVBl. 1993, 517 ff ; Schuppert in J. Ipsen, Privatisierung, 17 ff; Möschel in JZ 1988, 885 ff; ferner Osterloh VVDStRL Bd. 54, 204 ff; Bauer ebd. 243 ff; Schoch in DVBl.1994, 962 ff.

97 Vgl. Schuppert in J. Ipsen, 17 ff; ders. in DÖV 1995, 767 f.

98 Zu den unter diesem Begriff zusammengefassten Verwaltungsreformkonzepten unten, Erster Teil, Kapitel 6, II.

99 Mayntz in JbStVerwW Bd. 1 (1987), 89.

100 Bauer in VVDStRL Bd. 54, 256 ff; Osterloh ebd. 206; Schuppert in DV 1996, 546; Naschold in Behrens u.a., Den Staat neu denken, 81 f; Zimmer/ Nährlich in ZSR 1997, 672.

101 ‚Trendsetter‘ war die OECD mit einer Studie „The Welfare State in Crisis“ 1981; zur Entwicklung Kuhnle/ Selle, Government and Voluntary Organizations, 9 ff., Kramer in ebd., 35 ff.; Badelt in Handbuch, 423 f; Zimmer/ Nährlich in ZSR 1997, 661; Dierkes/ Zimmermann, Sozialstaat in der Krise?; Mayntz in JbStVerwW Bd. 1 (1987), 89.

102 Vgl. die Beiträge in Dierkes/ Zimmermann, Sozialstaat in der Krise?; Lord Dahrendorf in Reflexion und Initiative 1999/2000, 13.

Die Einbindung der Bewegungsorganisationen in die deutsche soziale Trägerlandschaft Anfang der 1980er Jahre traf mit der Diagnose der ‚Krise des Wohlfahrtsstaates' in den westlichen Industrienationen zusammen. Als Rezepte gegen diese Krise wurde Dezentralisierung, Selbsthilfe, ‚Neue Subsidiarität' einerseits und Privatisierung und Abbau von Staatsaufgaben andererseits angeboten. Im rechten wie im linken Spektrum wurde dabei der Dritte Sektor zum Hoffnungsträger. Wandlungen vollzogen sich international abhängig von den bisherigen Entwicklungspfaden der Sozialsysteme.[103] Durchgängig wurden Dritte-Sektor-Organisationen verstärkt zur Implementation der Sozialpolitik herangezogen und staatliche Mittel verknappt, sowie die staatliche Steuerung der Organisationen intensiviert.[104]

International sind drei Pfade der Privatisierung staatlicher Leistungen im Sozialbereich zu beobachten: Entweder die Privatisierung verlagert die Verantwortung durch einen Abbau von Leistungsansprüchen in die ‚Eigenverantwortung', das heißt in den informellen Sektor. Dies führt zu einer Deprofessionalisierung und Feminisierung[105] der sozialen Leistungen.[106] Während der ersatzlose Abbau von Rechtsansprüchen eine tatsächliche Deregulierung bedeutet, setzen die beiden übrigen Pfade auf die Trennung der unmittelbaren Leistungserbringung von der staatlichen Sozialverantwortung und damit auf Formen der „weichen Privatisierung".[107] Sie streben Kostensenkung entweder durch die Eröffnung gewerblicher Konkurrenz durch Organisationen des Marktes oder durch die Übertragung von Aufgaben auf den Dritten Sektor an.[108] Weltweit lässt sich ein Trend zur Pluralisierung der Akteure der Wohlfahrtsproduktion beobachten.[109]

Die Trennung von staatlicher Aufgabenverantwortung für die Wohlfahrtsproduktion und deren Erfüllung durch Organisationen des Dritten Sektors ist in Deutschland im Gegensatz zu anderen Wohlfahrtssystemen durch das Subsidiaritätsprinzip tradiert. Auch marktvermittelte Anteile sind im deutschen Sozialstaats-

---

103 Vergleichend zu Großbritannien, Niederlande, Italien, Norwegen: Kramer in Kuhnle/ Selle, Government and Voluntary Organizations, 39ff; zu den USA in der Reagan-Ära Salamon, Partners in Public Service, 149 ff.

104 Kramer in Kuhnle/ Selle, Government and Voluntary Organizations, 48 ff.

105 Da Frauen vom Arbeitsmarkt in die unbezahlte Familienarbeit abgedrängt werden. Vgl. zu dieser Problematik die Beiträge in Braun/ Jung, Globale Gerechtigkeit, insbesondere Zander ebd. 22 ff.

106 Pestoff, Beyond the Market and State, 51, bezeichnet dies als Hauptpfad der Privatisierung in den Transformationsstaaten Mittel- und Osteuropas; zur Entwicklung in Ostdeutschland vgl. Zander in Braun/ Jung, Globale Gerechtigkeit, 33 ff.

107 Wagner, Teilen, 109, bezeichnet als weiche Privatisierungsstrategien die Einführung von Wettbewerb im New Public Management, Outsourcing (Ausgliederung von Teilbereichen staatlicher Betriebe zu privaten Anbietern) und Contracting-out (vertraglich geregelte Übergabe an Private nach staatlichen Vorgaben).

108 Pestoff, Beyond the Market and State, 51.

109 Beher/ Liebig/ Rauschenbach, Ehrenamt, 19; derartige Entwicklungen von einem staatlichen Monopol hin zu einem Quasi-Markt, in dem öffentliche, Nonprofit- und Forprofit-Anbieter konkurrieren, fanden vor allen Dingen in Wohlfahrtsstaaten des institutionellen Typs (staatliche Garantie von Leistungssystemen für jedermann) statt.

modell relativ hoch, etwa mit dem System der niedergelassenen Ärzte.[110] Der Privatisierungstrend wirkte sich im deutschen System daher weniger offensichtlich aus als in Wohlfahrtstaaten institutionellen Typs. In Großbritannien oder den skandinavischen Staaten entstanden beispielsweise durch die Privatisierung und Wettbewerbsöffnung echte Systemzäsuren.[111] In Deutschland sind Veränderungen durch eine stärkere Wettbewerbsorientierung der Leistungserbringung in den Sozialgesetzbüchern, durch Kürzungen und eine stärkere Bindung der Förderung an Aufgaben und Wirtschaftlichkeit eingetreten.[112]

## C. Einspareffekte durch die Aufgabenübertragung auf den Dritten Sektor

Einspareffekte durch die Einbeziehung von Nonprofit-Organisationen in die Erbringung sozialer Dienstleistungen werden auf drei Ebenen erwartet: In Form einer Verringerung staatlich finanzierter Leistungen, durch kostengünstigere Leistungserbringung sowie langfristig durch die Vermeidung von Fehlsteuerungen.

### 1. Einsparungen durch die Verringerung staatlich finanzierter Leistungen

Mit einer „Vergemeinschaftung“[113] der Aufgaben wird der Abbau sozialstaatlicher Rechtsansprüche verbunden[114] oder zumindest auf eine geringere Inanspruchnahme staatlicher Leistungen durch Selbsthilfe und -organisation gehofft.[115] Ersteres führt als Deregulierung auf den oben beschriebenen ersten Pfad der Privatisierung in den informellen Bereich. Dem entsprechen Befürchtungen aus dem deutschen Dritten Sektor, die Organisationen sollten als Lückenbüßer für einen schlichten Leistungsabbau herhalten.[116] Die Deregulierung birgt die Gefahr der Exklusion gerade sozial Schwacher, welche auf den Schutzcharakter von Rechtsansprüchen angewiesen sind.[117] Dieses Vorgehen stellt ein Beispiel für das im Rahmen der Intermediaritätsthese[118] erläuterte Phänomen des ‚erfolgreichen Scheiterns‘ des Dritten Sektors dar: Der Sektor wird als Puffer zur Entschärfung des politischen Konfliktes zwischen der Wünschbarkeit sozialer Daseinsvorsorge und Sparzwängen eingesetzt.

Durch die Einschaltung des Dritten Sektors könnte es zum zweiten zu einem ge-

---

110 Zimmer/ Nährlich in ZSR 1997, 663.

111 Zur Entwicklung in Großbritannien vgl. Pestoff, Beyond the Market and State, 85 ff, Kramer in Kuhnle/ Selle, Government and Voluntary Organizations, 37 ff; zum "Social Compact" von New Labour: Leadbeater in Reflexion und Initiative; zu Skandinavien Kuhnle/ Selle ebd. 10 ff;.

112 Vgl. dazu im Einzelnen unten Erster Teil, Kapitel 6.

113 Möschel in JZ 1988, 886.

114 Lord Dahrendorf in Reflexion und Initiative 1999/2000, 13.

115 Badelt in Handbuch, 423; Treutner in Voigt, Der kooperative Staat, 281; Roth, Demokratie von unten,241.

116 Vgl. Badelt in Handbuch, 423.

117 Geis, Selbsthilfe, 53; Treutner in Voigt Kooperativer Staat, 291.

118 S. oben Erster Teil, Kapitel 5, II. B.1.

ringeren Umfang staatlich finanzierter Leistungen kommen, wenn dies durch Selbsthilfe und -organisation der Betroffenen zu einer verringerten Inanspruchnahme staatlicher Leistungen führen würde. Diese Hoffnung ist in kurz- und mittelfristiger Perspektive zweifelhaft: Zum einen sind die Organisationen nach wie vor auf staatliche Finanzierung angewiesen. Zum anderen zeigen die bisherigen Erfahrungen aus dem Selbsthilfesektor, dass Beratung und Information durch Selbsthilfegruppen eher zu verstärkter, zugleich aber zielgerichteter Inanspruchnahme von Leistungen führt.[119]

### 2. Einsparungen durch kostengünstigere Leistungserbringung

Erwartungen kostengünstiger Leistungserbringung knüpfen sich zunächst – ebenso wie bei der Privatisierung in den Markt – an eine im Vergleich zum Staat weniger kostenintensive Verwaltung, sowie an die Flucht aus dem Dienstrecht. Organisationen des Dritten Sektors können flexible und niedrig entlohnte Beschäftigungsverhältnisse schließen und auf Honorartätigkeit, Billiglohnarbeit und Ersatz-Erwerbsarbeit des zweiten Arbeitsmarktes zurückgreifen.[120] Einsparhoffnungen werden auch auf die Mobilisierung für den Staat unerreichbarer Ressourcen ehrenamtlicher Arbeit gesetzt,[121] wobei nach den Wandlungstendenzen zum ‚Neuen Ehrenamt' hier die Grenzen zu den eben genannten Zwischenformen der Erwerbsarbeit fließend werden,[122]

Daneben ergeben sich geringere Kosten durch die Eigenbeteiligung der Organisationen etwa im Zuwendungsrecht.[123] Es besteht auch die Erwartung, dass bei nichtstaatlicher Leistungserbringung eine Teilfinanzierung durch Gebühren der

---

119 Zu diesem Ergebnis kommen für Selbsthilfegruppen im Gesundheitsbereich Geis, Selbsthilfe, 27 f und Thiel in Roth/ Wollmann, Kommunalpolitik, 290. Ähnliche Effekte können auch für Organisationen erwartet werden, die durch Beratung sozial randständigen Gruppen den Zugang zu Sozialleistungen erleichtern.

120 Lundström/ Wijkström, The Nonprofit Sector in Sweden, 263 f; Badelt in Handbuch, 423; James in Powell, Nonprofit Sector, 410 f weist darauf hin, dass die Frage, ob die geringeren Kosten für die Leistungserstellung auf eine geringere Qualität oder eine höhere Effektivität hindeuten, wegen der Problematik eines Effektivitäts- und Qualitätsvergleiches schwer zu beantworten sei; sie vermutet jedoch, die geringeren Löhne ließen nicht auf eine geringere Produktivität der Beschäftigten schließen, sondern stammten aus einer künstlichen Teilung des Arbeitsmarktes. Die Bindungswirkung der Organisationen als unterbezahlte Arbeitsmarktnischen beschreibt am Beispiel der autonomen Frauenhäuser Seibel in PVS 1991, 485 f.

121 Lundström/ Wijkström, The Nonprofit Sector in Sweden, 263 f; Beher/ Liebig/ Rauschenbach, Ehrenamt, 18; Treutner in Voigt, Der kooperative Staat, 281; James in Powell, Nonprofit Sector, 408 f.

122 Das ‚neue Ehrenamt' zeichnet sich aus durch Engagement in neuen Feldern und Organisationstypen, handlungsleitend ist Reziprozität statt Altruismus, Semiprofessionalität, keine völlige Unentgeltlichkeit; vgl. Beher/ Liebig/ Rauschenbach, Ehrenamt, 147 ff.

123 James in Powell, Nonprofit Sector, 407 f.

Leistungsadressaten/innen leichter durchzusetzen ist.[124] Einsparerwartungen können sich auch mit der Annahme verbinden, dass Kürzungen gegenüber den von staatlicher Finanzierung abhängigen Organisationen und ihren in unsicheren Beschäftigungsverhältnissen stehenden Mitarbeitern leichter durchsetzbar seien als innerhalb des Verwaltungsapparates mit seinen Beharrungstendenzen.

### 3. Einsparungen durch Vermeidung von Fehlsteuerungen

Ein anderer, langfristiger Weg von Einsparungen setzt auf die Selbststeuerungsressourcen[125] des Dritten Sektors. Die Krise des Wohlfahrtsstaates erschöpft sich nicht in einer Finanzkrise; problematisiert wird auch die wachsende Bürokratisierung der Sozialverwaltung, die Effizienzmängel und eine Tendenz zur Überregulierung nach sich ziehe.[126]

Durch die Einräumung von Selbststeuerungsräumen für die Organisationen des Dritten Sektors sollen deren Fähigkeiten, neue soziale Probleme schnell zu erkennen und mit angemessenen Lösungen flexibel auf diese zu reagieren, genutzt werden, um hohe Folgekosten zu verhindern.[127]

## D. Schlussfolgerungen

Privatisierungsstrategien knüpfen somit in erster Linie an die Service-Funktion des Dritten Sektors an. Die Organisationen werden als Erbringer sozialer Dienstleistungen betrachtet, die Erfüllung öffentlicher Aufgaben wird in den Sektor übertragen. Damit sind vor allem Fremdleistungsorganisationen angesprochen, in gewissen Umfang ist aber auch die gegenseitige Eigenleistung oder Selbsthilfe zur Ersparung staatlicher Leistungen von Interesse.

Des Weiteren spielt im Rahmen harter Privatisierungs- und Sparmaßnahmen, d.h. beim Abbau oder der Einschränkung von Rechtsansprüchen der Leistungsadressaten/innen auf soziale Leistungen, der Einsatz des Sektors als legitimatorischer Puffer eine große Rolle.

Mit der einseitigen Anknüpfung an die Organisationen als kostengünstige Anbieter sozialer Dienstleistungen ist die Gefahr von Funktionseinbußen für den Dritten Sektor verbunden. Sofern die formalen Vorteile eines Outsourcing und Contracting-out im Vordergrund stehen, wie die Flucht aus dem Dienstrecht und die

---

124 Budäus, Verwaltungsreform, 9 ff; James in Powell, Nonprofit Sector, 408 f.

125 S. oben Erster Teil, Kapitel 5, II.B.2.

126 Hufen in VVDStRL Bd. 47, 150;Treutner in Voigt, Der kooperative Staat, 278; Geis, Selbsthilfe, 49; Wahl in Hoffmann-Riem/ Schmidt-Aßmann/ Schuppert, Reform, 206 f; Mayntz in JbStVerwW Bd. 1(1987), 90.

127 Geis, Selbsthilfe, 28 und 59; Badelt in Handbuch, 425; Thiel in Roth/ Wollmann, Kommunalpolitik, 290; Hufen in VVDStRL Bd. 47, 156; Treutner in Voigt, Der kooperative Staat, 279; Hill in NJW 1986, 2605; Hoffmann-Riem in VVDStRL Bd. 47, 211 f (Diskussion).

geringeren Verwaltungskosten, können die übrigen Vorteile der Organisationen verloren gehen. Dies gilt etwa für die Mobilisierung ehrenamtlicher oder gering entlohnter Tätigkeit sowie die Mitarbeitermotivation, die über die ideellen Oberziele der Organisation erzielt wird. Entwickelt sich die Organisation zum reinen Dienstleistungsunternehmen, drohen Bindungs- und Motivationsfähigkeit sowie die partizipativen Anteile der Organisation verloren zu gehen.[128] Dadurch sind langfristige und nachhaltige Einsparungen durch die Nutzung von Selbststeuerungspotentialen des Sektors gefährdet.

Der Sparzwang führt zu einer Doppelbotschaft an den Dritten Sektor: dieser wird einerseits als Ausweg angesteuert, zugleich sieht er sich aber massiven Mittelkürzungen gegenüber.[129]

Im Bereich Soziales ist der Untersuchungsbereich, die ambulanten sozialen Leistungen, in besonderem Maße von Einschnitten in der staatlichen Finanzierung betroffen. Die Leistungsspektren der untersuchten Organisationen umfassen zu großen Teilen freiwillige Leistungen im Rahmen der sozialen Grundversorgung, die über jährliche Zuwendungsvergabe finanziert werden. Durch diese Finanzierungsform stehen dem Zugriff für Kürzungen nur geringe rechtliche Hindernisse entgegen.

## V. Zusammenfassung

Im Schwerpunkt beziehen sich die steuerungswissenschaftlichen Modelle ebenso wie die kommunitaristischen Ansätze auf die Voice- und Partizipationsfunktion des Sektors, wogegen das Interesse der finanzwirtschaftlichen Privatisierungsstrategien primär an seiner Dienstleistungsfunktion anknüpft.

Im Ergebnis treffen sich kommunitarisch-partizipatorische Ansätze mit neueren Steuerungstheorien, indem sie die Aufgaben von Organisationen des Dritten Sektors in der Herstellung von Öffentlichkeit, der Einbindung von Menschen über deren Aktivität und dem Agieren in Aushandlungsprozessen sehen.[130] Strategien sollen dabei Feedbackverfahren, Mitwirkung bei Planung und Durchführung, Mobilisierung und Unterstützung von Bürger/innen bei der Mitwirkung sein.[131] Auf die partizipativen Fähigkeiten der Organisationen stellen auch Selbststeuerungskonzepte ab, die durch die Vermeidung von Fehlsteuerungen zu Einsparungen führen sollen.

Deutlich geworden ist auch, dass in dem Ruf nach Stärkung und Nutzung des Dritten Sektors innerhalb der einzelnen Debatten häufig die erwarteten Effekte

---

128 Vgl. oben Erster Teil, Kapitel 3, II.B.

129 Badelt in ders. Handbuch, 423; vgl. Salamon, Partners in Public Service, 149 ff zu Erfahrungen in den USA während der Reagan-Ära.

130 V. Bandemer u.a. in Behrens u.a., Den Staat neu denken, 52 ff; Böhret/ Konzendorf ebd. 21 ff; Naschold ebd. 83 ff.

131 Naschold in Behrens u.a., Den Staat neu denken, 86; Zimmer/ Nährlich in ZSR 1997, 674 f.

vermischt werden und keine klare Differenzierung vorgenommen wird, an welchen Typus von Organisationen Zielerwartungen geknüpft werden. Obwohl, wie die Darstellung gezeigt hat, erhebliches Interesse an der *voice-* und Partizipationsfunktion besteht, liegt das Übergewicht der faktischen Entwicklung in Deutschland in der Service-Perspektive. Zugleich wird übersehen, dass bei großen Teilen des deutschen Dritten Sektors erhebliche Zweifel an dem postulierten zivilgesellschaftlichen Potential bestehen. Dies führt zu Zielkonflikten und ist auch unter dem Gesichtspunkt der Nachhaltigkeit der Fähigkeiten zur Erbringung flexibler und problemangemessener Dienstleistungen bedenklich.

Gemeinsam ist allen drei vorgestellten Strömungen, dass sie im Ergebnis eine Beschränkung der staatlichen Verantwortung für die Definition, jedenfalls aber für die Erfüllung gemeinwohlbezogener Aufgaben anstreben. Sie stellen damit das moderne Staatsverständnis in Frage. In der neueren Staatswissenschaft bildet der Funktionswandel des Staates einen zentralen Topos. Als Leitideen dieses Wandels werden die Verantwortungsteilung zwischen Staat und Gesellschaft,[132] der Übergang vom erfüllenden Wohlfahrts- und Interventionsstaat zum ermöglichenden Gewährleistungsstaat[133] und das Kooperationsprinzip genannt.[134] Neben die Eingriffs- und die Leistungsverwaltung treten die kooperierende und die vermittelnde Verwaltung.[135] Diese Neudefinition der staatlichen Funktionen und Aufgaben erfordert neue rechtliche Modelle abgestufter staatlicher Verantwortungsintensitäten und Maßnahmen zu ihrer Absicherung.[136] Wie dies in der Sozialverwaltung bei Aufgaben der ambulanten sozialen Arbeit praktisch umgesetzt wird, wird anhand der Praxisbeispiele im zweiten Teil der Arbeit untersucht werden.

---

132 Vgl. die Beiträge in Schuppert, Verantwortungsteilung.

133 Hoffmann-Riem, Modernisierung, 15 ff, 24.

134 Ritter in AöR 104 (1979), 389 ff; Schuppert, Verwaltungskooperationsrecht, 108 ff.

135 Schmidt-Aßmann in Hoffmann-Riem/ Schmidt-Aßmann/ Schuppert, Reform, 33; Schuppert, Verwaltungskooperationsrecht, 117 ff, insbes. 120 f.

136 V. Bandemer u.a. in Behrens u.a., Den Staat neu denken, 53; Böhret/ Konzendorf ebd., 21 ff.

# Kapitel 6: Die Auswirkungen von New Public Management und Qualitätsdebatte

## I. Einführung

Die Zweifel an der Steuerungsfähigkeit des hoheitlich-hierarchischen Staates und die anhaltende Finanzkrise der öffentliche Haushalte führten in den 1990er Jahren zur Entwicklung interner und externer Verwaltungsreformen, die sich unter dem Begriff des *New Public Management* (NPM) zusammenfassen lassen. Hinzu kam die Diagnose der ‚Krise des Wohlfahrtsstaates' in den westlichen Industrienationen, die Wandlungen in den Sozialsystemen einleitete.[1] Dritte-Sektor-Organisationen wurden verstärkt zur Implementation der Sozialpolitik herangezogen, staatliche Mittel verknappt und die staatliche Steuerung der Organisationen durch Instrumente des NPM intensiviert.[2] Die Verknappung öffentlicher Mittel verschärfte den Rechtfertigungszwang der sozialen Arbeit und stieß eine Qualitätsdebatte an. Durch die mit dem NPM verbundene Umstellung von der input- auf eine outputorientierte Steuerung gewann die Frage nach der Überprüfung der Qualität sozialer Leistung weiter an Bedeutung.

Im Folgenden werden die Reformansätze des NPM dargestellt und die Qualitätsdebatte in der sozialen Arbeit skizziert. Anschließend werden die rechtlichen und praktischen Veränderungen dargestellt, die sich durch NPM und Qualitätsdebatte im Untersuchungsbereich ergeben haben.

## II. Das New Public Management in Deutschland

### A. Die Grundelemente des New Public Management

Die unter dem Sammelbegriff New Public Management (NPM) zusammengefassten Reformansätze orientieren sich weitgehend am privatwirtschaftlichen Unternehmenssektor und an den institutionellen Wirkungsmechanismen von Wettbewerb und funktionierenden Märkten.[3] Als neues strukturelles und organisationsrechtliches Leitbild entwickeln sie das klassische vertikale Bürokratiemodell weiter und ersetzen zentralistische Steuerungsinstrumente durch Ziel- und Rahmenvorgaben.[4] Ziel der Reformen sei es, „starre und dysfunktionale bürokratische öffentliche Verwaltungen zu effizienten, wirksamen, wirtschaftlich handelnden und bürgerorientierten Dienstleistungseinrichtungen zu machen."[5]

1 S. oben Erster Teil, Kapitel 5, IV.B.
2 Kramer in Kuhnle/ Selle, Government and Voluntary Organizations, 48 ff.
3 Budäus, Verwaltungsreform, 5.
4 Groß, Kollegialprinzip, 127 ff.
5 Budäus, Verwaltungsreform, 1.

Auf der Metaebene werden Bezüge zur Staatsaufgaben- und Steuerungsdebatte in den Staats- und Verwaltungswissenschaften hergestellt: Das NPM entspreche der Veränderung des Rollenverständnisses von Staat und Verwaltung, welches sich in materieller Privatisierung, im Rückzug des Staates aus der unmittelbaren Erfüllungsverantwortung in die Gewährleistungsverantwortung und in der Zunahme kooperativer Aufgabenwahrnehmung in Netzwerken mit öffentlichen, erwerbswirtschaftlichen und Dritte-Sektor-Organisationen ausdrücke.[6] Zugleich ziele das NPM auf den Ausgleich von Steuerungsdefiziten durch die Trennung der Aufgaben von Politik – der Politikformulierung – und der Verwaltung – der Politikimplementation.[7]

Als wesentliche Elemente des NPM werden die Transparenz von Verwaltungsaufgaben und deren Finanzierung, die Verknüpfung von Entscheidungskompetenz und Finanzierungsverantwortung, neue Formen der Arbeitsteilung durch Kooperation mit privaten Unternehmen und Organisationen des Dritten Sektors sowie die Nutzung der Funktionsmechanismen von Markt und Wettbewerb genannt.[8] Das NPM strebt Veränderungen sowohl in der Interaktion der Verwaltung mit Externen als auch in der Organisation der Behördenapparate an.

Durch die verwaltungsinterne Reform von Strukturen, Verfahren und personalem Verhalten soll eine unternehmensähnliche Organisationsstruktur aufgebaut werden, die sich durch Ergebnissteuerung, produktbezogene Organisation, Kontraktmanagement, Aufgabenauslagerung, Schaffung von Wettbewerbsbedingungen sowie Kundenorientierung auszeichnen soll.[9] Organisationsrechtlich wird das streng vertikale Hierarchieprinzip der Verwaltung gelockert,[10] wobei eine starke zentrale Steuerungseinheit in der Verwaltungsführung errichtet wird.[11] Es findet eine konzeptionelle Umstellung von der Regel- zur Ergebnissteuerung statt, Konditionalprogramme sollen durch quantifizierbare Zielvorgaben ersetzt und die Regelungsdichte zurückgenommen werden.[12] Über Kontraktmanagement und Budgetierung wird die Ressourcenverantwortung im Rahmen bestimmter Budgets in die Fachbereiche hinein gegeben, zugleich werden Vereinbarungen über die zu erzeugenden Leistungen oder Produkte zwischen Verwaltungsführung und Fachbereichen getroffen.[13]

Die externe Strukturreform betrifft die Beziehungen zwischen staatlichen Anbie-

---

6 Schuppert, Verwaltungskooperationsrecht, 105 ff.; Zimmer/ Nährlich in ZSR 1997, 666 ff.; Budäus, Verwaltungsreform, 9 ff.

7 KGSt 5/1993, 3.

8 KGSt 5/1993, 3 ff; Budäus, Verwaltungsreform, 11.

9 Diese Binnenreformen werden unter dem Begriff des von der Kommunalen Gemeinschaftsstelle für Verwaltungsvereinfachung (KGSt) entwickelten ‚Neue Steuerungsmodell' zusammengefasst, KGSt 5/1993, 3 ff; ferner Wolff/ Bachof/ Stober Bd. I, § 2 Rn. 31f; Groß, Kollegialprinzip, 127, Naschold in Behrens u.a., Den Staat neu denken, 84, Abb. 2.

10 Groß, Kollegialprinzip, 127 ff.

11 Zimmer/ Nährlich in ZSR 1997, 671.

12 KGSt 5/1993, 3 ff; 17; Groß, Kollegialprinzip, 129.

13 KGSt 5/1993, 17.

tern und privaten Nachfragern öffentlicher Leistungen.[14] Es sollen Wettbewerbsbedingungen geschaffen werden, entweder durch materiellen Wettbewerb mit konkurrierenden privaten Leistungserbringern[15] oder durch verwaltungsinterne Wettbewerbsäquivalente wie Benchmarking,[16] von der Angebots- auf eine Nachfrageorientierung umgesteuert sowie die Gebührenfinanzierung durch die Nutzer/innen verstärkt werden.[17]

Für die Entwicklung des NPM in Deutschland wird ein Übergewicht bei der Binnenreform, und hier bei den harten neo-tayloristischen Reformelementen und dem Finanzmanagement (Kosten-Leistungsrechnungen, Controlling, Produktkataloge, Budgetierung) diagnostiziert.[18] Elemente wie Adressatenorientierung, Qualitätssteuerung, Personalentwicklung und Organisationskultur würden vernachlässigt.[19] Zudem stehen die deutschen Reformen unter dem Eindruck der Finanzkrise; es stehe daher zu befürchten, dass sie stärker mit Einsparerwartungen als mit dem Ziel qualitativer Verbesserungen durchgeführt werden.[20]

## B. Auswirkungen des NPM im Untersuchungsfeld

Die externen wie internen Reformen haben Auswirkungen auf die Kooperationsbeziehungen zwischen Staat und Organisationen des Dritten Sektors in der sozialen Arbeit. Zum einen wird verstärkt auf Formen kooperativer Aufgabenwahrnehmung im Rahmen der Gewährleistungsverwaltung gesetzt.[21] Zum anderen wirken sich die Binnenreform des Finanzmanagements und die neuen Anforderungen an Effektivität, Effizienz und Qualität auf die Ausgestaltung der indirekten Steuerung der Organisationen des Dritten Sektors durch staatliche Finanzierung aus.[22]

Idealtypisches Organisationsmuster der kooperativen Aufgabenwahrnehmung im Licht des NPM ist das Auftraggeber – Auftragnehmerverhältnis zwischen Verwal-

---

14 Der Begriff der Leistung oder des Produktes bzw. von Anbietern und Nachfragern meint im Rahmen des NPM nicht nur tatsächliche Leistungen an den Bürger (z.B. Sozialleistungen), sondern jegliche staatliche Verwaltungstätigkeit im Rahmen der Erfüllung öffentlicher Aufgaben, also z.B. auch Verwaltungshandeln im Rahmen der Eingriffsverwaltung. Dies wird auch als Schwäche der „Verbetriebswirtschaftlichung" gesehen, sofern an die Begriffe von Anbietern und Nachfragern dann weitere Kriterien wie etwa Kundenzufriedenheit angelegt werden.

15 Beispiel: das englische Modell eines „welfare mix" mit einem Wettbewerb staatlicher, freigemeinnütziger und erwerbswirtschaftlicher Anbieter sozialer Dienstleistungen, vgl. Kramer in Kuhnle/ Selle, Government and Voluntary Organizations, 39 ff.

16 Leistungsvergleich von Prozessen und Dienstleistungen anhand von Indikatoren (Benchmarks).

17 Budäus, Verwaltungsreform, 13 f; Groß, Kollegialprinzip, 128; Zimmer/ Nährlich in ZSR 1997, 666 ff.

18 Budäus, Verwaltungsreform, 21 f; Zimmer/ Nährlich in ZSR 1997, 672 f.

19 Hauser in ZSR 1997, 18 ff; Budäus, Verwaltungsreform, 21 f.

20 Zimmer/ Nährlich in ZSR 1997, 672.

21 Zimmer in ZSR 1996, 293.

22 Vgl. Möller in ZSR 1997, 685 ff.

tung und Privaten.[23] Für die tradierten Kooperationsverhältnisse in der ambulanten sozialen Arbeit bedeutet dies eine erhebliche Neuorientierung zumindest im Leitbild der Zusammenarbeit. Das bislang vorherrschende Leitbild der Kooperation entsprach eher der haushaltsrechtlichen Definition der Zuwendung in § 23 BHO: Freie gesellschaftliche Organisationen werden bei der Wahrnehmung selbstdefinierter Aufgaben, die zugleich im öffentlichen Interesse liegen, vom öffentlichen Sektor unterstützt.[24] Der Inhalt der erbrachten Leistungen wird nach diesem Bild wesentlich durch die gesellschaftliche Organisation bestimmt. Dagegen liegt die inhaltliche Definition beim Auftragsverhältnis beim Auftraggeber Staat, welcher eine zuvor definierte Leistung einkauft. Dieser Wandel wird aus dem Dritten Sektor kritisch betrachtet.[25]

Die Strukturreformen im Öffentlichen Sektor wirken sich aufgrund der Strukturkonvergenz[26] auch auf die Organisationen des Dritten Sektors aus. So wie diese zuvor stark an die bürokratisch-hierarchische Binnenstruktur der Verwaltung angeglichen waren, resultieren aus der Veränderung des behördlichen Finanzmanagements Verbetrieblichung und „GmbH-isierung“[27] der Verbände und ihrer Einrichtungen.[28] Kontraktmanagement, Ergebnis- und Qualitätsorientierung der Steuerung, Budgetierungen und die Einführung von Wettbewerbselementen prägen die rechtlichen und praktischen Veränderungen der Finanzierungspraxis und beherrschen die Diskussion zwischen den Akteuren zwischen beiden Sektoren.

Daneben werden die Strukturänderungen in der Außenbeziehung zwischen staatlichem Träger und finanzierter Organisation als Element des NPM absichtsvoll forciert:[29] Soweit die Organisationen staatliche Implementationsstrukturen quasi ersetzen, wie dies in Deutschland insbesondere bei den Wohlfahrtsverbänden der Fall ist,[30] müssen die Reformen des NPM auch die externen Beziehungen zu diesen Organisationen erfassen.

Aus dem Sektor bestehen Befürchtungen, dass gegenüber den finanzwirtschaftlichen und verwaltungswissenschaftlichen Zielen des NPM Fachlichkeit und Professionalität der sozialen Arbeit in den Hintergrund geraten.[31] Von der Sozialpädagogik wird daher die Notwendigkeit fachspezifischer Umsetzung der Verwaltungsmodernisierung und die Partizipation beteiligter Akteure angemahnt, damit nicht nur

23 Budäus, Verwaltungsreform, 8 ff.
24 Ähnlich Dahme in TuP 2000, 63.
25 Vgl. etwa Pfannendörfer in BldW 1+2/99, 4 (Vorwort): „Der eine bestellt und bezahlt, der andere liefert und kassiert. Der Sozialhilfeträger wird deshalb künftig stärker über Konzeption und Organisation sozialer Arbeit in freier Trägerschaft mitbestimmen wollen.“
26 Vgl. oben Erster Teil, Kapitel 3, II.B.2.a.
27 Zimmer in ZSR 1996, 296.
28 Vgl. Zimmer in ZSR 1996, 296: So wie die 1970er Jahre die Glanzzeit der Bürokratisierung der Freien Träger und Wohlfahrtsverbände gewesen sei, stehe derzeit deren Mikro-Ökonomisierung und Anpassung an betriebswirtschaftliche Strukturen an.
29 Vgl. Dahme in TuP 2000, 63 ff.
30 Vgl. hierzu oben Erster Teil, Kapitel 4, II.A und IV.
31 Prölß in Qs Bd. 6, 25 f; Marquard in BldW 1+2/99, 25 f.

betriebswirtschaftliche Rationalität im Vordergrund stehe, sondern ein Zugewinn an Fachlichkeit und Professionalität erreicht werde. Die dialogisch-gestaltende Sozialverwaltung erfordere andere Maßstäbe der Modernisierung als die klassische hierarchisch- bürokratische Vollzugsverwaltung.[32]

Die rechtlichen Grundlagen des Politikfeldes enthalten eigene Steuerungsanweisungen und -ziele. Dies sind zum einen die sozialgesetzlichen Normen, welche mit unterschiedlichem Verpflichtungsgrad Individualrechte der Adressaten/innen auf soziale Leistungen garantieren und diese ausgestalten, sowie Verfahrens- und Kompetenzregelungen treffen, zum zweiten sozial- wie verfassungsrechtliche Normen, welche die Zusammenarbeit zwischen öffentlichen und freien Trägern prägen. Die fachlichen und qualitativen Anforderungen der Sozialgesetze sind nicht lediglich Abwägungskriterien in der Diskussion neuer Steuerungsmodelle, sondern den Rationalitäts-, Effektivitäts- und Ökonomisierungszielen des NPM übergeordnet.[33] In den Praxisbeispielen wird untersucht werden, ob die sozialrechtlichen Vorgaben und Leitbilder bei der Umsetzung des NPM hinreichend berücksichtigt werden.

Als weitere mögliche Auswirkung des NPM auf den deutschen Dritten Sektor wird die Entflechtung neokorporatistischer Arrangements diskutiert. Das NPM strebt eine Trennung der Phasen der Politikformulierung und -implementation an, indem die Implementation unter Wettbewerbsbedingungen gestellt und damit entpolitisiert wird.[34] Die Definition und Vereinheitlichung von Leistungen führe dazu, dass weltanschaulich verschiedene Organisationen die gleichen Leistungen erbrächten. Damit könnten die Organisationen ihre inhaltlichen Vorstellungen nur noch in den Phasen der Agendabildung und der Politikformulierung einbringen, nicht mehr durch die konkrete Dienstleistungserstellung. Dies führe zu einer Entflechtung der neokorporatistischen Strukturen.[35] Anhand der Praxisbeispiele soll untersucht werden, ob diese These sich verifizieren lässt.

## III. Die Qualitätsdebatte in der sozialen Arbeit

Mit der zunehmenden Knappheit öffentlicher Mittel gerieten die Leistungen im Sozialbereich in die Diskussion. Es wurde Kritik an mangelndem Preisdruck, an der Selbstbedienungsmentalität und Monopolstellung der etablierten Verbände laut.[36] Die Aufdeckung von Missständen in Pflege- und Betreuungseinrichtungen brachte zu Tage, dass die tatsächliche Tätigkeit der Einrichtungen von der Sozialverwaltung

32 Marquard in BldW 1+2/99, 25 f.
33 Prölß in Qs Bd. 6, 25 f; Schellhorn-ders. SGB VIII, Rn 12 zu § 70..
34 Zimmer in ZSR 1996, 298 f.
35 Zimmer in ZSR 1996, 298 f.
36 Zwölftes Hauptgutachten der Monopolkommission 1996/97, BT-Drs. 13/11291, 345 ff; Institut der deutschen Wirtschaft, Köln, in Informationsdienst IWD 24-98, 4 f; Backhaus-Maul in PolZG B 26-27/2000, 27.

allenfalls stichprobenartig überprüft wurde.[37] Damit gerieten sowohl die Organisationen als auch die Sozialverwaltungen unter Rechtfertigungsdruck hinsichtlich der Effektivität und Effizienz ihrer Arbeit.[38]

Zudem setzt die Einführung outputorientierter Steuerungselemente im Rahmen des New Public Managements eine Definition des Erfolgs sozialer Dienstleistungen voraus. Qualitätsmanagement wird als wesentliches Element der Outputsteuerung betrachtet.[39] Auch die Eröffnung von Wettbewerbsbedingungen erfordert, dass durch Definition von Erfolgs- und Qualitätskriterien eine Vergleichbarkeit der konkurrierenden Angebote hergestellt wird. Für die Leistungs- und Erfolgskontrolle fehlen jedoch harte, bereichsübergreifende Kriterien.[40] Es entwickelte sich eine Diskussion über die Qualität sozialer Dienstleistungen und deren Messbarkeit.[41]

## A. Die Entwicklung der Qualitätsdiskussion

Eröffnet wurde die Qualitätsdebatte von Seiten der Sozialverwaltungen, die Veränderungen in der Finanzierungspraxis und Kontrolle der Organisationen durchsetzen wollten. Der Einführung von Qualitätssicherungssystemen ging als erster Schritt die Dokumentation von detaillierten Daten hinsichtlich der Situation der Klienten/innen und der von der Organisation erbrachten Leistungen voraus.[42] Damit sollte eine nachfrageorientierte Steuerung der Angebote ermöglicht werden. Im zweiten Schritt sollten die einzelnen Leistungen und deren Qualität definiert werden, um eine Grundlage für eine leistungsbezogene Finanzierung zu schaffen.[43]

Bei den Akteuren des Dritten Sektors stießen diese Vorhaben auf Ablehnung oder zumindest Zurückhaltung. Die Diskussion über Qualität wurde als Vehikel für die Rechtfertigung von Einsparungen, Kostendämpfung und Sozialabbau,[44] Ab-

---

37 Vgl. Igl in RsDE Bd. 21, 31 ff; Hansen ZSR 1997, 1 ff.

38 Knoth, Gratwanderungen, 74; Garth-Mingels in BMFSFJ, Qs Bd. 6, 35.

39 KGSt Bericht Nr. 5, 1993, 22.

40 Naschold in Behrens u.a., Den Staat neu denken, 85; Wagner, Teilen, 112 und 115. Das NPM stützt sich stark auf die im Profit-Sektor entwickelten Konzepte zur Optimierung betrieblicher Prozesse, wie die DIN EN ISO 9000 ff-Reihe oder das Total Quality Management, v. Bandemer in Behrens u.a., Den Staat neu denken, 200 ff; Kraemer-Fieger/ Roerkohl/ Kölsch, Qualitätsmanagement (zur Anwendung von DIN-ISO 9000 ff); Schünemann in BMFSFJ, Qs Bd. 7, 20 ff (zum Total Quality Management in der Jugendsozialarbeit); Knoth, Gratwanderungen, 72 f; Hansen in ZSR 1997, 18 ff.

41 Maelicke, Qualitätsmanagement; Hansen in ZSR 1997, 1 ff; Matul/ Scharitzer in Badelt, Handbuch, 387 ff; Prölß in BMFSFJ, Qs Bd. 6, 24 ff.

42 Zu den datenschutzrechtlichen Problemen vgl. Otto/ Rüdlin/ Koch in DuD 2002, 484 ff.

43 Einer der Pilotbereiche, in dem die Diskussion um Qualität und Qualitätssicherung forciert wurde, ist die Kinder- und Jugendhilfe. Der Diskussionsprozess und die beispielhafte Einführung von Qualitätssicherungsprozessen ist in der vom BMFSFJ herausgegebenen Schriftenreihe QS, Materialien zur Qualitätssicherung, dokumentiert, vgl. auch KGSt-Berichte 3/1993, 9/1994, 3/1995, 3/1996.

44 Staub-Bernasconi in BldW 1+2/99, 28; Prölß in BMFSFJ, Qs Bd. 6, 25 ff; Struck in BMFSFJ, Qs Bd. 7, 12 ff; Eckert in BMFSFJ, Qs Bd. 7, 55.

bau der Pluralität der Trägerlandschaft[45] sowie als illegitimer Versuch staatlicher Kontrolle und inhaltlicher Beeinflussung gesellschaftlicher Freiräume abgewehrt.[46] Zwar war sektorintern im Zuge der Professionalisierungswelle[47] der 1980er und 90er Jahren sowohl in den etablierten Verbänden als auch in den Bewegungsorganisationen eine Diskussion über die Maßstäbe und Ansprüche an die eigene Tätigkeit angestoßen worden. Durch sozialpädagogische Konzepte der Selbstevaluation der Arbeit unter den Mitarbeitenden und der Supervision wurden intern Zieldefinition und Arbeitserfolge reflektiert.[48] Ziel der Reflexion war jedoch nicht der externe Nachweis der Qualität, sondern die Weiterentwicklung fachlicher Konzepte und Methoden. Eine Öffnung für die externe Diskussion etwa mit den Sozialverwaltungen oder in der Öffentlichkeit fand selten statt.

Aus dem Sektor wird argumentiert, dem Ansatz der Verwaltung liege ein falsches Verständnis von Qualität zugrunde.[49] Es gebe zwar fachliche Qualitätskriterien für die soziale Arbeit, diese seien jedoch wegen der Höchstpersönlichkeit des Betreuungsverhältnisses und der prozesshaften Interaktion zwischen Berater und Betroffenem nicht messbar und vergleichbar.[50] Die Suche nach messbaren Kriterien verzerre die Prioritäten fachlicher Maßstäbe; individuelle Prozesse würden in ein Korsett von Standards gepresst.[51] Einer Steuerung von außen könnten nur die Bedingungen möglicher Beratungsprozesse, nicht jedoch diese Prozesse selbst unterliegen.[52] Die engmaschigen Qualitätssicherungskonzepte auf betriebswirtschaftlicher Grundlage liefen Modellen dezentraler Steuerung bzw. der Nutzung von Selbststeuerungspotentialen zuwider.[53] Sie zögen die Wiedereinführung einer „schon überwunden geglaubten Erbsenzählerei durch die Hintertür“[54] und Standardisierung der Betreuungsverhältnisse nach sich.[55] Zudem könne die für die Erfolgskontrolle erforderliche Datenerhebung die Grundlagen des Verhältnisses zu den Leistungsadressaten/innen zerstören. Die Organisationen sprechen aufgrund ihrer Nichtstaatlichkeit für staatliche Institutionen schwer erreichbare Zielgruppen wie etwa Drogenabhängige, Migranten/innen ohne aufenthaltsrechtlichen Status oder delinquente Jugendliche an. Voraussetzung für den Zugang zu diesen Gruppen sei die Garantie von Vertraulichkeit und Niederschwelligkeit.

Letztlich speisen sich die Positionen in der Qualitätsdebatte aus den jeweiligen Logiken der Akteure und aus der grundsätzlichen Spannung zwischen dem Autonomiestreben der Organisationen des Dritten Sektors einerseits und der staatlichen

45 Struck in BMFSFJ, Qs Bd. 7, 12 ff; Prölß in BMFSFJ, Qs Bd. 6, 28.
46 Struck in BMFSFJ, Qs Bd. 7, 14 f; Möller in ZSR 1997, 687.
47 Vgl. oben Erster Teil, Kapitel 3, II.B.1.c.
48 Knoth, Gratwanderungen, 74.
49 Prölß in BMFSFJ, Qs Bd. 6, 28 ff.
50 Gerth/ Menne/ Roth in BMFSFJ, Qs Bd. 22, 8.
51 Möller in ZSR 1993, 692; Prölß in BMFSFJ, Qs Bd. 6, 32.
52 Gerth/ Menne /Roth in BMFSFJ, Qs Bd. 22, 8.
53 Knoth, Gratwanderungen, 55.
54 Möller in ZSR 1997, 699.
55 Eckert in Qs Bd. 7, 57.

Steuerungs- und Kontrollintention auf der anderen Seite. Zwar besteht grundsätzliche Einigkeit darüber, dass der Erfolg und die Qualität sozialer Arbeit zumindest nicht allein über quantitative Kriterien zu erfassen sind. Dennoch wünscht die Verwaltung im Grunde eine Überprüfung nach externen Standards durch Checklisten und Statistiken, die eine Quantifizierung des Outputs ermöglichen, während die freien Organisationen eine Erfolgskontrolle nach internen Maßstäben in Form einer Selbstevaluation favorisieren.[56]

Um Steuerung und Kontrolle handhabbar zu machen, tendiert die Verwaltung zu einfach messbaren, d.h. quantitativen Kriterien. Für die Behördenmitarbeiter liegt es nahe, die bislang durchgeführte quantitative Input-Kontrolle der Mittelbewirtschaftung durch vergleichbare quantitative Erfolgskriterien zu ersetzen.[57] In Deutschland wird vorrangig auf formale Qualitätssysteme externer Qualitätssicherung durch Experten gesetzt.[58] Für die neuen Steuerungsansätze über Leitbilder und Zielvorgaben fehlt es behördenintern an Qualifikation, Erfahrung und Akzeptanz.[59] Das rührt daher, dass das NPM bei den freien Trägern zeitgleich oder gar früher als in der Verwaltung selbst eingeführt wird. Damit besteht die Gefahr, Operationabilität den Vorrang vor Fachlichkeit einzuräumen.[60] Diese Entwicklung wird verstärkt, wenn in den Behörden im Rahmen des NPM durch Einsparungen und die Einführung starker zentraler Führungsebenen fachliche Kompetenz abgebaut wird.

Die Organisationen des Dritten Sektors betonen dagegen die Notwendigkeit fachlicher, einzelfallbezogener Kriterien.[61] Sie wollen in letzter Konsequenz die quantitative Messbarkeit vermeiden oder deren Relevanz in der Erfolgs- und Qualitätsbeurteilung verringern. Insbesondere wenden sie sich dagegen, die quantitativen Ergebnisse der Bewertung mit ihrer Finanzierung zu verknüpfen.[62]

---

56 Möller in ZSR 1997, 692; beispielhaft für die sozial-kulturelle Arbeit Knoth, Gratwanderungen, 55.

57 Eckert in BMFSFJ, Qs Bd. 7, 55.

58 Hansen in ZSR 1997, 16 ff, zum Vergleich mit Großbritannien.

59 Zu den behördeninternen Akzeptanzproblemen vgl. Möller in ZSR 1997, 697 und 699 f, der Widerstände der Mitarbeiter/innen vorrangig mit den mit dem NPM verbundenen Einsparziele auch hinsichtlich der Lohnkosten der Verwaltung erklärt.

60 Kritisch Möller in ZSR 1997, 699 zu einem Projekt des Jugendamtes Borken: „Diese Ziele sind messbar, das ist aber fast der einzige Vorteil. Eine effektivere Kinder- und Jugendarbeit kann damit aber nicht realisiert werden".

61 Staub-Bernasconi in BldW 1+2/99, 28 ff; Werthmanns-Reppekus in BMFSFJ, Qs Bd. 6, 64 und 68 f zur Mädchenarbeit.

62 Vgl. Knoth, Gratwanderungen, 77 für den Verband für sozial-kulturelle Arbeit, LV Berlin, sowie AG der Freien Wohlfahrtspflege/ BAGS: Leitfaden, Protokollnotiz zu Punkt 5 des Leitfadens (nach S. 19).

## B. Der derzeitige Umsetzungsstand von Qualitätssicherungskonzepten

Die zunächst geschlossene Ablehnung von Qualitätssicherungssystemen[63] durch die Organisationen des Dritten Sektors hat sich mittlerweile diversifiziert. Einiges aus der anfänglichen Blockadehaltung kann durch organisationales Beharren, das Bestreben, Missstände zu verdecken, und Besitzstandsdenken erklärt werden. Einige Organisationen haben die Diskussion über Qualität aufgenommen und sind sogar zu deren Hauptakteuren geworden. Beeinflusst wurde diese Entwicklung durch die gesetzliche Verankerung von Qualitätssicherungs- und -entwicklungssystemen in den Sozialgesetzbüchern als Voraussetzung für die Kostenerstattung im sozialrechtlichen Dreiecksverhältnis.[64] Diese gesetzgeberische Entscheidung zwang zumindest die größeren Organisationen mit breit gefächertem Tätigkeitsfeld wie die Wohlfahrtsverbände, sich für diejenigen Tätigkeitsbereiche, die einzelfallbezogen nach den Sozialgesetzbüchern finanziert werden, mit dem Qualitätsmanagement auseinanderzusetzen.

Es lassen sich unterschiedliche Motivationen für das Engagement von Dritte-Sektor-Organisationen in der Qualitätsdebatten ausmachen: Zum einen ist zu beobachten, dass sich Organisationen durch die Kooperation bei der Umsetzung des NPM in der sich verschärfenden Wettbewerbssituation strategische Vorteile gegenüber anderen Organisationen sichern.[65] Zum anderen forcieren Organisationen die Qualitätsdiskussion ihrerseits, um dem drohenden Verlust der Definitionsmacht über den Inhalt ihrer Tätigkeit zu begegnen und das Thema Qualität in fachlicher Tradition zu besetzen.[66] Dies geschieht in der Erkenntnis, dass auch in den Behörden große Unsicherheit über den richtigen Einsatz der neuen Steuerungsmittel und interne Widerstände gegen die Reformen des New Public Management existieren. Damit bietet sich die Chance, mit eigenen Konzeptionen dem staatlichen Tätigwerden zuvorzukommen.

Zum Teil streben die Organisationen dabei tatsächlich eine Umsetzung der erfolgs- und leistungsbezogenen Finanzierung an und erwarten im Gegenzug längerfristige, d.h. heißt mehrjährige, Finanzierungssicherheit und die Abschaffung der kameralistischen staatlichen Kontrolle über ihre Mittelverwendung sowie der Bindungen an öffentliches Dienst- und Haushaltsrecht. Damit verfolgen sie in der Kooperation das oben skizzierte Leitbild des Auftragnehmer- Auftraggeberverhältnisses. Diese Strategie wird von einigen großen Wohlfahrtsverbänden verfolgt, insbe-

63 Qualitätssicherungsmodelle in der sozialen Arbeit: Maelicke, Qualitätsmanagement (grundlegend); BMFSFJ, Qs Bd. 22, 31 ff (für Erziehungsberatung); Qs Bd. 15 (Freiwilligenagenturen); Igl in RsDE Bd. 21, 31 ff (Pflege).

64 Dazu im Einzelnen unten, Erster Teil, Kapitel 6, III.A.2.

65 So etwa die Konkurrenz von Drogenhilfeeinrichtungen in Hamburg; in einem öffentlichen Bekanntgabeverfahren verdrängten neue Einrichtungen in Hamburg etablierte Träger durch ihre Bereitschaft zur Leistungsoperationalisierung und Qualitätssicherung, vgl. dazu unten das Praxisbeispiel Hamburg, Dritter Teil, Kapitel 3.

66 Staub-Bernasconi in BldW 1+2/99, 29; Struck in BMFSFJ, Qs Bd. 7, 17.

sondere dem Paritätischen,[67] aber auch von einigen regionalen Trägern, die auf einzelne Arbeitsbereiche wie Jugend- oder Drogenhilfe spezialisiert sind. Diese Organisationen verstehen sich als soziale Dienstleistungsunternehmen, für welche die Servicefunktion im Vordergrund steht. Sie orientieren sich stark an den Strukturen des Marktes und befinden sich in einem Strukturwandel von der Staatsnähe zur Marktnähe.[68]

Bei anderen Organisationen kann die Übernahme des Vokabulars und der Reformansätze des NPM eher als strategische Abwehrreaktion gelesen werden.[69] Statt offener Opposition wählen sie den Weg oberflächlicher Anpassung an die neuen Strukturen, um durch diese Mimikry neue Räume für die ‚stille Selbststeuerung' zu gewinnen.[70] Indem eine neue Terminologie übernommen wird, über deren inhaltliche Ausfüllung auch die Behördenmitarbeiter unsicher sind, sollen Gestaltungsansprüche der Verwaltung abgewehrt und die Finanzierung gesichert werden. Gerade die Fokussierung des Controllings auf quantitative Kriterien kann die freien Träger dazu verführen, die geforderten Fallmengen abzubilden, ohne Aussagen über die Qualität und Wirkung der Arbeit und die fachlichen Standards zu treffen.[71]

In der gegenwärtigen Phase der Neuorientierung entwickelt sich ein potenter eigener Markt für Berater, Evaluierer und Zertifizierer für soziale Dienstleistungen,[72] in den auch einige Organisationen des Dritten Sektors selbst einsteigen, etwa die großen sozialen Dienstleistungsunternehmen.[73] Trotz der Finanznot, welche die Umsetzung des NPM in Deutschland in erster Linie motiviert hat, werden auf diesem Markt öffentliche Mittel in erheblichem Umfang ausgegeben.[74]

Mittlerweile ist also zumindest die Rhetorik der Qualitätssicherung zum Standard in den Kooperationsbeziehungen zwischen Staat und Organisationen des Dritten Sektors in der sozialen Arbeit geworden. Ob die Qualitätssicherungssysteme die sozialrechtlichen und fachlichen Vorgaben für die Leistungen beachten, die Ergebnisqualität zutreffend abbilden und Entwicklung und Innovation qualitativ hochwertiger Dienstleistungen fördern, kann daraus jedoch nicht ohne weiteres abgelesen werden. An der Entwicklung in Deutschland wird kritisiert, die Konzentration auf messbare, quantitative Qualitätsstandards garantiere ein System der Qualitätsmessung, aber nicht die Entwicklung qualitativ hochwertiger Dienstleistungen.[75]

---

67 Vgl. die Positionspapiere des Paritätischen Wohlfahrtsverbandes LV Berlin, Brauns, Leistungsverträge statt Zuwendungen; Menninger, Ökonomisierung; ders., Finanzierung; ders., LIGA-Vertrag; ders., Konkurrenten.

68 Badelt in Handbuch, 426 und 435 ff; Zimmer in ZSR 1996, 296.

69 Möller in ZSR 1997, 700.

70 Knoth, Gratwanderungen, 55 und 65.

71 Hinte in BldW 1+2/99, 23.

72 Polemisch dazu Struck in BMFSFJ, Qs Bd. 7, 11; Möller in ZSR 1997, 696; als Beispiele vgl. etwa die Unternehmen xit-Forschung Planung Beratung, Burmeister in BMFSFJ, Qs Bd. 7, 26 ff.

73 Etwa die Qualitätsgemeinschaften der Wohlfahrtsverbände.

74 Möller in ZSR 1997, 696.

75 Hansen in ZSR 1997, 19 und 22; Eckert in Qs Bd. 7, 57.

Statt auf Innovation sei es auf den Erhalt des Status-Quo ausgerichtet.[76] Nur in geringem Umfang würden die Bewertung durch Leistungsadressaten, Selbstevaluation der Organisation, Supervision und andere Selbststeuerungselemente in die Qualitätssicherungsprozesse einbezogen.[77]

Qualitätssicherungsmaßnahmen und die erfolgsorientierte Steuerung in der sozialen Arbeit stehen in der besonderen Gefahr symbolischer Politik: Die Übernahme des Vokabulars des Qualitätsmanagements und des Controlling- und Berichtswesen hinsichtlich einzelner, kurzfristig quantifizierbarer Kriterien kann als „naive Output-Orientierung"[78] kontraproduktiv sein. Auf Seiten der Verwaltung kann die Konzentration auf quantitative Kriterien die Steuerungsintensität erhöhen, das Leistungsspektrum für die Adressaten/innen standardisieren und erstarren lassen und zu einer kleinteiligen und letztlich doch inputorientierten Steuerung führen. Die Dritte-Sektor-Organisationen können dagegen durch eine oberflächliche Anpassung an neue Strukturen und die Erfüllung formaler Kriterien Überprüfungen ihrer Leistungen abwehren und Missstände verdecken.[79] Diese Gefahr wird erhöht durch die unmittelbare Verknüpfung des Bewertungsergebnisses mit der Finanzierung der Organisation, wie sie in vielen Fällen angestrebt wird.

## IV. Die rechtlichen und praktischen Veränderungen im Untersuchungsfeld

Das NPM und die Diskussion über Kosten und Qualität von sozialen Leistungen führte in Deutschland seit Anfang der 1990er Jahre zu Veränderungen, einerseits in den sozial- und haushaltsrechtlichen Grundlagen der Finanzierung der Tätigkeit der Dritte-Sektor-Organisationen, andererseits in der Praxis. Zum Teil sind neue untergesetzliche Regelungen in Form von Verwaltungsvorschriften und zweiseitigen Rahmenvereinbarungen zwischen den Kooperationspartnern entstanden, zum Teil sind die praktischen Veränderungen lediglich auf der Umsetzungsebene an den konkreten Kooperationsvereinbarungen oder an faktisch eingeräumten Mitwirkungsrechten für freie Organisationen ablesbar.

### A. Veränderungen in den Rechtsgrundlagen

#### 1. Reform des Sozialleistungserbringungsrechts

Beginnend mit der Einführung der Pflegeversicherung 1994[80] und fortgeführt mit Reformen des Sozialhilfe-[81] und Kinder- und Jugendhilferechts[82] wurde die einzel-

76 Hansen in ZSR 1997, 19 und 22.
77 Hansen in ZSR 1997, 19 ff.
78 Hinte in BldW 1+2/99, 23.
79 Bspw. durch ‚frisierte' Berichte, welche wegen der Individualität der Betreuungsverhältnisse kaum überprüfbar sind.
80 SGB XI – Soziale Pflegeversicherung, G. v. 26. Mai 1994, BGBl. I S. 1014.
81 Reform des BSHG durch G.v. 23. Juli 1996 m.W.v. 01. Januar 1999.

fallbezogene Kostenübernahme durch den öffentlichen Träger für die Erbringung von Sozialleistungen durch private Organisationen grundlegend neu geregelt. Wesentlich sind der Rückzug öffentlicher Träger aus der Leistungserfüllung, die Wettbewerbsöffnung für alle privaten – gemeinnützigen wie erwerbswirtschaftlichen – Träger, die Umstellung der Kostenerstattung auf echte Austauschverträge, die Einführung von Qualitätssicherungssystemen und die Etablierung kooperativer Verhandlungsgremien.

*a) Schrittweise Aufhebung des Wohlfahrtsmonopols*

Die Kritik an Selbstbedienungsmentalität und mangelndem Kostenbewusstsein bei der Erbringung sozialer Dienstleistungen bezog sich in erster Linie auf die Wohlfahrtsverbände,[83] denen durch das Zusammenarbeitsgebot und das sozialrechtliche Subsidiaritätsprinzip in den Sozialgesetzbüchern ein relativer Vorrang vor staatlichen Leistungserbringern eingeräumt wurde. Zudem besaßen sie ein faktisches Monopol gegenüber gewerblichen Anbietern, aber auch anderen, nicht etablierten gemeinnützigen Trägern.[84] Durch die Reformen der Kostenübernahme im sozialrechtlichen Dreiecksverhältnis wurde die privilegierte Rechtsstellung der Wohlfahrtsverbände aufgehoben und ihr Monopol bei der Erbringung von Sozialleistungen für den Wettbewerb mit gewinnorientierten Privaten geöffnet.[85]

Mit Einführung der Pflegeversicherung wurden in §§ 11 Abs. 2 S.3 und 72 Abs. 3 S.2 SGB XI einerseits der Rückzug öffentlicher Träger aus der staatlichen Erfüllungs- auf die Gewährleistungsverantwortung betont, andererseits die Gleichstellung gemeinnütziger und gewerblicher Privater in einem Preis-Leistungswettbewerb angeordnet. Entsprechend wurden auch im Sozialhilferecht in den Neuregelungen der §§ 93, 93a-d, 94 BSHG (jetzt ersetzt durch §§ 75 – 81 SGB XII) für den Abschluss von Pflegesatzvereinbarungen ebenso wie im Kinder- und Jugendhilferecht in den neu gefassten §§ 78a-g SGB VIII gemeinnützige und gewerbliche Organisationen als freie Träger einander gleichgestellt. Nicht mehr ein besonderer privilegierter Status der Organisation, sondern der Abschluss von Leistungsvereinbarungen ist Voraussetzung der staatlichen Kostenerstattung (§ 75 Abs. 3 SGB XII, § 78 b Abs. 1 SGB VIII).[86]

Dass durch die Reformen eine echte Wettbewerbssituation geschaffen wurde, wird bezweifelt. Die neokorporatistische Einbindung der Wohlfahrtsverbände in

---

82 Reform des SGB VIII durch G.v. 16. Dezember 1997 m.W.v. 08. Dezember 1998.

83 Vgl. Bericht der Monopolkommission 1996/97, BR-Drs. 399/99, 54; Institut der deutschen Wirtschaft, Köln, in Informationsdienst IWD 24-98, 4 f; Backhaus-Maul in PolZG Bd. 26-27/2000, 27.

84 S. oben Erster Teil, Kapitel 2, II.D.

85 Vgl. auch Backhaus-Maul in PolZG Bd.26-27/2000, 28 f; Zimmer in ZSR 1996, 294.

86 Der Abschluss von Vereinbarungen ist im Sozialhilferecht zwingend für alle Leistungen, die von teilstationären und stationären Einrichtungen erbracht werden (§ 75 Abs. 3 i.V.m. § 13 SGB XII), im Kinder- und Jugendhilferecht nur für die in § 78 a Abs. 1 SGB VIII aufgezählten Leistungsarten; für andere Leistungen und Dienste gilt § 77 SGB VIII, wonach Vereinbarungen anzustreben sind.

Deutschland scheint auch nach den Reformen weiterzuwirken. Die hochgradige Institutionalisierung der Zusammenarbeit öffentlicher Träger mit den Wohlfahrtsverbänden könne nicht durch die rechtliche Neuregelung beendet werden.[87] Die Wohlfahrtsverbände wurden in der Vergangenheit bei Investitionen wie Bau- oder Modernisierungsmaßnahmen durch Zuschüsse unterstützt; diese Bezuschussung war zugleich mit einer Deckelung der Pflegesätze verbunden, so dass die Pflegesätze unter den tatsächlichen gesamten Kosten liegen.[88] In der neuen Wettbewerbssituation haben die Wohlfahrtsverbände daher als politisch etablierte und wirtschaftlich ressourcenstarke Organisationen eine ausgesprochen günstige Ausgangsposition.[89] Allerdings haben die Wohlfahrtsverbände auf dem neu eingeführten Markt ambulanter Pflege keine ihren angestammten Arbeitsfeldern vergleichbare Marktposition erreicht.[90]

Bei den Förderungsnormen in den Sozialgesetzbüchern wurde die Privilegierung freigemeinnütziger Organisationen aufrechterhalten: Bei den Förderungsgeboten in § 5 Abs. 3 S. 2 SGB XII, § 74 SGB VIII besteht eine Beschränkung der Sollförderung auf die freigemeinnützigen Träger fort. Eine Förderung gewerblicher Träger auf der Basis des Haushaltsrechtes ist zwar grundsätzlich möglich. Von der Rechtsprechung wird der besondere Status der Wohlfahrtsverbände, der sich durch die Legitimation als „Träger eigener sozialer Aufgaben“ in § 5 Abs. 1 SGB XII und durch die steuerrechtlichen Bindungen der Gemeinnützigkeit ausdrückt, allerdings als im Rahmen von Art. 3 Abs. 1 GG zulässiges Differenzierungskriterium für die Förderung angesehen.[91]

### *b) Umstellung der Kostenübernahme im sozialrechtlichen Dreiecksverhältnis*

Die Neuregelungen erweiterten nicht nur den Kreis möglicher Leistungserbringer, sondern veränderten auch die Rechtsnatur und die Ausgestaltung der Kostenübernahme hin zu echten Austauschverträgen mit prospektiven Leistungsentgelten.

Während die frühere Rechtslage eher ein Auftragsverhältnis mit der Orientierung an den tatsächlichen Kosten vorsah, sind die neuen Kostensatzvereinbarungen nach §§ 75 ff SGB XII und §§ 77, 78 a ff SGB VIII echte öffentlich-rechtliche Leistungsverträge mit prospektiven Entgelten und echten, konkretisierten synallagmati-

---

87 Backhaus-Maul in PolZG Bd.26-27/2000, 30.

88 Neumann, Freiheitsgefährdung, 87 ff.

89 Backhaus-Maul in PolZG Bd.26-27/2000, 30.

90 Zimmer in ZSR 1996, 297 f. Viele der nach der Einführung rasch entstandenen gewinnorientierten ambulanten Pflegestationen konnten der Konkurrenz zwar nicht standhalten, doch wird Ende der 1990er Jahre davon ausgegangen, dass erwerbswirtschaftliche Anbieter bundesweit ca. 50 Prozent der Umsätze auf dem Pflegemarkt erwirtschaften, Menninger, Konkurrenten, 1.

91 BVerwG, RsDE Bd. 3, 75 ff: Ein einmaliger Instandsetzungszuschuss stellt weder einen Verstoß gegen das Gleichheitsgebot noch einen gezielten Eingriff zur Wettbewerbsbenachteiligung der gewerblichen Träger dar. Kritisch zu dieser Praxis als Wettbewerbsverzerrung: Zwölftes Hauptgutachten der Monopolkommission 1996/97, BT-Drs. 13/11291, 345, 346 f.

schen Leistungspflichten beider Seiten.[92] Ein nachträglicher Defizitausgleich ist ausgeschlossen. Ungeachtet kleiner Unterschiede in den verschiedenen Sozialgesetzbüchern wird für die staatliche Abgeltung der personenbezogenen Leistungsentgelte vorausgesetzt, dass zwischen der leistungserbringenden Organisation bzw. ihrem Verband und der Verwaltung zuvor Rahmenvereinbarungen über Inhalt, Umfang und Qualität der Leistung (Leistungsvereinbarung), über die differenzierten Leistungsentgelte und die betriebsnotwendigen Investitionen (Entgeltvereinbarung) sowie über die Grundsätze der Bewertung und Sicherung der Qualität (Prüfungsvereinbarung[93] bzw. Qualitätsentwicklungsvereinbarung[94]) abgeschlossen wurden. Die gesetzlichen Grundlagen legen ein zwingendes Mindestmaß an Regelungen fest, welche in den Rahmenvereinbarungen zu treffen sind. Dies bezieht sich auf Angaben zu Art und Zielgruppe der zu erbringenden Leistung sowie zu deren Qualität.[95]

Somit entsprechen die Leistungs- und Entgeltvereinbarungen dem durch das NPM propagierten Modell des Auftraggeber-Auftragnehmer-Verhältnisses zwischen leistungsgewährleistender Verwaltung und leistungserbringendem Privaten und zielen auf eine Ökonomisierung des Sozialsektors. Inhalt, Qualität und Entgelt der Leistungen werden prospektiv von Vertragspartnern festgelegt; die Finanzierung ist damit outputorientiert. Die Outputorientierung wird auch in der Verpflichtung zur Vereinbarung von Qualitätsmaßstäben und Maßnahmen zu deren Sicherung deutlich. Die Leistungsvereinbarungen setzen die Vorgaben des Kontraktmanagements[96] um, die Leistungserbringung durch Vereinbarungen über die zu erzeugenden Leistungen und die dafür zur Verfügung stehenden Budgets zu steuern.[97]

### *c) Sozialgesetzliche Etablierung neuer Gremien*

Im Zuge der Reformen der Kostenübernahme im sozialrechtlichen Dreiecksverhältnis wurden neue kooperative Gremien der öffentlicher Träger und privaten Leistungserbringer etabliert. Diese beruhen ebenfalls auf dem Gedanken des Kontraktmanagements.[98]

---

92 Münder u.a. LPK-SGB XII-*Münder* Vor § 75, Rn. 10; Goetz in RsDE 44, 12 f und 16, zur Änderung der Rechtslage im BSHG ausführlich: Pöld-Krämer/ Fahlbusch in RsDE Bd. 46, 4 ff; Griep/ Renn in RsDE Bd. 47, 76 ff.

93 §§ 75 Abs. 3 Nr. 3, 76 Abs. 3 SGB XII.

94 §§ 78b Abs. 1 Nr. 3, 78c SGB VIII.

95 Das SGB XII benennt keine Kriterien für die Qualitätsprüfung. Im SGB VIII werden Kriterien genannt, die ein überwiegen der Dimension der Strukturqualität zuzurechnen sind, wie die explizite Nennung der sächlichen und personellen Ausstattung der Einrichtung (§ 78c Abs. 1 Nr. 3 SGB VIII) und der Qualifikation des Personals (§ 78c Abs. 1 Nr. 4 SGB VIII).

96 Zwar sieht das behördeninterne Kontraktmanagement nicht den Abschluss rechtsverbindlicher Vereinbarungen vor; da es sich hier jedoch bei den Leistungserbringern um Verwaltungsexterne handelt, müssen rechtsverbindliche Verträge geschlossen werden.

97 Vgl. KGSt- Berichte 12/1998; 4/1998; 5/1993.

98 Dahme in TuP 2000, 65 ff; Möller in ZSR 1997, 697 ff.

Die Kommissionen sind durch die kommunalen Spitzenverbände auf Landesebene und die Verbände und Vereinigungen der Leistungserbringer zu besetzen (§ 78e Abs. 3 SGB VIII). Sie können zum einen stellvertretend für ihre Mitglieder die oben unter 2. erläuterten Leistungs-, Entgelt- und Qualitätsvereinbarungen schließen oder für diese Einzelvereinbarungen Rahmenverträge auf Landesebene (§ 78f SGB VIII; § 79 Abs. 1 SGB XII) bzw. Bundesebene (§ 79 Abs. 2 SGB XII) eingehen. Für die Schlichtung von Streitigkeiten bezüglich der Einzelvereinbarungen werden landesweite Schiedsstellen als weitere paritätisch durch die Kooperationspartner besetzte Gremien eingerichtet (§ 78g SGB VIII, § 80 SGB XII).

#### *d) Adressatenorientierung*

Das SGB IX – Rehabilitation und Teilhabe behinderter Menschen von 2001[99] besitzt nachfrageorientierte Elemente einer personenbezogenen Förderung. Zur Sicherstellung einer freien Trägerwahl unabhängig vom Abschluss von Leistungsvereinbarungen zwischen öffentlichen und freien Trägern können Sachleistungen als Geldleistungen an die Leistungsadressaten/innen erbracht werden, § 9 Abs. 2 S. 1 SGB IX. Parallel sieht § 17 Abs. 2 SGB IX alternativ zur Kostenübernahme ein „persönliches Budget“[100] des Behinderten vor, über das dieser eigenverantwortlich für Leistungen zur Teilhabe einsetzen kann.[101] Das Modell des ‚persönlichen Budgets' ist durch das Gesetz zur Einordnung des Sozialhilferechts in das Sozialgesetzbuch[102] auch in andere Sachbereiche übernommen worden.[103]

### 2. Flexibilisierung des Zuwendungsrechts

Eine Umkehr von der input- zur outputorientierten Steuerung wurde auch in den haushaltsrechtlichen Grundlagen des Zuwendungsrechtes vollzogen. Die Veränderungen traten hier auf untergesetzlicher Ebene ein. Das Haushaltsgrundsätzegesetz und die Haushaltsordnungen des Bundes und der Länder enthalten lediglich wenige Grundsatznormen bezüglich der Veranschlagung von Zuwendungen (§ 14 HGrG, § 23 BHO/LHO) und der Zuwendungsgewährung in Ausführung des Haushaltsplanes (§ 26 HGrG, § 44 BHO/LHO). Diese Grundsatznormen werden durch umfangreiche Verwaltungsvorschriften des Bundes und der Länder ausgefüllt. Die Veränderungen des Zuwendungsrechtes schlugen sich auf der Ebene dieser Verwaltungsvorschriften in von Land zu Land unterschiedlicher Detailliertheit nieder.

---

99 G.v. 19. Juni 2001, BGBl. I S. 1046.

100 In der Regel als Geldleistung, in begründeten Fällen durch Gutscheine, § 17 Abs. 3 SGB IX.

101 Zum neuen SGB IX Welti in NJW 2001, 2210.

102 Gesetz v. 27.12.2003 (BGBl. I, 3022).

103 § 2 Abs. 2 SGB V; § 13 Abs. 1 SGB VI; § 26 Abs. 1 SGB VII; § 35a Abs. 2 SGB VIII; § 35a SGB XI; §§ 57 und 61 Abs. 2 S. 3 SGB XII.

Bereits Anfang der 90er Jahre wurden erste Elemente der Leistungs- und Erfolgskontrolle in die Zuwendungspraxis aufgenommen. Der früher pauschal gehaltene Zuwendungszweck wurde durch die Umstellung von institutioneller auf Projektförderung stärker konkretisiert. Zugleich blieb es aber bei den detaillierten und starren Bewirtschaftungsvorgaben der traditionellen inputorientierten Zuwendungssteuerung. Die Rahmenbedingungen für eine Flexibilisierung der Inputseite wurden durch die Neufassung der jeweiligen landesrechtlichen Verwaltungsvorschriften zu §§ 23 und 44 LHO und der Allgemeinen Nebenbestimmungen für Zuwendungen zur institutionellen Förderung (ANBest-I) und zur Projektförderung (ANBest-P) geschaffen.[104] Die Veränderungen stehen im Kontext des NPM, das eine Neuorientierung des Haushaltsrechts weg von der Kontrollperspektive hin zur Steuerungsperspektive anstrebt.[105] Die Gestaltungs- und Entscheidungskompetenz der zuwendungsgebenden Fachbehörde wird mit dem Ziel erweitert, mangelnde Ressourcenverantwortlichkeit der Fachbehörde durch die Trennung der Sach- und der Finanzentscheidung abzubauen.[106] Der gleiche Effekt wird durch die Anreize für wirtschaftliches Verhalten des Zuwendungsnehmers angestrebt.

Das Land Hamburg hat sein Zuwendungsrecht weitgehend im Licht des NPM reformiert und flexibilisiert. Dies geschah zum einen durch die Neufassung der landesrechtlichen Verwaltungsvorschriften zu §§ 23, 44 LHO sowie der Allgemeinen Nebenbestimmungen, zum anderen durch zweiseitige Vereinbarungen mit den Verbänden der Zuwendungsnehmer. Diese Entwicklung wird als Praxisbeispiel im dritten Teil der Arbeit beleuchtet.

### 3. Ermächtigung zur Beleihung von Zuwendungsmittlern

In die Haushaltsordnungen des Bundes[107] und der meisten Länder[108] wurde eine Ermächtigungsgrundlage für die Beleihung privater Zuwendungsmittler eingefügt. Damit wurde die Möglichkeit des Einsatzes von Zuwendungsmittlern ausgeweitet, indem die Regelungen die zuwendungsgebenden Verwaltungsträger zur Beleihung juristischer Personen des privaten Rechts auf dem Gebiet der Zuwendungen ermächtigt, „wenn sie Gewähr für eine sachgerechte Erfüllung der ihnen übertragenen Aufgaben bieten und die Beleihung im öffentlichen Interesse liegt."[109]

---

104 Die LHO und die BHO stimmen weitgehend inhaltlich überein, ebenso die landesrechtlichen VV zu den LHO und die Vorläufigen VV zur BHO nebst ANBest- I und ANBest-P; Synopse bei Heuer-*Nawrath*, Haushaltsrecht, Bd. II, IV/0 und Krämer/Schmidt, Zuwendungsrecht – Zuwendungspraxis, Anhang nach Kommentierung.

105 Schuppert, Verwaltungskooperationsrecht, 105 ff; Kirchhof in DÖV 1997, 751.

106 Vgl. zur mangelnden Ressourcenverantwortlichkeit Kirchhof in DÖV 1997, 752.

107 § 44 Abs. 3 BHO, angef. durch G. v. 2.5.1996 (BGBl. I S. 656).

108 § 44 Abs. 3 der jeweiligen LHO (außer LHO Mecklenburg-Vorpommerns: § 44 b). Eine Beleihungsermächtigung wurde nicht aufgenommen in die LHO der Länder Hamburg, Bremen, Saarland und Thüringen. Vgl. die Synopse bei Heuer-*Nawrath* Bd. II, IV/ 0.

109 So die Regelung in § 44 Abs. 3 BHO; mit Differenzen im Wortlaut, aber inhaltlich vergleichbar die Regelungen in den LHO.

Die Einschaltung privater Rechtsträger als Zuwendungsmittler in die Zuwendungsvergabe ist auch ohne Beleihung rechtlich möglich und wurde und wird auch praktiziert.[110] Die Weiterleitung der Zuwendungen muss dann in Privatrechtsform erfolgen. Erforderlich ist auch, dass der Kreis der Letztempfänger und die jeweilige Zuwendungshöhe durch die Bewilligungsbehörde selbst, nicht durch den Zuwendungsmittler, entschieden werden.[111] Die Übertragung der hoheitlichen Letztentscheidungsbefugnis an den Zuwendungsmittler erfordert dagegen nach Ansicht der noch h.M. eine Beleihung.[112] In der Praxis gab es vor der Einführung der Beleihungsermächtigung in § 44 Abs. 3 BHO/LHO jedoch weitgehende Übertragungen der Entscheidungsmacht an Private; diese werden auch fortgesetzt, ohne dass eine Beleihung vorgenommen wurde.[113]

Die Einführung der Ermächtigungsgrundlagen ermöglichen eine weitgehende Aufgabenauslagerung, ein Contracting-out staatlicher Aufgaben, im Bereich der Zuwendungsverwaltung. Von dieser Möglichkeit wird in Berlin in erheblichem Umfang Gebrauch gemacht; die Berliner Beleihungsverträge werden als Praxisbeispiel im zweiten Teil der Arbeit eingehend erläutert und bewertet.[114]

## B. Tendenzen in der Praxis

Neben den Veränderungen in den Rechtsgrundlagen, welche, soweit sie das Sozialrecht betreffen, bundesweit, soweit sie das Haushaltsrecht betreffen, auf Länderebe-

---

110 Beispiele bilden zum einen die „Projektträger" in den Aufgabenbereichen von BMBF, BMWA und BMZ, die selbst nicht Zuwendungsempfänger sind, sondern als Verwaltungshelfer auf der Grundlage eines Geschäftsbesorgungsvertrages bei der Zuwendungsverwaltung tätig sind, vgl. v. Köckritz/ Ermisch, BHO, § 44 Rn. 79, Heuer-*Dommach*, Haushaltsrecht, § 44 Rn. 18, zum anderen Zuwendungsmittler, die als Erstempfänger Zuwendungen an die Letztempfänger privatrechtlich weiterverteilen, z.B. die Vergabe von Forschungsmitteln durch die DFG, von Stipendien durch die Studierendenförderwerke und den DAAD, v. Köckritz/ Ermisch, BHO, § 44 Rn. 80.2; Heuer- *Dommach*, Haushaltsrecht, § 44 Rn. 19; zu Personenkreis und Verfahren vgl. VV Nr. 12 zu § 44.

111 Heuer- *Dommach*, Haushaltsrecht, Rn. 19 zu § 44; die Frage der Letztentscheidungsbefugnis wird offengelassen von v. Köckritz/ Ermisch, BHO, § 44 Rn. 80.2, der darauf abstellt, dass die Zuwendungsmittler bei der Verteilung der öffentlichen Gelder eigene satzungsgemäße Aufgaben wahrnehmen, wobei sie von der öffentlichen Hand im Rahmen des § 23 BHO/ LHO durch Zuwendungsvergabe unterstützt würden.

112 Heuer- *Dommach*, Haushaltsrecht, Rn. 17 ff zu § 44; Helfrich in DÖV 1990, 553 ff; Schmidt-Preuß in VVDStRL 56 (1996), 181 ff; Kunig/ Rublack in Jura 1990, 8 f; vgl. allerdings die Diskussion, ob die Letztentscheidungsverantwortung noch taugliches Kriterium des Demokratieprinzips ist, Trute in Schuppert, Verantwortungsteilung, 32 ff.

113 Z.B. die Deutsche Forschungsgemeinschaft (DFG), bei der interne, in der Mehrheit mit Forschern besetzte Gremien (Haupt- und Fachausschüsse) die Förderentscheidungen treffen, vgl. zum Verfahren Röhl in DV 1996, 495 f, und weitere Beispiele bei Heuer- *Dommach*, Haushaltsrecht, Rn. 19 zu § 44.

114 Über weitere Beleihungsmodelle im Bereich des Sports (Stadtsportbund Münster e.V.) und der Kultur (Kulturbeirat Potsdam) berichten Zimmer/ Nährlich in ZSR 1997, 674 f.

ne eingeführt wurden, sind weitere Auswirkungen des NPM auf die Kooperationsverhältnisse an der Praxis auf Ebene der Kommunen und der Länder abzulesen.

### 1. Umstellung der Zuwendungsfinanzierung auf Leistungsverträge

Bei den herkömmlich zuwendungsfinanzierten Leistungen lässt sich in der Praxis die Tendenz zur Outputorientierung und zur leistungs- und erfolgsabhängigen Finanzierung beobachten. Einige Verwaltungsträger flexibilisieren die Instrumente der Zuwendungsfinanzierung, sei es durch Änderung der Verwaltungsvorschriften, wie oben[115] dargestellt, sei es allein durch Veränderungen der Zuwendungspraxis. Andere öffentliche Träger ändern die Rechtsform der Finanzierung, indem nicht länger Zuwendungen vergeben, sondern Leistungs- und Austauschverträge abgeschlossen werden.[116] Diese Verträge sind an die sozialgesetzlich etablierten Leistungs- und Entgeltvereinbarungen[117] angelehnt, basieren aber – wie die Zuwendungen auch – auf haushaltsrechtlicher Grundlage. Damit verschwimmen zunehmend die Grenzen zwischen den Finanzierungsarten, zwischen Zuwendungsrecht und Leistungsvertragsrecht. Es kommt zu einer Konvergenz der verschiedenen Instrumente,[118] so dass die im Folgenden beschriebenen Tendenzen unabhängig von der Wahl der Finanzierungsform festgestellt werden können.

### 2. Mehrjährige Vereinbarungen mit Sparquoten

Zunehmend werden mehrjährige Vereinbarungen (als Zuwendungs- oder Leistungsvertrag) mit festen oder flexiblen Sparquoten abgeschlossen. Damit findet eine Abkehr vom haushaltsrechtlichen Annuitätsprinzip statt; sofern im zuwendungsrechtlichen Regime finanziert wird, muss deshalb mit Verpflichtungsermächtigungen nach § 22 HGrG; § 38 BHO/LHO gearbeitet werden. Durch die Mehrjährigkeit gewinnt die Organisation eine größere Finanzierungssicherheit und akzeptiert zugleich für den Vertragszeitraum Sparquoten. Auch diese Regelungen sind Ausdruck kooperativer Steuerung mit Elementen der Kontraktsteuerung, indem konsensuale Lösungen mit den leistungserbringenden Organisationen angestrebt werden. Damit verändert sich auch das Verhalten der Organisationen des Dritten Sektors, die ihre Finanzierungsziele nicht mehr konfrontativ unter Zuhilfenahme öffentlichen Drucks, sondern durch interne Verhandlungen mit den Trägern der öffentlichen Verwaltung verfolgen. Korrespondierend nimmt die Bedeutung untergesetzlicher oder informeller Verhandlungsgremien zwischen den Akteuren zu.

Anwendung findet damit der Budgetierungsgedanke aus dem NPM: Den Leistungserbringern wird Teilautonomie hinsichtlich der Mittelverwendung durch den

---

115 S. Erster Teil, Kapitel 6, IV.A.3.

116 Mrozynski in RsDE Bd. 47, 29 ff; kritisch Neumann/ Bieritz-Harder in RsDE Bd. 48, 17 ff. Zur Praxis in Berlin unten Zweiter Teil, Kapitel 1.

117 Vgl. Erster Teil, Kapitel 6, IV.A.1.b.

118 Mrozynski in RsDE Bd. 47, 33 f.

Abschluss von Leistungsverträgen oder durch Lockerung der Mittelbewirtschaftungsvorgaben im Zuwendungsrecht gewährt; zugleich werden ihnen jedoch Sparquoten auferlegt.[119]

### 3. Ausschreibungsverfahren

Bundesweit haben Wettbewerbselemente in Form von Ausschreibungen, Bekanntgabe- und Interessebekundungsverfahren, sowie durch Befristung laufender Maßnahmen zugenommen. Solche Verfahren erfordern eine Vergleichbarkeit unterschiedlicher Angebote, die im Rahmen der Inputsteuerung mit vager Zweckbestimmung nicht erreichbar war. Für die Durchführung der Verfahren muss bereits vor der Ausschreibung eine weitgehende Konkretisierung der erwarteten Leistung erfolgen.

Soweit die Finanzierung über Leistungsverträge erfolgt, wird diskutiert, ob gar eine Ausschreibungspflicht gemäß § 55 BHO/LHO vorliegt bzw. das Vergaberecht nach GWB anzuwenden ist.[120] In die Berliner LHO wurde auf Initiative der Wohlfahrtsverbände[121] ein § 55a aufgenommen, welcher die öffentliche Ausschreibung von Leistungen der sozialen oder gesundheitlichen Daseinsvorsorge in Abweichung von der allgemeinen Regel des § 55 LHO so regelt, dass die für die Sicherung der Grundversorgung notwendigen Leistungs- und Qualitätsmaßstäbe definiert und bei der Vergabeentscheidung angemessen berücksichtigt werden müssen. Damit soll ein Wettbewerb allein über den Preis ausgeschlossen und ein „Qualitätswettbewerb"[122] sichergestellt werden.

Soweit weiter im zuwendungsrechtlichen Regime finanziert wird, werden die Ausschreibungs- oder Bekanntgabeverfahren durch Verwaltungsvorschriften oder die Verwaltungspraxis eingeführt und ausgestaltet. Ein solches frei gestaltetes, ermessenslenkendes Bekanntgabeverfahren in Hamburg wird im dritten Teil der Arbeit dargestellt und bewertet.

Eingesetzt werden daneben Wettbewerbsäquivalente wie Benchmarking-Verfahren, die parallele Einrichtungen in einem kontinuierlichen Prozess anhand von Indikatorenkatalogen systematisch vergleichen.[123]

---

119 KGSt 5/1993, 31; Möller in ZSR 1997, 687.

120 Hierzu näher unten, Dritter Teil, Kapitel 2, IV A.3.

121 Insbesondere des Paritätischen Wohlfahrtsverbandes, vgl. Menninger, Finanzierung, 2; Brauns/ Menninger, Dritter Sektor, 6.

122 Menninger, Finanzierung, 2; Brauns/ Menninger, Dritter Sektor, 6.

123 V. Bandemer in Behrens u.a., Den Staat neu denken, 220 ff; Gantz-Rathmann ebd., 341 ff (Benchmarking für Suchtberatungsstellen anhand des bundesweiten Informationssystems EBIS); Burmeister in BMFSFJ, Qs Bd. 7, 30 ff (zur xit-Datenbank, die sozialen Einrichtungen einen anonymen datenbankgestützten Betriebvergleich ermöglicht).

### 4. Umstellung auf nachfrageorientierte Modelle

Eine der Leitlinien des NPM sieht vor, die an den Leistungserbringern orientierte angebotsbezogene Steuerung der Leistungen durch eine Orientierung an der Nachfrage der Nutzer/innen zu ersetzen. Die angebotsorientierten Modelle werden kritisiert, weil sie auf undurchsichtig definierten, zum Teil von den Anbietern selbst geschaffenen Bedarfslagen beruhen, statt Erkenntnisse über den tatsächlichen Bedarf zu erbringen und sich an diesen zu orientieren.[124]

In der Praxis werden in einigen Fällen Leistungen, die bislang über Zuwendungen an die leistungserbringenden Organisationen finanziert wurden, über nachfrageorientierte Modelle[125] abgewickelt. Dabei werden öffentliche Mittel unmittelbar oder in Form von Vouchern oder Gutscheinen an die Leistungsadressaten/innen ausgegeben. Diese treffen dann unter den als Anbieter auftretenden Organisationen eine Wahlentscheidung; die Organisationen erhalten die öffentlichen Mittel nur noch mittelbar. Damit tragen die Organisationen auch das wirtschaftliche Risiko einer suboptimalen Auslastung ihrer Einrichtung. Derartige Modelle finden sich in der Praxis in Fällen, wo eine anteilige Finanzierung der Leistungen über Gebühren der Nutzer/innen vorgesehen ist, etwa in der Finanzierung von Kinderbetreuungseinrichtungen.[126] Die Umstellung auf nachfrageorientierte Modelle findet jedoch in geringem Umfang statt.

## V. Zusammenfassung

Die Strukturreformen des New Public Management haben in Deutschland umfangreiche Auswirkungen auf die Kooperationsverhältnisse zwischen Verwaltungsträgern und Organisationen des Dritten Sektors und die Steuerung des Untersuchungsbereichs. Die Organisationen des Dritten Sektors, die ambulante soziale Leistungen erbringen, sind zu einem erheblichen Teil von staatlicher Finanzierung abhängig. Die strukturellen Veränderungen in der Verwaltung wurden durch rechtliche und faktische Veränderungen auch in die Steuerungs- und Finanzierungssysteme der freien Organisationen weitergegeben. Sie wandeln sich zu einem Auftraggeber-Auftragnehmer-Verhältnis, das auf zuvor detailliert festgelegte Leistungen bezogen ist. Es besteht auch die Gefahr von Zielkonflikten zwischen Rationalitäts-, Effektivitäts- und Ökonomisierungszielen des NPM und den höherrangigen sozialrechtlichen Vorgaben hinsichtlich der Ausgestaltung von Leistungen, inhaltlichen Leitbildern und Strukturprinzipien.

Die output- und erfolgsorientierte Steuerung erfordert die Definition von Qualitätskriterien für die ambulanten sozialen Leistungen und die Einführung von Mechanismen zur Sicherung und Entwicklung dieser Qualität. Die Auseinanderset-

---

124 Hinte in BldW 1+2/99, 24.

125 Zur Einordnung als Finanzierungsform s. oben Erster Teil, Kapitel 2, III.D.

126 Zur Umstellung der Finanzierung von Kindertagesstätten freier Träger in Berlin s. Hoyer RsDE Bd. 44, 36 ff.

zung um das NPM wird zwischen den Akteuren vorrangig auf dem Gebiet der Qualität geführt. Bei den in der ambulanten sozialen Arbeit vorherrschenden individuellen und prozesshaften Betreuungs- und Beratungsverhältnissen sind gerade die Kriterien der Ergebnisqualität, die für eine output- und outcome-orientierte Steuerung von besonderer Bedeutung sind, allenfalls mittel- und langfristig messbar. Die Aussagekraft der in den Strukturen des NPM entwickelten Qualitätssicherungsmaßnahmen ist daher begrenzt. Der Rückgriff auf quantifizierbare Kriterien droht die Gewichtung bei der Qualitätsbewertung zu verschieben und zu einer kleinteiligen, letztlich wieder inputorientierten Steuerung von hoher Intensität zu führen.

Durch das NPM wurden rechtliche und praktische Veränderungen des Untersuchungsfeldes initiiert. Sie bestehen in der Einführung von Wettbewerbsbedingungen, der Umstellung auf leistungsbezogene Finanzierungsverhältnisse mit Leistungscontrolling und Qualitätssicherungssystemen, der Einführung von Elementen des Kontraktmanagements und der Budgetierung sowie der Auslagerung von mit der Steuerung und Finanzierung der Organisationen zusammenhängenden Verwaltungsaufgaben.

# Kapitel 7: Entwicklung von Fragestellungen für die Analyse der Praxisbeispiele

Der Erste Teil der Arbeit beschäftigte sich mit den rechtlichen Rahmenbedingungen der Kooperation zwischen Staat und Drittem Sektor, gab die Erkenntnisse der Dritte-Sektor-Forschung zur Entwicklung Dritter Sektoren und den Spezifika der den Sektor bildenden Organisationen wieder und stellte die historischen Entwicklung des deutschen Dritten Sektors dar. Er analysierte die Bezugnahmen auf den Dritten Sektor in den aktuellen staats- und gesellschaftswissenschaftlichen Debatten in Deutschland und beschrieb die Auswirkungen von New Public Management und Qualitätssicherungssystemen auf die Kooperationsverhältnisse in der ambulanten sozialen Arbeit. Im 2. und 3. Teil der Arbeit werden zwei Praxisbeispiele für Veränderungen der Kooperationsverhältnisse in der ambulanten sozialen Arbeit untersucht, die Mediatisierung der Zuwendungsvergabe und -verwaltung durch Zuwendungsmittlungsverträge mit den Wohlfahrtsverbänden in Berlin, sowie die Neuerungen in der Zuwendungsfinanzierung ambulanter sozialer Leistungen im Fachbereich Soziales in Hamburg. Die Fragestellungen für die Betrachtung der Praxisbeispiele sollen aus den Ergebnissen des ersten Teils entwickelt werden.

## I. Zusammenfassung des Ersten Teils

Die Kooperationsverhältnisse zwischen der öffentlichen Verwaltung und dem Dritten Sektor im Feld ambulanter sozialer Arbeit bewegen sich in dem Dreieck von Rechten und Interessen der Sozialverwaltung, der Organisationen des Dritten Sektors und der individuellen Leistungsadressaten/innen. Zwischen diesen drei Polen bestehen – je nach Ausgestaltung des konkreten Falls – unterschiedliche Rechtsbeziehungen. Die Kooperation von Verwaltungsträgern mit gesellschaftlichen Organisationen wird durch sozialrechtliche Leitlinien geprägt, und zwar im Hinblick auf die individuellen Rechte der Leistungsadressaten/innen, sozialgesetzliche Leitbilder und die Rechte der freien Träger. Die staatliche Steuerung des Dritten Sektors erfolgt einerseits über indirekte Anreizsteuerung durch materielle Förderung, andererseits prozedural durch Einbindung in die Politikformulierung und –implementation. Die rechtlichen Rahmenbedingungen der finanziellen Förderung ergeben sich aus dem Sozialrecht und dem Haushalts- und Zuwendungsrecht. Verwaltungsvorschriften und Verwaltungspraxis sind für die Gestaltung der Zuwendungsverhältnisse von besonderer Bedeutung. Rechtsgrundlagen für die Einbindung von Organisationen des Dritten Sektors in die Politikformulierung und -implementation finden sich wiederum im Sozial- und Haushaltsrecht, auf der Ebene von Verwaltungsvorschriften sowie von zweiseitigen Vereinbarungen. Zudem bestimmen informelle Aushandlungen die Verwaltungspraxis.

Die wirtschafts- und sozialwissenschaftliche Nonprofit-Forschung und die Wohlfahrtssystemforschung kommen zu dem Ergebnis, dass die Entwicklung und

Ausprägung nationaler Dritter Sektoren erheblich durch die institutionellen Rahmenbedingungen und historischen Entwicklungslinien bestimmt werden. Insbesondere der Typus des Wohlfahrtsstaats setzt institutionelle Rahmenbedingungen, die zu unterschiedlichen Korrelationen zwischen dem staatlichen und dem Dritten Sektor, zu gegenseitigen Abhängigkeiten, partnerschaftlichen Elementen und zu partieller Konkurrenz führen können.

Als spezifische Fähigkeiten von Organisationen des Dritten Sektors bei der Erbringung ambulanter sozialer Leistungen werden Innovationsbereitschaft, Flexibilität, Nähe zum Aufgabengebiet und Akzeptanz bei den Leistungsadressaten/innen genannt. Wesentliche Voraussetzung für die Gründung und das Überleben einer Organisation, für die Erhaltung solidarischer Strukturen, von Flexibilität und Entwicklungsoffenheit scheint die Mobilisierungs- und Bindungsfähigkeit der Organisation gegenüber ihren Mitgliedern zu sein. Die Mobilisierungs- und Bindungswirkung sinkt durch innerorganisationale Entwicklungsprozesse der Oligarchisierung, Bürokratisierung und Kommerzialisierung. Es kommt zu Affektionsverlusten und Zielverschiebungen. Diese Entwicklungspathologien können durch externe Einwirkungen auf die Organisation verstärkt werden. Externen Einwirkungen sind Organisationen des Dritten Sektors durch ihre Intermediarität, d. h. ihre Ansiedlung zwischen den Sektoren Staat, Markt und informellem Sektor, in besonderem Maße ausgesetzt, da sie unterschiedliche Systemlogiken und Handlungsrationalitäten in der Organisation vermitteln müssen. Durch Einbeziehung in die staatliche Aufgabenerfüllung einerseits und die Konkurrenz mit gewerblichen Anbietern andererseits besteht die Gefahr der Strukturkonvergenz mit den angrenzenden Sektoren und damit des Verlustes der sektoralen Eigenheiten.

Der deutsche Dritte Sektor hat sich historisch vor der Dualität von Repression gegen gesellschaftliche Vereinigungen und Einbeziehung besonderer Gruppen in einzelne Beteiligungsräume entwickelt. Für den Untersuchungsbereich von besonderer Bedeutung ist das sozialpolitische Subsidiaritätsprinzip als Instrument für die Befriedung politischer Konflikte. Es führte zu tradierten Kooperationen zwischen Staat und Drittem Sektor in der Implementierung von Sozialpolitik in den Bereichen Wohlfahrt und Fürsorge, die in einer neokorporatistischen Verflechtung von Sozialverwaltung und den großen Wohlfahrtsverbänden mündeten. Kooperation und Einschaltung der Verbände in die Leistungserbringung sind im deutschen Wohlfahrtsstaat also lange Tradition. Die Organisationen, die sich aus den neuen sozialen Bewegungen entwickelten, wurden nach einer anfänglichen Blockadesituation als Ressourcen in dieses Kooperationssystem integriert, ohne dessen Funktionsweise grundlegend zu verändern.

Seit Mitte der 1990er Jahre ist der Dritte Sektor in Deutschland in Politik und Wissenschaft auf die Agenda gerückt. Zweifel an der Steuerungsfähigkeit des Staates angesichts einer komplexen postindustriellen Gesellschaft, die Stärkung zivilgesellschaftlichen Denkens und die anhaltende Krise der Staatsfinanzen lenkten den Blick auf die Ressourcen des Sektors mit seinen Potentialen für die Erbringung sozialer Dienstleistungen (Service), für die Politikformulierung und Selbstregulierung gesellschaftlicher Bereiche (Voice) und die Integration zersplitterter Gesellschaften und die Akkumulation von Sozialkapital (Partizipation). Dabei beziehen sich steuerungswissenschaftliche und kommunitaristische Ansätze auf die Voice- und die Partizipationsfunktion des Sektors, während das Interesse der finanzwirtschaftlichen Privatisierungsstrategien sich primär auf dessen Dienstleistungsfunktion richtet. Im Ruf nach Stärkung und Nutzung des Dritten Sektors werden häufig die erwarteten Effekte vermischt und unzureichend differenziert, an welchen Typus von Organisationen Zielerwartungen geknüpft werden. Dies kann zu Zielkonflikten führen und ist auch unter dem Gesichtspunkt der Nachhaltigkeit der Fähigkeit des Sektors zur Erbringung flexibler und problemangemessener Dienstleistungen bedenklich. Gemeinsam ist allen drei vorgestellten Strömungen, dass sie im Ergebnis eine Beschränkung der staatlichen Verantwortung für die Definition, jedenfalls aber für die Erfüllung gemeinwohlbezogener Aufgaben anstreben. Als Leitideen eines Funktionswandels des Staates werden die Verantwortungsteilung zwischen Staat und Gesellschaft, der Übergang vom erfüllenden Wohlfahrts- und Interventionsstaat zum ermöglichenden Gewährleistungsstaat und das Kooperationsprinzip genannt. Diese Neudefinition der staatlichen Funktionen und Aufgaben erfordert neue rechtliche Modelle abgestufter staatlicher Verantwortungsintensitäten und Maßnahmen zu ihrer Absicherung.

Die Strukturreformen des New Public Management ziehen in Deutschland erhebliche Folgen für die Kooperationsverhältnisse zwischen Verwaltungsträgern und Organisationen des Dritten Sektors nach sich. Die rechtlichen und praktischen Veränderungen haben ihre Schwerpunkte in der Einführung von Wettbewerbsbedingungen, der Umstellung auf leistungsbezogene Finanzierung mit Leistungscontrolling und Qualitätssicherungssystemen, der Einführung von Kontraktmanagement und Budgetierung sowie der Auslagerung von mit der Steuerung und Finanzierung der Organisationen zusammenhängenden Verwaltungsaufgaben. Die strukturellen Umstellungen in der Verwaltung wirken in die Steuerung der freien Organisationen hinein. Es besteht die Gefahr von Zielkonflikten zwischen Rationalitäts-, Effektivitäts- und Ökonomisierungszielen des NPM und den höherrangigen sozialrechtlichen Vorgaben hinsichtlich der Ausgestaltung von Leistungen, inhaltlichen Leitbildern und Strukturprinzipien. Die output- und erfolgsorientierte Steuerung erfordert die Definition von Qualitätskriterien für ambulante soziale Leistungen und Mechanismen zur Sicherung und Entwicklung dieser Qualität. Angesichts der individuellen und prozesshaften Betreuungs- und Beratungsverhältnisse sind die Kriterien der Ergebnisqualität, die für eine output- und outcome-orientierte Steuerung von besonderer Bedeutung sind, allenfalls mittel- und langfristig messbar. Der Rückgriff auf quantifizierbare Kriterien droht die Gewichtung bei der Qualitätsbewertung zu verschieben und zu einer kleinteiligen Steuerung hoher Intensität zu führen.

## II. Fragestellungen für die Untersuchung der Praxisbeispiele

Beide Praxisbeispiele beleuchten neuere Entwicklungen, die sich, wie sich zeigen wird, in den Kontext des New Public Management stellen lassen. Sie sind also Beispiele für neue Modelle von Verantwortungsteilung in einem Bereich, der sich durch eine traditionelle Zusammenarbeit und Aufgabenteilung auszeichnet. Gemeinsam sind den Beispielen grundlegende Veränderungen der hergebrachten Kooperationsbeziehungen zwischen Sozialverwaltung und Drittem Sektor entlang der Grundideen des kooperierenden Staates und des NPM. Sie wählen jedoch unterschiedliche rechtliche Arrangements und verfolgen unterschiedliche Konzepte hinsichtlich der Verlagerung staatlicher Verantwortung auf den Dritten Sektor bzw. in Kooperationsbeziehungen hinein. Diese Unterschiede verweisen auf die Bedeutung der institutionellen Rahmenbedingungen in den regionalen Dritten Sektoren, die das Verhalten der Akteure in Sozialverwaltung und Organisationen prägen.

Das Berliner Beispiel der Auslagerung von Aufgaben der Zuwendungsverwaltung auf die Verbände durch Beleihungsverträge bezieht sich vorrangig auf die Formulierung von Sozialpolitik, da Entscheidungen über die Auswahl von Zuwendungsempfängern, die Neustrukturierung von Förderungsbereichen und die Einstellung von Förderungen an die privaten Zuwendungsmittler bzw. an paritätisch besetzte, vertraglich etablierte Kooperationsgremien abgegeben werden. Zugleich ist jedoch auch die Politikimplementation betroffen, da viele der ausgelagerten Tätigkeiten wie etwa die Antrags- und Verwendungsprüfung klassische Verwaltungsaufgaben betreffen.

Das Hamburger Beispiel einer erfolgs- und leistungsorientierten Steuerung in der Zuwendungsfinanzierung betrifft überwiegend den Bereich der Implementation von Sozialpolitik, da die Organisationen des Dritten Sektors in der Kooperation durch Zuwendungen bei der Erbringung ambulanter sozialer Leistungen finanziert werden. Es enthält jedoch auch Elemente der Politikformulierung, da kooperative Rahmenregelungen und informelle Aushandlungsprozesse an Bedeutung zunehmen.

Die Praxisbeispiele werden rechtlich bestimmt durch wenige gesetzliche Regelungen in den Sozialgesetzen und Landeshaushaltsordnungen. Große Bedeutung hat daneben eine Vielzahl von untergesetzlichen Regelungen, wie Verwaltungsvorschriften (Zuwendungsverwaltung, Förderrichtlinien), zweiseitige Rahmenregelungen, Beleihungsverträge sowie Nebenbestimmungen zu Zuwendungen. Diese nehmen in der Darstellung und Analyse einen breiten Raum ein. Die Recherche der Praxisbeispiele wurde gestützt durch eingehende Gespräche mit Berliner und Hamburger Praktikern, jeweils aus der Sozialverwaltung und aus Organisationen des Dritten Sektors, insbesondere soweit die institutionellen Rahmenbedingungen, regional spezifische historische Entwicklungen und die Auswirkungen der Änderungen in der Praxis in Frage standen. Es wurden auch weitere Quellen herangezogen, wie Parlamentsdrucksachen, Haushaltspläne, Berichte der Landesrechnungshöfe,

Konzeptpapiere, Briefwechsel und interne Dokumente von Sozialverwaltung und Organisationen.[1] Die Praxisrecherchen waren im Jahr 2004 abgeschlossen.

Die Analyse der Praxisbeispiele beginnt – nach einer Einordnung in regional spezifische Entwicklungslinien – mit einer Darstellung ihrer rechtlichen Grundlagen und der Verwaltungspraxis. Anschließend wird untersucht, auf welche Weise die Verantwortungsteilung rechtlich umgesetzt wird, wie das erforderliche Maß staatlicher Rahmensteuerung in der Kooperation gesichert wird und welche veränderten Steuerungsmittel eingesetzt werden, sowie wie effektiv und nachhaltig die Arbeits- und Verantwortungsteilung ist.

Die erste Frage nach der rechtlichen Umsetzung der Verantwortungsteilung wird anhand der gewählten Rechtsregimes, Rechtsformen und des Grades der Verrechtlichung untersucht. Analysiert wird, ob die Grenzen eines Rechtsregimes überschritten werden oder Elemente mehrerer Rechtsbereiche vermischt werden, etwa im Verhältnis von Zuwendungsrecht und Leistungsvertragsrecht, und wie mit möglicherweise entstehenden Friktionen umgegangen wird. Interessant ist auch, ob die zur Gestaltung der arbeitsteiligen Strukturen gewählten Rechtsformen herkömmlichen Instituten der Einbeziehung Privater in staatliche Tätigkeit entsprechen oder ob neue Formen entwickelt werden. Hinsichtlich des Grades der Verrechtlichung wird untersucht, ob der Sachbereich durch die Reformen einer stärkeren Regulierung unterworfen wird, und ob Formen rechtsförmigen oder informalen Verwaltungshandelns gewählt werden.

Der zweite Komplex beschäftigt sich damit, ob und wie das erforderliche Maß staatlicher Rahmensteuerung in der Kooperation gesichert wird. Hier geht es zunächst um die Anforderungen des Demokratieprinzips in der Kooperation. Die rechtswissenschaftliche Forschung zum kooperativen Staat und zur Verantwortungsteilung entwickelt Modelle zur aufgabenangemessenen, sachbereichspezifischen Ausgestaltung arbeitsteiliger Strukturen mit abgestuften Intensitäten staatlicher Verantwortung. An diese Modelle wird für die Beurteilung der Praxisbeispiele angeknüpft und die Tauglichkeit des klassischen formellen Modells der Verwaltungslegitimation für die Erfassung der Kooperationstrukturen diskutiert. Dabei sind die Rolle von Aushandlungsprozessen, die an ihnen beteiligten Akteure und deren Verhandlungsposition von Bedeutung. Auch die Absicherung der Rechte der Adressaten/innen im Kooperationsprozess und bei der Leistungserbringung wird untersucht; im Hinblick auf ihre Beteiligung an Verhandlungsgremien, an der Leistungsgestaltung und Qualitätssicherung, sowie im Hinblick auf die Stärkung ihrer Nachfragemacht. Weitere materielle Vorgaben, die in der staatlichen Rahmensteuerung abgesichert sein müssen, sind die parlamentarischen Rechte, die Rückholbarkeit der Auslagerungsentscheidung und die Offenheit des Zugangs der Kooperationsstrukturen. Vorgaben für die Sozialverwaltung in der ambulanten sozialen Arbeit sind darüber hinaus die spezifischen Steuerungsziele des Sozialrechtes. Diese ergeben sich aus sozialgesetzlichen Normen, welche mit unterschiedlichem Ver-

1 Vgl. Liste der Praxisdokumente im Anhang der Arbeit.

pflichtungsgrad Individualrechte der Adressaten/innen auf soziale Leistungen garantieren und diese ausgestalten sowie Verfahrens- und Kompetenzregelungen treffen, und sozial- und verfassungsrechtlichen Strukturvorgaben für die Zusammenarbeit zwischen öffentlichen und freien Trägern.

Auf der Wirkungsebene soll im Hinblick auf die Effektivität und Nachhaltigkeit der Arbeits- und Verantwortungsteilung bewertet werden, ob die spezifischen Kenntnisse und Fähigkeiten der Organisationen und die institutionellen Vorteile des Sektors bei der Produktion sozialer Dienstleistungen genutzt werden, Selbststeuerungspotentiale des Dritten Sektors im Sinne einer Staatsentlastung eingesetzt werden, ob der Zugang neuer Organisationen ermöglicht und Raum für Innovation eröffnet wird. Hinsichtlich der Steuerungsmittel geht es um die Umstellung von input- auf outputorientierte Steuerung und den Einsatz von Qualitätssicherungselementen, sowie um die Frage, wie sich dies auf die Steuerungsintensität auswirkt. Zuletzt wird untersucht, wie sich die Veränderungen auf die bestehenden Kooperationstrukturen auswirken, insbesondere, ob es zu einer Entflechtung neokorporatistischer Arrangements kommt, indem die Ebenen von Politikformulierung und -implementation entzerrt werden.

# Zweiter Teil: Die Mediatisierung der Zuwendungsvergabe und -verwaltung durch Zuwendungsmittlungsverträge in Berlin

## Kapitel 1: Regionale Entwicklungslinien der ambulanten sozialen Arbeit

Die Entwicklung der Westberliner Politik im Bereich ambulanter sozialer Leistungen war geprägt durch die deutsche Teilung. Charakteristisch waren die Insellage Westberlins, die Abhängigkeit des Landeshaushaltes von Bundesmitteln und eine hohe Quote von Arbeitslosen und Sozialhilfeberechtigten. Der Wiederaufbau der Trägerlandschaft in der sozialen Arbeit wurde in den Nachkriegsjahren von den Alliierten beeinflusst, so etwa bei der Entstehung von Nachbarschaftsheimen in der sozial-kulturellen Arbeit. Zugleich wurde die Trägerlandschaft geprägt durch die Entwicklung von Subkulturen und Bewegungsorganisationen in den 1970er Jahren[1] sowie den hohen Anteil an Migranten/innen in einzelnen Stadtbezirken. Im Zuge der Konzepte der ‚neuen sozialen Frage' und der ‚neuen Subsidiarität' gehörte Westberlin zu den Vorreitern einer Einbeziehung der Bewegungsinstitutionen in die staatlichen Strukturen von Förderung und Leistungsangeboten.[2] Die Motivation lag dabei in Reform- wie in Einsparerwägungen.[3]

Aufgrund der prekären finanziellen Lage sahen die freien Träger sich immer wieder erheblichen finanziellen Einschnitten ausgesetzt. Diese Situation verschärfte sich mit dem Fall der Mauer und der deutschen Vereinigung, die einerseits zu einer Doppelung von Großeinrichtungen führte, andererseits zu einem Verteilungsungleichgewicht in Ost und West bei den stadtteilnahen, partizipatorischen Einrichtungen mit ambulanten Angeboten. Eine freie Trägerlandschaft existierte in Ostberlin nicht. Die Angebote ambulanter sozialer Leistungen in der DDR waren geprägt durch die paternalistische Tradition der staatlichen Sozialfürsorgerin, die zugleich Hilfs- und Kontrollinstanz darstellte. Der Aufbau einer pluralen Trägerlandschaft in den neuen Bundesländern wurde in Art. 32 Einigungsvertrag festgeschrieben und mit Bundesmitteln unterstützt.[4]

---

1 Vgl. zur Entwicklung der neuen sozialen Bewegungen oben Erster Teil, Kapitel 4, V.

2 Sozialsenator Ulf Fink (CDU) richtete in Berlin 1983 einen der ersten Selbsthilfeförderungstitel mit einer Ausstattung von 7, 5 Millionen DM (3,8 Millionen €) ein (‚Berliner Modell').

3 Roth, Demokratie von unten, 241.

4 Etwa das ‚Bundesprogramm Aufbau Freier Träger', vgl. Knoth, Gratwanderungen, 35. Zum Aufbau des Dritten Sektors in Ostdeutschland: Seibel in Anheier u.a., Sektor 1998, 127 ff, Priller ebd., 99 ff.

Zugleich spitzte sich die Haushaltslage Berlins mit dem Abbau von Bundeszuweisungen zu. Der steigenden Verschuldung begegnete die Politik nicht durch den Abbau von Personalkosten im öffentlichen Dienst, sondern lediglich durch Einsparungen im konsumtiven Bereich, zu dem auch die Zuwendungsförderung gehörte.[5]

Die freien Träger aus dem Dritten Sektor befinden sich damit seit Beginn der 1990er Jahre auf der Suche nach Strategien zur Sicherung ihrer Finanzierung. Die Berliner LIGA der Spitzenverbände der Wohlfahrtspflege strebt eine Ökonomisierung der Finanzierung an, das heißt eine leistungsbezogene Finanzierung im Auftraggeber-Auftragnehmer-Verhältnis unter Aufhebung der haushaltsrechtlichen Bindungen wie des Annuitätsprinzips, des Besserstellungsverbots[6] und der staatlichen Kontrolle der Mittelverwendung.[7] Diese Strategie wird in Berlin in besonderem Maße verfolgt aufgrund der außergewöhnlichen Stärke des Paritätischen Wohlfahrtsverbandes, welcher in Berlin den überwiegenden Anteil von Angeboten der sozialen und gesundheitlichen Versorgung abdeckt[8] und welcher sich in der Diskussion um die Fortentwicklung der Wohlfahrtsverbände eindeutig auf der Seite der Ökonomisierung positioniert.[9]

Seit dem Beginn der 1990er Jahre wurde auf Initiative der LIGA vom Berliner Abgeordnetenhaus für die Einrichtungen und Dienste der sozialen und gesundheitlichen Versorgung sowie der Kinder- und Jugendhilfe die Umstellung von der Zuwendungsfinanzierung auf Leistungsverträge angestoßen.[10] Von den Befürwortern wurde sie zunächst als Königsweg für eine wirtschaftliche Gestaltung der Angebotsbereiche und eine Befreiung der Organisationen des Dritten Sektors von zuwendungsrechtlichen Bindungen und Übersteuerung durch die Verwaltung betrachtet.[11] Nach Widerstand der Senatsverwaltung für Finanzen und harscher Kritik des Rechnungshofes[12] wird die Einführung mehrjähriger Leistungsverträge weiterhin

5 Vgl. Menninger in BldW 1+2/1999, 16.

6 Verbot der Besserstellung der Beschäftigten von Zuwendungsempfängern gegenüber vergleichbaren Beschäftigten des zuwendungsgebenden Verwaltungsträgers; näher Siemes, Besserstellungsverbot.

7 Menninger BldW 1+2/1999, 15 ff; ders, Ökonomisierung, 1 ff und LIGA-Vertrag, 1.

8 Im Paritätischen Wohlfahrtsverband Berlin sind über 600 Organisationen mit 2.500 Einrichtungen und Projekten und 45.000 hauptamtlichen und 18.000 ehrenamtlichen Mitarbeitenden zusammengeschlossen. Quelle: URL: www.paritaet-berlin.de, besucht am 21.1. 2005. Zum Vergleich: Arbeiterwohlfahrt: knapp 100 Projekte, 230 Hauptamtliche.

9 Menninger, Finanzierung, 1 ff; Ökonomisierung, 1 ff; Brauns/ Menninger, Dritter Sektor, 5.

10 Zur Entwicklung vgl. AbgH Drs 12/3556 (Mitteilung über Umgestaltung der bisherigen jährlichen Zuwendungspraxis auf eine Vertragsgestaltung); Kritik des Rechnungshofes in Jahresbericht 1995 des Landesrechnungshofs Berlin in AbgH Drs 13/274, Tz 75-88, sowie Stellungnahme des Senats ebd.; AbgH Drs 13/ 1053 (Antrag der Regierungsfraktionen); AbgH Drs 13/1968 (Mitteilung der Senatsverwaltung für Schule, Jugend und Sport über Änderung der Zuwendungspraxis im Kinder-, Jugend- und Familienbereich); Brauns in BldW 3/1995, 56; Mehls in NDV 1996, 127 f.

11 Vgl. Menninger, Finanzierung, 1 ff.; AbgH Drs 12/3556.

12 Dieser prognostizierte einen Ausgabenanstieg bzw. eine Leistungsminderung und äußerte grundsätzliche Bedenken an der Umstellung von der Zuwendungsgewährung und Förderung

verfolgt, auch wenn eine völlige Ablösung der Zuwendungsfinanzierung nicht mehr angestrebt wird.[13] Vielmehr sollen bereichspezifisch geeignete Angebotsbereiche identifiziert werden, in denen eine Umstellung eingeleitet wird.[14]

Neben der Umstellung von Teilen der Zuwendungsfinanzierung auf Leistungsverträge besteht die zweite große Veränderung im Land Berlin in der partiellen Auslagerung der Zuwendungsverwaltung an Zuwendungsmittler aus dem Dritten Sektor. Diesen wird in Beleihungs- oder Zuwendungsmittlungsverträgen die Vergabe und Verwaltung von Zuwendungsmitteln für Projekte der ambulanten sozialen Arbeit übertragen. Als Beispiel derartiger Vertragsgestaltungen wird im Folgenden der Beleihungsvertrag mit der Liga der Spitzenverbände der Freien Wohlfahrtspflege („LIGA-Vertrag"), Laufzeit 2001-2005, vorgestellt.

Der Senat ließ sich bei der Auslagerung der Zuwendungsverwaltung einerseits von dem Ziel leiten, eigene Verwaltungsstrukturen im Rahmen des NPM zu verschlanken.[15] Andererseits erfolgte die Entwicklung vor dem Hintergrund der erheblichen Umstrukturierungen, die durch die Vereinigung von Ost- und Westberlin in den Angeboten der stadtteilbezogenen ambulanten sozialen Leistungen erforderlich geworden waren. Die Verwaltung verfolgte die Strategie, die absehbaren Konflikte und Verteilungskämpfe zwischen den Einrichtungen in den Sektor hineinzuverlagern, um eine Blockadesituation zu vermeiden. Sie traf bei den Wohlfahrtsverbänden auf die Bereitschaft, im Tausch gegen längerfristige Finanzierungssicherheit an der Gestaltung von Kürzungen und Umstrukturierungen mitzuwirken, um pauschale Einsparungen nach dem Rasenmäherprinzip abzuwehren.[16]

Eine weitere Motivation war die Reform der Berliner Bezirksverfassung in den 1990ern, welche die Kompetenzen für einige bislang vom Land geförderte stadtteilbezogene Angebotsbereiche auf die Bezirke übertrug; die Projekte wurden in ‚bezirkliche' und ‚gesamtstädtische' aufgeteilt.[17] Das Land wollte sich hier in einigen Bereichen Rahmenkompetenzen sichern und forcierte deshalb den Zusammen-

---

auf den „Kauf" von Gegenleistungen, die eine wesentliche Änderung im Verhältnis Staat – Verbände darstelle, Jahresbericht Landesrechnungshof Berlin 1995 in AbgH Drs 13/274, , Tz. 75-85 und 88.

13 Vgl. AbgH Drs 13/1053 v. 18.11.1996 und 13/1968 v. 25.08.1997. Für die umfassende Einführung (allerdings unklar in der begrifflichen Abgrenzung von Leistungsverträgen und Leistungsvereinbarungen) 2. Zwischenbericht der Expertenkommission Staatsaufgabenkritik Berlin, 14.

14 Vgl. Senatsverwaltung für Arbeit, Soziales und Frauen, Bericht an den Hauptausschuss des AbgH vom 30.05.2000, 11 zur angestrebten Umstellung auf Leistungsverträge für geeignete Projektbereiche im LIGA-Vertrag. Leistungsverträge wurden außerhalb des LIGA-Vertrages bereits abgeschlossen bspw. mit Betreuungsvereinen nach § 1908 f BGB bzw. Art. 9 Abs. 4 Betreuungsgesetz und im Bereich der aufsuchenden Jugendarbeit.

15 Purmann, Vortragsmanuskript, 3.

16 Zur Position der Verbände Menninger BldW 1+2/1999, 16, ders. Ökonomisierung, 3.

17 Purmann, Vortragsmanuskript, 3.

schluss von Angebotsbereichen in Landesverbänden, deren Einrichtungen dann durch Globalzuwendung aus Landesmitteln finanziert werden sollten.[18]

Die Einschaltung von Zuwendungsmittlern wurde seit Mitte der 1990er Jahre kontinuierlich unter Abbau entsprechender Strukturen in der Landesverwaltung – trotz wiederholter Kritik des Rechnungshofes[19] – auf weitere Zuwendungsbereiche ausgedehnt.[20] Die Notwendigkeit der Weiterführung der Zuwendungsmittlung wurde gegenüber dem Abgeordnetenhaus explizit mit dem erfolgten Personalabbau in der Verwaltung begründet.[21] Mit dem Regierungswechsel 2001 von einer großen zu einer rot-roten Koalition zwischen SPD und PDS war kein Wandel in der Haltung zu den Zuwendungsmittlungsverträgen verbunden. In der Koalitionsvereinbarung wurde eine Fortsetzung der Verträge festgeschrieben, verbunden mit der Zielsetzung, für zukünftige Vertragsabschlüsse weitergehende Kürzungsquoten anzustreben.[22] Der Paritätische Wohlfahrtsverband zog im Mai 2004 in einem Themenheft über „10 Jahre treuhänderische Vertragsfinanzierung"[23] positive Bilanz der Zuwendungsmittlung durch die Verbände.

---

18 So in den Angebotsbereichen Unterstützung von Selbsthilfe und sozial-kulturelle Arbeit.

19 Rechnungshof Berlin, Jahresbericht 2002, Rz. 187- 195 und 321-243; Jahresbericht 2004 Rz. 128-137.

20 Förderung von AIDS-Selbsthilfegruppen; ambulante Drogenhilfe, Projekte für Straffällige und Opferhilfe.

21 Senatsverwaltung für Gesundheit, Soziales und Verbraucherschutz, Schreiben an dem Hauptausschuss vom 03.12.2002.

22 Koalitionsvereinbarung zwischen der SPD und der PDS für die Legislaturperiode 2001-2006, S. 42.

23 Nachrichten Parität, Ausgabe 3/04, 10 Jahre treuhänderische Vertragsfinanzierung.

# Kapitel 2: Entstehung und Inhalt des LIGA-Vertrages

## I. Entwicklung der Berliner Zuwendungsmittlungsverträge

Seit 1993 befanden sich die Berliner Senatsverwaltung und die Wohlfahrtsverbände in der Diskussion über einen Vertrag über die Beleihung zur Verwaltung und Vergabe von Zuwendungsmitteln für Selbsthilfegruppen und andere freie Träger in der Gesundheitshilfe.[1] Der Vertrag wurde 1994 mit einer dreijährigen Laufzeit abgeschlossen.

Im Jahr 1996 schloss die damalige Berliner Senatsverwaltung für Gesundheit und Soziales mit der Liga der Freien Wohlfahrtspflege in Berlin[2] einen Beleihungsvertrag über die Verwaltung und Vergabe von Zuwendungsmitteln in Form von Zuwendungen und Leistungsverträgen für Projekte in den Bereichen Wohnungslosenhilfe, Altenhilfe, Behindertenhilfe, psychosoziale Versorgung, Suchtberatung, Gesundheitshilfe, gesundheitliche und soziale Selbsthilfe und Aktivierung von Ehrenamtlichkeit.[3] Ebenfalls durch die Zuwendung abgedeckt wurde die Förderung der Spitzenverbandsarbeit und offenen Sozialarbeit der Wohlfahrtsverbände.[4] Der Vertrag hatte eine Laufzeit von viereinhalb Jahren und belief sich auf Zuwendungsmittel von jährlich ca. 40 Millionen DM (20 Millionen €).[5] Im Jahr des Vertragsschlusses waren die Mittel der Sozialverwaltung für Projekte der sozialen Versorgung erheblich gekürzt worden.[6] Im Zusammenhang mit dem Vertragsschluss wurden bei der Senatsverwaltung durch Vorruhestandsregelungen und Ähnliches sieben Stellen gestrichen.

Die Anschlussvereinbarung, der „Rahmenvertrag zur Finanzierung und Weiterentwicklung von überbezirklichen Projekten der sozialen und gesundheitlichen Versorgung in Berlin“ zwischen dem Land Berlin und den Landesverbänden der

---

1 Tätigkeitsbereiche: Landesstelle gegen Suchtgefahren, Telefonseelsorge, Beratung von Essgestörten und andere überbezirkliche Projekte der psychiatrischen und psychosozialen Versorgung; Gesundheitshilfe, z.B. Frauengesundheitszentrum, Geburtshaus, Familienplanungszentrum, Rheuma-Liga; Selbsthilfegruppen aus den Bereichen Gesundheit und Suchthilfe.

2 Die LIGA ist der Zusammenschluss der Spitzenverbände der Wohlfahrtspflege in Berlin.

3 Vertragspartner waren 1996 zunächst nur fünf der Verbände; das Diakonische Werk als sechster Verband unterzeichnete den Vertrag erst 1997. Im gleichen Jahr wurde der Vertrag zur Gesundheitshilfe nach Ablauf seiner Laufzeit in den LIGA-Vertrag einbezogen.

4 Sog. ‚große Zuwendung‘, Förderung nach dem seinerzeit geltenden § 10 Abs. 3 S. 2 BSHG.

5 Senatsverwaltung für Arbeit, Soziales und Frauen: Bericht an den Hauptausschuss des Abgeordnetenhauses vom 30.Mai 2000.

6 Kürzungen von 34 Mio. DM (17, 4 Mio. €), Aufgabenübertragung an die Bezirke in Höhe von 12 Mio. DM (6, 1 Mio. €); der Senatsverwaltung für Soziales verblieben 83 Mio. DM (42,5 Mio. €).

Wohlfahrtsverbände hat eine Laufzeit von fünf Jahren, vom 1. Januar 2001 bis 31. Dezember 2005. Mit einem Zuwendungsvolumen von insgesamt knapp 93,5 € (183 Millionen DM)[7] werden ca. 300 Projekte finanziert.[8] Für die Vergabe und Verwaltung der Zuwendungsmittel werden die Verbände im Vertrag auf Grundlage der Ermächtigung in § 44 Abs. 3 BerlLHO beliehen. Der Kreis der Zuwendungsletztempfänger ist zu Vertragsbeginn für das erste Haushaltsjahr faktisch festgelegt. Während der Vertragslaufzeit können jedoch Kürzungen, Erweiterungen und Einstellungen der Finanzierung von Projekten vorgenommen werden, neue Antragsteller in die Förderung aufgenommen und Angebotsbereiche umgeschichtet werden. Haushaltsrechtliche Grundlage der mehrjährigen Verpflichtung des Landes Berlin durch den LIGA-Vertrag ist die Aufnahme einer entsprechenden Verpflichtungsermächtigung im Haushaltsplan gem. § 38 BerlLHO, welche es gestattet, Verpflichtungen über das Haushaltsjahr hinaus einzugehen und damit die Durchbrechung des haushaltsrechtlichen Annuitätsprinzips ermöglicht.

Weitere mit dem LIGA-Vertrag vergleichbare Beleihungsverträge hat der Paritätische Wohlfahrtsverband mit der Senatsverwaltung für Justiz für Projekte der Straffälligen- und Bewährungshilfe[9] einerseits und andererseits gemeinsam mit der Caritas und der Arbeiterwohlfahrt mit der Senatsverwaltung für Jugend für Angebote der Drogenberatung[10] geschlossen.

Für die Sachbereiche Stadtteilzentren und Selbsthilfekontaktstellen gab es zunächst Verträge mit kleineren Verbänden, in denen spezialisierte Träger organisiert sind, nämlich mit dem Verband für sozial-kulturelle Arbeit, Landesgruppe Berlin e.V. (VskA) sowie dem Verein zur Förderung von Selbsthilfekontaktstellen e.V. (SELKO).[11] Vertragsgegenstand war die Bildung und Unterhaltung eines flächendeckenden Netzes solcher Einrichtungen in angemessener regionaler Verteilung. Auf Drängen der beiden Verbände war im zweiten Vertrag, Laufzeit 1999–2002, eine Aufgabenübertragung nicht durch Beleihung erfolgt, sondern die Verbände gaben die Zuwendungen in privatrechtlicher Form an die Letztempfänger weiter. Die Verbände erhofften sich dadurch eine bessere Wahrung ihrer Autonomie und woll-

7 Zuwendungsvolumen 2001: ca. 38 Mio. DM (19,4 Mio. €); Zuwendungsvolumen 2002-2005: jeweils ca. 18,4 Mio. € (36 Mio. DM).

8 Zur Entwicklung vgl. Senatsverwaltung für Arbeit, Soziales und Frauen: Bericht an den Hauptausschuss vom 30. Mai 2000, 1 ff.

9 Laufzeit fünf Jahre, jährliches Volumen rund 40.100 € (DM 80.000,-). Eine erhebliche Ausweitung ist allerdings zu erwarten, wenn der Vertrag wie vorgesehen auf Projekte der „Arbeit statt Strafe" ausgedehnt wird.

10 Laufzeit fünf Jahre, jährlicher Umfang rund 3,6 Mio. € (7 Mio. DM). Ziel des Vertrages ist die Umstrukturierung der flächendeckenden Angebote der Drogenhilfe.

11 Beleihungsvertrag Land Berlin – VskA bezüglich Einrichtungen der Nachbarschaftshilfe, Laufzeit 01.01.1996 – 31.12.1998; Beleihungsvertrag Land Berlin – SELKO bezüglich Selbsthilfekontaktstellen, Laufzeit 01.01.1996 – 31.12.1998; gemeinsamer Zuwendungsvertrag Land Berlin – VskA und SELKO, Laufzeit 01.01.1999 – 31.12.2002; Quelle: Schreiben der Senatsverwaltungen für Gesundheit und Soziales und für Schule, Jugend und Sport an den Hauptausschuss des Abgeordnetenhauses v. 30. Oktober 1998.

ten Gefährdungen ihrer Interessenvertretungsfunktion für ihre Mitgliedsorganisationen und ihrer sozialanwaltlichen Funktion abwehren. Dieses Modell konnte sich jedoch nicht durchsetzen; nach langen Verhandlungen wurde der Folgevertrag mit zweijähriger Laufzeit (2003-2004)[12] mit wesentlichen Veränderungen geschlossen: Zum einen sind Vertragspartner auf Seiten des Dritten Sektors nicht mehr die beiden Verbände SELKO und VskA, sondern der Berliner Landesverband des Deutschen Paritätischen Wohlfahrtsverbandes, dessen Mitglieder wiederum SELKO und VskA sind. Zum anderen enthält der Folgevertrag als Form der Zuwendungsmittlung wieder eine öffentlich-rechtliche Beleihung.

Das Modell der Aufgabenauslagerung an beliehene Verbände durch Zuwendungsmittlungsverträge hat sich für die ambulante soziale Arbeit in Berlin durchgesetzt. Im Folgenden wird als umfangsreichste und kontinuierlichste dieser Vereinbarungen der LIGA-Vertrag (Laufzeit 2001 – 2005) analysiert und bewertet.

## II. Vertragsparteien

Parteien des LIGA-Vertrages sind das Land Berlin, vertreten durch die Senatsverwaltung für Arbeit, Gesundheit und Soziales einerseits und die Berliner Landesverbände der sechs großen deutschen Wohlfahrtsverbände andererseits.[13]

Verpflichtete und Berechtigte des Vertrages sind die einzelnen Landesverbände selbst als Schuldner- und Gläubigermehrheit und nicht deren Zusammenschluss in der LIGA der freien Wohlfahrtspflege Berlin. Die LIGA stellt keinen Verein, sondern lediglich eine Gesellschaft bürgerlichen Rechts dar.[14] Die Landesverbände sind nicht in einer juristischen Person zusammengeschlossen.[15] Mit Ausnahme der Jüdischen Gemeinde zu Berlin, die als Religionsgemeinschaft Körperschaft des öffentlichen Rechts ist,[16] sind die Verbände eingetragene Vereine. Gemeinschaftlich handelnd sind die Verbände Erstempfänger der Globalzuwendung. Sie haben die Arbeiterwohlfahrt zur Alleinvertretung ihrer Gesellschaft bevollmächtigt. Diese führt

12 Folgevertrag Stadtteilzentren, Anlage 1 des Schreibens an den Hauptausschuss der Senatsverwaltung für Gesundheit, Soziales und Verbraucherschutz vom 03.12.2002.

13 Arbeiterwohlfahrt, Landesverband Berlin e.V.; Caritasverband für Berlin e.V.; Deutscher Paritätischer Wohlfahrtsverband Landesverband Berlin e.V.; Diakonisches Werk Berlin-Brandenburg e.V. und Jüdische Gemeinde zu Berlin.

14 Zunächst wollten die Verbände als GbR den Vertrag mit dem Land abschließen; der Rechnungshof widersetzte sich dem, da nach § 44 Abs. 3 S.1 BerlLHO eine Beleihung nur gegenüber einer juristischen Person des privaten Rechts erfolgen kann.

15 Zwar sind die Landesverbände Mitglieder des gemeinsamen Vereins ‚Berliner Zentralausschuss e.V. (BZA)', der aus der Besatzungszeit stammt. Der BZA hat jedoch nicht die Funktion einer Vertretung der Verbände, sondern ist deren Dienstleister: So betreibt er den Telebus-Mobilitätsdienst und ist im Rahmen des LIGA-Vertrages für Verwaltungsaufgaben bei der Mittelwirtschaftung zuständig. Zur Rolle der BZA Purmann, Vortragsmanuskript, 28.

16 Art. 140 GG i.V.m. Art 137 Abs. 5 WRV.

die Geschäfte gegenüber den Zuwendungsletztempfängern und der Senatsverwaltung.

## III. Vertragsinhalt

### A. Die Gliederung des Vertrages

Der Vertrag ist gegliedert in den Vertragstext mit acht Paragraphen, welcher den Kern der Vereinbarung umfasst. Dem Vertragstext beigefügt sind neun Anlagen, die nach § 8 Abs. 4 des Vertrages Bestandteile des Vertrages darstellen. Die Anlagen lassen sich in vier Gruppen unterteilen:

- Vereinbarungen zu den Rechten und Pflichten der Vertragspartner,[17] welche die Bestimmungen in § 2 des Vertrages, „Aufgaben der Vertragspartner", konkretisieren und damit die Aufgaben- und Verantwortungsteilung der Partner regeln;
- Richtlinien hinsichtlich der Gegenstände der Förderung und des einzuhaltenden Verfahrens,[18] welche Bindungen aus zuwendungsrechtlichen Verwaltungsvorschriften an die Verbände weitergeben;[19]
- Muster für Anträge, Bescheide, Verwendungsnachweise und Berichte;[20]
- sowie eine nach Förderbereichen gegliederte Übersicht über die zur Zeit des Vertragsschlusses finanzierten Projekte.[21]

### B. Der Vertragsgegenstand

Gegenstand des Vertrages ist nach § 1 die Förderung und Weiterentwicklung von Projekten der sozialen und gesundheitlichen Versorgung in Berlin. Für diese Bereiche überträgt das Land Berlin den Wohlfahrtsverbänden nach Maßgabe der weiteren Bestimmungen des Vertrages seine Aufgaben bei der Finanzierung und Weiterentwicklung von Projekten.

Als nicht abschließender Katalog von Förderungsbereichen wird aufgezählt:

---

17 Anlage 3: Gliederung der Rechte und Pflichten der Vertragspartner in den Bereichen Planung, Steuerung und Qualitätssicherung.

18 Anlage 1: Richtlinien für die Gewährung von Zuwendungen an freie Träger und Selbsthilfegruppen für Projekte der sozialen und gesundheitlichen Versorgung in Berlin; Anlage 2: Anforderungen an die inhaltliche Gliederung eines Leistungsvertrages; Anlage 6: Anforderungen an die inhaltliche Gestaltung von Zielvereinbarungen.

19 Insbesondere VV Nr. 12.1-12.4.9. (Weitergabe von Zuwendungen durch den Zuwendungsempfänger in öffentlich-rechtlicher Form); Nr. 16 (Verwaltung von Mitteln oder Vermögensgegenständen) und Nr. 19 (Beleihung auf dem Gebiet der Zuwendungen) zu § 44 BerlLHO.

20 Anlage 4: Musterzuwendungsantrag; Anlage 5: Musterzuwendungsbescheid; Anlage 7: Musterverwendungsnachweis Projekte; Anlage 8: Muster für Berichterstattung durch die Wohlfahrtsverbände.

21 Anlage 9: Übersicht Projektträger.

Wohnungslosenhilfe, Haftentlassenenhilfe, Schuldnerberatung, ambulante und offene Altenhilfe, Beratung und Freizeitangebote für Behinderte, Selbsthilfeprojekte, Projekte der ehrenamtlichen Arbeit und der Aktivierung von Erfahrungswissen, Spitzenverbandsarbeit und offene Sozialarbeit der Spitzenverbände, psychiatrische und psychosoziale Versorgung sowie Gesundheitshilfe und -förderung. Dieser Katalog entspricht den in Anlage 9 des Vertrages aufgeführten Förderungsbereichen zum Zeitpunkt des Vertragsschlusses. Die nicht abschließende Formulierung ermöglicht die Umschichtung und Neuaufnahme von Bereichen.

Die Verbände erhalten für die Erfüllung der ihnen vertraglich übertragenen Aufgaben bei der Verwaltung und Vergabe der Mittel eine jährliche Pauschale von 388.000,– € (760.000,– DM), die Bestandteil der Gesamtzuwendung ist.[22]

## C. Die Beleihung der Wohlfahrtsverbände

Unter Bezugnahme auf die Ermächtigung zur Beleihung in § 44 Abs. 3 BerlLHO verleiht der Vertrag den Verbänden die Befugnis, sämtliche Berlin obliegenden Aufgaben bei der Gewährung von Zuwendungen im Rahmen des Vertragsgegenstandes in den Handlungsformen des öffentlichen Rechts wahrzunehmen, § 2 Abs. 5 S.1 des Vertrages. Mit dem öffentlich-rechtlichen Rechtsinstitut der Beleihung werden Verwaltungsaufgaben auf Privatrechtssubjekte[23] übertragen. Diesen werden hoheitliche Befugnisse zugewiesen, bestimmte Verwaltungsaufgaben selbständig im eigenen Namen in den Handlungsformen des öffentlichen Rechtes wahrzunehmen.[24]

Da der Zusammenschluss der Verbände in der LIGA als Gesellschaft bürgerlichen Rechtes nach § 44 Abs. 3 BerlLHO nicht beleihungsfähig ist, bezieht sich der im Vertrag enthaltene öffentlich-rechtliche Beleihungsakt auf die sechs Spitzenverbände der Wohlfahrtspflege als juristische Personen des privaten Rechts;[25] mit den hoheitlichen Befugnissen ausgestattet ist also jeder einzelne Verband, nicht die Verbände als Gesamtheit. Diese sind jedoch in der Wahrnehmung der ihnen übertragenen Aufgaben und Befugnisse durch die übrigen Regelungen des Vertrages gemeinschaftlich gebunden.

---

22 § 4 Abs. 7 des Vertrages. Für ihre Tätigkeit erhalten die Verbände nach dem Vertrag eine Vergütung. Fraglich ist, wie diese umsatzsteuerrechtlich zu beurteilen ist. Es stellt sich das Problem des Entgeltcharakters der Vergütung im unmittelbaren Gegenseitigkeitsverhältnis, welches eine Umsatzsteuerpflicht nach § 1 Abs. 1 S.1 UStG begründen könnte. Die Praxis der Vergütungsvereinbarung wurde bislang von den zuständigen Finanzbehörden nicht beanstandet.

23 Natürliche oder juristische Personen des Privatrechts; bei § 44 Abs. 3 BHO/ LHO kommt – wie bei vielen Beleihungsermächtigungen – allerdings nur eine Übertragung auf juristische Personen des Privatrechts in Betracht.

24 Krebs in HbdStR Bd. III, § 69, Rn. 39; Wolff/ Bachof/ Stober, Verwaltungsrecht Bd. II, 5. Aufl., § 104 Rn. 1; Maurer, Allgemeines Verwaltungsrecht, § 23 Rn. 57; Kopp/ Schenke, VwGO, § 40 Rn. 14.

25 Bzw. der jüdischen Gemeinde als Körperschaft des öffentlichen Rechts.

Entsprechend den Bestimmungen der Ermächtigungsgrundlage in § 44 Abs. 3 BerlLHO wird in § 2 Abs. 5 S. 2 des Vertrages die Fachaufsicht des Landes Berlin[26] und in S. 5 die Zuständigkeit des Landes für den Erlass von Widerspruchsbescheiden[27] vereinbart. Die mit der Beleihung verliehenen Befugnisse fallen bei Beendigung des Vertrages weg, also mit Ende der Laufzeit oder bei Beendigung durch Rücktritt oder Kündigung, können jedoch schon vorher jederzeit entzogen werden, § 2 Abs. 5 S. 4 des Vertrages. Daneben enthält der Vertrag weitere Regelungen in Ausfüllung der Verwaltungsvorschriften zu § 44 Abs. 3 BerlLHO.[28]

Die Beleihung erfolgt hinsichtlich ‚sämtlicher Berlin obliegenden Aufgaben bei der Gewährung von Zuwendungen'. Die Verbände können also Zuwendungen in den Handlungsformen des öffentlichen Rechtes vergeben, d.h. Zuwendungsbescheide erlassen und öffentlich-rechtliche Zuwendungsverträge schließen.

Den Verbänden obliegt die Verwaltung und Vergabe der übertragenen Mittel im eigenen Namen nach den im Vertrag vereinbarten Grundsätzen, § 2 Abs. 1 des Vertrages. Sie sind damit bei der Verwaltung und Verwendung der Mittel im Innenverhältnis zum Land Berlin treuhänderisch gebunden. Die treuhänderische Bindung wird im vorliegenden Fall durch die Bindung der Verbände an die „in diesem Vertrag vereinbarten Grundsätze",[29] sowie deren Konkretisierung in den weiteren vertraglichen Regelungen verdeutlicht. Die Notwendigkeit einer treuhänderischen Bindung ergibt sich in der Praxis des LIGA-Vertrages daneben daraus, dass das Land den Verbänden die Mittel nach § 4 Abs. 5 des Vertrages jeweils zweimonatlich zur Verfügung stellt, jene Zahlungen an die Projekte aber monatlich leisten.[30] Es kann offen bleiben, ob die Regelung in § 2 Abs. 1 des Vertrages sich bereits aus dem Zuwendungsverhältnis zwischen Land und zuwendungsmittelnden Verbänden nach § 44 Abs. 1 BerlLHO ergibt[31] bzw. einen notwendigen Bestandteil der Beleihung der Verbände nach § 44 Abs. 3 BerlLHO darstellt,[32] oder ob sie als eigenständige Treuhandvereinbarung i.S.d. § 44 Abs. 2 BerlLHO zu bewerten ist,[33] weil sich aus diesen Alternativen keine unterschiedlichen Rechtsfolgen für das Treuhandverhältnis ergeben.

---

26 § 44 Abs. 3 S. 2 BerlLHO; abweichend von VV Nr. 19.3.4 wird im Vertrag jedoch nicht die aufsichtsführende Behörde spezifiziert.

27 § 44 Abs. 3 S.3 BerlLHO. Durch die gesetzliche Klarstellung, dass Widerspruchsbehörde die aufsichtsführende Behörde ist, erübrigt sich hier die Streitfrage, ob die Aufsichtsbehörde nach § 73 Abs. 1 Nr.1 und 2 VwGO Widerspruchsbehörde ist (so Kopp/ Schenke, VwGO, § 73 Rn. 3) oder der Beliehene selbst nach § 73 Abs. 1 Nr. 3 VwGO (so Maurer, Allgemeines Verwaltungsrecht, § 23 Rn. 59).

28 § 2 Abs. 5 S. 3 des Vertrages korrespondiert mit VV Nr. 19.3.5.

29 § 2 Abs. 1 des Vertrages.

30 Purmann, Vortragsmanuskript, 13.

31 Vgl. VV Nr. 19.1 zu § 44 BerlLHO.

32 Grimm, Gutachten, 1.

33 Menninger in BldW 1+2/1999, 15.

## D. Die Regelung der Mittelweitergabe

Der Vertrag trifft Regelungen über die Weitergabe der durch das Land Berlin zugewendeten Mittel an die Letztempfänger: Die Finanzierung der vom Vertragsgegenstand umfassten Projekte soll grundsätzlich in Form von Zuwendungen gemäß §§ 23, 44 LHO erfolgen, in einvernehmlich festgelegten Projektbereichen ist auch der Abschluss von Leistungsverträgen möglich.[34] Im Falle der Finanzierung über Leistungsverträge muss zuvor eine öffentliche Ausschreibung gem. §§ 55, 55a BerlLHO i.V.m. der VOL[35] erfolgen. Zur Weitergabe der verwendeten Mittel müssen die in den Anlagen des Vertrages enthaltenen Muster zur Zuwendungsvergabe, zum Abschluss von Leistungsverträgen und zur öffentlichen Ausschreibung Verwendung finden.[36]

Mit diesen Regelungen setzt der Vertrag Vorgaben der Verwaltungsvorschriften zur BerlLHO, Nr. 12, zur Weitergabe von Zuwendungen durch den Zuwendungsempfänger um.

## E. Das Kooperationsgremium

Die Parteien sind in § 3 des Vertrages übereinkommen, ein paritätisch mit jeweils sechs Vertretern besetztes Kooperationsgremium zu gründen. Dieses hat die Aufgaben, die Zusammenarbeit zu sichern,[37] den Informationsfluss zu gewährleisten[38] und abschließende Entscheidungen über die Gesamtplanung sowie die jährliche Arbeits- und Finanzierungsplanung zu treffen.[39] In seiner Geschäftsordnung hat das Kooperationsgremium Regelungen zum Verfahren getroffen sowie seine Kompetenzen aus dem Vertrag näher konkretisiert. Danach erfolgt die Beschlussfassung des Gremiums nach dem Mehrheitsprinzip, angestrebt werden konsensuale Entscheidungen.[40]

## F. Die Aufgaben- und Verantwortungsteilung bei Planung, Steuerung und Qualitätssicherung

Die Regelungen über die Aufgaben- und Verantwortungsteilung sind wesentlich für die Frage, ob Entscheidungskompetenzen an die Verbände abgegeben und damit

34 Die Beleihung der Verbände umfasst nicht den Abschluss von Leistungsverträgen. Dahinter steht vermutlich die Rechtsauffassung, dass es sich bei den Leistungsverträgen um privatrechtliche Verträge handelt, so dass ein Handeln in öffentlich-rechtlichen Formen ohnehin nicht in Betracht käme. Vgl. zur Einordnung von Leistungsverträgen als öffentlich-rechtlich oder privatrechtlich: Mehls in NDV 1996, 129 (privatrechtlich); Pöld-Krämer/ Fahlbusch in RsDE Bd. 467, 11 f und Opitz in RsDE Bd. 44, 29 f (öffentlich-rechtlich).

35 Verdingungsordnung für Leistungen.

36 § 2 Abs. 2-4 des Vertrages.

37 § 3 Abs. 1 des Vertrages.

38 § 3 Abs. 3 des Vertrages.

39 S. oben Zweiter Teil, Kapitel 2, III.F.2.

40 Geschäftsordnung Kooperationsgremium, Ziff.4.3.

Selbststeuerungspotentiale des Dritten Sektors genutzt werden, oder ob lediglich vorbereitende Verwaltungsfunktionen ausgelagert werden. Die Abgrenzung der Rechte und Pflichten der Vertragsparteien bei der Entscheidung über die Vergabe von Mitteln sowie über die Strukturierung von Förderungsbereichen und bei der Steuerung und Qualitätssicherung der finanzierten Projekte ergibt sich aus § 2 Abs. 6, 7 und 9 i.V.m. Anlage 3 des Vertrages.

### 1. Rahmenvorgaben für die Vertragsausführung

Durch die Anlage 3 Nr. I.1. und 2. werden inhaltliche Rahmenvorgaben und Abwägungsgesichtspunkte statuiert, die bei den Planungs-, Struktur- und Finanzierungsentscheidungen zu berücksichtigen sind. Diese Gesichtspunkte stellen ermessensleitende Kriterien dar. Rahmenvorgaben sind danach die gesamtstädtischen inhaltlichen Planungen und die bedarfsbezogenen und regionalen Rahmenvorgaben des Landes Berlin.[41] Leitkriterien sind die bezirklichen Strukturen als Planungsraum, die Schaffung gleicher Lebensverhältnisse und Versorgungsgerechtigkeit in den Bezirken unter Berücksichtigung besonderer sozialer Problemlagen und soziodemographischer Faktoren.[42] Die Finanzierungsplanungen müssen sich im Rahmen der angebotsbezogenen Planungen des Landes Berlin bewegen und müssen die Erkenntnisse der Verbände aus der Begleitung und Bewertung der Projekte sowie der Bewertung der Neuanträge berücksichtigen.[43]

Mit diesen Vorgaben werden die Verbände in ihrer Aufgabenerfüllung zum einen an Gemeinwohlziele gebunden. Durch die Bindung an den Rahmen der Gesamtverantwortung des Senates gegenüber dem Berliner Abgeordnetenhaus[44] wird zudem das Primat parlamentarischer Entscheidungen abgesichert.

### 2. Mittelvergabe und Strukturierung von Förderungsbereichen

Die Förderbereiche des Vertrages sind, wie oben dargestellt, in § 1 des Vertrages in Verbindung mit Anlage 9 in einem nicht abschließenden Katalog festgelegt. Ausgliederungen und Umstrukturierungen der Förderungsbereiche sind grundsätzlich möglich. Die Mittel für den Vertrag sind im Berliner Landeshaushalt in einem Titel[45] bereitgestellt.

Zu Beginn der Vertragslaufzeit vereinbaren die Vertragspartner im Kooperationsgremium konsensual eine Gesamtplanung für den Vertragszeitraum. In dieser Ge-

---

41 Anlage 3 des Vertrages, Nr. I.1. S. 1.
42 § 4 Abs. 2 des Vertrages; Anlage 3 Nr. I.1. S. 5.
43 Anlage 3 des Vertrages, Nr.I.5 S. 3.
44 § 2 Abs. 1 des Vertrages.
45 Berliner Landeshaushalt 2001, Kapitel 1100, Titel 684 79 – Zuschüsse an soziale oder ähnliche Einrichtungen – I. Zuwendungsverträge, Erläuterungsnummer 1. Öffentlich-rechtlicher Vertrag über die Verwaltung und Vergabe von Zuwendungsmitteln Berlins für Projekte der sozialen und gesundheitlichen Versorgung.

samtplanung werden die Arbeitsschwerpunkte der Verbände bei der Finanzierung und Entwicklung von Projekten hinsichtlich der geförderten Angebotsstruktur festgelegt.[46] In Konkretisierung dieser Gesamtplanung wird jährlich für das Folgejahr konsensual im Kooperationsgremium eine Arbeitsplanung hinsichtlich einzelner Förderungsbereiche erstellt, etwa Vorhaben der Evaluierung, der Neustrukturierung oder der Umstellung der Finanzierung auf Leistungsverträge. In der Praxis werden im Kooperationsgremium dafür die Leitlinien erstellt, während das Detailgeschäft bei den Verbänden verbleibt.[47] Ebenfalls jährlich legen die Verbände einen Finanzierungsplan für das Folgejahr vor, der angibt, welche Projekte im Folgejahr in welchem Umfang gefördert werden sollen. Die Verbände schlagen damit Erweiterungen, Kürzungen, Förderungsbeendigungen und die Aufnahme neu beantragter Projekte vor.[48] Im Vorlauf zu diesen Vorschlägen gibt es in der Praxis bereichsinterne Abstimmungen und informelle Verhandlungen der Verbände mit den betroffenen Projekten. Zugleich führen die Verbände mit den betroffenen Trägern das Anhörungsverfahren nach § 28 VwVfG durch. Über den Finanzierungsplan wird ebenfalls konsensual im Kooperationsgremium entschieden.[49]

### 3. Qualitätssicherung, Dokumentation und Erfolgskontrolle

Die Qualitätssicherung, der Abschlusses von Zielvereinbarungen, die Entwicklung eines Berichtssystems auf Projektebene und die begleitende und abschließende Erfolgskontrolle der Projekte sind den Verbänden zugewiesen.[50] Für die Aufgaben der Qualitätssicherung sind jährlich 77.000,- € (150.000,- DM) aus der Gesamtzuwendung vorgesehen.[51] Diese Einzelaufgaben unterliegen jedoch einer Berichtspflicht und Rahmensteuerung durch die Senatsverwaltung.[52]

Die Entwicklung von Instrumenten und Standards der Qualitätssicherung ist nach § 2 Abs. 6 S. 2 des Vertrages ausdrücklich den Verbänden zugeordnet, ebenso wie die Gestaltung und der Abschluss von Zielvereinbarungen mit den Projektträgern, § 2 Abs. 9 S. 2, 3 des Vertrages. Damit scheint die Definitionsmacht hinsichtlich der Kriterien der Qualität und des Erfolgs der geförderten Leistungen in den Sektor hineingegeben worden zu sein. Der Spielraum bei der Gestaltung der Qualitätssicherungssysteme ist jedoch durch Anlage 3, II.2 insoweit eingeschränkt, dass diese mit den Begrifflichkeiten, Instrumenten und Standards anderer Bereiche, etwa den Vereinbarungen nach den seinerzeit geltenden §§ 93 ff BSHG, weitestgehend kompatibel sein müssen. Damit wird die Entwicklung auf quantitative, status-quo-

46 §§ 2 Abs. 6, 3 Abs. 2 und Anlage 3, II.3 des Vertrages.
47 Vgl. Menninger, BldW 1+2/1999, 16.
48 Geschäftsordnung Kooperationsgremium, Ziff. 2.1., S.3.
49 §§ 3 Abs.2, 4 Abs. 8 des Vertrages.
50 § 2 Abs. 6 S. 2 und Abs. IX des Vertrages; Anlage 3, II.2-6.
51 § 4 Abs. 7 S. 1 des Vertrages.
52 Anlage 3, II des Vertrages.

orientierte Top-Down-Systeme der Qualitätsmessung festgelegt.[53] In der Praxis gestaltet sich die Entwicklung von Qualitätssicherungssystemen durch die LIGA schwierig, da die Verbände sich nicht auf gemeinsame Konzepte einigen konnten.[54]

### 4. Die praktischen Abläufe

Wie bereits geschildert, hat die Arbeiterwohlfahrt die Federführung bei der Erfüllung der vertraglichen Pflichten übernommen und vertritt die Verbände mit Alleinvertretungsbefugnis gegenüber dem Land Berlin und den Zuwendungsletztempfängern. Das heißt, sie erlässt im Namen der Gesamtheit der Verbände Zuwendungsbescheide und schließt Leistungsverträge. Hinsichtlich der Projekte ihrer eigenen, rechtlich unselbständigen Gliederungen ist sie dafür durch § 2 Abs. 8 des Vertrages vom Verbot des Selbstkontrahierens nach § 181 BGB befreit.

Die konkreten untergeordneten Verwaltungsaufgaben für die Antragsbearbeitung und Verwendungsprüfung haben die Verbände an ihren Dienstleister, den Berliner Zentralausschuss e.V. (BZA) abgegeben. Dieser erhält dafür jährlich 204.000,- € (400.000,- DM)[55] und hält für diese Aufgaben dreieinhalb Mitarbeiterstellen bereit. Die BZA prüft die formalen Voraussetzungen der Mittelverwendung. Der Caritas-Verband übernimmt auf der Grundlage dieser Prüfung eine Vorprüfung der Belege; dann erfolgt eine Überprüfung durch einen externen Sachverständigen.[56] Auf Grundlage des Prüfergebnisses leitet die AWO die erforderlichen Schritte gegenüber den Zuwendungsempfängern ein. Die Übertragung der Alleinvertretungsbefugnis auf die AWO, die Auslagerung der Verwaltungsaufgaben an die BZA und die tatsächliche Praxis der Zuwendungsprüfung sind durch den Rechnungshof im Jahr 2004 harsch kritisiert worden.[57]

## IV. Zusammenfassung

Der LIGA-Vertrag wurde zwischen der Berliner Senatsverwaltung und den Berliner Landesverbänden der großen deutschen Wohlfahrtsverbände über eine Laufzeit von fünf Jahren geschlossen. Gegenstand des Vertrages ist die Finanzierung und Weiterentwicklung von Projekten der ambulanten sozialen und gesundheitlichen Versorgung in einem breiten Spektrum von Sachbereichen; das Zuwendungsvolumen beträgt insgesamt 93, 5 Millionen €. Der Vertrag enthält Regelungen über die Ein-

---

53 Vgl. oben Erster Teil, Kapitel 6, III.B.

54 Purmann, Vortragsmanuskript, 29 ff.

55 Von der jährlichen Gesamtsumme von 388.000 €, welche die Verbände als Pauschale für die Mittelverwaltung und -vergabe erhalten.

56 In den Jahren 2001 und 2002 war dies der ehemalige Haushaltsbeauftragte der Senatsverwaltung für Soziales.

57 Rechnungshof Berlin, Jahresbericht 2004, Rz. 128 – 137: „Schwere Mängel bei der treuhänderischen Verwaltung und Zuwendungsvergab."

bindung der Verbände in die Zuwendungsverwaltung durch deren Beleihung, Richtlinien für die Mittelweitergabe und die Ausübung der Zuwendungsverwaltung durch die Verbände, welche die zuwendungsrechtlichen Bindungen an die Verbände weitergeben, eine Aufgaben- und Kompetenzverteilung zwischen den Vertragsparteien in Planung, Steuerung und Qualitätssicherung und über die Einrichtung eines paritätisch besetzten Kooperationsgremiums, auf welches staatliche Entscheidungsbefugnisse verlagert werden.

Mit der Einbindung der Verbände in die Zuwendungsverwaltung wird das Rechtsregime des Haushalts- und Zuwendungsrechtes nicht verlassen, dessen Spielräume aber weit genutzt. Die Verbände als private Organisationen werden durch öffentlich-rechtliche Beleihung als Zuwendungsmittler in das Zuwendungsverhältnis eingeschaltet, und Fördermittel werden für eine mehrjährige Periode für ein breites Angebotsspektrum zugewiesen. Die einzelnen Zuwendungsverhältnisse zu den Projektträgern sind jedoch in herkömmlicher Form ausgestaltet, insbesondere bleibt es bei der jährlichen Förderungsentscheidung. Partiell kann in den Einzelverhältnissen durch Abschluss von Leistungsvereinbarungen vom Zuwendungsrecht abgewichen werden.

# Kapitel 3: Rechtliche Bewertung des LIGA-Vertrages

## I. Einordnung des Vertrages

### A. Öffentlich-rechtlicher oder privatrechtlicher Vertrag

Im Vertragstext wird der Vertrag als ‚öffentlich-rechtlicher Rahmenvertrag' bezeichnet. Die Zuordnung als öffentlich- rechtlicher oder privatrechtlicher Vertrag ist gemäß § 54 S. 1 VwVfG objektiv nach dem Vertragsgegenstand zu bestimmen. Es kommt also darauf an, ob der Vertrag sich auf einen im Schwerpunkt öffentlich-rechtlich zu beurteilenden Vertragsgegenstand bezieht, insbesondere ob die vertraglich übernommenen Verpflichtungen bzw. vertraglich vollzogenen Verfügungen öffentlich-rechtlichen Charakter haben.[1] Dass der LIGA-Vertrag der Erfüllung öffentlicher Aufgaben dient, reicht für die Zuordnung als öffentlich-rechtlich noch nicht aus, da diese auch in privatrechtlicher Form erfüllt werden können.[2] Der Vertrag umfasst die Errichtung eines öffentlich-rechtlichen Beleihungs- und Treuhandverhältnisses zwischen den Parteien auf der Grundlage von § 44 BerlLHO. Durch die Beleihung werden den Verbänden hoheitliche Befugnisse verliehen; deshalb ist der LIGA-Vertrag als öffentlich-rechtlich einzuordnen.[3]

### B. Koordinations-, subordinations- oder kooperationsrechtlicher Vertrag

Im Rahmen von §§ 54 ff VwVfG/ §§ 53 ff SGB X[4] werden koordinationsrechtliche und subordinationsrechtliche Verträge unterschieden. Die Unterscheidung ist für den Rechtsschutz des Privaten gegen Vertragsbestimmungen von Bedeutung, da der weitergehende Schutz der §§ 55, 56, 59 Abs. 2, 61 VwVfG nur auf subordinationsrechtliche Verträge anwendbar ist.

Bei subordinationsrechtlichen Verträgen i.S.v. § 54 S.2 VwVfG, die einen Verwaltungsakt ersetzen, besteht ein Über- und Unterordnungsverhältnis zwischen den Parteien. Koordinationsrechtliche Verträge setzen dagegen eine rechtliche Gleich-

---

1 BVerwGE 42, 331, 333 f.; 74, 368, 370; Kopp/ Ramsauer, VwVfG, § 54 Rn. 27 ff.; Stelkens/Bonk/Sachs, VwVfG, § 54 Rn. 75 f.; Maurer, Allgemeines Verwaltungsrecht, § 14 Rn. 11.

2 Vgl. Kopp/ Ramsauer, VwVfG, § 54 Rn . 28; BVerwG BayVBl 1993, 406.

3 Vgl. auch v. Köckritz/ Ermisch, BHO, § 44 Rn. 79.2.2.; Wolff/ Bachof/ Stober Verwaltungsrecht Bd. II, 5.Aufl., § 104 Rn. 6; BVerwG, NJW 1955, 1203 und DÖV 1984, 1025.

4 Ob auf den LIGA-Vertrag statt der verfahrensrechtlichen Regelungen der §§ 54 ff BerlVwVfG die §§ 53 ff SGB X anzuwenden sind, kann dahinstehen. Unterschiedlich ist allein die Regelung in § 53 II SGB X, die Verträge mit Sozialleistungsberechtigten über Sozialleistungen i.S.v. § 11 SGB I ausschließt. Derartige Regelungen werden im LIGA-Vertrag, der sich im Bereich des Leistungserbringungsrechts bewegt, nicht getroffen.

ordnung zwischen den Vertragspartnern voraus.[5] Daraus wird der Schluss gezogen, koordinationsrechtliche Verträge seien nur zwischen zwei Trägern öffentlicher Verwaltung oder zwischen zwei Privaten, jedoch nicht zwischen Verwaltungsträger und Privatem möglich.[6]

Vertragsparteien des LIGA-Vertrages sind Verwaltungsträger und Private; er regelt zum einen die Globalzuwendung, zum anderen die Beleihung der Verbände mit hoheitlichen Befugnissen für die Weitergabe der Zuwendungen. Klassische Zuwendungsverträge werden als subordinationsrechtliche Verträge eingeordnet, weil die Zuwendung auch im Wege des Verwaltungsaktes ergehen könne.[7] Auch eine Beleihung im Rahmen der Zuwendungsverwaltung kann durch Verwaltungsakt wie durch Vertrag ergehen.[8] Daraus könnte man folgern, der LIGA-Vertrag stelle einen subordinationsrechtlichen Vertrag dar.

Angesichts der neuen Formen der Verantwortungs- und Arbeitsteilung zwischen Verwaltungsträgern und Privaten, deren Voraussetzung der beidseitige Willen zur Kooperation ist, und die durch gegenseitige Abhängigkeiten geprägt und durch komplexe Vereinbarungen geregelt werden, wird die Zuordnung zu Subordinationsverhältnissen jedoch als unzureichend betrachtet.[9] Grund für die abweichende Regelung der subordinationsrechtlichen Verträge sei das erhöhte Schutzbedürfnis des Bürgers, der ‚im Schatten der Hierarchie' mit der Verwaltung kontrahiere; es komme für die Abgrenzung also auf Schutzwürdigkeitswertungen an. Entscheidend sei daher, ob das Gebiet des Vertragsgegenstandes typischerweise von hoheitlichen Handlungs- und Eingriffsbefugnissen gegenüber den Bürgern geprägt ist.[10] Im Gegensatz zu diesen Gebieten stünden jene, die sich durch kooperatives Handeln zwischen Verwaltung und Privaten auszeichneten.[11] Verträge, die derartige Kooperationsverhältnisse zwischen öffentlichen Trägern und Privaten regeln, werden deshalb entweder den koordinationsrechtlichen Verträgen zugeordnet,[12] oder es wird als dritte Kategorie der kooperationsrechtliche Vertrag vorgeschlagen, der wie ein koordinationsrechtlicher Vertrag zu behandeln sei.[13] Kooperationsrechtliche Verträge setzten komplexe Vertragsgestaltungen voraus, einfache Subventionsverträge reichten dafür nicht aus.[14]

Die Erbringung sozialer Leistungen durch freigemeinnützige Träger wird vom

---

5 Wolff/ Bachof/ Stober, Verwaltungsrecht Bd. 2, § 54 Rn. 19.
6 Wolff/ Bachof/ Stober, Verwaltungsrecht Bd. 2, § 54 Rn. 19.
7 Wolff/ Bachof/ Stober, Verwaltungsrecht Bd. 2, § 54 Rn.19.
8 VV Nr. 19.3 zu § 44 BerlLHO.
9 Ziekow, Verwaltungsrechtliche Kooperationsverhältnisse, 19.
10 Ziekow, Verwaltungsrechtliche Kooperationsverhältnisse, 19.
11 BVerwG DVBl. 2000, 1853, 1855.
12 Mehls/ Salas-Gómez BldW 1+2/1999, 6.
13 Ziekow, Verwaltungsrechtliche Kooperationsverhältnisse, 33; Wolff/ Bachof/ Stober, Verwaltungsrecht Bd. 2, § 54 Rn. 19.
14 Wolff/ Bachof/ Stober, Verwaltungsrecht Bd. 2, § 54 Rn. 19 nennen als Beispiel die Einrichtung von Arbeitsgemeinschaften nach § 95 BSHG (jetzt geregelt in § 4 Abs. 2 SGB XII).

BVerfG bereits im Subsidiaritätsurteil als Bereich einer „hergebrachten (...) Zusammenarbeit“[15] bezeichnet. Der LIGA-Vertrag stellt ein Beispiel dieses komplexen kooperativen Handelns dar. Zwar mag es rechtlich und technisch möglich sein, seine Regelungen durch einen Verwaltungsakt mit Nebenbestimmungen zu treffen. Aufgrund der Komplexität der gegenseitigen Verpflichtungen müsste der Inhalt dieses Verwaltungsaktes zuvor zwischen den Parteien in einem informellen Prozess ausgehandelt werden, und ohne die Kooperationsbereitschaft der Verbände könnte ein solcher Verwaltungsakt nicht zustande kommen. Prägend für den LIGA-Vertrag ist die Kooperation der Verbände mit der Sozialverwaltung mit wechselseitigen Abhängigkeiten, nicht die Ausgestaltung eines hoheitlichen Verhältnisses. Insofern ist auch ein geringeres Schutzbedürfnis der Verbände gegeben, als bei der vertraglichen Regelung von behördlichen Handlungs- und Eingriffsbefugnissen in typischen Subordinationsverträgen.

Der LIGA-Vertrag enthält über die Globalsubvention hinausgehend komplexe Regelungen über die Auslagerung von Verwaltungsaufgaben, über die Arbeitsteilung und Zusammenarbeit der Vertragspartner, sowie die Planung und Kontrolle der Aufgabenerfüllung. Somit ist er als kooperationsrechtlicher Vertrag nach den Regelungen für den koordinationsrechtlichen Vertrag zu behandeln.

## II. Die Einschaltung der Verbände in die Zuwendungsverwaltung unter dem Gesichtspunkt des Demokratieprinzips

Der LIGA-Vertrag lagert Entscheidungen und Tätigkeiten in der öffentlichen Zuwendungsverwaltung aus der unmittelbaren Staatsverwaltung aus. Befugnisse werden zum einen an die privaten Verbände als Beliehene, zum anderen an ein von Verwaltung und Verbänden besetztes kondomniales ‚Kooperationsgremium‘ abgegeben. Die öffentlichen Aufgaben der Zuwendungsverwaltung werden in einer neu geschaffenen öffentlich-privaten Organisationsstruktur arbeitsteilig wahrgenommen.[16] Es handelt sich damit weder um eine materielle Privatisierung, bei welcher eine Aufgabe umfassend in den privaten Sektor verlagert wird und die öffentliche Verwaltung diese Aufgabe nicht länger wahrnimmt, noch um eine formelle oder Organisationsprivatisierung, bei der sich der Verwaltungsträger zur Aufgabenerfüllung einer privaten Rechtsform bedient.[17]

Die Arbeitsteilung sieht vor, dass die privaten Verbände Entscheidungen vorbereiten und exekutieren. Die Entscheidungsbefugnisse über die Strukturierung, Ausgliederung und Aufnahme von Förderungsbereichen sowie über die Kürzung, Erweiterung, Einstellung und Neuaufnahme der Finanzierung einzelner Projekte ordnet der LIGA-Vertrag dem paritätisch besetzten Kooperationsgremium zu. Die

---

15 BVerfGE 22, 180, 200.

16 S. auch Schuppert, Verwaltungskooperationsrecht, 61 f.

17 Vgl. zu den Grundmodellen von Privatisierung Osterloh in VVDStRL Bd. 54, 223 ff; Schoch in DVBl. 1994, 970 f; Schuppert in DV 1996, 543.

Verbände besitzen dagegen Entscheidungsbefugnisse bei der Steuerung und Qualitätssicherung und setzen die Finanzierungs- und Strukturentscheidungen des Kooperationsgremiums in Rechtsakten mit Außenwirkung um. Für diese Tätigkeiten werden sie durch die Beleihung in den staatlichen Sektor und die Verwaltungshierarchie einbezogen, wobei das Land Berlin als beleihender Behördenträger die Fachaufsicht innehat.

Die Rechtmäßigkeit einer solchen Aufgabenauslagerung bestimmt sich einfachgesetzlich zunächst aus dem Haushaltsrecht. Das Haushaltsrecht regelt in § 23 BerlLHO die Veranschlagung und in § 44 BerlLHO die Vergabe von Zuwendungen. In § 44 Abs. 3 BerlLHO wird das Land zur Beleihung Dritter mit Aufgaben der Zuwendungsverwaltung ermächtigt. Die Regelungen des Haushaltsrechtes lassen einen weiten Gestaltungsspielraum, welcher durch die zugehörigen Verwaltungsvorschriften ausgefüllt wird. Die VV zur BerlLHO enthalten auch Regelungen für die Vergabe von Zuwendungsmitteln durch Dritte.[18] Im Haushaltsrecht mit seiner geringen Regelungstiefe stellen die Verwaltungsvorschriften und Allgemeinen Nebenbestimmungen zu § 44 BHO/LHO ein umfassendes Regelwerk auf untergesetzlicher Ebene bereit, das eine einheitliche Verwaltungspraxis, die Gleichbehandlung der Zuwendungsempfänger und die Transparenz staatlicher Fördertätigkeit sicherstellen soll.[19] Als Verwaltungsvorschriften sind sie jedoch staatliches Binnenrecht, welches nur ausnahmsweise Außenwirkung erreicht. Daher stellen sie keine Rechtsnormen dar und kommen als Prüfungsmaßstab für die Rechtmäßigkeit der Auslagerung und Arbeitsteilung in der Berliner Zuwendungspraxis nicht in Frage.

Damit bleibt als Prüfungsmaßstab für die Zulässigkeit der Auslagerung das Grundgesetz, insbesondere das Demokratieprinzip aus Art. 20 Abs. 2 S. 1 GG. Angesichts der Anerkennung der eigenständigen Gestaltungsfunktion der Verwaltung in komplexen Umwelten und ihrer zunehmenden Pluralisierung, deren Teil die Einbeziehung Dritter in ihre Tätigkeit und ihre Entscheidungen ist, ist die Ausfüllung des Prinzips der demokratischen Legitimation der Verwaltung in jüngerer Zeit stark diskutiert worden.

Neben das klassische Modell der Verwaltungslegitimation, welches die organisatorisch-personelle Legitimation durch die Einbindung des handelnden Amtswalters in eine ununterbrochene Legitimationskette zum dem Volk als Legitimationssubjekt in den Vordergrund stellt, treten neuere Überlegungen in Literatur und Rechtsprechung. Ausgehend vom Charakter des Demokratieprinzips als einem offenen und dynamischen Staatsstrukturprinzip soll die Legitimation so gestaltet sein, dass der Zurechnungszusammenhang von Volk und der Ausübung von Herrschaftsgewalt real und nicht nur normative Fiktion ist. Dabei sollen prozedurale, organisatorische und outputorientierte Modi der Legitimation an Bedeutung gewinnen.

---

18 VV Nr. 12 zur BerlLHO: Weitergabe von Zuwendungen durch den Zuwendungsempfänger; VV Nr. 16 ff zu § 44 Abs. 2: Verwaltung von Mitteln oder Vermögensgegenständen und VV Nr. 19 zu § 44 Abs. 3: Beleihung auf dem Gebiet der Zuwendungen.

19 v. Köckritz/ Ermisch, BHO, § 44 Rn. 3; aus Gründen der Rechtseinheit werden auch die VV des Bundes und der Länder abgestimmt und entsprechen sich weitgehend.

Der LIGA-Vertrag wird im Folgenden anhand des klassischen Modells der Verwaltungslegitimation sowie anhand der neueren Konzepte der Legitimation einer differenzierten und pluralisierten Verwaltung auf seine Übereinstimmung mit dem Demokratieprinzip untersucht.

## A. Das klassische Modell der Verwaltungslegitimation

Das Demokratieprinzip hat in Art. 20 Abs. 2 S. 1 GG seine Ausprägung in der Formulierung: „Alle Staatsgewalt geht vom Volke aus" gefunden. Nach Art. 2 Abs. 2 S. 2 muss die Ausübung dieser Staatsgewalt durch die Organe der Gesetzgebung, der Exekutive und der Rechtsprechung auf das Volk zurückführbar sein. Nach dem klassischen Modell der Verwaltungslegitimation ist der Zurechnungszusammenhang zwischen der Gesamtheit der Bürger als Legitimationssubjekt und der Staatsgewalt als Legitimationsobjekt durch verschiedene Mittel der Legitimation herzustellen, wobei durch diese verschiedenen Modi ein gewisses Legitimationsniveau im Sinne einer Effizienz zu erreichen ist.[20]

Dieses Legitimationsniveau ist hinsichtlich der Tätigkeit der Verwaltung nach der älteren Rechtsprechung des BVerfG,[21] die durch die Literatur[22] systematisiert wurde, durch eine Kombination unterschiedlicher Mittel der Legitimation zu erreichen und abzusichern: Das Prinzip der personellen Legitimation erfordere, dass die Ausübung von Staatsgewalt durch die Verwaltung in allen Formen auf eine vom Volk als Ganzem als primärem Träger der Staatsgewalt abgeleitete Legitimation zurückgehe (‚ununterbrochene Legitimationskette')[23] und ein Mindestmaß an Überschaubarkeit, Messbarkeit und Kontrollierbarkeit erfülle.[24] Der zweite Legitimationsmodus ist die inhaltlich-sachliche Legitimation, welche durch die Bindung der Staatstätigkeit an Recht und Gesetz erreicht werde.[25] Hinzu komme die funktionell-institutionelle Legitimation durch die Funktionen der Gewalten, Verfahrensvorschriften und die Verfahren von Aufsicht und Weisung.[26] Diese verschiedenen Legitimationsstränge stünden in einem wechselbezüglichen Verhältnis, so dass eine Schwächung eines Stranges durch die Stärkung eines anderen ausgeglichen werden könne; ein völliges Fehlen eines Stranges wird jedoch als dem Demokratieprinzip

---

20 BVerfGE 38, 258, 271; 47, 253, 272; 77, 1, 40; 83, 60, 72; 93, 37, 66; 107, 59, 87.

21 Grundlegend BVerfGE 83, 37; 83, 60 (Ausländerwahlrecht); 93, 37 (Mitbestimmung).

22 Böckenförde in HbdStR Bd. I, § 22; Maunz/Dürig-*Herzog*, GG, Art. 20 II Rn. 50 ff; Schmidt-Aßmann in AöR, Bd. 116 (1991), 329 ff; Jestaedt, Demokratieprinzip; Redaktion Kritische Justiz, Demokratie; Trute in HbVerwRWiss Bd. II, § 6, Rn. 4-14.

23 BVerfGE 47, 253, 275 f.; 68, 1, 88; 77, 1 , 40; 83, 60, 73; 93, 37, 67; 107, 59, 87 (hier eingeschränkt auf die unmittelbare Staatsverwaltung und die kommunale Selbstverwaltung); Böckenförde in HbdStR Bd. I, § 22, Rn. 16; Maunz/Dürig-*Herzog*, GG, Art. 20 II Rn. 50 ff; Jestaedt, Demokratieprinzip, 267 ff.

24 BVerfGE 93, 37, 74; v.Mangoldt/ Klein/ Starck-*Sommermann*, GG, Art. 20 Rn. 158 f; Schmidt-Bleibtreu/ Klein, GG, Art. 20 Rn. 12; Geis, Selbsthilfe, 109.

25 BVerfGE 83, 60, 72; 93, 37, 67; Böckenförde in HbdStR Bd. I, § 22 Rn. 17 ff.

26 BVerfGE 93, 37, 66; Dreier-*ders.*, GG Art. 20, Rn. 105.

zuwiderlaufend ausgeschlossen.[27] Aus verfassungsrechtlicher Sicht ist dabei nicht die Form demokratischer Legitimation entscheidend, sondern deren Effektivität; notwendig sei ein gewisses Legitimationsniveau.[28]

Im Lichte des klassischen Modells der Verwaltungslegitimation erscheint die hierarchische Verwaltung als vorrangiges Prinzip, als Idealfall demokratischer Verwaltung.[29] Damit wird die Pluralisierung der Verwaltung durch die Einbeziehung Dritter zur rechtfertigungsbedürftigen Ausnahme.[30] Durch die Mitwirkung oder gar Mitentscheidung von Privaten an der Verwaltungstätigkeit wird die Zurechnungskette handelnder Amtswalter – Regierung – Parlament – Volk und damit die personelle Legitimation unterbrochen. Bereits jede Mitwirkung Privater durch kooperatives Handeln führt zu einer Mitgestaltung des Endprodukts ‚Verwaltungsentscheidung'.[31] Im klassischen Modell wird eine Mitwirkung Privater an der Verwaltungstätigkeit dennoch überwiegend als zulässig erachtet, solange eine Entscheidungsherrschaft demokratisch legitimierter Entscheidungsträger gegeben ist.[32] Daneben werden sachbereichsspezifische Ausnahmen für die Beleihung, für gewisse plurale Gremien sowie für die Selbstverwaltung zugelassen.

Im Folgenden wird der LIGA-Vertrag auf seine Zulässigkeit im klassischen Modell der Verwaltungslegitimation untersucht, und zwar erstens hinsichtlich der Beleihung der Verbände mit Aufgaben der Zuwendungsverwaltung und zweitens hinsichtlich der Kompetenzen des Kooperationsgremiums.

### 1. Die Beleihung der Verbände

Die Verbände nehmen als Beliehene Tätigkeiten der Zuwendungsverwaltung im eigenen Namen in den Handlungsformen des öffentlichen Rechts wahr. Sie setzen damit, in der Praxis insbesondere durch den Erlass von Zuwendungsbescheiden und den Abschluss von Zuwendungsverträgen, hoheitliche Rechtsakte mit Außenwirkung.

Den Erfordernissen der unmittelbaren personellen demokratischen Legitimation wird die Beleihung nicht gerecht. Zwar wird der Beliehene in den Legitimationsstrang eingeordnet, indem ihm seine Befugnisse von einem in der unmittelbaren Legitimationskette stehenden Amtswalter übertragen werden; er wird jedoch nicht vollständig in die Verwaltungshierarchie eingegliedert, sondern untersteht lediglich

---

27 Dreier-*ders.*, GG Art. 20, 108; v. Mangoldt/ Klein/ Starck-*Sommermann* Art. 20 Rn. 163.

28 BVerfGE 83, 60, 72; 93, 37, 66 f; 107, 59, 87.

29 Böckenförde, HbdStR Bd. I, § 22; Loschelder, HbdStR III, § 68; Dreier, Hierarchische Verwaltung, 129 ff; Jestaedt, Demokratieprinzip, 138 ff; a.A. Groß, Kollegialprinzip, 166 ff.; Trute in HbVerwRWiss Bd. II, § 6, Rn. 13 f u. 42 ff.

30 Britz in VerwArch 91 (2000), 422 f; Schmehl in JuS 2001, 234.

31 Kunig/ Rublack Jura 1990, 8; äußerst restriktiv gegenüber jeder Pluralisierung von Verwaltungsstrukturen: Jestaedt, Demokratieprinzip, 265 ff und 420 f; Di Fabio in VVDStRL Bd. 56, 264 f..

32 BVerfGE 93, 37, LS 2 und 70; Kunig/ Rublack in Jura 1990, 2; Britz in VerwArch 91 (2000), 422 f; enger Jestaedt, Demokratieprinzip und Kondomnialverwaltung, 265 ff.

der Fach- und Rechtsaufsicht. Die anerkannten Rechtmäßigkeitsvoraussetzungen der Beleihung gleichen diese Defizite jedoch nach allg. Meinung aus.[33] Die Beleihung der Verbände durch den LIGA-Vertrag genügt dann dem Demokratieprinzip, wenn deren Rechtmäßigkeitsvoraussetzungen im konkreten Fall erfüllt sind.

### *a) Allgemeine Rechtmäßigkeitsvoraussetzungen der Beleihung*

Die Beleihung als Übertragung von Hoheitsrechten muss durch Gesetz oder aufgrund gesetzlicher Ermächtigung erfolgen; sie steht auch im Bereich des Leistungsrechtes unter institutionellem, organisationsrechtlichem Gesetzesvorbehalt.[34] Durch Beleihung dürfen lediglich punktuelle Zuständigkeiten für hoheitliche Aufgaben übertragen werden, welche im der Beleihung zugrunde liegenden Rechtsakt abschließend enumerativ aufgeführt und im Umfang zeitlich und inhaltlich begrenzt werden müssen.[35] Das Demokratieprinzip erfordert weiter, dass die beliehenen Privaten in ihrer Tätigkeit zumindest der Rechtsaufsicht durch den beleihenden Verwaltungsträger unterstellt sind und dass die Widerruflichkeit der Beleihung gesichert ist.[36]

Diese Voraussetzungen sind im LIGA-Vertrag erfüllt. Der Vertrag nimmt Bezug auf die Ermächtigungsgrundlage in § 44 Abs. 3 BerlLHO, er legt den zeitlichen und inhaltlichen Umfang der übertragenen Aufgaben konkret fest, bindet die Verbände bei der Wahrnehmung ihrer Aufgaben an die förderpolitischen Rahmenentscheidungen des Landes und unterstellt sie der Fachaufsicht der Landesbehörde. Die Beleihung steht unter dem der Vorbehalt des jederzeitigen Widerrufs der Übertragung.

### *b) Spezielle Rechtmäßigkeitsvoraussetzungen aus § 44 BerlLHO*

Weitere Voraussetzungen ergeben sich aus der speziellen Ermächtigungsgrundlage in § 44 Abs. 3 BerlLHO: Es muss ein erhebliches Interesse Berlins an der Beleihung bestehen und die sachgerechte Erfüllung der übertragenen Aufgaben gewährleistet sein.

---

33 Dreier-*ders.*, GG Art. 20, Rn. 115; Britz in VerwArch 91 (2000), 434; Erichsen-*Ehlers*, Allgemeines Verwaltungsrecht, § 1 Rn. 15; Wolff/ Bachof/ Stober, Verwaltungsrecht II, § 104; Maurer, Allgemeines Verwaltungsrecht, § 23 Rn. 56.

34 OVG NRW JZ 1980, 93 f.; BVerwG DVBl. 1970, 735 (736); Maurer, Allgemeines Verwaltungsrecht, § 23 Rn. 58; Wolff/ Bachof/ Stober Verwaltungsrecht Bd. II, § 104 Rn. 6. Dieser institutionelle Gesetzesvorbehalt soll für die Übertragung staatlicher Befugnisse auf ein Privatrechtssubjekt auch im Bereich der Subventionsverwaltung immer gelten, wobei die Gewährung staatlicher Leistungen nicht unter allen Umständen einer formellen Gesetzesgrundlage bedarf, OVG NRW NJW 1980, 1407, BVerwG GewArch 1977, 262; a.A. (im Bereich der Subventionsverwaltung unterliegt auch die Aufgabenübertragung nicht dem Gesetzesvorbehalt): BayVGH VerwRspr Bd. 19, Nr. 92 und BayVBl 1970, 408.

35 Wolff/ Bachof/ Stober, Verwaltungsrecht Bd. II, § 104 Rn. 6; Britz in VerwArch 91 (2000), 433.

36 V. Köckritz/ Ermisch, BHO, § 44 Rn. 79.2.2.; Piduch-*Nebel*, Bundeshaushaltsrecht, § 44 Rn. 18; Britz in VerwArch 91 (2000), 434.

Die Voraussetzung eines ‚erheblichen Interesses Berlins' lässt als unbestimmter Rechtsbegriff einen weiten, wenn auch voll gerichtlich überprüfbaren, Spielraum für Gründe der Landesverwaltung für die Beleihung. Die dem LIGA-Vertrag zugrunde liegenden Motive – die angestrebte Verschlankung der Landesverwaltung im Bereich der Zuwendungsverwaltung und die erwartete Kooperation der Verbände bei der Durchsetzung der Einsparungen und Umstrukturierungen – sind als legitime und erhebliche Interessen des Landes anzuerkennen.

Die Verbände besitzen für die übertragenen Förderbereiche als langjährige Projektträger die erforderliche Fachkompetenz und sind durch ihre Größe und Struktur in der Lage, die ordnungsgemäße Verwaltung der umfangreichen übertragenen Mittel zu gewährleisten. Auch die strukturellen Rahmenbedingungen der Zuwendungs- und Finanzierungsverwaltung sind zum einen durch informelle Aushandlungen vor Vertragschluss – die Schaffung der personellen, räumlichen und sächlichen Voraussetzungen für das Detailgeschäft beim BZA –, zum anderen durch die im Vertrag getroffenen Vereinbarungen über die Verwaltungsabläufe gegeben.[37] Somit ist auch die sachgerechte Erfüllung der übertragenen Aufgaben gewährleistet.

#### *c) Ergebnis*

Durch die rechtmäßige Beleihung der Verbände im LIGA-Vertrag ist deren Tätigkeit bei der Durchführung der Zuwendungsverhältnisse und auf den Gebieten der Qualitätssicherung und Steuerung nach dem klassischen Modell der Verwaltungslegitimation zulässig. Im Rahmen der Beleihung könnten den Verbänden ebenso die abschließenden Förderungsentscheidungen zulässig übertragen werden.[38] Insofern schöpft der LIGA-Vertrag den rechtlich möglichen Rahmen der Auslagerung von Aufgaben und (Mit-) Entscheidungsbefugnissen in der Zuwendungsverwaltung durch Beleihung gemäß § 44 Abs. 3 BerlLHO nicht aus. Stattdessen sind die Letztentscheidungsbefugnisse an das Kooperationsgremium ausgelagert. Die demokratische Legitimation dieser Auslagerung ist im Folgenden zu überprüfen.

### 2. Bewertung der Kompetenzen des Kooperationsgremiums

Das Kooperationsgremium ist paritätisch mit sechs Vertretern der Verbände und sechs Vertretern der Berliner Landesbehörden besetzt. Nach seiner Geschäftsordnung werden konsensuale Beschlüsse angestrebt. Diese Beschlüsse werden durch die Verbände als Beliehene ohne weitere eigene Entscheidungsmacht exekutiert.

Damit stellt sich zunächst die Frage nach der Legitimationsbedürftigkeit der Tätigkeit des Kooperationsgremiums, da die Beschlüsse des Gremiums erst durch die Verbände gegenüber Dritten umgesetzt werden. Ist diese zu bejahen, muss überprüft werden, ob die Tätigkeit des Gremiums hinreichend demokratisch legitimiert ist.

---

37 Vgl. im einzelnen oben Zweiter Teil, Kapitel 2, III.

38 Vgl. Heuer-*Dommach*, Haushaltsrecht, Rn. 17 ff zu § 44.

### *a) Legitimationsbedürftigkeit der Tätigkeit des Kooperationsgremiums*

Demokratischer Legitimation bedarf jede Ausübung von Staatsgewalt. Fraglich ist also, ob die Entscheidungen des gemischt öffentlich-gesellschaftlich besetzten Kooperationsgremiums über die Strukturierung, Ausgliederung und Aufnahme von Förderungsbereichen sowie hinsichtlich der Kürzung, Erweiterung, Einstellung und Neuaufnahme der Finanzierung einzelner Projekte Ausübung von Staatsgewalt darstellen.

Anknüpfend an die ältere Definition des BVerfG, Ausübung von Staatsgewalt sei alles „amtliche Handeln mit Entscheidungscharakter",[39] begreift eine Auffassung nicht jede Staatstätigkeit als legitimationsbedürftig, sondern lediglich autoritative Entscheidungen, mit welchen andere rechtlich gebunden werden.[40] Durch die Organisationsstruktur des LIGA-Vertrages wird das Verwaltungsverfahren, welches seinen Endpunkt in den Verwaltungsakten gegenüber bzw. dem Abschluss von Verwaltungsverträgen mit den Zuwendungsletztempfängern findet, aufgespalten. Nach der Entscheidungsvorbereitung durch die Verbände trifft das Kooperationsgremium die endgültigen Finanzierungsentscheidungen. Diese Entscheidungen werden durch die Verbände als Beliehene in Rechtsakten mit Außenwirkung gegenüber den Zuwendungsempfängern umgesetzt. Betrachtet man isoliert die Rechtsakte der Verbände, sind diese durch die Beleihung hinreichend demokratisch legitimiert. Damit wären nach einer formalen Sicht die Entscheidungen des Kooperationsgremiums nicht legitimationsbedürftig, sondern lediglich deren Umsetzung durch die Verbände in der Zuwendungsverwaltung.

Nach einer weiteren Meinung ist jede Tätigkeit des Staates legitimationsbedürftig, gleich in welcher Handlungsform oder Rechtsform, darunter auch vorbereitende oder konsultative Tätigkeiten.[41] Hintergrund dieser Auffassung ist, die staatliche Tätigkeit umfassend den Strukturbestimmungen des Art. 20 GG und der Grundrechtsbindung aus Art. 1 Abs. 3 GG zu unterwerfen, um eine effektive Legitimierung und einen effektiven Schutz zu gewährleisten.[42] Abstufungen nach Art oder Form der Tätigkeit könnten sich nur hinsichtlich des erforderlichen Legitimationsniveaus ergeben, nicht hinsichtlich der Legitimationsbedürftigkeit.[43]

Die Zuordnung einer Tätigkeit zur Staatsgewalt sei aus der Zuordnung zu einem öffentlich-rechtlichen Rechtsträger abzuleiten[44] oder ergebe sich aus der Zugehörig-

---

39 BVerfGE 47, 253, 273; 83, 60, 73; 93, 37, 68 f.

40 Britz in VerwArch 91 (2000), 428 ff; ; Di Fabio in VVDStRL Bd. 56, 264 f; Wolff/ Bachof/ Stober Verwaltungsrecht Bd. II, § 104 Rn. 6; Schmehl in JuS 2001, 234.

41 V.Mangoldt/ Klein/ Starck-*Sommermann*, GG, Art. 20 Rn. 140; Trute in HbVerwRWiss Bd. II, § 6, Rn. 6 und 90.

42 Vgl. v.Mangoldt/ Klein/ Starck-*Sommermann* Art. 20 Rn. 140; Groß, Kollegialprinzip, 27; Trute in HbVerwRWiss Bd. II, § 6, Rn. 6.

43 Trute in HbVerwRWiss Bd. II, § 6, Rn. 6.

44 BerlVerfGH NVwZ 2000, 794; NWVerfGH NVwZ 1987, 212; v.Mangoldt/ Klein/ Starck-*Sommermann*, GG, Art. 20 Rn. 140.

keit der Tätigkeiten zu den öffentlichen Aufgaben.[45] Eine materielle Definition öffentlicher Aufgaben ist nach allg. M. nicht möglich.[46] Möglich ist eine Einordnung dort, wo einfachgesetzlich eine Aufgabe der Verwaltung zugeordnet wird. Die BerlLHO regelt in ihrem § 44 die Ausübung der Zuwendungsverwaltung; Normadressat ist dabei die Landesverwaltung. Dies ergibt sich auch daraus, dass gewisse Formen der Einbeziehung Privater in die Zuwendungsverwaltung in § 44 Abs. 2, 3 BerlLHO geregelt werden. Damit stellt die Zuwendungsverwaltung eine öffentliche Aufgabe dar, und zumindest das Handeln der staatlichen Vertreter im Kooperationsgremium wäre als Staatshandeln legitimierungsbedürftig.

Auch das BVerfG erweitert die Legitimationsbedürftigkeit in jüngerer Zeit auch auf behördeninterne Entscheidungen, die die Voraussetzung für die Wahrnehmung von Amtsaufgaben schaffen, sowie auf die Wahrnehmung von Mitentscheidungsbefugnissen.[47] Auch danach löst die Mitwirkung der staatlichen Vertreter an den die Verwaltungsakte vorbestimmenden Entscheidungen des Kooperationsgremiums die Legitimationsbedürftigkeit aus.

Die tatsächliche, vertraglich etablierte Entscheidungsinstanz der Zuwendungsverwaltung im Bereich des LIGA-Vertrages ist das Kooperationsgremium, welches innerhalb der vom Parlament zur Verfügung gestellten Mittel die Entscheidungen trifft, die durch die Verbände lediglich exekutiert werden. Es entspräche nicht der Ausgestaltung des LIGA-Vertrages, die Entscheidung des Kooperationsgremiums als bloßen Mitwirkungsakt in einem Verwaltungsverfahren zu begreifen.[48] Den Beliehenen verbleibt kein eigener Entscheidungsspielraum; sie sind nicht befugt, von den Beschlüssen des Kooperationsgremiums abzuweichen. Eine Aufspaltung in den nicht legitimationsbedürftigen Entscheidungsakt des Gremiums und die legitimationsbedürftige und legitimierte außenwirksame Umsetzung des Aktes durch die Beliehenen wäre ein rein formale Herangehensweise, die dem Erfordernis einer effektiven demokratischen Legitimation nicht gerecht würde. Daher ist die Tätigkeit des Kooperationsgremiums als legitimierungsbedürftig zu betrachten.

#### *b) Demokratische Legitimation der Tätigkeit des Kooperationsgremiums*

Auch die Entscheidungen des Kooperationsgremiums über die Strukturierung, Ausgliederung und Aufnahme von Förderungsbereichen sowie hinsichtlich der Kürzung, Erweiterung, Einstellung und Neuaufnahme der Finanzierung einzelner Projekte stellen damit Ausübung von Staatsgewalt dar und bedürfen der demokratischen Legitimation. Angesichts der paritätischen staatlich-gesellschaftlichen Besetzung des Gremiums stellt sich im klassischen Modell der Verwaltungslegitimation

45 BerlVerfGH NVwZ 2000, 794.
46 Bull, Staatsaufgaben, 221; Mayntz, Soziologie, 44; Schuppert in VerwArch 71 (1980), 309 ff; Wahl in Ellwein/ Hesse, Staatsaufgaben, 30.
47 BVerfGE 83, 60, 73; 93, 37, 68; 107, 59, 87.
48 Zur vergleichbaren Frage der Ausübung von Hoheitsgewalt oder bloßen Vorbereitung der Ausübung von Hoheitsgewalt durch die niedersächsischen Schulausschüsse, Püttner in DÖV 1988, 361.

die Frage, ob eine ausreichende personelle Legitimation in Form der staatlichen Letztentscheidungsverantwortung besteht.

Dem Erfordernis staatlicher Letztentscheidungsbefugnis ist im Falle eines gemischten Gremiums Genüge getan, wenn entweder in seiner Ausgestaltung das Prinzip der doppelten Mehrheit unmittelbar demokratisch legitimierter Mitglieder erfüllt ist, oder den Entscheidungen des Gremiums ein weiterer Entscheidungsakt der Verwaltung nachgeordnet ist.[49] Ist beides nicht der Fall, ist zu prüfen, ob eine der anerkannten Ausnahmen vom staatlichen Letztentscheidungsprinzip für sachbereichspezifische plurale Kollegialorgane oder Organe der funktionellen Selbstverwaltung einschlägig ist.

*i. Prinzip der doppelten Mehrheit*

Dies gilt als erfüllt, wenn in gemischt besetzten Gremien die staatlichen Akteure gegenüber den privaten die Stimmenmehrheit besitzen und die jeweilige Entscheidung von der Mehrheit der uneingeschränkt demokratisch legitimierten Mitglieder getragen wird.[50]

Das Kooperationsgremium des LIGA-Vertrages ist paritätisch besetzt; die Vertreter der Senatsverwaltung besitzen also keine Stimmenmehrheit. Dennoch könnte das Prinzip der doppelten Mehrheit unmittelbar demokratisch legitimierter Mitglieder erfüllt sein, wenn auch die Vertreter der Verbände aufgrund der Beleihung der Verbände als ausreichend demokratisch legitimiert anzusehen wären. Die Einbeziehung Beliehener in die Verwaltungsorganisation reicht aber nur soweit, wie die konkret verliehenen punktuellen Zuständigkeiten dies vorgeben.

Es kommt also darauf an, ob die Verbände ihre Vertreter in ihrer Funktion als Beliehene in das Gremium entsenden. Der Zweck des Kooperationsgremiums ist nach dem Vertrag, die partnerschaftliche Durchführung des Vertrages und die vertrauensvolle Zusammenarbeit der Vertragspartner zu sichern.[51] Die Verbände entsenden damit als private Vertragspartner Vertreter in das Gremium, um ihre Rechte und Pflichten nach dem Vertrag zu wahren. Die Beleihung bezieht sich dagegen lediglich auf die mit dem Vertrag übertragenen Aufgaben[52] und ist erst Teil des Vertrages. Die Tätigkeit der Verbände im Kooperationsgremium stellt gerade nicht die Wahrnehmung übertragener – fremder – Aufgaben, sondern die Wahrnehmung eigener Interessen und selbstdefinierter Aufgaben als gesellschaftlicher Kooperati-

---

49 BVerfGE 93, 37, 38 und 71; BVerwG NVwZ-RR 1999, 375; Schmidt-Preuß in VVDStRL 56 (1996), 181 ff; Kunig/ Rublack in Jura 1990, 8 f; noch restriktiver Jestaedt, Demokratieprinzip und Kondomnialverwaltung, 265 ff, 420 f, der jegliche Entscheidungsteilhabe Privater als Verstoß gegen das Demokratieprinzip bewertet.

50 BVerfGE 93, 37, 70; 107, 59, 88; BVerwGE 106, 64, 79 ff; VerfGH Berlin 42/99, Urteil vom 21.10.1999.

51 § 3 Abs. 1 des Vertrages.

52 § 2 Abs. 5 i.V.m. § 1 des Vertrages.

onspartner dar.[53] Damit ist das Prinzip der doppelten Mehrheit im Kooperationsgremium nicht gewahrt.

*ii. Nachgeordnete behördliche Letztentscheidung*

Die staatliche Entscheidungsherrschaft wäre dennoch gewahrt, wenn den Beschlüssen des Kooperationsgremiums ein abschließender staatlicher Entscheidungsakt nachgeordnet wäre. Die Verwaltung darf nach dem klassischen Modell der Verwaltungslegitimation weder bloßer Mittler zwischen Privatinteressen noch ‚privater' Verhandlungspartner sein; sie muss sich die Möglichkeit einseitiger Regelung vorbehalten, und auch eine ‚ausgehandelte' Entscheidung bedarf des Zueigenmachens des Ergebnisses durch die Verwaltung.[54]

Dies wäre erfüllt, wenn das Gremium durch Vereinbarung der Partner der Aufsicht durch die Behörde unterstellt wäre. In der Vereinbarung bezüglich der Beleihung findet sich die Regelung, das Land Berlin übe über die Verbände „insofern die Fachaufsicht aus".[55] Diese Regelung bezieht sich jedoch lediglich auf die Beleihung bzw. die Wahrnehmung der übertragenen Aufgaben, nicht auf die Ausübung eigener Interessen und Aufgaben im Kooperationsgremium (vgl. soeben). Zumindest faktisch dient das Kooperationsgremium auch der Überwachung der Tätigkeit der Verbände als Beliehene, auch wenn die Fachaufsicht hinsichtlich der Beleihung beim Land Berlin liegt.

Das Kooperationsgremium ist nach den dargestellten Vereinbarungen für die Regelungsgegenstände des LIGA-Vertrages die Letztentscheidungsinstanz; es ist keine nachgeordnete Entscheidung der Landesverwaltung vorgesehen. Die Geschäftsordnung sieht vor: „Im Kooperationsgremium gefasste Beschlüsse sind verbindlich, soweit sie nicht gegen rechtlich zwingende Vorgaben verstoßen."[56] Daraus könnte man schlussfolgern, dass gegenüber dem Kooperationsgremium eine Rechtsaufsicht der Landesverwaltung vereinbart ist. Jedenfalls kann auch diese nichts daran ändern, dass es bezüglich der fachlichen Entscheidungen, d.h. der Ausübung des Ermessens in den von den Vertragspartnern vereinbarten Kompetenzbereichen des Kooperationsgremiums, bei einer Letztentscheidungskompetenz des Kooperationsgremiums bleibt. Dies entspricht dem Verständnis der Praktiker, wonach das Kooperationsgremium die letzte Instanz für die Arbeits- und Finanzplanung ist. Eine nachgeordnete Überprüfung durch die Verwaltung findet nicht statt. Somit ist das Kooperationsgremium nicht durch Vereinbarung der Partner behördlicher Aufsicht unterstellt. Eine den Entscheidungen des Kooperationsgremiums nachgeordnete Entscheidung der Berliner Landesbehörden ist nicht vorgesehen.

---

53 Vgl. die Argumentation in VerfGH NW, DÖV 1987, 108, 110: Die Wahl von Verwaltungsratsmitgliedern durch das (selbst personell legitimierte) Sparkassenpersonal dient nicht der Weitergabe von Volkslegitimation, sondern der eigenen Partizipation an der Willensbildung des Organs. Dazu Püttner in DÖV 1988, 358.

54 BVerfGE 93, 37, 70; Kunig/Rublack Jura 1990, 9.

55 § 2 Abs. 5 S. 2 des Vertrages.

56 Geschäftsordnung Kooperationsgremium, Ziff.4.4., S. 2.

Fraglich ist damit, ob eine der im klassischen Modell der Verwaltungslegitimation anerkannten Ausnahmen von dem Erfordernis der Entscheidungsherrschaft unmittelbar demokratisch legitimierter Entscheidungsträger gegeben ist.

*iii. Ausnahme vom Letztentscheidungsprinzip für plurale Gremien*

Auch nach dem klassischen Modell der Verwaltungslegitimation sind Ausnahmen vom Letztentscheidungsprinzip für einige plurale Gremien mit öffentlichen und privaten Akteuren vorgesehen. Diese sollen sachbereichspezifische Modifikationen des Prinzips staatlicher Letztverantwortung sein.[57] Insbesondere in den Bereichen Kultur, Bildung, Wissenschaft und Soziales gelten kondomniale Gremien, in denen hoheitliche und gesellschaftliche Vertreter mitwirken, und denen Letztentscheidungsbefugnisse zugeordnet sind, als sachgerechte Ausnahme.[58]

Zwar sind diese Gremien nicht vollständig in die Verwaltungshierarchie mit ihren Prinzipien von Aufsicht und Weisung eingeordnet, sie sind jedoch als pluralisierte Verwaltungseinheiten in die Verwaltung inkorporiert. In der Verwaltung findet sich neben dem Hierarchie- auch das Kollegialprinzip; Zweck der Kollegialgremien ist gerade die Entscheidungsfindung durch horizontale Koordination, Kompromissbildung und Kooperation.[59] Kollegialorgane werden definiert als institutionalisierte Gremien mit mindestens drei Mitgliedern, welche in horizontaler Koordination, d.h. meistens durch Mehrheitsentscheidungen, Entscheidungen treffen.[60] Als Kollegialorgane pluralistischen Typs werden jene bezeichnet, in die Private als Vertreter gesellschaftlicher Interessensvielfalt einbezogen werden.[61] Das Kooperationsgremium ist nach dem Kollegialprinzip organisiert und plural besetzt. Orientiert an der Typenbildung von *Groß*[62] entspricht es innerhalb der pluralistischen Gremien dem korporativen Typus, da die privaten Vertreter von den den Sachbereich Soziales dominierenden Wohlfahrtsverbänden entsandt werden.[63]

Fraglich ist jedoch, ob das Kooperationsgremium den restriktiven Kriterien ent-

---

57 BVerfGE 83, 130 ff; Groß, Kollegialprinzip, 44; Schreyer, Pluralistische Entscheidungsgremien, 86 f; skeptisch zur Legitimität der gruppenpluralistischen Zusammensetzung der Gremien Püttner in DÖV 1988, 360; gegen eine Zulässigkeit pluralisierter Verwaltungsstrukturen Jestaedt, 265 ff und 420 f.

58 So die Rundfunkräte (vgl. BVerfGE 12, 205; 57, 295); die Bundesprüfstelle für jugendgefährdende Schriften (vgl. BVerfGE 83, 130); Schulgremien (dazu Püttner in DÖV 1988, 361 ff); Wissenschaftsrat (dazu Röhl in DV 1996, 489 ff); Hauptausschuss der DFG (dazu Röhl in DV 1996, 496 ff); Jugendhilfeausschüsse (dazu Schellhorn- Schellhorn, SGB VIII, § 3 Rn. 3).

59 Groß, Kollegialprinzip, 196 f.

60 Das Kollegialprinzip wird als neben dem Hierarchieprinzip stehende zweite, im Vordringen befindliche Form der Verwaltungsorganisation betrachtet. Definition bei Groß, Kollegialprinzip, 46 ff.

61 Groß, Kollegialprinzip, 61.

62 Groß, Kollegialprinzip, 61 ff.

63 In Abgrenzung zum partizipativen Typ, bei welchem die Vertreter durch bestimmte Betroffenengruppen in Selbstorganisation gewählt werden, vgl. Groß, Kollegialprinzip, 61.

spricht, welche für derartige sachbereichsspezifische Ausnahmen von der unmittelbaren personellen demokratischen Legitimation entwickelt wurden. Das BVerfG stellte in der Entscheidung über die Bundesprüfstelle für jugendgefährdende Schriften eine Reihe restriktiver Kriterien für die Beteiligung nicht weisungsgebundener Privater an letztentscheidenden Gremien auf: Zum ersten muss die Beteiligung gesellschaftlicher Gruppen sachbereichsspezifisch angemessen sein.[64] Die Angemessenheit kann sich insbesondere aus der Grundrechtsrelevanz der Entscheidungen des Gremiums ergeben, wenn etwa die Rundfunk- oder Kunstfreiheit durch die plurale Besetzung der Entscheidungsgremien auch organisatorisch-institutionell abgesichert wird.[65] Zum zweiten müssen die Privaten als Träger eines Amtes handeln, welches ihnen durch ministerielle Ernennung verliehen wird, so dass ihnen damit demokratische Legitimation vermittelt werde.[66] Somit wird auf den Strang der personellen Legitimation auch bei den pluralen Gremien nicht vollkommen verzichtet, sondern lediglich eine abgeschwächte Form der personellen Legitimation als hinreichend angesehen, indem keine vollständige Einbeziehung in die Verwaltungshierarchie vollzogen wird. Zuletzt muss auch das Auswahlverfahren adäquat sein.[67]

Die sachbereichsspezifische Angemessenheit der Einbeziehung pluraler Gremien in die Finanzierungsentscheidungen der ambulanten sozialen Arbeit könnte mit dem Erfordernis einer pluralen, auch staatsfernen Trägerlandschaft begründet werden. Aus den Grundrechten der Hilfebedürftigen, welche bei der Wahrnehmung von Hilfe im höchstpersönlichen Bereich eine Wahlmöglichkeit unter verschiedenen Angeboten besitzen sollen, und aus den Rechten der Organisationen, insbesondere der sich karitativ betätigenden Kirchen, wird in den Bereichen Wohlfahrt und Fürsorge ein Pluralismusgebot hergeleitet.[68] So sind die Jugendhilfeausschüsse Konsequenz und organisationsrechtliche Absicherung des in § 3 Abs. 1 SGB VIII einfachgesetzlich normierten Pluralismusgebots[69] der Kinder- und Jugendhilfe.[70] Auch

---

64 BVerfGE 83, 130, 149 f.

65 Im Fall der Bundesprüfstelle für jugendgefährdende Schriften hat das BVerfG dies bejaht, da die Entscheidungen unter Berücksichtigung der Kunst- und Pressefreiheit in einer gewissen Staatsferne und aufgrund pluralistischer Meinungsfreiheit ergehen sollten, BVerfGE 83, 130, 150. Auch die plurale Besetzung der Rundfunkräte gilt als verfassungsrechtlich zulässige Möglichkeit zur Sicherung der Programmvielfalt und -ausgewogenheit, BVerfGE 57, 295, 330; 73, 118, 161; 83, 238, 333. Zum Grundrechtsschutz durch Organisation Groß, Kollegialprinzip, 209 ff; Krebs HbdStR Bd. III, § 69 Rn. 66 ff.

66 BVerfGE 83, 130, 149 f.

67 Wegen der Grundrechtsrelevanz der Entscheidungen der Bundesprüfstelle fordert das BVerfG in Anwendung der Wesentlichkeitstheorie, dass das Auswahlverfahren für die Vertreter gesetzlich geregelt sein müsse, BVerfGE 83, 130, 150.

68 Das Pluralitätsgebot wird als Gebot für Legislative und Exekutive verstanden, auf das Fortbestehen einer pluralen Trägerlandschaft aktiv hinzuwirken, vgl. zu Umfang und Reichweite Geis, Selbsthilfe, 155 ff. Neumann, Freiheitsgefährdung, 14 f; Wegener, 282 ff; Scholz in v. Campenhausen, 27.

69 Schellhorn-*Schellhorn*, SGB VIII, § 3 Rn. 3.

70 Die Jugendhilfeausschüsse sind gesetzlich durch §§ 70, 71 SGB VIII errichtet. Sie bilden einen Teil des zweigliedrigen Jugendamtes (§ 70 Abs. 1 SGB VIII) und sind somit gesetz-

das Zusammenarbeitsgebot und die Selbständigkeitsgarantie in § 17 Abs. 3 SGB I und § 5 Abs. 2 SGB XII werden als Konkretisierung des Pluralismusgebotes bewertet.[71]

Der LIGA-Vertrag regelt in erheblichem Umfang die Finanzierung von Leistungen und Angeboten, auf die kein Anspruch der Leistungsadressaten/innen besteht und die sich außerhalb des formellen Sozialrechts bewegen. Es stellt sich damit einerseits die Frage, ob ein solches Pluralitätsgebot auch über den Bereich des durch Leistungsansprüche der Adressaten geprägten formellen Sozialrechts hinaus verfassungsrechtlich begründet werden kann.[72] Wäre dies zu bejahen, ist zum zweiten zu fragen, ob das Kooperationsgremium einem solchen Pluralitätsgebot genügen würde. Als Gremium korporativen Typs ermöglicht es nur die Beteiligung der etablierten Verbände; der Zugang anderer Organisationen zur Zuwendungsverwaltung wird durch die Zwischenschaltung der Verbände im LIGA-Vertrag gerade abgeschnitten. Leitet man das Pluralitätsgebot aus den Rechten der Leistungsadressaten/innen ab, könnte ein derartiges korporatives Gremium unzureichend sein, um eine weitest mögliche Wahlmöglichkeit zu gewährleisten.

Diese Fragen können jedoch hier offen bleiben, denn jedenfalls ist das Kooperationsgremium weder gesetzlich etabliert, noch werden die Verbandsvertreter ministeriell ernannt und erhalten dadurch eine abgeschwächte Form personeller Legitimation. Das Kooperationsgremium wird nicht in der vom BVerfG vorausgesetzten Form als pluralisiertes Kollegialorgan in die Verwaltung inkorporiert, sondern bleibt als Kooperationsstruktur verwaltungsextern.

Hoheitlich verfasst sind jene Organisationen, die durch staatliche Entscheidungen errichtet und durch öffentlich-rechtliche Normen geregelt sind; nichtstaatlich sind Organisationen, die durch freie Initiative Privater auf rechtsgeschäftlicher Basis gegründet wurden.[73] Ein solcher hoheitlicher Errichtungsakt existiert im Bereich ambulanter sozialer Arbeit beispielsweise bei den Jugendhilfeausschüssen nach §§ 70, 71 SGB VIII[74] oder den Schiedsstellen nach § 78 g SGB VIII bzw. § 81 SGB XII[75] durch Gesetz bzw. Rechtsverordnung. Derartige plurale Kollegialgremien sind

---

lich in die Behördenorganisation eingegliedert. Die öffentlichen Vertreter besitzen im Ausschuss mit 3/5 die Stimmenmehrheit; auch die gesellschaftlichen Vertreter werden von der jeweiligen Vertretungskörperschaft des öffentlichen Jugendhilfeträgers gewählt, die Träger der freien Jugendhilfe besitzen das Vorschlagsrecht (§ 71 Abs. 1 Nr. 2 SGB VIII).

71 Geis, Selbsthilfe, 155 ff.

72 So wird vertreten, das Gebot des Trägerpluralismus sei immanenter Bestandteil der modernen Sozialstaatlichkeit nach Art. 20 Abs. 1, 28 Abs. 1 GG, Geis, Selbsthilfe, 153; Wegener, Staat und Verbände, 282 f., Scholz in v. Campenhausen, Kann der Staat für alles sorgen?, 27; bzw. die sozialrechtlichen Wunsch- und Wahlrechte seien Konkretisierung des Allgemeinen Persönlichkeitsrechtes des Leistungsempfängers, Geis, Selbsthilfe, 154; Wegener, Staat und Verbände, 190 f.

73 Groß, Kollegialprinzip, 28; Stern, Staatsrecht, Bd. III/1 § 71 I 5; Maurer, Allgemeines Verwaltungsrecht, § 23 Rn. 38.

74 Errichtung durch das SGB VIII.

75 Errichtung durch Rechtsverordnungen der Länder.

in die öffentlich-rechtliche Verwaltungsorganisation eingeordnet, so dass auch die Vertreter privater Organisationen – in diesem Fall der freien Träger – durch ihre Ernennung oder Entsendung Mitglieder in einem Teil der Verwaltung werden. Das Kooperationsgremium ist dagegen auf rechtsgeschäftlicher Basis, nämlich durch den LIGA-Vertrag gegründet worden.[76]

Das Kooperationsgremium entspricht damit nicht den Voraussetzungen, unter denen plurale Gremien als sachlich angemessene Ausnahmen vom Letztentscheidungsprinzip anerkannt werden.

*iv. Ausnahme vom Letztentscheidungsprinzip für Selbstverwaltungskörperschaften*

Als weitere Ausnahme vom Erfordernis einer ununterbrochenen Legitimationskette betrachtet das klassische Modell der Verwaltungslegitimation Körperschaften der funktionalen Selbstverwaltung. Den vom Grundgesetz bereits vorgefundenen Selbstverwaltungsträgern wurde herkömmlich – als restriktiv gehandhabte Ausnahme zum Prinzip der repräsentativen Demokratie – eine autonome Legitimation durch die Betroffenen zugrunde gelegt.[77] In jüngsten Entscheidungen rückt das BVerfG allerdings von der Annahme ab, die funktionale Selbstverwaltung habe gegenüber dem grundgesetzlichen Demokratieprinzip Ausnahmecharakter, sondern betont deren Verwurzelung im und ihre interne Bindung durch das Demokratieprinzip.[78]

Im klassischen Modell der Verwaltungslegitimation kann sich die autonome Legitimation der funktionalen Selbstverwaltung aus Grundrechtspositionen der Betroffenen oder ihrer sachlichen Betroffenheit ergeben.[79] Für den Bereich der funktionalen Selbstverwaltung erlaubt das Grundgesetz nach der jüngeren Rechtsprechung des BVerfG auf der Grundlage gesetzlicher Regelung Formen der Organisation und Ausübung von Staatsgewalt, die von dem Erfordernis lückenloser personeller Legitimation abweichen und Mitspracherechte der Betroffenen schaffen, verwaltungsexternen Sachverstand aktivieren und einen sachgerechten Interessensausgleich erleichtern.[80] Hinsichtlich der an funktionale Selbstverwaltungskörperschaften übertragbaren Bereiche äußert sich das Gericht jedoch zurückhaltend; für geeignet hält es „überschaubare Aufgabenbereiche, bei denen die Erledigung durch Organisationseinheiten der Selbstverwaltung historisch überkommen ist und sich traditionell bewährt hat."[81] Die so geschaffenen gemischten staatlich-gesellschaftliche

---

76 Rechtlich ist es mangels weitergehender gesellschaftsrechtlicher Errichtungsakte als Gesellschaft bürgerlichen Rechts – zumindest in Form einer Innengesellschaft – einzuordnen.

77 BVerfGE 33, 125, 160; Schmidt-Aßmann in GS Martens, 256 f; Schuppert in AöR Bd. 114 (1989), 136; Emde, Legitimation.

78 BVerfGE 107, 59, 91 f und 94; noch weitergehend jetzt der 1. Senat, BVerfGE 111, 191, 215 f.

79 Schmidt-Aßmann in GS Martens, 256; ders. in Hoffmann-Riem/ Schmidt-Aßmann/ Schuppert, Reform, 22 ff; Britz in VerwArch Bd. 91 (2000), 430 f; Schuppert in AöR Bd. 114 (1989), 136.

80 BVerfGE 107, 59, LS 1 und 2.

81 BVerfGE 107, 59, 93.

Gremien dürfen Hoheitsgewalt nur in begrenztem Umfang gegenüber Nichtmitgliedern ausüben.[82]

Trotz der dargestellten Ausweitung der Zulässigkeit der funktionalen Selbstverwaltung durch das BVerfG liegt mit dem Kooperationsgremium der Typus der funktionalen Selbstverwaltung nicht vor. Die vorfindlichen Erscheinungsformen der funktionalen Selbstverwaltung sind zwar heterogen.[83] Sie setzen jedoch voraus, dass eigenständige Organisationseinheiten der mittelbaren Staatsverwaltung, etwa in Form öffentlicher Anstalten oder Körperschaften, öffentliche Aufgaben wahrnehmen.[84] Eine derartige eigenständige Organisationseinheit wurde im Kontext des LIGA-Vertrages nicht geschaffen.

### 3. Ergebnis

Nach dem klassischen Modell der Verwaltungslegitimation ist die Ausübung der Zuwendungsverwaltung durch die Verbände als Beliehene hinreichend demokratisch legitimiert. Dagegen sind die Struktur- und Finanzierungsentscheidungen des Kooperationsgremiums legitimierungsbedürftig, aber nicht legitimiert. Weder ist das Prinzip der personellen Legitimation durch eine Entscheidungsherrschaft unmittelbar demokratisch legitimierter Träger erfüllt, noch liegt eine anerkannte Ausnahme von diesem Prinzip vor. Betrachtet man in der Logik des klassischen Modells die funktionale Selbstverwaltung und die pluralisierten Verwaltungseinheiten als rechtfertigungsbedürftige Ausnahmen vom Grundsatz staatlicher Letztverantwortung, verbietet sich auch eine Analogiebildung zugunsten von Kooperationsstrukturen, die mangels öffentlich-rechtlicher Verfasstheit oder Inkorporierung in die Verwaltung den Ausnahmevoraussetzungen nicht entsprechen.

## B. Neue Modelle demokratischer Legitimation

### 1. Kritik am klassischen Modell der Verwaltungslegitimation

In der neueren Literatur wird das klassische Modell der Verwaltungslegitimation zunehmend als unzureichend für die Erfassung der differenzierten und pluralisierten Verwaltung kritisiert.[85] Das Modell habe dazu geführt, das Demokratieprinzip

---

82 BVerfGE 107, 59, 94; enger: Püttner in DÖV 1988, 359.

83 Vgl. Böckenförde in HbdStR Bd. I, § 22, Rn. 31 ff; Schuppert, Verwaltungseinheiten, 65 ff; Emde, Legitimation, 5 ff und 363 ff.

84 BVerfGE 107, 59, 90.

85 Trute in HbVerwRWiss Bd. II, § 6, Rn. 15 ff; Dreier-*ders.*, GG Art. 20, (Einführung) Rn. 10 und Art. 20, Rn. 108 ff; Bryde in Redaktion Kritische Justiz (Hrsg.), Demokratie, 60 f; Mehde, Steuerungsmodell, 542 ff; Röhl in DV 1996, 498; Voßkuhle in Schuppert, Verantwortungsteilung, 65; Trute in Schuppert, Verantwortungsteilung, 32; Blanke in KJ 1998, 454 ff; Überblick über die Diskussion bei Möllers in VerwArch 90 (1999), 188; vgl. auch die grundsätzliche Kritik von Groß, Kollegialprinzip, 165 ff, an der von ihm sog. ‚monistischen Demokratietheorie', sowie die Beiträge in Redaktion Kritische Justiz (Hrsg.), Demokratie.

nicht als optimierungs- und konkretisierungsbedürftiges Staatsstrukturprinzip, sondern als starre subsumtionsfähige Regel zu verstehen.[86] Dagegen komme es auf die reale Wirksamkeit des Zurechnungszusammenhangs zwischen dem Volk und dem staatlichen Handeln an, nicht auf dessen normative Fiktion.[87] Auch die jüngere Rechtsprechung des BVerfG betont den Charakter des Demokratieprinzips als entwicklungsoffenes Prinzip, das konkret erfahrbar, praktisch wirksam und anpassungsoffen sein müsse.[88]

Es wird kritisiert, die Konzentration des klassischen Modells auf die formelle Legitimationskette verenge die Perspektive auf die punktuelle rechtsverbindliche Abschlussentscheidung und lasse den materiellen Gehalt des Demokratieprinzips außer Acht.[89] Die Literatur knüpft zudem an die Erkenntnisse der Steuerungs- und Verwaltungswissenschaften[90] an, indem sie kritisiert, die klassische Auffassung traue dem Staat ein empirisch fragwürdiges Maß an Normierbarkeit[91] und Ergebnisbeherrschung zu.[92] Das die Gemeinwohlorientierung sichernde Letztentscheidungswissen des Staates existiere in der Praxis vielfach nicht; die Abschlussentscheidung bleibe dann ein rein formaler Akt.[93] Mit der Pluralisierung der Verwaltung durch die Inklusion gesellschaftlicher Interessen in Verwaltungsvorgänge sei daher nicht zwangsläufig ein Steuerungsverlust gegenüber der klassischen hierarchischen Verwaltung verbunden.[94] Dagegen werde die Dichotomie der ‚Einhegung' Privater in das öffentlich Rechtsregime – vor allem durch die Beleihung – einerseits und der vollständigen Privatisierung andererseits den tatsächlichen Erscheinungsformen der Ausdifferenzierung von Staatlichkeit und der Einbeziehung privater Akteure nicht gerecht.[95] Der restriktiven Haltung der Gerichte stehe die verbreitete und stetig zunehmende Praxis gegenüber, Private in die Verwaltungstätigkeit einzubeziehen.[96]

---

86 Trute in HbVerwRWiss Bd. II, § 6, Rn. 16.

87 Trute in HbVerwRWiss Bd. II, § 6, Rn. 2.

88 BVerfGE 107, 59, 91.

89 Dreier-*ders.*, GG Art. 20, Rn. 108; Röhl in DV 1996, 498; Voßkuhle in Schuppert, Verantwortungsteilung, 65; Blanke in KJ 1998, 459, 468, 471.

90 Vgl. oben Erster Teil, Kapitel 5.II.A zu den Grenzen der Steuerungsfähigkeit der modernen binnenpluralen Staatsverwaltung und der Steuerbarkeit der ausdifferenzierten spätindustriellen Gesellschaft, sowie dem Lösungsansatz einer funktionen- und aufgabenspezifischen Varietät von Steuerungsmitteln.

91 Zu den Grenzen gesetzlicher Normierbarkeit in der Administration, insbes. der Leistungsverwaltung Groß, Kollegialorgane, 182 f; Hufen in VVDStRL Bd. 47, 147 ff.

92 Trute in Schuppert, Verantwortungsteilung 32 ff.; ders. DVBl. 1996, 955; Blümel in VVDStRL Bd. 56 (1996), 335 f (Diskussion).

93 Beispiele bei Trute in DVBl. 1996, 952 ff.

94 Trute in HbVerwRWiss Bd. II, § 6, Rn. 61, ders. in DVBl. 1996, 963; bzgl. der funktionalen Selbstverwaltung auch BVerfGE 107, 59, 92.

95 Trute in Schuppert, Verantwortungsteilung, 32 f; Schoch in DVBl. 1994, 974.

96 Britz in VerwArch Bd. 91 (2000), 420 f., mit einer Vielzahl von Beispielen aus dem Kommunal- und Landesrecht.

## 2. Modelle der Legitimation einer differenzierten und pluralisierten Verwaltung

Die Kritik stellt dem klassischen Modell der Verwaltungslegitimation daher neue, reflexive und entwicklungsoffene Modelle demokratischer Legitimation gegenüber, die sich am Demokratieprinzip als einem Optimierungsgebot orientieren sollen.[97]

Die neueren Modelle setzen eine differenzierte und pluralisierte Verwaltung als Realität moderner Staatlichkeit voraus und wollen den Zurechnungszusammenhang zwischen dem Volk und dem Staatshandeln durch situationsangemessene Modelle real und dauerhaft wirksam machen.[98] Dabei sollen – wie im klassischen Modell – verschiedene Legitimationsmodi zusammenwirken, wobei das Instrumentarium insbesondere durch prozedurale und organisatorische Mittel ergänzt wird, und Elemente einer Output-Legitimation im Sinne der dauerhaften Erreichung legitimer Gemeinwohlziele aufgenommen werden.[99]

Grundsätzlicher noch setzen sich die neuen Modelle von der klassischen Interpretation des Demokratieprinzips in der Bewertung autonomer Legitimation und der Einwirkung partikularer Interessen auf die Ausübung von Staatsfunktionen ab. Im Zentrum der klassischen Interpretation steht die formale Gleichheit, das heißt die gleiche Einflussnahme aller der Staatsgewalt Unterworfenen auf die Ausübung von Staatsgewalt.[100] Das Volk wird dabei als kollektiver Verband, nicht als Vielzahl von Individuen betrachtet.[101] Das Demokratieprinzip mache den Staat „zum Hüter des Gemeinwohls vor Gruppeninteressen.“[102] Besondere Mitentscheidungsbefugnisse kraft Betroffenheit in eigenen Angelegenheiten müssen damit als gleichheitswidrig erscheinen. In der Konsequenz werden Formen autonomer Legitimation, etwa im Kontext funktionaler Selbstverwaltung, als restriktiv zu handhabende Ausnahmen vom Demokratieprinzip begriffen.[103]

Dagegen gehen die neuen Modelle von einem pluralistischen Verständnis des Demokratieprinzips als Konsequenz der Menschenwürde und des Prinzips individueller Selbstbestimmung und einem pluralen Verständnis des Volksbegriffs in Art. 20 GG aus. Nach diesem Verständnis wird es zulässig, gesetzlich besondere Ein-

---

97 Trute in HbVerwRWiss Bd. II, § 6, Rn. 15 ff; Dreier-*ders.*, GG Art. 20, (Einführung) Rn. 10; Bryde in Redaktion Kritische Justiz (Hrsg.), Demokratie, 60 f.

98 Vgl. die systematische Entwicklung bei Trute in HbVerwRWiss Bd. II, § 6, Rn. 15 ff.

99 Trute in HbVerwRWiss Bd. II, § 6, Rn. 15 ff; ders. in DVBl. 1996, 955 f und in Schuppert Verantwortungsteilung, 34 f; Schuppert Verwaltungskooperationsrecht 76, ders. in J. Ipsen, Privatisierung 26 ff; Burgi DV Bd. 33 (2000), 183, 202 ff; Voßkuhle in Schuppert, Verantwortungsteilung, 51.

100 BVerfGE 93, 37, 69; Böckenförde in HdStR Bd. I, § 22, Rn. 35 ff..

101 Jestaedt, Demokratieprinzip, 208.

102 BVerfGE 33, 125, 160.

103 BVerfGE 33, 125, 160; 93, 37, 69; Böckenförde in HbStR Bd. I, § 22, Rn. 1-34; Hendler, Selbstverwaltung, 316 ff; Kunig-Rublack in Jura 1990, 8; vgl. auch die Darstellung bei Emde, Legitimation, 337 ff. Weiter bereits Schmidt-Aßmann in GS Martens, 256 f; Schuppert in AöR Bd. 114 (1989), 136.

flussmöglichkeiten Betroffener zu eröffnen.[104] Pluralistische Kollegialgremien seien nicht als rechtfertigungsbedürftige Ausnahme von der demokratischen Legitimation zu betrachten, sondern als bereichsspezifische, grundsätzlich gleichwertige Ergänzung der parlamentarischen Repräsentation.[105] Damit trete das Kollegialprinzip als Organisationsprinzip der Verwaltung gleichwertig neben das Hierarchieprinzip.[106] Das Prinzip der autonomen Legitimation wird damit über die Bereiche der kommunalen und funktionalen Selbstverwaltung hinaus auf die differenzierte und pluralisierte Verwaltung erweitert.

Auch in der Rechtsprechung des BVerfG lässt sich ein Wandel hin zum pluralistischen Verständnis des Demokratieprinzips ablesen, indem die funktionale Selbstverwaltung als Ergänzung und Verstärkung[107] oder gar als Ausprägung[108] des Demokratieprinzips begriffen wird.

### 3. Kriterien für die demokratische Legitimation pluralisierter und kooperativer Strukturen

Indem die neuen Modelle von einem pluralistischen Verständnis des Demokratieprinzips ausgehen, bewerten sie die Teilhabe betroffener Interessen an Verwaltungsentscheidungen nicht als rechtfertigungsbedürftige Abweichung von der demokratischen Allgemeinheit, sondern als Konsequenz des demokratischen Prinzips der Selbstbestimmung in eigenen Angelegenheiten. Dies befreit in der Beurteilung kooperativer und pluralistischer Strukturen von einem Regel-Ausnahme-Denken, wie es dem klassischen Modell mit seiner Konzentration auf das Hierarchieprinzip eigen ist. Demokratische Legitimation soll durch ein Zusammenwirken von Mitteln organisatorischer, personeller, prozeduraler, sachlich-inhaltlicher Legitimation sowie durch Outputlegitimation erreicht werden, wobei die unterschiedlichen Legitimationsmittel als begrenzt ausgleichsfähig, aber nicht gänzlich austauschbar angesehen werden. Es gehe darum, eine den jeweiligen Regelungsstrukturen angemessene Legitimationsstruktur zu entwickeln.[109]

Damit stehen die neueren Ansätze vor der Schwierigkeit, Kriterien und Instrumente zu operationalisieren, die innerhalb der verschiedenen Legitimationsmodi den Zurechnungszusammenhang zwischen Volk und staatlichem Handeln in pluralisierten und kooperativen Strukturen real und dauerhaft wirksam machen. Erfor-

---

104 Trute in HbVerwRWiss Bd. II, § 6, Rn. 19 u. 23 ff; Groß, Kollegialprinzip, 165 ff; Emde, Legitimation, 356 f; vgl. auch BVerfGE 107, 59, 92.

105 Groß, Kollegialprinzip, 197 f; Schreyer, Pluralistische Entscheidungsgremien, 86 f.; ähnlich Schmidt-Aßmann in GS Martens, 256 f, ders. in Hoffmann-Riem/ Schmidt-Aßmann/ Schuppert, Reform, 22 ff.

106 Groß, Kollegialprinzip, 234 ff, der die grundlegenden Organisationsentscheidungen aber dem Parlament vorbehält.

107 BVerfGE 107, 59, 92. Vgl. im Gegensatz noch BVerfGE 93, 37, 69.

108 BVerfGE 111, 191, 215 f.

109 Trute in HbVerwRWiss Bd. II, § 6, Rn. 42 ff.

derlich ist eine Analyse bereichsspezifischer Gefährdungslagen.[110] Die Modelle können dabei an Überlegungen anknüpfen, die zur Privatisierung öffentlicher Aufgaben und zum kooperativen und verantwortungsteiligen Staat entwickelt wurden.

Seit der zunehmenden Privatisierung von Aufgaben der Daseinsvorsorge, insbesondere der Infrastruktur, seit Beginn der 1990er Jahre beschäftigte sich die Rechtswissenschaft mit der Frage, wie die fortbestehende staatliche Aufgaben- oder Gewährleistungsverantwortung im Rahmen von Privatisierungen strukturell und prozedural abgesichert werden kann.[111] So wurden in der Literatur Möglichkeiten erwogen, die sich aus dem Demokratieprinzip ergebenden Einwirkungs- und Kontrollpflichten durch entsprechende staatliche Einwirkungsrechte auf das Verhalten der Privaten und die Aufgabenangemessenheit der Organisationsform zu sichern.[112]

In der Folgezeit wurde deutlich, dass man es in der Praxis in den seltensten Fällen mit der vollständigen materiellen Aufgabenprivatisierung oder der Aufgabe von Staatsaufgaben zu tun hatte, sondern mit neuen Formen kooperativer und verantwortungsteiliger Strukturen zwischen den Sektoren Staat und Markt oder Staat und Dritter Sektor.[113] Diese Strukturen wurden als Steuerungsressource begriffen und sollten für die Gemeinwohlverwirklichung genutzt werden, wobei institutionelle, organisatorische und prozedurale Sicherungen die herkömmliche personelle demokratische Legitimation ersetzen oder ergänzen sollen.[114] Die Literatur entwickelte Vorgaben für die Gestaltung verantwortungsteiliger Entscheidungsstrukturen und den Ablauf von Entscheidungsprozessen, welche die gleichmäßige Berücksichtigung betroffener Interessen und die Gemeinwohlorientierung der Entscheidungen gewährleisten sollten; zudem sollten die Akteure an Recht und Gesetz sowie an Gemeinwohlziele gebunden werden.[115] Diese Überlegungen sind prozedural ausgerichtet, indem sie abstrakt das Zustandekommen von Entscheidungen steuern wollen.[116] Die Tauglichkeit der Verhandlungsstrukturen, Gemeinwohlentscheidungen zu tref-

110 Trute in HbVerwRWiss Bd. II, § 6, Rn. 65.

111 Vgl. zu den Rechtmäßigkeitsvoraussetzungen der Privatisierung die Beiträge von Osterloh, Bauer und Hengstschläger in VVDStRL Bd. 54; Schoch in DVBl. 1994, 962 ff, König in DÖV 1998, 963 ff; Schuppert in DV 1996, 541 ff und in J. Ipsen, Privatisierung, sowie aus der älteren privatisierungskritischen Literatur Däubler, Privatisierung und Grabbe, Privatisierung.

112 Osterloh in VVDStRL Bd. 54, 234 ff; Schoch in DVBl 1994, 969 f; Müller, Rechtsformenwahl, 249.

113 Grundlegend Ritter in AöR Bd. 104 (1979); Röhl in DV Bd. 29 (1996), 487 ff; Burgi in DV Bd. 33 (2000), 183 ff; Schuppert, Verwaltungskooperationsrecht; Ziekow, Verwaltungsrechtliche Kooperationsverhältnisse, sowie die Beiträge in Schuppert, Verantwortungsteilung und in Voigt, Der kooperative Staat.

114 Trute in DVBl. 1996, 955 f und in Schuppert Verantwortungsteilung, 34 f; Schuppert Verwaltungskooperationsrecht 76; Burgi DV Bd. 33 (2000), 183, 202 ff; Hill in DÖV 1987, 894 f; Voßkuhle in Schuppert, Verantwortungsteilung, 51.

115 Trute in DVBl. 1996, 963 und in Schuppert, Verantwortungsteilung, 32; Röhl in DV 1996, 498; Voßkuhle in Schuppert, Verantwortungsteilung, 65 und Verwaltungseinheiten 350 ff; Groß, Kollegialprinzip, 232.

116 Zur Theorie prozeduraler Steuerungsansätze s. oben Erster Teil, Kapitel 5, II.B.3.

fen, soll institutionell sichergestellt werden. Der Begriff des Gemeinwohls wird nicht gefüllt, diese Aufgabe wird den verantwortungsteiligen Strukturen überlassen. Eine inhaltliche Endkontrolle ist gerade nicht vorgesehen. Als Maßstäbe für die gemeinwohlfähige Ausgestaltung der Strukturen werden genannt: Eine institutionelle Neutralitätssicherung und gleichheitsgerechte Einwirkungsmöglichkeiten der relevanten Interessensgruppen, das Gebot der Anhörung negativ Betroffener, die Bindung der privaten Akteure an das Gebot sachgerechter Aufgabenwahrnehmung und die Etablierung einer effektiven staatlichen Kontrolle gegenüber den Privaten, sowie Erfordernisse an Transparenz und Publizität des Verfahrens und Kontrollmechanismen.[117]

An diese Kriterien knüpfen die neuen Modelle zur Verwaltungslegitimation an, wenn sie die klassischen Legitimationsmodi durch prozedurale und Output-orientierte Instrumente ergänzen. Die ergänzende Legitimation über den Output von Verfahren und Strukturen soll daran bemessen werden, ob diese so ausgerichtet seien, dass die mit der Ausübung von Staatsgewalt verfolgten legitimen Zwecke auch dauerhaft erreicht werden können.[118] Zur Bestimmung der für eine Outputbewertung erforderlichen Qualität sollen neben der Aufgabenadäquanz der Organisation[119] und triftigen Sachgründen[120] auch die objektiv-rechtliche Dimension der Grundrechte und Staatsziele und Staatsstrukturprinzipen herangezogen werden.[121] Damit ist der Legitimationsmodus über den Output die Dimension, die am stärksten zu Überschneidungen mit anderen Prinzipien führt, insbesondere mit dem Rechtsstaatsprinzip.[122]

### 4. Anwendung auf den LIGA-Vertrag

Die durch den LIGA-Vertrag etablierte kooperative Struktur soll anhand der neuen Modelle zur Verwaltungslegitimation daraufhin überprüft werden, ob sie den Anforderungen des Demokratieprinzips an eine reale und dauerhaft wirksame Rückbindung der Ausübung von Herrschaftsgewalt genügen.

---

117 So mit unterschiedlichen Begrifflichkeiten: Trute in HbVerwRWiss Bd. II, § 6, Rn. 47 f; ders., DVBl. 1996, 963, ders. in Schuppert, Verantwortungsteilung, 34; Groß, Kollegialprinzip, 280 ff; Schmidt-Preuß VVDStRL Bd. 56, 192 f; Burgi in DV Bd. 33 (2000), 183 (202 ff); Hill in DÖV 1988, 894 f. Vgl. auch zu einer problem- und aufgabenspezifisch abgestuften staatlichen Verantwortungsintensität: Schmidt-Aßmann in Hoffmann-Riem/ Schmidt-Aßmann/ Schuppert, Reform, 11 ff; Bauer in VVDStRL Bd. 54, 278 ff; Schoch in DVBl. 1994, 963; Trute in DVBl. 1996, 951; Schuppert in J. Ipsen, Privatisierung, 26 ff.

118 Trute in HbVerwRWiss Bd. II, § 6, Rn. 53.

119 Groß, Kollegialprinzip, 200ff.

120 Böckenförde, HbdStR Bd. I, § 22, Rn.22.

121 Trute in HbVerwRWiss Bd. II, § 6, Rn. 53.

122 Vgl. die Kritik von Möllers, in VerwArch 90 (1999), 200 f.

### *a) Pluralisierte Verwaltungseinheit oder verwaltungsexterne Kooperationsstruktur?*

Man kann kooperative Strukturen danach unterscheiden, ob sie Private in pluralisierte Gremien und Organisationen der Verwaltung einbinden, oder ob die Verwaltung in externen, an den Sektorengrenzen angesiedelten Strukturen mit Privaten zusammenwirkt. Durch die Inklusion Privater in die Verwaltungsorganisation entstehen pluralisierte Verwaltungseinheiten, also Kollegialorgane der Verwaltung, die unmittelbar legitimationsbedürftig sind.[123] Dagegen leitet sich das Erfordernis demokratischer Legitimation in verwaltungsexternen Kooperationsstrukturen einerseits aus der Legitimationsbedürftigkeit der staatlichen Handlungsbeiträge her, andererseits aus einer „überwirkenden Legitimationsverantwortung" des Staates für die Kooperationsstruktur, soweit diese staatlich vermittelte Herrschaft ausübt.[124]

Durch den LIGA-Vertrag werden zwar die Verbände für Aufgaben der Zuwendungsverwaltung beliehen und somit in den staatlichen Bereich einbezogen. Zugleich werden die wesentlichen Entscheidungen aber dem paritätischen Kooperationsgremium zugewiesen. Das Kooperationsgremium bleibt verwaltungsextern, da es rechtsgeschäftlich erreichtet ist und seine gesellschaftlichen Mitglieder nicht durch einen staatlichen Ernennungsakt berufen werden. Nach dem Vertrag ist die Funktion des Gremiums, die partnerschaftliche Durchführung des Vertrages und die vertrauensvolle Zusammenarbeit der Vertragspartner zu sichern.[125] Das Gremium hat damit zugleich auch die Funktion, die Tätigkeit der Verbände als Beliehene fachlich vorzuprägen und zu beaufsichtigen. Insofern wird durch den LIGA-Vertrag eine verwaltungsexterne Kooperationsstruktur begründet, für die den Staat eine überwirkende Legitimationsverantwortung trifft.

### *b) Organisatorische Legitimation*

Betont man den Charakter des Demokratieprinzips als Staatszielbestimmung und entwicklungsoffenes Verfassungsprinzip,[126] kann man dem Gesetzgeber eine umfangreiche Gestaltungsfreiheit zugestehen, solange aufgrund der gewählten Instrumente ein wirksamer Zurechnungszusammenhang hergestellt wird.[127] Die sachgerechte Ausgestaltung der Verwaltungsorganisation – auch durch die Eröffnung von Mitwirkungs- und Mitentscheidungsmöglichkeiten Privater – dient ihrer organisatorischen Legitimation. Die Einrichtung einer Kooperationsstruktur soll durch die Problemstruktur des Aufgabenfeldes nahe gelegt werden.[128] Argumentiert wird also

123 Groß, Kollegialorgane, 61 ff; Trute in HbVerwRWiss Bd. II, § 6, Rn. 69 ff.
124 Trute in HbVerwRWiss Bd. II, § 6, Rn. 89 ff, 58.
125 § 3 Abs. 1 des Vertrages.
126 BVerfGE 107, 59, 91.
127 Trute in HbVerwRWiss Bd. II, § 6, Rn. 16. Groß, Kollegialprinzip, 236.
128 Trute in DVBl. 1996, 963.

mit der Aufgabenangemessenheit oder Rationalität einer entsprechenden Organisation des Sachbereichs.[129] Dies ist zugleich ein Element der Output-Legitimation.[130]

*i. Vorfindliche Verflechtung*

Der LIGA-Vertrag betrifft die Zuwendungsverwaltung in der öffentlichen Finanzierung von Angeboten der sozialen und gesundheitlichen Versorgung. Dieser Bereich ist historisch durch eine kooperative bzw. korporatistische Verflechtung von Staat und Organisationen des Dritten Sektors geprägt.[131] Dieses Geflecht aus Kooperation und gegenseitigen Abhängigkeiten besteht nicht nur auf der Ebene der Implementation, d.h. der konkreten Aufgabenerbringung, sondern auch auf der Ebene der Politikformulierung.[132]

*ii. Pluralismusgebot*

Neben diesen empirischen Befund treten mit dem sozialrechtlichen Pluralismusgebot sowie den Grundprinzipien des Sozialleistungserbringungsrechtes, nämlich dem Subsidiaritätsprinzip, dem Zusammenarbeitsgebot und der Selbstständigkeitsgarantie, auch rechtliche Vorprägungen des Sachbereiches, die eine Beteiligung der Verbände nahe legen.[133] Im Sozialrecht scheinen durch das grundrechtlich fundierte Pluralismusgebot pluralisierte Organisationsformen gegenüber der hierarchisch aufgebauten Verwaltung als besonders geeignet.

*iii. Nutzung von Selbststeuerungspotentialen*

Auch aus dem Blickwinkel der aufgabenspezifischen Varietät von Steuerungsmitteln ist eine Einbeziehung der Verbände in die Entscheidungsprozesse aufgabenangemessen, da Selbststeuerungspotentiale des Dritten Sektors und die besonderen Sachnähe der Verbände genutzt werden können.[134]

*c) Personelle Legitimation*

Nach den neueren Legitimationsmodellen tritt unter dem Stichwort personeller Legitimation an die Stelle der formellen ununterbrochenen Legitimationskette abstrakter das Ziel, die Gemeinwohlorientierung des Personals zu sichern.[135] Dazu müssen in der konkreten Regelungsstruktur die besonderen Gefährdungslagen für die Gemeinwohlorientierung analysiert werden. In der Einbindung von Beliehenen kann die Gefahr liegen, dass bei diesen trotz ihrer formellen Einbeziehung in die öffentliche Verwaltung die private Interessensbindung bestehen bleibt. Für die Siche-

---

129 Dreier-*ders.*, GG, Art. 20, Rn. 108, m.w.N.. Ebenso für die materielle Privatisierung Osterloh in VVDStRL Bd. 54, 221 und 231; Schoch in DVBl. 1994, 969 f.

130 Trute in HbVerwRWiss Bd. II, § 6, Rn. 53.

131 S. oben Erster Teil, Kapitel 4, II.A.

132 S. oben Erster Teil, Kapitel 4, IV.

133 Zu den Prinzipien Erster Teil, Kapitel 2, II.D.

134 S. oben Erster Teil, Kapitel 3, II.A.

135 Trute in HbVerwRWiss Bd. II, § 6, Rn. 45 f.

rung der personellen Legitimation sollen neben den klassischen Aufsichtsmitteln neue Sicherungen entwickelt werden.[136]
Im LIGA-Vertrag werden die Verbände für ihre Aufgaben im Bereich der Zuwendungsverwaltung beliehen. Sie unterliegen damit den bürokratischen Bindungen. Zugleich wird aber mit dem paritätisch besetzten Kooperationsgremium und dessen fachlicher Entscheidungsprärogative ein dem Aufgabengebiet angemessenes, plurales Gremium geschaffen, dass die Gemeinwohlorientierung der Beliehenen in der Aufgabenerfüllung vorprägen und überwachen kann und so die klassischen Aufsichtsmittel ergänzt.

#### *d) Parlamentarische Verantwortung und sachlich-inhaltliche Legitimation*

Die neuen Modelle der Verwaltungslegitimation stärken die Funktion der Parlamente im Zurechnungszusammenhang zwischen dem Volk und dem Verwaltungshandeln. Die Bedeutung der personellen Legitimation durch die formelle Legitimationskette Volk – gewähltes Parlament – Gubernative – Exekutive wird zwar zurückgedrängt. Doch die dem Parlament zugeschriebene größere Gestaltungsfreiheit hinsichtlich der Legitimationsstrukturen erhöht die Anforderungen an die Beobachtung und Nachbesserung der realen Wirksamkeit der Legitimationsinstrumente durch das Parlament.[137] Die Bindung des Handelns der Kooperationsakteure an Gesetze ist zugleich Instrument der sachlich-inhaltlichen Legitimation.

##### *i. Parlamentarische Etablierung der Kooperationsstruktur*

Erkennt man dem Parlament in Abkehr vom Primat der hierarchischen Verwaltung eine größere Gestaltungsfreiheit für die Legitimationsstrukturen zu, muss es diese Entscheidungsprärogative auch ausüben. Das bedeutet, es bedarf einer parlamentarischen Basislegitimation für kooperative Verwaltungsstrukturen.[138] Teilweise wird vertreten, die Etablierung pluralisierter und kooperativer Strukturen löse einen institutionellen Gesetzesvorbehalt aus, bedürfe also einer parlamentsgesetzlichen Grundlage.[139]

Dem LIGA-Vertrag liegt das Haushaltsgesetzes 2001 des Berliner Abgeordnetenhauses zugrunde. Im Landeshaushalt 2001 wurden die Mittel für den Vertrag bereitgestellt;[140] zugänglich war allen Parlamentariern zuvor ein Bericht der Senatsver-

136 Trute in HbVerwRWiss Bd. II, § 6, § 6, Rn. 92.

137 Groß, Kollegialorgane, 236; Trute in HbVerwRWiss Bd. II, § 6, Rn. 35 ff, 59.

138 Trute in HbVerwRWiss Bd. II, § 6, Rn. 72.

139 Bryde in Thieme-FS, 19; Groß, Kollegialprinzip, 236. Eingeschränkt: Trute in DVBl. 1996, 957 (soweit die Verwaltung de facto oder de iure keine wirksamen Instrumente der Ergebnisbeherrschung zurückbehält); Osterloh in VVDStRL Bd. 54, 231 (abhängig von der Wesentlichkeit der betroffenen Aufgabe).

140 Kapitel 1100, Titel 684 79 – Zuschüsse an soziale oder ähnliche Einrichtungen – I. Zuwendungsverträge, Erläuterungsnummer 1. Öffentlich-rechtlicher Vertrag über die Verwaltung und Vergabe von Zuwendungsmitteln Berlins für Projekte der sozialen und gesundheitlichen Versorgung.

waltung zur Neugestaltung des LIGA-Vertrages[141] sowie der gesamte Vertrag samt Anlagen. Fraglich ist, ob das Haushaltsgesetz als nur formelles Gesetz[142] zur Legitimierung der Etablierung der Entscheidungsmitwirkung der Verbände ausreicht. Als parlamentarische Rechtsgrundlage für die Gewährung von Zuwendungen genügt nach inzwischen einhelliger Ansicht die Ausweisung entsprechender Mittel im Haushaltsplan.[143]

Fraglich ist auch, ob dies auf die Einrichtung kooperativer Strukturen in der Zuwendungsverwaltung übertragbar ist. Die Notwendigkeit einer parlamentsgesetzlichen Grundlage wird mit dem Erfordernis einer starken, nämlich parlamentarischen, Legitimation der Entscheidung über die Art und Weise der Legitimationsvermittlung[144] bzw. einer vorrangigen parlamentarischen Gestaltungsbefugnis hinsichtlich der Verwaltungsorganisation[145] begründet. Das Parlament als über Wahlen direkt legitimierter Repräsentant soll die Entscheidung treffen. Damit kommt es auf eine parlamentarische Entscheidung an, welche die Exekutive bindet. Die Frage, ob diese als formelles und materielles Gesetz auch Außenwirkung besitzt, oder ob sie – wie das Haushaltsgesetz – als nur formelles Gesetz lediglich staatliches Innenrecht bildet, ist für die Priorität der parlamentarischen vor der exekutiven Entscheidung nicht ausschlaggebend. Das Haushaltsrecht und die Rechte der Haushaltskontrolle werden zudem als wirkungsvolles Instrument der sachlich-inhaltlichen Legimitation betrachtet.[146]

Damit bildet das Haushaltsgesetz eine Form sachlich- inhaltlicher Legitimation der Einrichtung einer verantwortungsteiligen Struktur in der Zuwendungsverwaltung durch den LIGA-Vertrag. Für die parlamentarische Rückbindung eines Teilprivatisierungsvorganges einer öffentlichen Anstalt wurde entschieden, dass neben einer gesetzlichen Grundlage der Errichtung einer Public Private Partnership auch die umfassende Einsicht aller Parlamentarier in die Verträge erforderlich sei.[147] Auch diese Voraussetzung ist beim LIGA-Vertrag erfüllt.

#### *ii. Parlamentarische Kontroll- und Korrekturrechte*

Die Sicherung der realen Rückbindung des Verwaltungshandelns an das Volk erfordert nicht nur die parlamentarische Legitimation der Einrichtung der Struktur, sondern auch die Beobachtung und Nachbesserung durch das Parlament. Das Parlament muss sich also Informationsrechte, Kontroll- und Korrekturrechte vorbehalten und diese auch ausüben.

---

141 Senatsverwaltung für Arbeit, Soziales und Frauen an den Vorsitzenden des Hauptausschusses vom v. 30.05.2000, Nr. 0454.

142 Dreier-*Heun*, GG, Art. 110, Rn. 29.

143 BVerwGE 58, 45, 48; HambOVG in HmbJVBl. 1977, 116; Dreier-*Heun*, GG, Art. 110, Rn. 31; Gusy in JA 1991, 287 f, Ehlers in DVBl. 1993, 861 f.

144 Bryde in Thieme-FS, 19.

145 Groß, Kollegialprinzip, 236.

146 Trute in HbVerwRWiss Bd. II, § 6, Rn. 51.

147 BerlVerfGH, NVwZ 2000, 794 zur Teilprivatisierung der Berliner Wasserwerke.

Die Mittel des Haushaltsrechts stellen klassische parlamentarische Kontrollrechte dar.[148] Die Beratung und Verabschiedung des Haushalts im Parlament erfüllt eine „Kontroll- und Legitimationsfunktion".[149] Mit dem LIGA-Vertrag sind durch die Veranschlagung einer Globalzuwendung und die Mehrjährigkeit der Vereinbarung jedoch Einschränkungen der klassischen Haushaltskontrolle vorgesehen. Fraglich ist, welche Kontroll- und Korrekturrechte das Berliner Abgeordnetenhaus nutzen kann.

*(1) Globalzuwendung*

Aus der globalen Zuwendung der Mittel an die Verbände ergeben sich im Vergleich zu der klassischen förderungsbereichspezifischen Bereitstellung von Zuwendungsmitteln Einschränkungen der parlamentarischen Einflussnahme auf die Mittelverteilung sowie auf die Mittelverwendung durch die Zuwendungsletztempfänger. Klassischerweise stellt das Parlament im Haushalt Mittel für die Förderung bestimmter Bereiche zur Verfügung und kontrolliert die Zuwendung dieser Mittel durch die Verwaltung. Je detaillierter die Mittel in Haushaltstiteln oder Untertiteln zweckgebunden sind, desto größer ist der Einfluss des Parlamentes auf die Zuwendungsvergabe. In der Vergangenheit wurde jedoch die Undurchsichtigkeit der Verwendung von Zuwendungsmitteln im Haushalt kritisiert[150] und eine größere Transparenz etwa durch die Einführung von Produkthaushalten angestrebt.

Wie dargestellt, ist mit dem LIGA-Vertrag die globale Zuwendung eines Gesamtbetrages für den Bereich der ambulanten sozialen und gesundheitlichen Versorgung verbunden, wobei ein nicht abschließender Katalog von Förderungsbereichen in § 1 des Vertrages vorgegeben ist, die konkrete Mittelverteilung jedoch dem Kooperationsgremium und die Kontrolle der Mittelverwendung den beliehenen Verbänden obliegt.[151] Die Entscheidung über die Förderung einzelner Projekte ist damit dem Einfluss des Abgeordnetenhauses entzogen.

Unter anderem für die parlamentarische Kontrolle hat die LIGA im Jahr 2000 erstmals einen ‚Transparenzbericht' über ihre Tätigkeiten im Rahmen des Vertrages erstellt, welcher eine nach Förderbereichen aufgeschlüsselte quantitative Darstellung der Leistungen und der Finanzierung sowie einen Statusbericht zur Qualitätsentwicklung der Projekte im LIGA-Vertrag enthält. Zur Erstellung dieses Berichtes waren die Verbände nach dem Vertrag nicht verpflichtet. Der Berliner Rechnungshof hat mittlerweile scharfe Kritik an der Praxis unter dem LIGA-Vertrag geübt. Die Senatsverwaltung nehme ihre Aufsicht über die Zuwendungsverwaltung durch die Verbände in der Praxis unzureichend wahr und gefährde dadurch ihre parlamentarische Verantwortlichkeit gegenüber dem Abgeordnetenhaus.[152]

---

148 Trute in HbVerwRWiss Bd. II, § 6, Rn. 51.

149 BVerfGE 79, 311, 344.

150 Puhl, Budgetflucht und Haushaltsverfassung, 190 ff, 213.

151 S. oben Zweiter Teil, Kapitel 2, III.F.

152 Rechnungshof Berlin, Jahresbericht 2002, Tz. 242; Jahresbericht 2004, 136 f.

### *(2) Mehrjährigkeit*

Durch die Mehrjährigkeit des LIGA-Vertrages, die haushaltsrechtlich durch die Einstellung von Verpflichtungsermächtigungen gemäß §§ 16, 38 BerlLHO im entsprechenden Haushaltstitel umgesetzt wird, kommt es zu einer Durchbrechung des haushaltsrechtlichen Annuitätsprinzips und damit zu einer Einschränkung der klassischen Budgetrechte des Parlamentes. Das Abgeordnetenhaus kann über das Haushaltsrecht steuernd jeweils erst nach Abschluss einer Vertragsperiode eingreifen, nicht während des laufenden Vertrages.

Das Annuitätsprinzip in der Zuwendungsfinanzierung wird von Seiten der freien Träger bereits seit Jahren als Hemmschuh in der Entwicklung von Projekten kritisiert, da es keine mittel- und langfristigen Planungen ermögliche.[153] Als Ziel des Vertrages wird von Seiten der Verbände,[154] aber ebenso von Seiten der Senatsverwaltung[155] auch die Erreichung mittelfristiger Planungssicherheit für die Projektträger durch die Abkopplung von der jährlichen politischen Entscheidung des Abgeordnetenhauses benannt. Dagegen kritisiert der Rechnungshof die Praxis, immer mehr Zuwendungsbereiche mehrjährig über die Zuwendungsmittlung Privater abzuwickeln. Die Mehrjährigkeit erschwere und gefährde die Haushaltskonsolidierung Berlins.[156]

Mit der im Haushaltsgesetz festgelegten Globalzuwendung und der Verpflichtungsermächtigung schränkt das Abgeordnetenhaus seine Haushalts- und Haushaltskontrollrechte ein. Unter dem Gesichtspunkt der Verwaltungslegitimation ist die reale Wirksamkeit der Kontroll- und Korrekturrechte entscheidend. Dabei ist auch die massive Kritik an der Undurchsichtigkeit der Verwendung von Zuwendungsmitteln im klassischen, der Annuität verpflichteten Haushalt und der mangelnden Produkt- und Outputorientierung[157] zu berücksichtigen.

Um die parlamentarischen Kontroll- und Korrekturrechte beim LIGA-Vertrag zu optimieren, sollten im Ausgleich für die mehrjährige Globalzuwendung Informationsrechte des Parlamentes verstärkt werden. Dazu könnte eine vertragliche Verpflichtung der Verbände zur Berichterstattung über die Zuwendungspraxis verstärkt werden. Das Instrument des umfassenden ‚Transparenzberichtes' jeweils für eine Vertragsperiode sollte auf seine Tauglichkeit überprüft und verpflichtend gemacht werden. Dieser Bericht müsste durch das Abgeordnetenhaus dann auch als Instrument zur Überprüfung und Korrektur vor Abschluss eines Nachfolgevertrages genutzt werden. Zudem könnten Informationspflichten der Verbände an das Abge-

---

153 Vgl. Goetz in RsDE Bd. 44, 13f.

154 Menninger in BldW 1+2/99, 16, spricht vom „...Schutz vor der Jährlichkeit der Zuwendungsfinanzierung und den unkalkulierbaren parlamentarischen Entscheidungen."; Purmann, Vortragsmanuskript, 3, vom Ziel einer „politikferneren" Zuwendungsvergabe.

155 Senatsverwaltung für Arbeit, Soziales und Frauen: Bericht an den Hauptausschuss vom 30.Mai 2000, 10: „...die Vertragsform [war] juristisch, aber auch politisch sicherer als der jährliche Zuwendungsbescheid...".

156 Rechnungshof Berlin, Jahresbericht 2002, Tz. 242

157 Puhl, Budgetflucht und Haushaltsverfassung, 190 ff, 213.

ordnetenhaus auch während des laufenden Vertrages eingerichtet werden und die parlamentarischen Informationsrechte gegenüber der Verwaltung genutzt werden.

*iii. Bindung der Akteure an Recht und Gesetz*

Weiteres Instrument sachlich-inhaltlicher Legitimation ist die Bindung der Akteure an Recht und Gesetz sowie an das Gebot sachgerechter Aufgabenwahrnehmung.[158] Der LIGA-Vertrag verpflichtet die privaten Vertragspartner auf die gesetzlichen Rahmenbestimmungen, darunter die sozialrechtlichen und haushaltsrechtlichen Vorgaben. Ebenso binden sich die Vertragspartner an die gesamtstädtischen inhaltlichen Planungen und die bedarfsbezogenen und regionalen Rahmenvorgaben des Landes,[159] sowie an den Rahmen der Gesamtverantwortung des Senates gegenüber dem Berliner Abgeordnetenhaus.[160]

*e) Prozedurale Legitimation*

Die neuen Modelle zur Verwaltungslegitimation betonen die Bedeutung der dauerhaften Rückkopplung des Verwaltungshandelns durch die Gestaltung von Verfahren. Wirkt die Verwaltung in verwaltungsexternen Kooperationstrukturen mit Privaten zusammen, entsteht für diese Strukturen eine überwirkende Legitimationsverantwortung, umso mehr, wenn – wie im Bereich des Sozialrechts – die Aufgabenverantwortung der Verwaltung bestehen bleibt.[161] Dem Staat kommt die Aufgabe zu, die gesellschaftlich-staatliche Herrschaftsausübung adäquat zu organisieren und so den Ausgleich von Sonder- und Allgemeininteressen zu moderieren.[162] Die institutionellen Rahmenbedingungen müssen so gestaltet werden, dass ein hinreichend gemeinwohlfähiges Ergebnis erwartet werden kann. Dazu sollen prozedurale Legimitationsinstrumente dienen, etwa die Sicherstellung von Neutralität und Distanz, gleichmäßiger Interessensberücksichtigung sowie Transparenz und Publizität in den Verfahren.[163] Zugleich ist es bei der Einbeziehung Privater wichtig, dass nicht solche Kontrollarrangements gewählt werden, die die Vorteile der Kooperation wieder zunichte machen.[164]

Die Mittel prozeduraler Legitimation sind nicht als abschließender, allgemeingültiger Katalog im Sinne eines Prüfschemas zu verstehen. Entsprechend des jeweils zu regelnden Bereichs müssen die Arrangements sektorspezifisch und aufgabenangemessen operationalisiert werden.

---

158 Groß, Kollegialprinzip, 197 f; Schmidt-Aßmann in GS Martens, 256 f, ders. in Hoffmann-Riem/ Schmidt-Aßmann/ Schuppert, Reform, 22 ff.

159 Anlage 3 des Vertrages, Nr.I.1, S.1 und Nr. I.5., S.3.

160 § 2 Abs. 1 des Vertrages.

161 Trute in HbVerwRWiss Bd. II, § 6, Rn. 58.

162 Schmidt-Aßmann in Hoffmann-Riem/ Schmidt-Aßmann/ Schuppert, Reform, 23 f; Groß, Kollegialprinzip, 297.

163 Groß, Kollegialprinzip, 280 ff; Trute in HbVerwRWiss Bd. II, § 6, Rn. 47; ders., DVBl. 1996, 963, ders. in Schuppert, Verantwortungsteilung, 34; Schmidt-Preuß VVDStRL Bd. 56, 192 f; Burgi in DV Bd. 33 (2000), 183 (202 ff); Hill in DÖV 1988, 894 f.

164 Trute in HbVerwRWiss Bd. II, § 6, Rn. 65.

### *i. Neutralitätssicherung und gleichmäßige Interessensberücksichtigung*

Die Beteiligung privater Interessensgruppen an Entscheidungsprozessen in der Verwaltung führt zu der Schwierigkeit, einen übermächtigen Einfluss der wirtschaftlich starken und gut organisierten Interessen zu vermeiden. Durch die Beteiligung Privater an hoheitlichen Verfahren werden jenen Machtpositionen vermittelt; dies birgt die Gefahr selektiver Interessensbewertung.[165] Deswegen erfordert die Gemeinwohlsicherung institutionelle Vorgaben, welche die Neutralität der verantwortungsteiligen Entscheidungsgremien bzw. die gleichmäßige Berücksichtigung aller Interessen garantieren. Zu überprüfen ist, ob derartige Mechanismen im LIGA-Vertrag verankert sind.

#### *(1) Zugang zum Kooperationsgremium*

Eine gleichmäßige Interessensberücksichtigung setzt zunächst eine gleichrangige Einwirkungsmöglichkeit der relevanten Interessensgruppen voraus. Damit muss der Zugang betroffener Interessensgruppen zu den Verfahren gesichert sein.

Der Zugang zum Kooperationsgremium ist beschränkt auf die Vertragsparteien des LIGA-Vertrages. Verbandsungebundene Organisationen können nach dem Vertrag ausdrücklich mit den zur Verfügung stehenden Mitteln gefördert werden. Deren Vertreter haben jedoch keinen Zugang zu dem Gremium. Ebenso wenig sind die Leistungsadressaten, deren Interessen durch die Entscheidungen des Kooperationsgremiums ebenfalls berührt werden, in dem Gremium vertreten. Die für den deutschen Dritten Sektor typische Stellvertreterfiktion der großen Wohlfahrtsverbände für die Leistungsadressaten wird damit auch durch den LIGA-Vertrag fortgeschrieben.

Eine gleichrangige Einwirkungsmöglichkeit der relevanten Interessengruppen besteht damit nicht. Dies ergibt sich bereits aus dem korporativen Typus des Gremiums: Korporatistische Arrangements mit ihrer Konzentration auf eine begrenzte Anzahl von Verbänden mit Verpflichtungsfähigkeit ist der Ausschluss anderer, nicht beteiligter Organisationen immanent.[166] Zudem sind an korporatistischen Strukturen wenig organisierte Allgemein- und Zukunftsinteressen nicht beteiligt; ihre Wahrnehmung wird dem Staat zugeschrieben. Dennoch wird pluralen Gremien des korporativen Typus nicht von vornherein die Gemeinwohlfähigkeit abgesprochen;[167] vielmehr entspricht eine große Zahl von verantwortungsteiligen Gremien korporatistischen Arrangements.[168]

Die Landeswohlfahrtsverbände repräsentieren mit ihrer Verwurzelung in unterschiedlichen sozial-kulturellen und religiösen Milieus bereits eine Pluralität gesellschaftlicher Selbstorganisation.[169] Zudem repräsentieren die Verbände eine Vielzahl

165 Trute in Schuppert, Verantwortungsteilung, 51.

166 S. oben Erster Teil, Kapitel 4, II.B.2.a).

167 Groß, Kollegialprinzip, 75 ff und 174 ff.

168 Beispiele bei Reutter in PolZG, Bd. 26-27/2000, 3 ff; Weßels in PolZG, Bd. 26-27/2000, 16 ff; Trute in DVBl. 1996, 953 ff; Groß, Kollegialprinzip, 81 ff.

169 S. oben Erster Teil, Kapitel 4, II.A.

der Projektträger, welche im Arbeitsbereich des LIGA-Vertrages Zuwendungen erhalten.

Eine vollkommen gleichberechtigte Repräsentanz aller betroffenen Interessen scheint in Verhandlungsstrukturen geradezu ausgeschlossen. Trotz seiner neokorporatistischen Struktur kann der LIGA-Vertrag gemeinwohlfähig sein, wenn die Rechte nicht verbandsgebundener Organisationen und insbesondere die Rechte der Adressaten auf andere Weise als durch Zugang zu den Gremien gesichert werden.

*(2) Die Gemeinnützigkeit der Organisationen als Neutralitätssicherung?*

Fraglich ist, ob sich eine Neutralitätssicherung aus dem Status der Verbände als gemeinnützigen Organisationen ergibt.[170] Die Verfassungskonformität der Beteiligung Privater in verantwortungsteiligen Strukturen wird insbesondere wegen der Gemeinwohlferne der Privaten in Frage gestellt.[171]

Hier lassen sich die wirtschaftswissenschaftlichen Erwägungen der Transaktionskostentheorie[172] nutzbar machen: Danach ersetzt die staatliche Überwachung der Einschränkungen des Gemeinnützigkeitsstatus durch die Finanzämter für den Vertragspartner oder Spender die kostenaufwendige oder unmögliche Kontrolle der Vertragserfüllung.[173] Parallel dazu ließe sich argumentieren, dass ein Verzicht auf den Vorbehalt staatlicher Letztentscheidung und eine engmaschige Ausübung der Rechts- und Fachaufsicht sich durch die ohnehin stattfindende steuerrechtliche Gemeinnützigkeitsprüfung kompensieren lasse.

Die Wirksamkeit der Gemeinnützigkeitskontrolle wird jedoch immer wieder durch praktische Erfahrungen mit der Unzulänglichkeit dieser finanzbehördlichen Überprüfungen in Frage gestellt. Auch die von der Dritte-Sektor-Forschung und der Organisationssoziologie beschriebenen Zielverschiebungen durch Oligarchisierung und Autonomisierung gerade der großen Verbände[174] stellen eine Neutralitätssicherung durch den Gemeinnützigkeitsstatus in Frage.

Das Gemeinnützigkeitsprivileg schließt nicht die Verfolgung von Partialinteressen aus – ganz im Gegenteil sind gemeinnützige Verbände meist Partikularinteressen verpflichtet, welche aber im Steuerrecht als ausreichend gemeinwohlbezogen beurteilt werden.[175] Insbesondere gegenüber den hier angesprochenen Interessen, nämlich jenen der Leistungsadressaten und jenen der konkurrierenden Organisationen, kann der Gemeinnützigkeitsstatus den organisationalen Egoismus der Landesverbände nicht ausschließen. Eine Neutralitätssicherung bzw. gleiche Interessensberücksichtigung wird durch den Gemeinnützigkeitsstatus der am LIGA-Vertrag beteiligten Verbände somit nicht erreicht.

---

170 Im Hinblick auf Privatisierungen Grabbe, Privatisierung, 44 f.

171 Möllers in VerwArch 1999, 194 f.

172 S. oben, Erster Teil, Kapitel 3, I.A.2.

173 S. oben Erster Teil, Kapitel 3, I.A.2.; Hansmann in Powell, Nonprofit Sector, 31 ff; James ebd., 408.

174 S. oben Erster Teil, Kapitel 3, II.B. sowie Kapitel 4, IV.A.

175 Die gemeinnützigen, mildtätigen und kirchlichen Zwecke in §§ 52-54 AO.

*(3) Anderweitige Sicherung der Rechte verbandsungebundener Organisationen*

Für Konstellationen mit schwer repräsentierbaren Interessen werden Lösungsansätze diskutiert, in denen entweder der Staat selbst die Repräsentation dieser Interessen übernimmt oder diesen Organisations- und Darstellungshilfe bietet, etwa durch die Einräumung klagfähiger Rechtspositionen.[176]

Die verbandsungebundenen Organisationen sind nicht an der Entscheidung über die Mittelvergabe beteiligt; sie haben jedoch Zugang zu den im Rahmen des LIGA-Vertrages vergebenen Mitteln, und ihre Gleichbehandlung mit den verbandsgebundenen Organisationen ist im Vertrag festgeschrieben. Es bleiben den Organisationen damit die Rechtsschutzmöglichkeiten gegen die Vergabeentscheidungen erhalten, die bereits vorher bestanden. Da die Verbände in der Zuwendungsverwaltung im Rahmen ihrer hoheitlichen Befugnisse und in den Formen öffentlichen Rechts handeln, ist für die Zuwendungsletztempfänger der Verwaltungsrechtsweg eröffnet;[177] sie besitzen weiterhin die begrenzten Möglichkeiten des öffentlich-rechtlichen Rechtsschutzes gegen Vergabeentscheidungen durch negative und positive Konkurrentenklagen. Gegner im verwaltungsrechtlichen Verfahren ist der Beliehene selbst, soweit er eine Entscheidung in eigener Verantwortung trifft; insoweit ist er nach allg. M. einer Körperschaft i.S.d. § 78 Abs. 1 Nr. 1 VwGO gleichzustellen.[178] Widerspruchsbehörde ist nach der Regelung in § 44 Abs. 3 S. 3 BerlLHO die beleihende Behörde, also die Berliner Senatsverwaltung.[179]

Insofern sind den Organisationen klagfähige Rechtspositionen eingeräumt. Bei rein prozeduralen Steuerungsmodellen wird nicht nur das hoheitliche Verwaltungsverfahren durch Aushandlungsverfahren unter Beteiligung Privater ersetzt, sondern auch Rechtsschutzpositionen der beteiligten Privaten abgebaut.[180] Einem solchen Modell entspricht der LIGA-Vertrag nicht. Vielmehr nimmt er prozedurale Elemente auf, hält aber auch den Rechtsweg gegen Entscheidungen des pluralisierten Kooperationsgremiums offen. Damit sind die Rechtspositionen der nicht verbandsgebundenen Organisationen trotz des fehlenden Zugangs zu den vertraglichen Entscheidungsgremien hinreichend gesichert.

---

176 Trute in DVBl. 1996, 964.

177 Vgl. Wolff/ Bachof/ Stober, Verwaltungsrecht Bd. II ,§ 104 Rn. 10; BVerwG DÖV 1968, 429; DÖV 1984, 1025.

178 Maurer, Allgemeines Verwaltungsrecht, § 23 Rn. 59; Wolff/ Bachof/ Stober, Verwaltungsrecht Bd. II § 104 Rn. 10; Kopp/ Schenke, VwGO, § 78 Rn.3; Redeker/ von Oertzen, VwGO, § 78 Rn. 1 m.w.N..

179 Damit ist der Streit um die richtige Widerspruchsbehörde (vgl. Kopp/ Schenke, VwGO, § 73 Rn. 3; Maurer, Allgemeines Verwaltungsrecht § 23 Rn. 59) durch die eindeutige Berliner Rechtslage hier ohne Relevanz.

180 Willke in Bußhoff, Steuerung, 70 ff; Dose in Görlitz/Voigt, Postinterventionistisches Recht, 87 ff.

*(4) Anderweitige Sicherung der Rechte der Adressaten/innen*

Fraglich ist, ob auch die Adressatenrechte durch die Einräumung klagfähiger Rechtspositionen oder durch staatliche Repräsentation, etwa durch Rahmenvorgaben, hinreichend gesichert werden.

Die Adressatenrechte sind wesentlich schwerer als die Rechte der verbandsungebundenen Organisationen organisierbar und repräsentierbar. In dem vom LIGA-Vertrag umfassten Bereich von Angeboten und Leistungen existieren zudem nur in Ausnahmefällen einklagbare Rechtspositionen der Adressaten gegenüber der Zuwendungsverwaltung bzw. gegenüber den leistungserbringenden Organisationen. Die Adressaten/innen besitzen damit nicht in hinreichendem Umfang klagfähige Rechtspositionen, um ihre Interessen darzustellen und durchzusetzen.

Die Adressatenrechte können damit nur auf anderem Wege abgesichert sein, etwa durch Rahmenvorgaben in der Gesamtsteuerung der am LIGA-Vertrag beteiligten Akteure. Diese Rahmenvorgaben könnten entweder in gesetzlichen Vorschriften enthalten sein oder in den Regelungen des LIGA-Vertrages unmittelbar. Zum Teil sind die Adressaten/innenrechte in sozialgesetzlichen Leitbildern abgesichert. Sie bilden damit einen staatlichen Steuerungsvorbehalt und inhaltliche Vorgaben. Zwar binden die Sozialgesetze unmittelbar lediglich die zuständigen öffentlichen Träger, die privaten Vertragspartner werden jedoch durch den LIGA-Vertrag auf die gesetzlichen Rahmenbestimmungen verpflichtet. Ebenso binden sich die Vertragspartner an die gesamtstädtischen inhaltlichen Planungen und die bedarfsbezogenen und regionalen Rahmenvorgaben des Landes.[181]

Daneben könnten die im LIGA-Vertrag enthaltenen Regelungen zur Qualitätskontrolle und -entwicklung als Maßnahme zur Sicherung der Adressatenrechte bewertet werden. Dies wäre insbesondere der Fall, wenn die Adressaten/innen durch bottom-up-Ansätze in die Qualitätsbewertung einbezogen würden.[182] Allerdings verweist der Vertrag auf die Instrumente und Standards anderer Bereiche, etwa den Vereinbarungen nach den seinerzeit geltenden §§ 93 ff BSHG, weitestgehend kompatibel sein müssen.[183] Damit wird die Entwicklung auf quantitative, status-quo-orientierte Top-Down-Systeme der Qualitätsmessung festgelegt. Eine prozedurale Absicherung der Adressatenrechte durch die Einbeziehung in die von den Verbänden zu entwickelnden Qualitätssicherungs- und -entwicklungssysteme ist somit nicht vorgesehen.

Die Berücksichtigung der Adressatenrechte wird im LIGA-Vertrag somit nicht prozedural abgesichert. Daher bleibt es bei der Verpflichtung des Landes, für deren Berücksichtigung durch die im Vertrag vorgesehenen Einwirkungsmöglichkeiten und inhaltlichen Vorgaben zu sorgen. Solche Rahmenvorgaben existieren etwa in der Bindung der Partner an Recht und Gesetz und an die stadtpolitischen Ziele. Die Absicherung der Rechte der Adressaten/innen ist damit zwar suboptimal, da keine prozedurale Absicherung besteht, aber durch die Einwirkungsmöglichkeiten

181 Anlage 3 des Vertrages, Nr.I.1, S.1 und Nr. I.5., S.3.

182 S. Erster Teil, Kapitel 6, III. B. zu unterschiedlichen Ansätzen in der Qualitätssicherung.

183 S. Zweiter Teil, Kapitel 2, III. F. 3.

der Verwaltung und inhaltlichen Bindungen der Vertragspartner ausreichend im Vertrag gewährleistet.

#### *ii. Transparenz und Publizität*

Im Rahmen der Haushaltsgesetzgebung wurde der Abschluss des LIGA-Vertrages und damit auch die Einrichtung des Kooperationsgremiums parlamentarisch legitimiert;[184] die Transparenz über den Inhalt der Verträge war gewährleistet, diese wurden sowohl in den Verbänden als auch in der Öffentlichkeit diskutiert. Damit sind zunächst die Regelungen des Vertrages, die Arbeits- und Verantwortungsverteilung der Akteure sowie das Verfahren für die Entscheidungsprozesse transparent.

Die einzelnen Entscheidungsprozesse sind dagegen nicht transparent. Die Beratungen des Kooperationsgremiums sind nicht öffentlich. Bei größeren Umstrukturierungen werden die betroffenen Träger in der Praxis informell durch die Verbände informiert und einbezogen; dies ist jedoch nicht durch die Regelungen des Vertrages abgesichert. Die gemeinsame Tätigkeit der Vertragspartner in der Zuwendungsverwaltung, insbesondere die Ausführung der Zuwendungsverwaltung durch die Beliehenen, wurde nach Abschluss der ersten Vertragsphase durch einen sog. ‚Transparenzbericht' der Verbände dargestellt. Dieser umfangreiche Bericht beruht auf einer freiwilligen Initiative der Verbände, nicht auf einer entsprechenden vertraglichen Verpflichtung. Als institutionelle Transparenzsicherung kann er daher nicht bewertet werden. Zudem stellt er lediglich nachträglich Informationen über die Entscheidungsergebnisse zur Verfügung, nicht jedoch über den Entscheidungsprozess.

Bei der herkömmlichen Zuwendungsvergabe durch die Verwaltung werden Einwirkungen Privater in informellen Aushandlungsprozessen und der Ablauf des Verfahrens üblicherweise nicht öffentlich. Auch eine differenzierte Zuordnung von Zuwendungsgesamtsummen für bestimmte Förderungsbereiche durch Haushaltsgesetz ist zwar möglich, aber nicht gesichert. Insofern erhöht der LIGA-Vertrag die Transparenz gegenüber der herkömmlichen Zuwendungsvergabe leicht. Zur deutlichen Verbesserung der Transparenz würden eine Differenzierung der Globalzuweisung für den LIGA-Vertrag im Haushaltsgesetz und die vertragliche Absicherung eines Konsultationsverfahrens mit betroffenen Trägern bei Umstrukturierungen beitragen.

### 5. Zusammenwirken der Legitimationsmittel

Nachdem die verschiedenen durch den LIGA-Vertrag eingesetzten Legitimationsmittel analysiert wurden, muss die Effektivität des Zurechnungszusammenhangs durch deren Zusammenwirken untersucht werden. Durch den LIGA-Vertrag wird eine verwaltungsexterne Kooperationsstruktur begründet, für die den Staat eine überwirkende Legitimationsverantwortung trifft. Der Vertrag muss also eine reale und

184 Zur parlamentarischen Kontrolle vgl. auch unten III.A.

dauerhaft wirksame Rückbindung der Ausübung von Herrschaftsgewalt gewährleisten. Maßstab ist dabei das Demokratieprinzip als ein Optimierungsgebot.

Bei der Bewertung der durch den Vertrag erfolgten sachbereichsspezifischen Operationalisierung der Legitimationsmittel gestaltet sich die Grenzziehung zwischen einer nur suboptimalen, aber noch zulässigen Gestaltung und einer dem demokratischen Prinzip nicht genügenden Struktur schwierig.

Die organisatorische Legitimation wird durch die sachbereichsangemessene Eröffnung von Mitwirkungs- und Mitentscheidungsbefugnissen der Verbände umgesetzt. Die Schaffung einer Kooperationsstruktur ist aufgrund des sozialrechtlichen Pluralismusgebots, der vorfindlichen Verflechtung staatlicher und privater Akteure bei der sozialen Versorgung und der Nutzung von Selbststeuerungspotentialen dem Sachbereich angemessen. Allerdings handelt es sich um ein Gremium korporatistischen Typs, das nicht für alle Betroffenen die Mitwirkung zur Wahrnehmung eigener Angelegenheiten eröffnet.

Hinsichtlich der personellen Legitimation wird die Beleihung der Verbände durch die Einrichtung des paritätischen Kooperationsgremiums flankiert und dadurch die klassischen Aufsichtsmittel ergänzt.

Die Kooperationsstruktur hat durch das Haushaltsgesetz eine parlamentarische Basislegitimation erhalten. Die parlamentarischen Kontroll- und Korrekturrechte werden durch die Globalzuwendung und die Mehrjährigkeit jedoch beschränkt. Dies sollte durch die vertragliche Festschreibung von Informationspflichten kompensiert werden. Die sachlich-inhaltliche Legitimation wird durch die Bindung der Akteure an die rechtlichen Rahmenbedingungen, insbesondere das Sozial- und Haushaltsrecht, und an die gesamtstädtischen Planungen umgesetzt.

In prozeduraler Hinsicht ist durch Beleihung der Bestand der Rechtschutzmöglichkeiten der Projektträger, insbesondere der nicht verbandsgebundenen Organisationen, garantiert. Die Sicherung der Adressaten/innenrechte ist lediglich durch entsprechende materielle Bindungen der privaten Kooperationspartner im Vertrag gewährleistet; eine prozedurale Absicherung, insbesondere durch Einbeziehung von Adressaten/innen in das Kooperationsgremium, besteht bislang nicht. Deshalb sollte zumindest eine Einbeziehung der Adressaten/innen in die von den Verbänden zu entwickelnden Qualitätssicherungs- und -entwicklungssysteme angestrebt werden. Die Regelung der Arbeits- und Verantwortungsteilung und das Verfahren der Entscheidungsprozesse sind transparent; die Transparenz der eigentlichen Förderungsentscheidungen ist suboptimal, führt aber in der Gesamtschau – insbesondere im Vergleich zur herkömmlichen Zuwendungsverwaltung durch die Sozialverwaltung – nicht zu einer der Gemeinwohlsicherung nicht genügenden Gestaltung. Dennoch sollte sie durch eine Differenzierung der Globalzuweisung für den LIGA-Vertrag im Haushaltsgesetz und die vertragliche Absicherung eines Konsultationsverfahrens mit betroffenen Trägern bei Umstrukturierungen verbessert werden.

Damit ist die konkrete Ausgestaltung des Zurechnungszusammenhangs durch den LIGA-Vertrag im Zusammenwirken der unterschiedlichen Mittel der Legitimation insgesamt als ausreichend wirksam zu beurteilen, wenn das Parlament und die Verwaltung von ihren Einwirkungsmöglichkeiten auch in der Praxis Gebrauch machen. Im Hinblick auf die Verwaltung ist dies zur Sicherung der Adressatenrechte erforderlich. Die parlamentarischen Kontroll- und Korrekturrechte sollten zudem durch die vertragliche Verankerung von Informationspflichten der Verbände verstärkt werden. Zur Stärkung der prozeduralen Legitimation sollte die Einbeziehung der Adressaten/innen in die Qualitätssicherung und Konsultationsverfahren mit von Umstrukturierungen betroffenen Trägern vertraglich festgeschrieben werden.

## C. Bewertung der Ergebnisse zur demokratischen Legitimation

Nach dem klassischen Modell der Verwaltungslegitimation ist eine demokratische Legitimation des Kooperationsgremiums zu verneinen, während, wie eben dargestellt, nach den neueren Modellen der Legitimation einer pluralisierten Verwaltung die reale Rückbindung der Ausübung von Staatsgewalt an das Volk durch den LIGA-Vertrag als ausreichend zu betrachten ist.

Gegen die neuen Modelle, die auf die sachbereichsangemessene Operationalisierung des Zurechnungszusammenhangs und auf die Legitimation auch über die dauerhafte Sicherung der Fähigkeit zu gemeinwohlorientierten Entscheidungen abstellen, wird eingewandt, sie führten zu einer Verlagerung des demokratischen Prinzips: Die Legitimationsleistung werde von dem Erfordernis einer staatlichen Entscheidung auf das Erfordernis der staatlichen Verantwortung einer Entscheidung verschoben, und die dogmatischen Grenzen des Demokratieprinzips (wer entscheidet) und das Rechtsstaatsprinzips (wie wird entschieden) würden aufgeweicht.[185] Damit materialisiere man die an Verwaltungshandeln angelegten Maßstäbe; diese müssten ergeben, welche Formen von Verfahrenspluralisierung und -gestaltung Gemeinwohlmaßstäben noch genügten.[186] Die Überschneidung des Demokratieprinzips mit anderen Staatsstrukturprinzipien wie dem Rechtsstaats- und dem Gewaltenteilungsprinzip wird von den Vertretern der neueren Legitimationsmodelle bestätigt. Das Problem von Überschneidungen löst sich jedoch auf, wenn man das Demokratieprinzip auf seinen – in jüngerer Zeit auch vom BVerfG[187] verstärkt betonten – Prinzipiencharakter zurückführt. Begreift man das Prinzip nicht als starre subsumtionsfähige Regel, sondern als Optimierungsgebot, ist auch eine strikte Abgrenzung von den Anforderungen anderer Staatsstrukturprinzipien nicht erforderlich.

Das Demokratieprinzip soll Interessensselektivität ausschließen.[188] Nach einem pluralistischen Verständnis des Prinzips hat es jedoch die individuelle Selbstbestimmung ebenso wie die Gleichheit zum Ausgangspunkt und ermöglicht daher auch die partikulare Wahrnehmung eigener Angelegenheiten nach Maßgabe der Betroffenheit. Es stellt den Gesetzgeber damit vor die Aufgabe, die ständige Integration

---

185 Möllers in VerwArch 90 (1999), 200 f.

186 Möllers in VerwArch 90 (1999), 201.

187 BVerfGE 107, 59, 91; 111, 191, 215.

188 V.Mangoldt/ Klein/ Starck-*Sommermann*, GG, Art. 20, Rn. 77.

von Allgemeinem und Besonderem zu vermitteln.[189] Die neueren Legitimationsmodelle rücken vom Regel-Ausnahme-Denken des klassischen Modells ab. Die hierarchische Verwaltung wird nicht mehr als Idealtypus angesehen, ohne dass damit eine Absenkung der Legitimationsanforderungen verbunden ist. Vielmehr stellen die neuen Ansätze auf die reale Wirksamkeit von Zurechnungsstrukturen ab und lassen mit der Aufnahme organisatorischer, prozeduraler und outputorientierter Legitimationsmittel eine differenzierte Erfassung der vielfältigen Strukturen des Verwaltungshandelns zu. Damit weitet sich auch der Fokus, wie anhand des Beispiels des LIGA-Vertrages gezeigt wurde, von der Konzentration auf die Einrichtung einer regelgerechten Legitimationsstruktur auf deren ausreichende Beobachtung und Nachbesserung, sofern die Bedingung realer Wirksamkeit des Zurechnungszusammenhangs nicht (mehr) gegeben ist.

Das Erfordernis, je nach Sachbereich die aufgabenangemessene Organisation und die Instrumente zur Sicherung der Zurechnungszusammenhangs zu finden, stellt die Schwierigkeit der neueren Ansätze der demokratischen Legitimation dar. Wie bei der Anwendung auf den LIGA-Vertrag festgestellt, gibt es keine scharfen Grenzen zwischen einer nur suboptimalen, aber noch zulässigen, und einer unzulässigen Gestaltung kooperativen Verwaltungshandelns. Diese Abgrenzungsschwierigkeit ergibt sich jedoch aus dem tatsächlichen Befund der Ausdifferenzierung der Staatlichkeit und der beschränkten Steuerbarkeit der nachmodernen Gesellschaften.[190] Die Verengung der Perspektive auf die formale staatliche Abschlussentscheidung kann Einflussnahmen Privater während des Entscheidungsprozesses sowie die Grenzen von Normierbarkeit und staatlicher Ergebnisbeherrschung nicht ausreichend berücksichtigen. Die Institutionalisierung von Verhandlungsgremien hingegen formalisiert und rationalisiert Einflussstrukturen, die sich sonst in rechtlich nicht geordneten und unsichtbaren Bahnen entfalteten.[191]

Zumindest im Bereich der nach der klassischen Auffassung zulässigen Ausnahmen vom Prinzip der staatlichen Letztentscheidung werden zunehmend auch organisatorische und prozedurale Mittel der Legitimation aufgenommen.[192] Die inhaltlich-sachliche Legitimation soll durch die Bindung der Akteure an Recht und Ge-

---

189 Trute in HbVerwRWiss Bd. II, § 6, Rn. 22.

190 S. oben Erster Teil, Kapitel 5, II.A.

191 Groß, Kollegialprinzip, 196.

192 S. oben Zweiter Teil Kapitel 2, II. A.2.b, sowie Püttner in DÖV 1988, 359, 361. Auch bei Teilprivatisierung öffentlicher Unternehmen der Daseinsvorsorge treten Konstellationen auf, in denen dem formellen Prinzip der staatlichen Letztentscheidung nicht mehr genügt wird, vgl. BerlVerfGH, NVwZ 2000, 794 ff : Eine gemischt privat-öffentliche Holding ohne Mehrheit der hoheitlichen Vertreter übt die Kontrolle über die Berliner Wasserbetriebe als überwiegend öffentlichem Unternehmen aus. Das Gericht nannte als Rechtmäßigkeitskriterien: Bereits der Abschluss eines derartigen Vertrages müsse demokratisch durch das Parlament oder ein parlamentarisches Gremium legitimiert sein, es muss volle Transparenz der Verträge gegeben sein. Sachlich-inhaltlich müssten die Vertragspartner in den Verträgen an Recht und Gesetz sowie an die öffentlichen Aufgaben gebunden werden, und die Einhaltung der Unternehmensverträge müsse der Rechtsaufsicht unterliegen.

setz und an Gemeinwohlziele gesichert werden, Kontrollmechanismen und institutionelle Sicherungen für ein gemeinwohlorientiertes, ausgewogenes und transparentes Verfahren sollen die institutionelle Legitimation erreichen.[193] Zudem deutet sich in der Rechtsprechung des BVerfG zur funktionalen Selbstverwaltung eine schrittweise Abkehr vom klassischen regelhaften Modell der Verwaltungslegitimation an, indem der Prinzipiencharakter gestärkt und auf die reale und dauerhafte Wirksamkeit der Rückbindung des Verwaltungshandeln an das Volk abgestellt wird.[194]

Die Untersuchung der durch den LIGA-Vertrag geschaffenen Regelungsstrukturen hat deutlich gemacht, dass die neueren Modelle der klassischen Verwaltungslegitimation für die Erfassung des demokratischen Zurechnungszusammenhangs ein differenzierteres Instrumentarium zur Verfügung stellen. Dadurch können die sachbereichsspezifischen Anforderungen, aber auch die Gefährdungslagen für die Wirksamkeit des Rückbezuges besser erkannt werden. Zugleich stärken sie die Entscheidungsprärogative, aber auch die Beobachtungs- und Nachbesserungspflichten des Parlamentes.

## III. Weitere Kriterien für die rechtliche Rahmensteuerung

### A. Die parlamentarische Kontrolle der Aufgabenauslagerung

Das Gewaltenteilungsprinzip als Teil des Rechtsstaatsprinzips erfordert eine ausreichende parlamentarische Kontrolle der Auslagerung von Verwaltungsaufgaben. Dieses Erfordernis besitzt bereits für die demokratische Legitimation kooperativer Strukturen Relevanz, wie oben dargestellt wurde.[195]

Der LIGA-Vertrag wurde parlamentarisch durch das Haushaltsgesetz 2001, das die Mittel für den Vertrag bereitstellt, legitimiert. Der Vertragstext samt Anlagen war, wie gesagt, zuvor auch jedem Parlamentarier zugänglich.[196] Der Vertrag bindet die Ausführung der übertragenen Aufgaben an die parlamentarische Prärogative, indem als Rahmenbedingungen die ‚Gesamtverantwortung des Senates gegenüber dem Berliner Abgeordnetenhaus'[197] sowie die gesamtstädtischen inhaltlichen Planungen und die bedarfsbezogenen und regionalen Rahmenvorgaben des Landes Berlin[198] genannt werden.

Durch die Globalzuwendung und die Mehrjährigkeit der Vereinbarung wird das Budgetrecht des Abgeordnetenhauses eingeschränkt. Beide Beschränkungen hat das

---

193 Kritisch gegenüber einer zu starren Anwendung Dreier-*ders.*, GG Art. 20, Rn. 108: Spielraum für Substitutionsmöglichkeiten erforderlich.

194 BVerfGE 107, 59, 91; 111, 191, 215.

195 S. Zweiter Teil, Kapitel 3, II.B.4. d); vgl. zum Zusammenhang zwischen Demokratieprinzip und parlamentarischer Kontrolle auch Gusy in ZRP 1998, 265.

196 Zum Grundsatz der Budgetöffentlichkeit vgl. Dreier-*Heun*, GG, Art. 110. Rn. 37.

197 § 2 Abs. 1 des Vertrages.

198 Anlage 3 des Vertrages, Nr. I.1. S. 1 und Nr.I.5 S. 3.

Parlament durch die entsprechenden Regelungen im Haushaltsgesetz selbst vorgenommen.

Die globale Zuwendung eines Gesamtbudgets mit geringer Detailliertheit in der Zweckbindung erschwert die parlamentarische Haushaltskontrolle, ist haushaltsrechtlich jedoch zulässig. Gleiches gilt für die vom Parlament eingestellten Verpflichtungsermächtigungen, welche den Abschluss einer mehrjährigen Vereinbarung ermöglichen. Die Verpflichtungsermächtigungen hindern das Parlament nicht an der Ausübung jährlicher Haushaltskontrolle über die Vergabe der Zuwendungen und deren Zielerreichung. Sie erreichen auch im Verhältnis zum gesamten Landeshaushalt nicht ein Ausmaß, dass von einer unzulässigen Selbstbeschränkung[199] des Parlamentes auszugehen wäre.

Mit der im Haushaltsgesetz festgelegten Globalzuwendung und der Verpflichtungsermächtigung schränkt das Abgeordnetenhaus seine Haushalts- und Haushaltskontrollrechte ein. Diese Selbstbeschränkung ist jedoch nicht so weitgehend, dass sie als unzulässig zu betrachten wäre. Beide Maßnahmen sind haushaltsrechtlich zulässig und führen damit nicht zu einer Rechtswidrigkeit des LIGA-Vertrages.

## C. Rückholbarkeit der Auslagerungsentscheidung

Im Zusammenhang mit der Auslagerung staatlicher Aufgaben und Privatisierungsentscheidungen, insbesondere dem Rückzug des Staates von der Erfüllungs- auf die Gewährleistungsverantwortung, wird häufig gefordert, die Rückholbarkeit ausgelagerter Aufgaben bei schlechter gesellschaftlicher Erfüllung der Aufgaben müsse gewährleistet sein.[200]

Diese Rückholbarkeit setzt zunächst einmal das Vorliegen vertraglicher Kontrollmöglichkeiten über die Aufgabenerbringung durch den Privaten voraus, und es müssen Regelungen für die Anpassung oder vorzeitige Beendigung des Vertrages getroffen worden sein.[201]

Betrachtet man die Vertragsbestimmungen, hat das Land Berlin die vertraglichen Voraussetzungen für eine Rückholbarkeit bei Schlechterfüllung geschaffen: Vertragliche Kontrollmöglichkeiten werden durch die Statuierung der Fachaufsicht des Landes in § 2 Abs. 5 S. 2 des LIGA-Vertrages sowie über vertragliche Informations- und Auskunftspflichten der Verbände gewährleistet.[202] Der Vertrag enthält zudem ein Rücktrittsrecht bei Pflichtverletzung oder Täuschung, Drohung, Bestechung sowie wesentlich unrichtigen Angaben,[203] ein Anpassungs- oder Kündigungsrecht in

199 Zu den Grenzen derartiger Selbstbeschneidung des Parlaments im Rahmen von Privatisierung kritisch Gusy in ZRP 1998, 265 und 269 f.

200 Osterloh in VVDStRL Bd. 54, 235 ff; Schoch in DVBl. 1994, 970.

201 Bauer in Hoffmann-Riem/ Schmidt-Aßmann, Innovation, 282.

202 §§ 2 Abs. 5 S.3; 4 Abs. 6 S.3; 5 Abs. 1 und 2 des Vertrages.

203 § 6 Abs.2 des Vertrages.

Fällen der wesentlichen Änderung der Geschäftsgrundlage,[204] sowie ein Kündigungsrecht aus wichtigem Grund.[205]

Die rechtlichen Voraussetzungen für die Rückholbarkeit sind somit durch die Ausgestaltung des Vertrages gewährleistet. Offen bleibt jedoch – ähnlich wie bei vielen Privatisierungsentscheidungen –, ob angesichts der einhergehenden strukturellen Veränderungen in der Verwaltung der eingeschlagene Weg auch faktisch umkehrbar bleibt. Nach Einschätzung der Verbände ist aufgrund der Veränderung der Behördenstrukturen eine Umkehrung des Prozesses nicht mehr möglich und eine Verlängerung des Vertrages „alternativlos".[206] Ähnlich sieht dies auch die Verwaltung, wenn sie die Notwendigkeit von Vertragsverlängerungen gegenüber dem Abgeordnetenhaus explizit mit dem erfolgten Personalabbau in der Verwaltung begründet.[207]

## D. Offenheit des Zugangs zu Fördermitteln

Der LIGA-Vertrag sah sich in Berlin der Kritik ausgesetzt, er schaffe einen ‚jurassic parc' der Zuwendungsempfänger und zementiere über Jahre die Verteilung von Zuwendungsmitteln.[208] Aus den Konflikten zwischen den Verbänden über die Umstrukturierung von Zuwendungsmitteln während der Laufzeit des ersten LIGA-Vertrages (1996-2000) wird deutlich, dass einige der LIGA-Verbände davon ausgegangen waren, ihre Projekte genössen für die Vertragslaufzeit Bestandsschutz.[209]

### 1. Zugang während der Vertragslaufzeit

Würde der LIGA-Vertrag über Jahre den Zugang neuer Projektträger zu öffentlichen Fördermitteln rechtlich oder faktisch ausschließen, könnten die Rechte dieser Organisationen aus dem Gleichheitsgrundsatz, Art. 3 Abs. 1 GG, verletzt sein. Zwar existiert kein Anspruch gesellschaftlicher Organisationen auf eine öffentliche Finanzierung ihrer sozialen Tätigkeiten.[210] Werden jedoch im Haushalt Mittel für die Förderung bestimmter Bereiche zur Verfügung gestellt und die Förderungskriterien evtl. durch Förderrichtlinien konkretisiert, entsteht für Organisationen, welche diese Kriterien erfüllen, über Art. 3 Abs. 1 GG ein Teilhabeanspruch an den

204 § 6 Abs. 4 des Vertrages.
205 § 6 Abs. 6 des Vertrages.
206 Purmann, Vortragsmanuskript, 32.
207 Senatsverwaltung für Gesundheit, Soziales und Verbraucherschutz, Schreiben an den Hauptausschuss vom 03.12.2002.
208 Zur Kritik Purmann, Vortragsmanuskript, 21.
209 Vgl. Menninger BldW 1+2/1999, 17; Purmann, Vortragsmanuskript, 27.
210 HambOVG HmbJVBl. 1977, 116 f; Trenk-Hinterberger in SDSRV Bd. 43, 34; Neumann ebd., 8 f; Geis, Selbsthilfe, 183 ff.

ausgeschütteten Mitteln, und den Vergabeentscheidungen müssen sachliche Differenzierungsgründe zugrunde liegen.[211]

Die Verletzung von Teilhabeansprüchen durch den LIGA-Vertrag könnte fraglich sein, wenn durch die langfristige Laufzeit des Vertrages die Verteilung der Mittel für diesen Zeitraum unverrückbar wäre. Laut dem Abschlußbericht der LIGA zum ersten LIGA-Vertrag sind 40 Prozent der Mittel während der Laufzeit umstrukturiert worden, wovon 15 Prozent der Mittel an neue Projekte geflossen sind.[212] Der Zugang bislang nicht geförderter Organisationen zu den Fördermitteln ist damit auch während der Laufzeit gewährleistet.

### 2. Zugang für verbandsungebundene Organisationen

Unter Art. 3 Abs. 1 GG wäre es ebenfalls problematisch, wenn für freie Träger die Zugehörigkeit zu den beliehenen Verbänden rechtlich oder faktisch zur Voraussetzung der Förderung gemacht würde. Zwar existiert in Förderungsnormen im Rahmen des Sozialhilfe- und Kinder- und Jugendhilferechtes eine Vorrangstellung von freien Trägern, welche bestimmte Voraussetzungen erfüllen, wie etwa die Zugehörigkeit zu einem Wohlfahrtsverband i.S.d. § 5 SGB XII oder die Anerkennung als freier Träger der Jugendhilfe (§§ 74 Abs. 1 S.2, 75 SGB VIII). Doch umfassen die LIGA-Verträge auch Tätigkeitsbereiche, die sog. freiwillige Leistungen außerhalb der sozialgesetzlich garantierten Leistungen betreffen. Zudem ist umstritten, ob das Wohlfahrtsprivileg in § 5 SGB XII lediglich die sechs Spitzenverbände der deutschen Wohlfahrt umfasst,[213] oder eine weitere Auslegung erfordert.[214] Die fehlende Mitgliedschaft in einem der Spitzenverbände als Grund für den Ausschluss von der Förderung wäre somit zumindest ein angreifbares Differenzierungskriterium. Als – wenn auch indirekter – Zwang zum Anschluss an korporative Handlungssubjekte könnte eine solche Regelung auch einen rechtfertigungsbedürftigen Eingriff in die negative Vereinigungsfreiheit aus Art. 9 Abs. 1 GG darstellen.[215]

---

211 HambOVG HmbJVBl. 1977, 116 f; OVG Berlin RsDE Bd. 9, 100; BVerwGE 104, 220, 224; VG Karlsruhe FamRZ 1997, 904

212 Die Quote von 40 Prozent ergibt sich aus der Ausgliederung einer Zielgruppe (Betreutes Wohnen für Personen mit besonderen sozialen Schwierigkeiten nach § 72 BSHG) in Rechtsverhältnisse nach § 93 ff BSHG, die Umstrukturierung der Mobilitätshilfe und die Umschichtung von Mitteln für Rehabilitation in ein Netz von Koordinierungsstellen für ambulante Rehabilitation. Diese Koordinierungsstellen waren allein vom Paritätischen Wohlfahrtsverband entwickelt worden und führten zu einer deutlichen Steigerung des Anteils des Paritätischen am Gesamtvolumen der Förderung, vgl. Menninger BldW 1+2/1999, 17. Die *Senatsverwaltung für Arbeit, Soziales und Frauen*, Bericht an den Hauptausschuss vom 30. Mai 2000, 9 f, spricht von Neuaufnahmen, Umschichtungen und Ausgliederungen im Umfang von ca. 30 Prozent der Vertragssumme.

213 So zum weitgehend inhaltsgleichen § 10 BSHG: Schellhorn/ Jirasek/ Seipp, BSHG, § 10 Rn 9a.

214 Neumann, Freiheitsgefährdung, 68 ff; Geis, Selbsthilfe, 131 ff.

215 Dreier-*Bauer*, GG, Art. 9, Rn. 41; Trute in Schuppert, Verantwortungsteilung, 40 f;

Grundsätzlich sind die durch den Vertrag ausgeschüttete Fördermittel gleichermaßen für verbandsunabhängige wie für verbandlich organisierte oder getragene Projekte offen. Die Wohlfahrtsverbände sind verpflichtet, verbandliche und verbandsunabhängige Träger gleichermaßen bei der Qualitätssicherung und -entwicklung zu unterstützen.[216] Allerdings erscheint der Eintritt in einen Verband als einzige Möglichkeit, über die Ausübung der Mitgliedermacht Informationen und Mitsprachemöglichkeiten über die durch den LIGA-Vertrag monopolisierten Verhandlungen des Verbandes mit der Verwaltung zu gewinnen. Da der Zugang zu Fördermitteln auch ohne verbandliche Organisation gewährleistet ist, wiegt dieser Vorteil der Verbandsmitgliedschaft jedoch nicht so schwer, dass von einem Eingriff in die negative Vereinigungsfreiheit durch indirekten Korporatisierungszwang oder einem Verstoß gegen den Gleichheitsgrundsatz gesprochen werden könnte.

Es kann somit weder anhand der vertraglichen Regelung noch an der bisherigen Praxis ein unter dem Gleichheitsgrundsatz unzulässiger Ausschluss des Zugangs zu staatlichen Finanzierungsmitteln für bislang nicht beteiligte oder verbandsungebundene Organisationen festgestellt werden.

## IV. Zusammenfassung

Der LIGA-Vertrag ist als öffentlich-rechtlicher kooperationsrechtlicher Vertrag einzuordnen. Dieser Vertrag enthält die Regelungen zur Ausgestaltung der arbeitsteiligen Struktur.

Unter dem Gesichtspunkt der notwendigen staatlichen Rahmensteuerung der arbeitsteiligen Struktur, insbesondere des Demokratieprinzips, waren die Beleihung der Verbände und die Übertragung von Letztentscheidungsbefugnissen in der Planung und für Förderungsentscheidungen an das paritätisch besetzte Kooperationsgremium zu überprüfen.

Die Einbeziehung der Verbände in Aufgaben der Zuwendungsverwaltung in Form der Beleihung ist im Lichte des klassischen Modells der Verwaltungslegitimation unproblematisch. Die Verbände sind als Beliehene ausreichend in die demokratische Legitimationskette einbezogen, sie sind grundrechtsgebunden und die Rechtsschutzmöglichkeiten der Zuwendungsletztempfänger werden nicht eingeschränkt. Hingegen ist die Tätigkeit des Kooperationsgremiums nach dem klassischen Modell nicht zulässig. Die Vertreter der Verbände agieren dort als Private, nicht in ihrer Funktion als Beliehene. Daher ist das Prinzip der staatlichen Letztentscheidung nicht gewahrt, und das Kooperationsgremium erfüllt auch nicht die

---

Schmidt-Preuß in VVDStRL Bd. 56, 174 (Fn. 42) und 175; Di Fabio in VVDStRL Bd. 56, 254 ff; Finkh, Duales System, 184 ff, insbes. 217 f zum Korporatisierungszwang im Licht der negativen Vereinigungsfreiheit.

216 Anlage 3, II.2 S.1 des Vertrages. In der Praxis zuständig für die Steuerung und Betreuung der verbandsunabhängigen Organisationen ist der Paritätische Wohlfahrtsverband.

Voraussetzungen der Ausnahmen von diesem Prinzip für plurale Gremien oder Selbstverwaltungskörperschaften.

Nach neueren Modellen der Verwaltungslegitimation entscheidet sich die demokratische Legitimation arbeits- und verantwortungsteiliger Strukturen danach, ob das Zusammenwirken organisatorischer, personeller, sachlich-inhaltlicher und prozeduraler Legitimationsinstrumente zu einem dauerhaft wirksamen Zurechnungszusammenhang zwischen Volk und staatlichem Handeln führt. Dies ist für den LIGA-Vertrag zu bejahen, wenn das Parlament und die Verwaltung von ihren Einwirkungsmöglichkeiten auch in der Praxis Gebrauch machen. Im Hinblick auf die Verwaltung ist dies zur Sicherung der prozedural nicht abgesicherten Adressatenrechte und die Einhaltung sozialrechtlicher Leitbilder in der Praxis erforderlich. Die parlamentarischen Kontroll- und Korrekturrechte sollten zudem durch die vertragliche Verankerung von Informationspflichten der Verbände verstärkt werden. Zur Stärkung der prozeduralen Legitimation sollte die Einbeziehung der Adressaten/innen in die Qualitätssicherung und Konsultationsverfahren mit von Umstrukturierungen betroffenen Trägern vertraglich festgeschrieben werden.

Die Untersuchung der durch den LIGA-Vertrag geschaffenen Regelungsstrukturen hat deutlich gemacht, dass die neueren Modelle der klassischen Verwaltungslegitimation für die Erfassung des demokratischen Zurechnungszusammenhangs kooperativer Strukturen ein differenzierteres Instrumentarium zur Verfügung stellen. Dadurch können die sachbereichsspezifischen Anforderungen, aber auch die Gefährdungslagen für die Wirksamkeit des Rückbezuges besser erkannt werden. Zugleich stärken sie die Entscheidungsprärogative, aber auch die Beobachtungs- und Nachbesserungspflichten des Parlamentes.

Obwohl die Zuwendungsverwaltung für den vom LIGA-Vertrag umfassten Bereich durch den Einsatz von Verpflichtungsermächtigungen und Globalzuwendungen von der parlamentarischen Detailkontrolle abgekoppelt wird, sind auch die weiteren Kriterien der Rahmensteuerung, wie die Sicherung parlamentarischer Rechte, die Rückholbarkeit der Auslagerungsentscheidung und die Offenheit des Zugangs zu Fördermitteln, durch die Berliner Verträge ausreichend gewährleistet.

# Kapitel 4: Wirkungen der Einschaltung der Verbände in die Zuwendungsverwaltung

## I. Der Rollenwandel der Verbände

### A. Funktionswandel gegenüber den Mitgliedsorganisationen

Durch die Übernahme ursprünglich staatlicher Aufgaben bei der Zuwendungsverwaltung verändert sich die Rolle der Verbände im Macht- und Beziehungsgefüge zwischen Sozialverwaltung, Verbänden, Projektträgern und Leistungsadressaten/innen. Idealtypisch waren die Funktionen der Verbände die Vertretung der in ihnen zusammengeschlossenen Organisationen gegenüber der Sozialverwaltung und der Öffentlichkeit sowie das sozialanwaltliche Eintreten für die Belange der Leistungsadressaten/innen entsprechend ihrer weltanschaulichen Ausrichtung. Aufgrund der besonderen Position der deutschen Wohlfahrtsverbände als Implementationsapparat der öffentlichen Träger und ihre daraus folgende Einbettung in neokorporatistische Strukturen[1] kam zu diesen Aufgaben eine gewisse Ordnungsfunktion gegenüber den Mitgliedsorganisationen hinzu, etwa bei der Aushandlung von Pflegesätzen und anderen Pauschalen, an welche die Mitglieder gebunden waren.[2]

Durch die Übertragung von Aufgaben in der Zuwendungsverwaltung verändert sich diese Ordnungsfunktion jedoch entscheidend, weil die Verbände ihre Mitglieder erstmals nicht nur verbindlich bei Verhandlungen vertreten, sondern ihnen gegenüber als Zuwendungsgeber auftreten und damit ihre Leistungen überwachen und bewerten. Diese Kontrolle überlagert die Interessenvertretung der Mitglieder ebenso wie die sozialanwaltliche Funktion. In den Worten von Verbandsvertretern übernehmen die Verbände durch die Verträge „Gestaltungs- und Ordnungsfunktion, indem sie Entscheidungen über den Mitteleinsatz treffen und umsetzen."[3] Der Rollenwandel wird als für die Verbände erforderlich angesehen, um angesichts der Krise des Sozialstaates im Wettbewerb mit gewerblichen Anbietern ihre Sonderstellung zu behaupten. Beschränkten sie sich auf ihre Anwaltsfunktion, verlören sie ihre Anschlussfähigkeit an das politisch-administrative System.[4]

Die Projektträger reagieren auf die Kontrolle durch die Verbände mit Abschottungstendenzen. Sie koppeln sich von den Verbänden ab und setzen ähnliche Strategien zur Abwehr und Befriedung der Gestaltungsansprüche der Verbände ein, wie zuvor gegenüber den staatlichen Zuwendungsgebern.[5]

---

1 S. oben Erster Teil, Kapitel 4, IV.
2 Hierzu ausführlich Neumann, Freiheitsgefährdung, 87 ff.
3 Menninger, Ökonomisierung, 3.
4 Menninger, Ökonomisierung, 3.
5 Für die Entwicklung im VskA e.V. seit Abschluss der Verträge anschaulich Knoth, Gratwanderungen, 64 f und 70 f.

## B. Mediatisierung von Konflikten und Abkopplung vom politischen Prozess

Während der Laufzeit des ersten LIGA-Vertrages sind keine verwaltungsgerichtlichen Verfahren über die Zuwendungsvergabe und -verwaltung anhängig gemacht worden. Die LIGA wertet dies als Beleg für den Erfolg ihrer Tätigkeit bei der Zuwendungsverwaltung. Die Hineingabe von Entscheidungsmacht in die Verbände stelle eine Rückführung gesellschaftlicher Probleme in das Gemeinwesen dar. Von Seiten der Kritiker heißt es dagegen, die Verbände betrieben eine Pazifisierung der sozialen Arbeit und eine Entpolitisierung der freien Trägerlandschaft.

Auch wenn die Verträge sicherlich nicht als ursächlich für die Entpolitisierung des Feldes ambulanter sozialer Arbeit betrachtet werden können, sondern vielmehr eine Ausprägung dieser Entpolitisierung sind, führen sie zu einer Mediatisierung von Konflikten. Die Konflikte zwischen Projektträgern und Sozialverwaltung über die Finanzierung für Angebote der sozialen und gesundheitlichen Versorgung, über deren inhaltliche Ausgestaltung und über die Kriterien und Formen der Kontrolle werden in die Verbände hineinverlagert.[6] Sie werden zu Binnenkonflikten in den Verbänden, welche aus verschiedenen Gründen im Vergleich zu den Konflikten mit der Verwaltung abgemildert sind: Zum einen steht nach Aushandlung des LIGA-Vertrages zwischen der Senatsverwaltung und den Spitzenverbänden die Gesamtsumme der zur Verfügung stehenden Mittel fest. Damit kann es nur noch zu Verteilungskämpfen zwischen einzelnen Einrichtungen kommen, nicht aber zu einer Diskussion darüber, ob insgesamt mehr Mittel für ambulante soziale Leistungen zur Verfügung gestellt werden sollen. Zum anderen können die typischerweise schwächeren Konfliktpartner – die leistungserbringenden Organisationen – auch schlechter auf andere, das Machtgefälle relativierende Mittel wie die Öffentlichkeit zurückgreifen, da die Konflikte zwischen den Projektträgern und den Verbänden schlechter kommunizierbar sind als Konflikte mit der Sozialverwaltung.

Zugleich werden die Entscheidungen, welche ambulanten sozialen Leistungen mit welchen Konzepten in welcher regionalen Verteilung finanziert werden, durch die Berliner Verträge vom politischen Prozess abgekoppelt. Dies geschieht zum einen durch die Gewährung einer mehrjährigen Globalzuwendung an die Verbände. Damit vermindert sich der Einfluss des Abgeordnetenhauses auf die Finanzierungs- und Strukturentscheidungen; die Einflussnahme einzelner Projektträger über die ihnen verbundenen Fraktionen im Abgeordnetenhaus wird weitgehend ausgeschlossen.

Die Abkopplung vom politischen Prozess wird von den Verbänden als Vorteil angesehen: Es komme nun nicht mehr auf die Lobby gewisser Projekte an, sondern konzeptionelle und qualitative Elemente könnten in den Vordergrund rücken. Durch die jährliche Einzelvergabe von Zuwendungen habe ein projektbezogener Lobbyismus geherrscht, der nicht zu sachgerechten Lösungen geführt habe. Dies vernachlässigt, dass auch die Verbände in der Auswahl nicht frei von Interessen

6 Vgl. Menninger, BldW 1+2/1999, 16 f.

sind; sie verfolgen Verbandsinteressen und weltanschauliche Ziele, treffen damit ebenso Entscheidungen aus politischen und Machtinteressen. Dies zeigt sich beispielsweise anhand des LIGA-Vertrages beim Paritätischen Wohlfahrtsverband, der herausstreicht, dass sich während der Laufzeit des ersten LIGA-Vertrages der Anteil seiner Mitgliedsorganisationen an der Gesamtfördersumme deutlich erhöht hat.

### C. Strukturkonvergenz der Verbände zum Staat

Des Weiteren führt der Rollenwandel der Verbände zu einer Verstärkung struktureller Konvergenzen mit dem bürokratischen Modell. Dass die Wohlfahrtsverbände in Deutschland ohnehin eine starke Konvergenz zum staatlichen Sektor aufweisen, wurde bereits dargelegt.[7]

Diese wird durch die Verträge verstärkt, indem die zuwendungsrechtlichen bürokratischen Verfahrensabläufe und Bindungen durch den Vertrag an die Verbände weitergegeben werden. Mit der Strukturüberwälzung geht die Gefahr des Verlustes eigener Handlungsrationalitäten der Verbände einher[8] und es droht die strukturelle Entkopplung von den Mitgliedsorganisationen, der Verlust der Mobilisierungs- und Bindungsfähigkeit gegenüber den organisierten Menschen einerseits[9] und der Nähe zu den Leistungsadressaten/innen andererseits.

Zu der Konvergenz mit staatlichen Strukturen treten die Ökonomisierung und Verbetrieblichung der sozialen Arbeit im Rahmen des New Public Managements. Wie oben beschrieben,[10] führt dies zu einer Anpassung der Dritte-Sektor-Organisationen – zumindest jener, die einen Schwerpunkt auf der Dienstleistungsfunktion haben – an die Strukturen des Marktes. Damit muss sich die Binnendifferenzierung der Verbände weiter erhöhen, da diese gleichermaßen Anschluss an staatliche Strukturen wie an jene des Marktes gewährleisten müssen. Die Annahme liegt nahe, dass sich dadurch die Anbindung an die Basisorganisationen und den informellen Sektor auch aus strukturellen Gründen verringert.

Diese Strukturkonvergenzen bergen die Gefahr von Zielverschiebungen und Affektionsverlusten und können damit zum Verlust sektoraler Eigenheiten führen. Insbesondere die Nähe zum Aufgabengebiet, Innovationsoffenheit und Akzeptanz bei den Adressaten/innen können unter der Übernahme bürokratischer Strukturen und Ordnungsfunktionen leiden.[11]

Man kann auch die Frage stellen, ob die Verbände angesichts der Einschränkungen in ihrer Privatheit und Autonomie nach den Kriterien der struktural-operationalen Definition des JHP[12] noch als Organisationen des Dritten Sektors betrachtet werden können. Die durch den LIGA-Vertrag beliehenen Verbände üben, obschon

---

7 S. oben Erster Teil, Kapitel 3, II.B.2.a). und Kapitel 4, IV.
8 S. oben Erster Teil, Kapitel 3, II.A.2 und II.B.1.b).
9 S. oben Erster Teil, Kapitel 3, II.
10 S. oben Erster Teil, Kapitel 6, II.B.
11 S. oben Erster Teil, Kapitel 3, I.B.1b).
12 S. oben Erster Teil, Kapitel 1, I.C.

sie Privatrechtssubjekte bleiben, Hoheitsgewalt aus und unterliegen durch die Fach- und Rechtsaufsicht hinsichtlich ihrer Tätigkeit bei der Zuwendungsverwaltung auch staatlicher Kontrolle. Durch die Verträge etablieren sich die Verbände als neue Quasi-Zuwendungsbehörden. Sie werden insoweit zu verselbständigten Verwaltungseinheiten oder zu Quasi-Governmental-Organizations (Quagos) oder Para-Governmental Organizations (PGO).[13] Es wäre im Licht der Definition des JHP zu untersuchen, ob die in der Zuwendungsverwaltung ausgeübten Aufgaben der Organisationen im Verhältnis zu ihrem gesamten Tätigkeitsfeld so wesentlich erscheinen, dass von einer privat-autonomen Bestimmung der verbandlichen Aktivitäten nicht mehr die Rede sein kann, oder ob der mit der Ausübung der Zuwendungsverwaltung verbundene Rollenwandel Struktur und Funktion der Verbände so maßgeblich ändert, dass sie ihre Eigenständigkeit gegenüber der staatlichen Verwaltung verlieren.

## II. Outsourcing von Verwaltungsaufgaben oder Hineingabe von Steuerungskompetenzen in den Dritten Sektor?

Betrachtet man die im Berliner LIGA-Vertrag vereinbarte Aufgabenverteilung, kommt man zu dem Ergebnis, dass überwiegend untergeordnete Verwaltungsfunktionen ganz in die Verbände ausgelagert werden, nämlich die Abwicklung des Antragsverfahrens, die Mittelverwaltung sowie die Abwicklung der Erfolgskontrolle und der Verwendungsprüfung. Letztentscheidungsbefugnisse werden den Verbänden dagegen nicht verliehen; diese werden einem paritätischen Kooperationsgremium übertragen – also einem Gremium an der Grenze der Sektoren Staat und Dritter Sektor.

### A. Outsourcing zur Verwaltungsentlastung?

Eine Bewertung der Mediatisierung der Zuwendungsverwaltung als reines Outsourcing von Aufgaben zur Verwaltungsentlastung erfasst die damit verbundenen Veränderungen im Machtgefüge von Sozialverwaltung, Verbänden, Projektträgern und Leistungsadressaten/innen nicht.

Betroffen sind mit den zuwendungsfinanzierten ambulanten sozialen Leistungen Bereiche des Dritten Sektors, die sich bislang – im Gegensatz zu den pflegesatz- bzw. leistungsvertraglich finanzierten Leistungen – durch einen kleinteiligen ‚Wildwuchs' von Organisationen, Konzepten und Angeboten auszeichneten. Kleine Einheiten erforderten jeweils den Zugang zu behördlichen Strukturen. Durch den Vertrag wird der Zugang zur Finanzierung zentralisiert und werden – ganz im Trend des New Public Management[14] – die Voraussetzungen für weitgehende Standardisierungen der Leistungen geschaffen.

---

13 Vgl. die Einteilung von Schuppert in JbStVerwW Bd. 3 (1989), 50 f.
14 S. oben Erster Teil, Kapitel 6, II.B.

Die Verbände gewinnen durch den LIGA-Vertrag. Sie erhalten durch ihre Befugnisse bei der Entscheidungsvorbereitung und ihre Mitentscheidungsrechte im Rahmen paritätischer Gremien weitgehende Möglichkeiten zur Einflussnahme auf die Mittelverteilung. Sie erreichen damit eine Machtposition zum einen gegenüber der Verwaltung, die im Zusammenhang mit der Aufgabenauslagerung nicht nur Stellen, sondern auch Fachkompetenz abbaut. Zum anderen kommt es ebenfalls gegenüber den angeschlossenen Organisationen zu einer Stärkung der Verbandsposition, allerdings verbunden mit Abschottungstendenzen der Organisationen.

Die Verbände verfestigen ihre privilegierte Stellung im Sektor, und dies in einer Zeit, in welcher das Wohlfahrtsmonopol in den Sozialgesetzbüchern weitgehend aufgelöst wurde. Im Bereich der zuwendungsfinanzierten ambulanten sozialen Leistungen erhalten sie wesentlichen Einfluss auf die Verteilung der immer knapper werdenden Mittel. Dies gilt insbesondere für den umfangreichen LIGA-Vertrag. Für ihre Aufgaben erhalten sie eine mittelfristige Finanzierungssicherheit. Diese reicht über den Vertragszeitraum hinaus, da die Auslagerung von Aufgaben aus der staatlichen Verwaltung durch den gleichzeitigen Stellenabbau in der Verwaltung faktisch unumkehrbar ist.[15]

## B. Eröffnung von Selbststeuerungsräumen?

Auch eine Bewertung der Zuwendungsmittlungsverträge als Eröffnung von Selbststeuerungsräumen für den Dritten Sektor greift zu kurz. Sie vernachlässigt die Differenz zwischen den Konsequenzen für die Verbände und jenen für die Basisprojekte, welche die Leistungen tatsächlich erbringen.

Ob die Vorteile der Vertragsregelungen auch für die Projektträger überwiegen, kann bezweifelt werden. Eine größere Finanzierungssicherheit erhalten sie durch die Verträge nicht; ebenso wenig werden die zuwendungsrechtlichen Bindungen gelockert. Bei der Gestaltung inhaltlicher Konzepte könnte vorteilhaft sein, dass die Verbände im Vergleich zur Sozialverwaltung größere Basisnähe und ein stärkeres Fachwissen besitzen. Insbesondere durch die vertraglichen Kompetenzen der Verbände im Bereich der Qualitätsdefinition und -kontrolle[16] könnten neue Räume für konzeptionelle Entwicklungen und für eine „stille" Selbststeuerung innerhalb des Dritten Sektors entstehen. Dies hängt jedoch allein von dem Verhalten der Verbände bei der Wahrnehmung der Aufgaben der Zuwendungsverwaltung ab; der Entscheidungsspielraum der leistungserbringenden Organisationen wird durch die Verträge nicht erweitert.

In erster Linie verstärkt die Übertragung der Zuwendungsverwaltung auf die Verbände die Interessendivergenzen zwischen Projektträgern und Verbänden und die Hierarchisierung deren Verhältnisses. Die Verbände koppeln sich von ihren Mitgliedsorganisationen ab und werden zur Kontrollinstanz. Damit gibt es auch für

15 Auch im rot-roten Koalitionsvertrag, welcher während der Laufzeit des 2. LIGA-Vertrages geschlossen wurde, ist eine Fortführung der Verträge nach deren Ablauf vorgesehen.

16 S. oben Zweiter Teil, Kapitel 2, III.F.3.

diejenigen Projektträger, die in einem der Verbände organisiert sind, lediglich geringe tatsächliche Möglichkeiten der Einflussnahme auf die Ausübung der übertragenen Aufgaben durch die Verbände. Über den Abschluss des Vertrages wurde durch die Mitgliederversammlungen der Verbände entschieden; seine Ausfüllung durch die Verbände ist intern dagegen nicht an die Mitgliederversammlung gekoppelt; vielmehr werden von den Verbänden bereichsspezifische, interne Abstimmungen mit den Geschäftsführern der jeweils betroffenen Projektträger durchgeführt.

Durch die Einbeziehung der Verbände in staatliche Aufgaben und Entscheidungen tritt auch ihre sozialanwaltliche Funktion weiter in den Hintergrund. Adressaten/innen sind an den vertraglich etablierten Gremien nicht beteiligt.

Die Entscheidungen werden nicht in Selbststeuerung im Sektor getroffen, sondern in Verhandlungsgremien zwischen den Verbänden und der Verwaltung. Neokorporatistische Verflechtungen werden damit verrechtlicht und verstärkt, bürokratische Handlungsmuster auf die Verbände übertragen. Es handelt sich daher weniger um die Eröffnung von Selbststeuerungsräumen für den Dritten Sektor als Ort gesellschaftlicher Selbstorganisation, sondern um die Abgabe staatlicher Steuerungskompetenzen an die großen Verbände unter Beibehaltung der Steuerungsmittel, -mechanismen und der Rahmenbedingungen, und nach wie vor unter starker Einflussnahme der Verwaltung.

## III. Auswirkungen auf die neokorporatistischen Kooperationsstrukturen

### A. Verrechtlichung neokorporatistischer Verhandlungsstrukturen

Die Einbindung der Verbände in die Zuwendungsverwaltung verrechtlicht neokorporatistische Verhandlungsstrukturen zwischen Staat und Verbänden. Kennzeichen neokorporatistischer Strukturen ist die Verzahnung von Staat und Gesellschaft auf den Ebenen der Politikformulierung und -implementation. Sie bilden konsensorientierte Verhandlungssysteme, in welchen die Aushandlungen bei verpflichtungsfähigen Akteuren zentralisiert werden.[17] Derartige Strukturen schaffen und verrechtlichen die vorgestellten Berliner Verträge: Die Finanzierungs- und Planungsentscheidungen werden durch den LIGA-Vertrages zentral auf ein paritätisches staatlich-verbandliches Kooperationsgremium übertragen. Die Verbände implementieren die Entscheidungen.

In der Literatur werden andere aktuelle Modelle der sektoralen Einbindung kollektiver Akteure und der Betroffenen in die Planung, Ressourcenverantwortung, Entscheidungsfindung und Umsetzung von Verwaltungshandeln beschrieben.[18] Diese werden von klassischen neokorporatistischen Strukturen abgegrenzt: Sie seien regional beschränkt, wiesen geringe Zugangsschranken auf und bildeten damit Ansätze für Politikentlastung und Verwaltungsvereinfachung, die an die Tradition der

17 S. oben Erster Teil, Kapitel 4, IV. und Kapitel 5, II.B.3.
18 Zimmer/ Nährlich in ZSR 1997, 674 ff.

kommunalen Selbstverwaltung der Bürgergemeinschaft anknüpften.[19] In diesen Zusammenhang kann das Berliner Modell der Zuwendungsmittlung jedoch nicht eingeordnet werden: Steuerungskompetenzen werden nicht an bürgernahe Beiräte abgegeben, die Kooperation der Verwaltung beschränkt sich auf die Spitzenverbände. Die basisnahen Projektträger bleiben ebenso wie die Leistungsadressaten von den Verhandlungssystemen ausgeschlossen; ihnen wird der Zugang zur staatlichen Verwaltung durch die Zwischenschaltung der Verbände geradezu abgeschnitten. Die Verträge schreiben damit auf einem etwas veränderten Gebiet die „korrekturbedürftigen eingefahrenen Kooperationsmuster zwischen Wohlfahrtsverbänden als ‚Sozialmultis' und Verwaltung"[20] fort.

Damit stellen sie eine Gegenbewegung zur Auflösung neokorporatistischer Strukturen in der Wohlfahrtspflege im Rahmen des NPM dar. Es wurde diagnostiziert, dass in Zukunft durch die Eröffnung von Wettbewerb auch mit erwerbswirtschaftlichen Anbietern in den Sozialgesetzbüchern die Verbände nur auf der Ebene der Implementation, und dort auch nur als ein Anbieter unter vielen auftreten würden.[21] Dagegen kann man beim Berliner LIGA-Vertrag eine Verstärkung der Verflechtung von Sozialverwaltung und Verband bei der Politikformulierung und -implementation feststellen.

## B. Neues Monopol der Verbände

Die Verbände lösen die Zuwendungsbehörden in wesentlichen Aufgaben ab und sichern dadurch ihre Position und ihre Privilegien. Sie gewinnen damit ein neues Monopol im Bereich der zuwendungsfinanzierten ambulanten sozialen Leistungen.

Diese Entwicklung verläuft konträr zu der sozialgesetzgeberischen Intention, das Wohlfahrtsmonopol in den Sozialgesetzbüchern durch die Eröffnung von Wettbewerb auch mit erwerbswirtschaftlichen Anbietern aufzulösen.[22] Die Verbände verstärken ihre Tätigkeit also in einem Bereich, in welchem eine Konkurrenz von Seiten des Marktes nicht besteht und aufgrund der Besonderheiten des Zuwendungsrechtes und der geringen Lukrativität der typischerweise zuwendungsfinanzierten Leistungen auch in Zukunft nicht zu erwarten ist. Die Verbände sichern sich zum einen eine gute Ausgangsposition für ihre Mitgliedsorganisationen bei der Verteilung von Zuwendungsmitteln; zum anderen rücken sie in das Monopol bei der Zuwendungsverwaltung auf.

---

19 Zimmer/ Nährlich in ZSR 1997, 676.

20 Zimmer/ Nährlich in ZSR 1997, 675.

21 Zimmer in ZSR 1996, 298f; vgl. oben Erster Teil, Kapitel 6, II.B.

22 S. oben Erster Teil, Kapitel 6, IV.A.1.a).

## IV. Zusammenfassung

Ein Rollenwandel der Verbände und die partielle Aufgabe von Autonomie und Privatheit sind die Folgen des Berliner Modells ihrer Einschaltung in die Zuwendungsverwaltung. Gegenüber den kleineren Organisationen des Dritten Sektors treten die Verbände statt als Interessenvertretung verstärkt als Ordnungsmacht auf, worauf diese mit Abschottung reagieren. Durch die Verträge werden die Verbände an Entscheidungen der Sozialverwaltung beteiligt. Für die Umsetzung der Entscheidungen werden bürokratische Strukturen der staatlichen Zuwendungsverwaltung auf sie übergewälzt. Für die Projektträger werden zuwendungsrechtliche Bindungen und haushaltsrechtliches Annuitätsprinzip nicht gelockert.

Die Entscheidungen über Planung und Mittelvergabe werden nicht im Dritten Sektor, sondern an den Sektorengrenzen, in korporatistischen Verhandlungsgremien zwischen Sozialverwaltung und Verbänden, getroffen. Ein potentieller Bereich für eine Selbststeuerung des Sektors könnte die Qualitätsdefinition und -sicherung sein. Hier besitzen die Verbände die vertraglichen Kompetenzen, im Zusammenwirken mit den Projektträgern Qualitätssicherungssysteme zu entwickeln, sodass Fachwissen und Basisnähe der Organisationen in die Konzepte einfließen können.

Eine Auflösung bestehender korporatistischer Strukturen im Bereich sozialer Arbeit wird durch die Berliner Verträge nicht angestoßen. Vielmehr werden existierende Machtpositionen verfestigt und verrechtlicht. Entgegen dem Ziel sozialgesetzlicher Reformen, das ‚Wohlfahrtsmonopol' zurückzudrängen, gewinnen die Verbände durch die Verträge in der Zuwendungsverwaltung ein Monopol in einem neuen Bereich.

# Kapitel 5: Zusammenfassung des zweiten Teils

## I. Die rechtliche Umsetzung der Verantwortungsteilung

Mit der Einbindung der Verbände in die Zuwendungsverwaltung durch die Berliner Zuwendungsmittlungsverträge wird das Rechtsregime des Haushalts- und Zuwendungsrechtes nicht verlassen, dessen Spielräume aber weit genutzt. Durch den Einsatz von Verpflichtungsermächtigungen und Globalzuwendungen wird die Zuwendungsverwaltung von der parlamentarischen Detailkontrolle abgekoppelt. In den einzelnen Zuwendungsverhältnissen zu den Projektträgern bleibt das haushaltsrechtliche Annuitätsprinzip jedoch bestehen. Punktuell kann durch den Abschluss von Leistungsverträgen vom Zuwendungsrecht abgewichen werden.

Zur Gestaltung der arbeitsteiligen Struktur werden öffentlich-rechtliche kooperationsrechtliche Verträge eingesetzt. Die staatliche Letztentscheidungsbefugnis wird auf vertraglich etablierte paritätisch besetzte Gremien verlagert. Die Verbände als private Organisationen werden als beliehene Zuwendungsmittler in das Zuwendungsverhältnis eingeschaltet. Der Grad der Verrechtlichung der verantwortungsteiligen Strukturen steigt durch den Einsatz von Verträgen mit detaillierten Regelungen zur Aufgaben- und Verantwortungsteilung und zum Verfahren der Planungs- und Entscheidungsprozesse, sowie durch die Beleihung Einschaltung Privater.

## II. Die Sicherung rechtlich notwendiger staatlicher Rahmensteuerung

Die Anforderungen des Demokratieprinzips werden – beurteilt nach dem neueren Konzept einer überwirkenden staatliche Legitimationsverantwortung – insbesondere durch aufgabenangemessene Organisation, die parlamentarische Basislegitimation durch das Haushaltsgesetz, materielle Bindungen der privaten Vertragspartner an Gesetz und politische Rahmenvorgaben sowie durch prozedurale und institutionelle Sicherungen umgesetzt. Die Untersuchung der durch den LIGA-Vertrag geschaffenen Regelungsstrukturen hat deutlich gemacht, dass die neueren Modelle der klassischen Verwaltungslegitimation für die Erfassung des demokratischen Zurechnungszusammenhangs kooperativer Strukturen ein differenzierteres Instrumentarium zur Verfügung stellen als das klassische Modell der Verwaltungslegitimation.

Im LIGA-Vertrag sind prozedurale institutionelle Sicherungen zur Vermeidung von Interessenselektivität in den arbeitsteiligen Strukturen schwach ausgeprägt. Dies betrifft die Interessen der Zuwendungsletztempfänger, insbesondere der verbandsungebundenen Organisationen, und der Adressaten/innen. Zur Wahrung der rechtlich notwendigen Rahmensteuerung ist daher die Aufrechterhaltung von Rechtsschutzmöglichkeiten Dritter erforderlich, sowie die Nutzung vertraglich abgesicherter Steuerungsmöglichkeiten der Sozialverwaltung im Hinblick auf die Rechte und Interessen von Adressaten/innen und die Einhaltung sozialrechtlicher

Leitbilder und Kompetenzregelungen in der Verwaltungspraxis. Auch sollten die parlamentarischen Beobachtungs- und Kontrollrechte durch die vertragliche Verankerung von Informationspflichten gestärkt werden. Zur Stärkung der prozeduralen Legitimation sollte die Einbeziehung der Adressaten/innen in die Qualitätssicherung und Konsultationsverfahren mit von Umstrukturierungen betroffenen Trägern vertraglich festgeschrieben werden.

Weitere Kriterien der Rahmensteuerung, wie die Sicherung parlamentarischer Rechte, die rechtliche Rückholbarkeit der Auslagerungsentscheidung und die Offenheit des Zugangs zu Fördermitteln, sind durch die Berliner Verträge ausreichend gewährleistet. Problematisch ist die faktische Unumkehrbarkeit der Institutionenwahlentscheidung für eine Aufgabenauslagerung.

## III. Die Auswirkungen auf die Steuerung des Sektors und bestehende Strukturen der Kooperation

Die Einschaltung der Verbände in die Zuwendungsverwaltung führt zu einem Rollenwandel. Im Verhältnis zu den in ihnen organisierten Dritte-Sektor-Organisationen sinkt ihre Bedeutung als Interessenvertretung, während ihre Gestaltungs- und Ordnungsfunktion erheblich ausgeweitet wird. Sie sind an administrativen Entscheidungen beteiligt und exekutieren diese. Dabei übernehmen sie bürokratische Strukturen der staatlichen Zuwendungsverwaltung und geben ihre Autonomie und Privatheit partiell auf. Konflikte über Art und Umfang ambulanter sozialer Leistungen, die staatlich gefördert werden sollen, werden in das Verhältnis zwischen den Verbänden und ihre Mitgliedsorganisationen hinein mediatisiert und von der Öffentlichkeit und dem politisch-parlamentarischen Komplex abgekoppelt. Die Projektträger reagieren auf den Rollenwandel der Verbände mit Abschottungstendenzen.

Die Auslagerung der Zuwendungsverwaltung in den Sektor kann nur begrenzt als Eröffnung eines Raums sektoraler Selbstregulierung gewertet werden. Die Entscheidungen werden nicht im Dritten Sektor, sondern in korporatistischen Verhandlungsgremien zwischen Sozialverwaltung und Verbänden getroffen. Durch die Beleihung werden die Handlungsrationalitäten und Verfahren der staatlichen Zuwendungsverwaltung an die Verbände weitergegeben. Für die Projektträger werden die zuwendungsrechtlichen Bindungen, insbesondere das haushaltsrechtliche Annuitätsprinzip, nicht gelockert. Durch die vertraglichen Kompetenzen der Verbände in der Entwicklung von Qualitätssicherungssystemen im Dialog mit den Projektträgern wird ein Raum konzeptueller Selbstregulierung eröffnet, wobei diese Möglichkeit bislang von den Akteuren aus dem Sektor nicht genutzt zu werden scheint.

Die bestehenden korporatistischen Strukturen im Bereich sozialer Arbeit werden durch die Berliner Verträge verstärkt und verrechtlicht. Eine Entzerrung der Ebenen Politikformulierung und -implementation findet nicht statt. Gegenläufig zu den Versuchen, das ‚Wohlfahrtsmonopol' im Sozialrecht aufzulösen, besetzen die Verbände in der Zuwendungsverwaltung und bei den zuwendungsfinanzierten Leistungen eine neue Monopolstellung.

# Dritter Teil: Veränderungen der Zuwendungsfinanzierung ambulanter sozialer Leistungen in Hamburg im Zuge des New Public Management

## Kapitel 1: Spezifische Entwicklungslinien der ambulanten sozialen Arbeit

Wie in anderen Kommunen wurden auch in Hamburg Anfang der 1990er Jahre die Reformansätze des New Public Management (NPM) und das von der Kommunalen Gemeinschaftsstelle für Verwaltungsvereinfachung (KGSt) entwickelte Neue Steuerungsmodell rezipiert. Das aus Sichtweise der Kommunen entwickelte Modell musste auf Hamburg als Stadtstaat, der sowohl Kommunal- wie auch Landesaufgaben zu erfüllen hat, übertragen werden. Die Einführung von Kontraktmanagement, Zusammenführung von Fach- und Ressourcenverantwortung, Output-Steuerung, Budgetierung, Qualitätsmanagement und Mitarbeiterqualifizierung wurde auf die politische Agenda gesetzt.[1] Man begann mit einer Umstellung des Haushalts von der Kameralistik auf einen Produkthaushalt, bei dem Leistungen der Verwaltung als Produkte definiert und abgebildet sind, und mit der Einrichtung von Regelkreisen für Erfolgskontrollen.[2] Bei der Umsetzung unterschieden sich die einzelnen Fachbehörden in Geschwindigkeit und gewählten Maßnahmen.

Die Veränderungen schlugen sich auch im Bereich der Zuwendungsverwaltung nieder. Im Verhältnis zu den Zuwendungsempfängern sollten Output-Steuerung, Erfolgskontrolle und Qualitätsmanagement eingesetzt werden und dadurch auch die Transparenz des Haushaltsplans erhöht werden.[3] Die Umstellung der Zuwendungsverwaltung wurde begleitet durch Veränderungen der zuwendungsrechtlichen Verwaltungsvorschriften zur HambLHO, die unten[4] näher dargestellt werden.

Größter Zuwendungsgeber der Hansestadt an Organisationen des Dritten Sektors[5] und zuständige Behörde für den Bereich ambulanter sozialer Arbeit war bis zur

---

1 Freie und Hansestadt Hamburg, Verwaltungsmanagement 9 ff; zur Umsetzung in Hamburg vgl.: Engelhardt/ Hegmann/ Schweizer, Neues Steuerungsmodell.

2 Freie und Hansestadt Hamburg, Erfolgskontrollen.

3 Vgl. die bürgerschaftlichen Ersuchen, Bürgerschafts-Drs. 15/3751 und 15/5846 v. 06.08. 1996.

4 Dritter Teil, Kapitel 2, II.

5 1997 entfielen etwa 50 Prozent der Zuwendungen der Hansestadt Hamburg auf die institutionelle Förderung der öffentlichen Unternehmen und des Öffentlichen Nahverkehrs, 5 Prozent auf die gemeinsame Forschungsförderung mit dem Bund, 12,5 Prozent auf Zuwendungen für Investitionen und etwa 13 Prozent auf die institutionelle Förderung und 20 Prozent auf die Projektförderung der jeweiligen Aufgaben der Behörden. Die beiden letzt-

Umstrukturierung der Fachbehörden im Jahr 2001[6] die Behörde für Arbeit, Gesundheit und Soziales (BAGS). Auf die Tätigkeit dieser Behörde wirkten sich die Umsteuerungen des NPM hinsichtlich der Zuwendungsverwaltung besonders aus.

Als Pilotbereich für den Einsatz output- und erfolgsorientierter Steuerungskonzepte kann in Hamburg die ambulante Sucht- und Drogenhilfe gelten. In diesem – im Verhältnis zur Zahl der Betroffenen – hoch politisierten Bereich wurde aufgrund des Engagements des damaligen Drogenbeauftragten des Hamburger Senats eine Modernisierungsdiskussion über die Einführung erfolgsorientierter Steuerungsmittel und die Festlegung und Kontrolle von Qualitätsstandards initiiert.[7]

Mit der überwiegenden Zahl der Projektträger wurde im Jahr 1996 eine „Rahmenvereinbarung über Qualitätsstandards für die ambulante Sucht- und Drogenarbeit in Hamburg"[8] abgeschlossen, und die Zuwendungsbescheide und -verträge wurden mit Elementen der Output-Steuerung – Leistungsbeschreibungen, ausführliche Berichtspflicht, Festbetragsfinanzierung – versehen.[9] Als Reformziel wurde die Stärkung der Position der Adressaten/innen im Hilfesystem angegeben. Neben der Einzelsteuerung der Tätigkeit der Projektträger sollte die Einführung einer Basisdokumentation[10] die Evaluierung und Steuerung des gesamten Problemfeldes Drogen und Sucht ermöglichen. Diese Neuerungen trafen in der Hamburger Trägerlandschaft bei einigen Trägern auf erbitterten Widerstand, andere zeigten Kooperationsbereitschaft.[11]

Erfolgssteuerung und Qualitätssicherungsmaßnahmen wurden in den Folgejahren auch in den übrigen Bereichen der Zuwendungsfinanzierung ambulanter sozialer Leistungen eingeführt. Es wurden bereichsspezifische Leistungs- und Qualitäts-

---

genannten Posten stellen überwiegend Zuwendungen an Organisationen des Dritten Sektors dar.

6 Nach dem Regierungswechsel in Hamburg 2001 wurden im Rahmen der Umstrukturierung der Fachbehörden die Zuständigkeiten der Behörde für Gesundheit, Arbeit und Soziales verteilt auf die Behörden für Soziales und Familie, für Umwelt und Gesundheit und für Wirtschaft und Arbeit. Nach dem Regierungswechsel 2004 ging die Zuständigkeit für Gesundheit auf die Behörde für Wissenschaft und Gesundheit über. Die Behörde für Soziales und Familie ist somit weiterhin überwiegend für den Bereich ambulanter sozialer Leistungen mit Ausnahme der Suchthilfe zuständig.

7 Vgl. Bürgerschafts-Drs. 15/ 3751, Anlage 1: Bereich „Drogen und Sucht" und 15/5846, Anlage 1: Leistungsbeschreibung Drogen und Sucht; abgedruckt in: Freie und Hansestadt Hamburg, Modernisierung.

8 Abgedruckt in Freie und Hansestadt Hamburg, Modernisierung.

9 Mustervertrag in Bürgerschafts-Drs. 15/ 5846, Anlage 1; kritisch zum Stand der Umsetzung: Bericht des Rechnungshofes der Freien und Hansestadt Hamburg 2000, Ziff. 406-414.

10 Standardmodul der Basisdaten-Dokumentation in Freie und Hansestadt Hamburg, Modernisierung, Dokument 5.; Bürgerschafts-Drs. 15/ 5846, Anlage 1, 5 ff. Mittlerweile wird über eine Ausweitung der an die Behörde zu übermittelnden Daten diskutiert, vgl. Otto/ Rüdlin/ Koch in DuD 2002, 484 ff.

11 Pressespiegel in Freie und Hansestadt Hamburg, Modernisierung, Dokument 6 und Bürgerschafts-Drs. 15/ 5846, Anlage 1, 7 ff.

standards entweder zweiseitig in Rahmenvereinbarungen oder einseitig durch Förderrichtlinien festgelegt und dadurch die Leistungen standardisiert. Eine Umstellung der Zuwendungsverwaltung auf Leistungsverträge wird nicht angestrebt,[12] diese werden wegen ihrer umsatzsteuerrechtlichen und vergaberechtlichen Auswirkungen und wegen des Verlustes von Prüfungsrechten auf der Inputseite abgelehnt. Nach der Reform der zuwendungsrechtlichen Verwaltungsvorschriften im Lichte des NPM schloss die Behörde eine bereichsübergreifende Rahmenvereinbarung für den Umgang mit den zuwendungsrechtlichen Regelungen mit der Arbeitsgemeinschaft der Freien Wohlfahrtspflege Hamburg als Vertreterin der Landesverbände.[13]

Ausgelöst durch eine zweifelhafte Auftragsvergabe durch die BAGS[14] beschäftigte sich ein parlamentarischer Untersuchungsausschuss (PUA) mit der Vergabe und Kontrolle von Aufträgen und Zuwendungen durch die Freie und Hansestadt Hamburg.[15] In der Folge wurden Verwaltungsvorschriften erlassen, die durch Bekanntgabeverfahren und Befristung von Projekten neue Wettbewerbselemente in die Zuwendungsverwaltung einführten.[16] Zur Erhöhung der Transparenz über die aus dem Landeshaushalt verausgabten Zuwendungen legt der Senat seit 2002 so genannte Zuwendungsberichte[17] vor, die in dreijährlichen Abständen erscheinen sollen.

Dargestellt und bewertet werden im Folgenden die Veränderungen in Zuwendungsrecht und Zuwendungspraxis, die neu eingeführten Wettbewerbselemente sowie die kooperativen Rahmenvereinbarungen zwischen Verwaltung und Dritte-Sektor-Organisationen.

---

12 Dienstvorschrift ‚Grundsätze für die Bewilligung von Zuwendungen, den Abschluss von Vereinbarungen nach § 93 BSHG und andere Maßnahmen bei der Erbringung von Sozial- und Gesundheitsleistungen', DV 014.22-8 v. 24.03.1999; näher unten Dritter Teil, Kapitel 3.

13 S. dazu unten Dritter Teil, Kapitel 2, III.

14 Bei einer Projektvergabe durch die BAGS wurde das Angebot eines Hamburger Trägers, dessen Geschäftsführer der Ehemann der der damaligen Sozialsenatorin Fischer-Menzel war, gegenüber einem kostengünstigeren Angebot eines auswärtigen Trägers bevorzugt. Die Affäre führte zum Rücktritt der Senatorin.

15 Bericht des PUA und bürgerschaftliches Ersuchen: Bürgerschafts-Drs.16/ 5000; Mitteilung des Senates an die Bürgerschaft: Bürgerschafts-Drs.16/5992.

16 S. dazu unten Dritter Teil, Kapitel 3.

17 Erster empfängerbezogener Zuwendungsbericht 2002, Bürgerschafts-Drs. 17/687; Kleiner Zuwendungsbericht 2003, Bürgerschafts-Drs. 17/3262.

# Kapitel 2:
# Veränderungen im Zuwendungsrecht und der Zuwendungspraxis

Das klassische inputorientierte Zuwendungsrecht wurde in Hamburg Ende der 1990er Jahre durch Veränderungen in den zuwendungsrechtlichen Verwaltungsvorschriften im Lichte des New Public Management reformiert. Im Folgenden wird zunächst das klassische Zuwendungsrecht mit seinen wesentlichen Komponenten, nämlich der Gegenleistungsfreiheit, seinen haushaltsrechtlichen Bindungen und den Beziehungen im Dreieck zwischen Zuwendungsgeber – Zuwendungsempfänger und Adressaten ambulanter sozialer Leistungen dargestellt. Daran schließt sich ein Überblick über die Veränderungen durch die neuen Verwaltungsvorschriften zu §§ 23 und 44 HambLHO von 1997 an. Die Hamburger Behörde für Arbeit, Gesundheit und Soziales schloss 1999 für ihre Zuwendungen im Bereich ambulanter sozialer Leistungen eine kooperative Vereinbarung mit der Arbeitsgemeinschaft der Freien Wohlfahrtspflege geschlossen, die Orientierung für den Umgang mit den veränderten rechtlichen Vorgaben geben sollte. Die Elemente dieser Vereinbarung werden ebenfalls dargestellt. An anderer Stelle[1] wird sie auch hinsichtlich ihrer Rechtsverbindlichkeit als kooperative Rahmenregelung und ihrer Wirkung auf die Steuerung der Zuwendungsverhältnisse in der ambulanten sozialen Arbeit in Hamburg untersucht werden.

## I. Das Zuwendungsverhältnis im klassischen Zuwendungsrecht

### A. Keine Primärleistungspflicht der Organisation

Zuwendungen sind öffentliche Leistungen an Stellen außerhalb der Verwaltung zur Erfüllung bestimmter Zwecke, an denen ein erhebliches öffentliches Interesse besteht. Im idealtypischen Bild der Zuwendung, wie es sich in der Legaldefinition des § 23 BHO/LHO widerspiegelt, erhält eine nichtstaatliche Organisation die Zuwendungsmittel unter Zweckbindung an ihre eigenen, selbst gewählten und definierten Aufgaben; auf die Zuwendung besteht kein dem Grunde oder der Höhe nach bestimmter Rechtsgrund der Organisation.[2]

Mit dem Zuwendungsakt ist der öffentliche Träger zur Zuwendungsgewährung verpflichtet, die Erbringung der Aufgaben durch die Organisation stellt jedoch keine Primärleistungspflicht der Organisation dar.[3] Die Erfüllung der Leistung kann daher nicht durch Vollstreckung durchgesetzt werden. Eine faktisch starke Bindung der Organisation an die Erfüllung des Zuwendungszweckes wird durch dessen Ausgestaltung als Nebenbestimmung oder Auflage des Bewilligungsaktes erreicht: Die

1 Dritter Teil, Kapitel 4.
2 Vgl. Erster Teil, Kapitel 2, III.A.
3 Pöld-Krämer/ Fahlbusch in RsDE Bd. 46, 10; Goetz in RsDE Bd. 44, 16.

nicht zweckentsprechende Verwendung der Mittel führt zum Widerruf des Bewilligungsaktes nach § 48 Abs. 3 VwVwfG und zur Rückforderung und Verzinsung nach § 49a VwVfG.[4] Auch bei der Zuwendungsvergabe durch öffentlich-rechtlichen Vertrag ergibt sich nichts anderes: Der Zuwendungsvertrag ist kein Austauschvertrag nach § 55 SGB X, § 56 VwVfG.[5] Seiner Struktur nach handelt es sich um einen nicht synallagmatischen gegenseitigen Vertrag.[6] Der Zuwendungszweck stellt keine Gegenleistung des Zuwendungsempfängers dar, die nicht zweckentsprechende Mittelverwendung führt je nach Ausgestaltung des Vertrages zur Rückabwicklung des Vertragsverhältnisses[7] bzw. zur Kondiktion der Leistung des Zuwendungsgebers wegen Zweckverfehlung nach § 812 Abs. 1 S.2 Alt.2 BGB.[8] Eine gerichtliche Durchsetzung des Zuwendungszweckes ist nicht möglich.[9]

In Abgrenzung zum Leistungsaustausch handelt es sich damit bei der Zuwendung um eine einseitige staatliche Förderung, der keine direkte marktmäßige Gegenleistung gegenübersteht.[10] Daher lösen Subventionen keine Steuerpflicht aus, insbesondere keine Umsatzsteuerpflicht nach § 1 Abs. 1Nr. 1 UStG; Abgrenzungskriterium ist die fehlende direkte marktmäßige Gegenleistung.[11]

## B. Haushaltsrechtliche Bindungen

Das Zuwendungsverhältnis unterliegt den Bindungen aus der jeweiligen Haushaltsordnung und den entsprechenden Verwaltungsvorschriften. Im klassischen Zuwendungsrecht führte dies zu einem inputorientierten Steuerungssystem, das wegen seiner Unbeweglichkeit und Planwirtschaftlichkeit kritisiert wurde.

Wesentliche haushaltsrechtliche Vorgaben stellen die Grundsätze der Annuität und der Subsidiarität dar. Das Annuitätsprinzip aus Art. 110 Abs. 2 GG verbietet im Grundsatz die Veranschlagung von Haushaltsmitteln über die jährliche Haus-

---

4 Die durch G v. 2.5.1996 (BGBl. I S. 656) eingefügten Vorschriften der §§ 49 Abs. 3 und 49 a VwVfG ersetzen die bisherigen Regelungen in § 44 a BHO / LHO.

5 Münder in RsDE Bd. 34, 22; Mehls/Salas-Gomez in BldW 1+2/1999, 5; Opitz in RsDE Bd. 44, 25; Goetz in RsDE Bd. 44, 15.

6 Beim nicht synallagmatischen gegenseitigen Vertrag sind die Leistungspflichten der Parteien nicht in einem synallagmatischen Verhältnis, sondern konditionell oder kausal verknüpft, d.h. die Leistung des (hier) Zuwendungsgebers steht entweder unter der Bedingung (§ 158 BGB) der Leistung des Zuwendungsnehmers (konditionelle Verknüpfung) oder die Leistung des Zuwendungsnehmers ist Leistungszweck der Leistung des Zuwendungsgebers (kausale Verknüpfung). Vgl. Palandt-Heinrichs, BGB, Rn. 3 f Einf. vor § 320; Mehls/ Salas-Gomez in BldW 1+2/1999, 5, Goetz in RsDE Bd. 44, 15.

7 Bei konditioneller Verknüpfung der Leistungen.

8 Bei kausaler Verknüpfung der Leistungen.

9 Vgl. Mehls/ Salas-Gomez in BldW 1+2/1999, 5; Goetz in RsDE Bd. 44, 15.

10 Geis, Selbsthilfe, 129.

11 BFH-Urteil v. 15.10.1998 Az. V R 51/96; BFHE 184, 137; EuGH-Urteil v. 18.12.1997 Rs. C-384/95 (Landboden-Agrardienste) in UR 1998, 102; Urteil v. 29.02.1996 Rs. C-215/94 (Mohr) in UR 1996, 119.

haltsperiode hinaus.[12] Das haushaltsrechtliche Subsidiaritätsprinzip aus § 23 BHO/LHO sichert die Nachrangigkeit öffentlicher Förderung gegenüber den Leistungen des Zuwendungsempfängers und Dritter.[13] Es macht eine angemessene Eigenleistung des Subventionsempfängers erforderlich, es werden also, anders als bei einem Leistungsaustausch, nicht die vollen Kosten der Leistungserbringung durch den Zuwendungsgeber finanziert. Nach § 23 BHO/LHO wird eine Zuwendung nur veranschlagt, wenn und soweit anderweitig das Interesse des Zuwendungsgebers an der Erfüllung des Zuwendungszweckes durch den Zuwendungsempfänger nicht befriedigt werden kann. Neben dem Erfordernis der angemessenen Eigenleistung werden aus diesem haushaltsrechtlichen Subsidiaritätsgrundsatz noch weitere Regelungen des Zuwendungsrechtes abgleitet, so etwa die Reduzierung der Zuwendung bei nachträglicher Ermäßigung der Ausgaben, die Anrechnung von der Organisation erwirtschafteten Eigenmittel und das Verbot der Rücklagenbildung.[14]

Diese haushaltsrechtlichen Grundsätze führten in der Praxis zu einem planwirtschaftlichen Verhalten der Zuwendungsempfänger. Als Strukturmängel des klassischen Haushaltsrechtes wurde im Rahmen des NPM die engmaschige Kontrollperspektive, die zu dysfunktionalen Effekten bei der Wirtschaftlichkeit führe,[15] und die Intransparenz der Kosten für einzelne Leistungen[16] kritisiert. Das kameralistische Annuitätsprinzip gewähre keinerlei Planungssicherheit für die Zuwendungsnehmer etwa bei der Eingehung von Arbeits- und Mietverhältnissen,[17] die Anrechnung zusätzlich erwirtschafteter Eigenmittel der Organisation und die Schwierigkeiten bei der Übertragbarkeit nicht verbrauchter Zuwendungsmittel auf das Folgejahr bestraften wirtschaftliches Verhalten der Organisationen.[18] Kleinteilige Bewirtschaftungsvorgaben und die geringe Verschiebbarkeit von Budgettöpfen behinderten die Arbeit der Organisation und führten zu erhöhtem Verwaltungsaufwand bei der nachträglichen Genehmigung durch Fach- und Finanzverwaltung.[19]

Aufgrund der haushaltsrechtlichen Vorgaben und Schranken stellt das klassische Zuwendungsrecht somit ebenso wie die verwaltungsinterne Steuerung einen Bereich inputorientierter Steuerung dar, in dem durch Zweckprogrammierung mittels kleinteiliger Mittelbewirtschaftungsvorgaben bei einer wenig detaillierten Vorgabe hinsichtlich des Zuwendungszweckes gesteuert wurde. Der Verwendungsnachweis war nach Ablauf der jährlichen Förderungsperiode durch einen Sachbericht in Verbindung mit einem zahlenmäßigen Nachweis zu erbringen.

Dagegen soll das neue Modell einer outputorientierten Steuerung über das ‚Was'

---

12 BMF, Haushaltssystem, 8; Mehls in NDV 1998, 128.

13 BMF, Haushaltssystem, 31.

14 BMF, Haushaltssystem, 31.

15 Schuppert, Verwaltungskooperationsrecht, 84 und 105 ff.

16 Kirchhof in DÖV 1997, 751.

17 Münder in RsDE Bd. 34, 2 ff, ders. in TuP 8/1997, 24; Neumann in RsDE Bd. 31, 44 ff; Mehls in NDV 1998, 128.

18 Staiber/ Kuhn in RsDE Bd. 17, 69 f; Münder in RsDE Bd. 43, 11 ff.

19 Menninger in BldW 1+2/1999, 15.

der Aufgabenerbringung die Steuerung an der Quantität und Qualität der Leistungen ausrichten. Der Nachweis wird weniger über die Verwendung der Mittel geführt als über die erbrachten Leistungen, welche in Umfang und Qualität kontrolliert werden. Angestrebt wird dabei ein flexibler wirtschaftlicher Mitteleinsatz.

Eine erste wesentliche Veränderung in der Förderungslandschaft erfolgte bundesweit durch die Umstellung von der institutionellen Förderung von Organisationen auf eine Projektförderung in den 1980er Jahren.[20] Während die institutionelle Förderung sich auf die gesamten Kosten der geförderten Organisation bezieht und klassischerweise mit einer Zweckbindung an die Wahrnehmung der satzungsgemäßen Aufgaben einhergeht,[21] ist die Projektförderung an ein zeitlich und inhaltlich abgegrenztes Projekt der Empfängerorganisation gekoppelt.[22] Die Zweckbestimmung bei der Projektförderung gestaltet sich damit konkreter, und es wird allgemein angenommen, dass diese Finanzierungsform dem Zuwendungsgeber größeren Einfluss auf die konkreten Tätigkeiten der Organisation einräumt und damit eine unmittelbare Durchsetzung seiner Interessen ermöglicht.[23] Daneben ist die institutionelle Förderung, auch wenn sie wegen des haushaltsrechtlichen Annuitätsprinzips regelmäßig nur für ein Jahr gewährt wird, von ihrer Ausrichtung her auf Dauer angelegt, während eine Projektförderung immer eine zeitliche Begrenzung besitzt.[24]

Weitere Umsteuerungen in der Zuwendungspraxis seit Beginn der 1990er Jahre zielten auf die Aufnahme von Elementen der Leistungs- und Erfolgskontrolle.[25] Der früher pauschal gehaltene Zuwendungszweck wurde stärker konkretisiert, und unter dem Eindruck des Sparzwanges wurde die Finanzierung enger zugeschnitten. Zugleich blieb es aber bei den detaillierten und starren Bewirtschaftungsvorgaben der traditionellen inputorientierten Zuwendungsteuerung, wie sie in den jeweiligen landesrechtlichen Verwaltungsvorschriften zu §§ 23 und 44 LHO und der Allgemeinen Nebenbestimmungen für Zuwendungen zur institutionellen Förderung (ANBest-I) und zur Projektförderung (ANBest-P) vorgesehen waren.[26]

---

20 Vgl. Zimmer in Anheier u.a., Sektor 1998, 91.

21 Vgl. Nr. 2 zu § 23 der vorl. VV zur BHO und die Allgemeinen Nebenbestimmungen, ANBest-I und ANBest-P.

22 BMF, Haushaltssystem, 31.

23 Trenk-Hinterberger in SDSRV Bd. 43, 63 ff; Neumann, Freiheitsgefährdung, 353 f. Jedoch kann auch eine institutionelle Förderung eine hohe Steuerungsintensität aufweisen, etwa wenn umfassende, detaillierte Arbeitsplatzbeschreibungen Bestandteile der Zweckbestimmung werden und damit die Tätigkeit der Organisation ebenfalls in hohem Maße durch den Förderungsgeber vorgegeben wird. Denn mit der institutionellen Förderung sind weitgehende Kontroll- und Prüfbefugnisse der Behörde verbunden, die Organisation muss einen Wirtschaftsplan einschließlich Stellenplan erstellen und somit ihren gesamten Haushalt offen legen.

24 Trenk-Hinterberger in SDSRV Bd. 43, 43.

25 Für Hamburg: Freie und Hansestadt Hamburg, Erfolgskontrollen; dies., Erfolgskontrollen im Zuwendungsbereich.

26 Die LHO und die BHO stimmen weitgehend inhaltlich überein, ebenso die landesrechtlichen VV zu den LHO und die Vorläufigen VV zur BHO nebst ANBest- I und ANBest-P.

## C. Die Rechtsbeziehungen im Dreieck

### 1. Das Verhältnis zwischen Zuwendungsgeber und Zuwendungsempfänger

Zwischen dem Verwaltungsträger und der geförderten Organisation besteht eine unmittelbare öffentlich-rechtliche Rechtsbeziehung in Form des soeben dargestellten Zuwendungsverhältnisses, sei es durch Verwaltungsakt oder durch öffentlich-rechtlichen Vertrag ausgestaltet.

### 2. Das Verhältnis zwischen Zuwendungsempfänger und Leistungsadressat/in

Zwischen der Organisation des Dritten Sektors und dem Leistungsadressaten erfolgt die Leistungserbringung der Organisation auf der Grundlage einer privatrechtlichen Vereinbarung.[27] Im Bereich der ambulanten sozialen Leistungen wird diese Vereinbarung nur in seltenen Fällen schriftlich getroffen. Der Verzicht auf die Schriftform ist jedoch ebenso wenig wie in anderen Gebieten des Zivilrechtes ein Grund, von einem mangelnden Rechtsbindungswillen der Parteien auszugehen; gleiches gilt für die Tatsache, dass die Parteien sich möglicherweise über das Vorliegen eines Vertragsschlusses nicht im Klaren sind bzw. sich keine Gedanken darüber machen, da der ambulanten sozialen Leistung vielfach kein oder nur ein symbolischer Entgeltanspruch der Organisation gegen den Adressaten gegenübersteht, sondern die Tätigkeit der Organisation unter anderem über staatliche Zuwendungsmittel finanziert wird.[28] Die sich aus dem Vertrag ergebenden Leistungspflichten und Haftungsregelungen müssen im Einzelfall bestimmt werden.[29]

Zwar legen den Inhalt dieser vertraglichen Vereinbarung, also Art und Umfang der Leistung der Organisation und die eventuelle Gegenleistung, allein die beiden Vertragsparteien fest, ohne dass es eine unmittelbare rechtliche Einwirkung des staatlichen Zuwendungsgebers auf diese Rechtsbeziehung gibt. Der Zuwendungsgeber übt jedoch mittelbar starken Einfluss auf die Vertragsgestaltung aus, indem er die Zuwendung von Mitteln an bestimmte Angebote der Organisation knüpft. Damit verbleibt für die Organisation und den Privaten faktisch ein umso geringerer Gestaltungsspielraum, je stärker im Verhältnis Zuwendungsgeber – Organisation der Zuwendungszweck konkretisiert ist und damit die Leistungen der Organisation standardisiert werden.

---

Die weitere Erläuterung bezieht sich auf die Hamburgischen Regelungen, VV zur LHO in der Fassung 25.04.2001.

27 Zum Beratungsverhältnis als Rechtsverhältnis Schulin/ Gebler in VSSR 1992, 49.

28 Vgl. zur Abgrenzung von Verträgen und Gefälligkeitsverhältnissen Palandt-Heinrichs Einl. v. § 241, Rn. 9 ff.

29 Zu verschiedenen sozialrechtlichen Beratungsleistungen vgl. Schulin/ Gebler in VSSR 1992, 50 ff.

### 3. Das Verhältnis zwischen Zuwendungsgeber und Leistungsadressaten/in

Die Zuwendungsfinanzierung wird typischerweise bei Leistungen eingesetzt, auf die keine Sozialleistungsansprüche bestehen. Daher besteht zwischen dem Zuwendungsgeber und dem mittelbar begünstigten Leistungsadressaten keine unmittelbare Rechtsbeziehung; eine solche wird auch durch die Zuwendung nicht begründet.

Zuwendungen werden vielfach für Tätigkeiten privater Organisationen vergeben, um objektive staatliche Rechtspflichten oder so genannte freiwillige soziale Leistungen[30] in Ausgestaltung der sozialstaatlichen Verpflichtungen zu erfüllen.[31] Ansprüche könnten sich dann allenfalls als Teilhabeansprüche aus dem Gleichbehandlungsgrundsatz aus Art. 3 Abs. 1 GG ergeben, wobei dem von der Rechtsprechung enge Grenzen gesetzt werden.[32] Bestehen keine Leistungsansprüche, bedeutet dies zum einen für das Zuwendungsverhältnis, dass die Geldgeber über Förderkriterien und Nebenbestimmungen weitgehenden inhaltlichen Einfluss auf Konzepte und Arbeit der Zuwendungsempfänger nehmen können.[33] Zum anderen resultiert daraus eine strukturell schwache Position der Leistungsadressaten: Weder sind sie beim Vertragsschluss mit der leistungserbringenden Organisation mit Verhandlungsmacht ausgestattet, noch haben sie Einfluss darauf, welche Leistungen im Zuwendungsverhältnis als Zuwendungszwecke festgeschrieben werden.

## II. Neufassung der zuwendungsrechtlichen Verwaltungsvorschriften in Hamburg

In Hamburg wurden die zuwendungsrechtlichen Verwaltungsvorschriften zur HambLHO im Kontext der Bestrebungen zur Umsetzung des NPM mit Wirkung vom 01.01.1997 neu gefasst. Die wesentlichen Änderungen vereinfachen die Allgemeinen Nebenbestimmungen, ermöglichen es, Anreize für wirtschaftliches Verhalten der Zuwendungsempfänger zu setzen, und erweitern durch den Abbau von Zustimmungsvorbehalten die Entscheidungskompetenz der Fachbehörden gegenüber der Finanzbehörde, im Einzelfall abweichende flexible Regelungen zu treffen.[34]

---

30 Zu den Begriffen objektiv-rechtliche Verpflichtung und freiwillige Leistung s. oben Erster Teil, Kapitel 2, II.B.

31 Opitz in RsDE Bd. 44, 25; Münder in TuP 8/1997, 22; Neumann in RsDE Bd. 31, 42 ff.

32 BVerfGE 33, 303, 333 (Numerus-clausus-Entscheidung); auch aus § 17 Abs. 1 Nr. 2 SGB I lassen sich keine isolierten öffentlich-rechtlichen Ansprüche auf die Bereitstellung bestimmter Einrichtungen und Dienste herleiten, vgl. Wannagat-*Rüfner* § 17 AT, Rn. 3; Bley, SGB-SozVers-GesKomm-*Lilge* § 17 SGB I, 3a).

33 Kritisch Geis, Selbsthilfe, 82.

34 Die praktischen Auswirkungen der Neufassung der Zuwendungsvorschriften bewertet der Hamburger Senat in Bürgerschafts-Drs 16/5992.

## A. Anreize für wirtschaftliches Verhalten

Es werden die Möglichkeiten erweitert, in der Ausgestaltung der Finanzierungsbestimmungen Anreize für unternehmerisches Verhalten des Zuwendungsempfängers zu setzen.

Dies geschieht zum einen durch Aufwertung der zuvor nur in Ausnahmefällen zulässigen Festbetragsfinanzierung, VV Nr. 2.2.3 zu § 44 LHO. Im Gegensatz zu den übrigen Finanzierungsarten, wie der Anteils- und Fehlbedarfsfinanzierung, verbleiben dem Zuwendungsempfänger bei der Festbetragsfinanzierung entstehende Mehreinnahmen oder Minderausgaben, soweit die zuwendungsfähigen Ausgaben nicht unter den Festbetrag sinken. Zugleich trägt der Empfänger das unternehmerische Risiko über den Festbetrag hinausgehender erhöhter Ausgaben.[35]

Zum anderen wird der Spielraum der Fachbehörden erweitert, bei jeglicher Finanzierungsart dem Zuwendungsempfänger Mehreinnahmen und Minderausgaben zu belassen und die Übertragung nicht verbrauchter Zuwendungen ins nächste Haushaltsjahr zuzulassen, VV Nr. 5.1.2 zu § 44 LHO.[36]

## B. Flexibilisierung der Inputsteuerung und Erhöhung der Outputsteuerung

Der Fachbehörde wird die Entscheidung über den Grad der Verbindlichkeit des Haushaltsplanes, d.h. über die gegenseitige Deckungsfähigkeit von Haushaltsposten übertragen, VV Nr. 5.1.1 zu § 44 LHO. Damit fällt die zuvor geltende starre 20 Prozent-Grenze für die Deckungsfähigkeit weg.[37] Ebenso liegt die Entscheidung über die Detailliertheit der Titelaufteilung nun in der Kompetenz der Fachbehörde. Damit erhält die Fachbehörde das Instrumentarium, die Intensität der Inputsteuerung durch Mittelbewirtschaftung im Einzelfall flexibel zu gestalten. Möglich ist auch die Zuwendungsbewilligung durch Budgets und eine vollständige Deckungsfähigkeit, soweit der Zuwendungszweck so konkret beschrieben ist, dass eine Erfolgskontrolle[38] unabhängig von einer detaillierten Finanzkontrolle möglich ist.[39]

Neu gefasst wird spiegelbildlich das Erfordernis der Outputsteuerung. Der Zuwendungszweck ist nach Umfang, Qualität und Zielsetzung als Basis für die Erfolgskontrolle und für eine eventuelle (Teil-) Rückforderung bei Nichterreichen[40]

35 Zwar ist auch den übrigen Finanzierungsarten die Zuwendung auf einen Höchstbetrag zu begrenzen (VV Nr. 2.2.1 und 2.2.2 zu § 44 LHO); doch besteht in der Praxis bei der Anteils- und Fehlbedarfsfinanzierung eine Chance der Nachschussbewilligung.

36 Vgl. auch Erläuterung zu VV Nr. 5.1-5.1.3, zweiter Spiegelstrich, im Einführungsrundschreiben der Finanzbehörde zur Neufassung der Zuwendungsvorschriften vom 19.09. 1996.

37 Zuvor musste eine Überschreitung der 20 Prozent-Grenze der Finanzbehörde zur Genehmigung vorgelegt und durch die Fachreferenten begründet werden.

38 Zur Erfolgskontrolle auch Freie und Hansestadt Hamburg, Erfolgskontrollen im Zuwendungsbereich.

39 VV Nr. 5.1.1 zu § 44 und Fn. 6.

40 Vgl. Fn. 2 zu VV zu §§ 23 und 44 und Erläuterung zu VV Nr. 4.2.3 im Einführungsrund-

eindeutig und detailliert festzulegen, VV Nr. 4.2.3 zu § 44 LHO. Die Effektivität der Tätigkeit des Zuwendungsempfängers soll den Schwerpunkt der Vergabeentscheidung und der Verwendungsprüfung bilden.[41]

## C. Aufwertung der Kompetenzen der Fachbehörden

Durch diese Änderungen wird den Fachbehörden eine flexible Gestaltung der Zuwendungsverhältnisse ermöglicht. Die zuvor geltenden Verwaltungsvorschriften erlegten den Fachbehörden starre Vorgaben für die Zuwendungsvergabe auf und banden Abweichungen an Zustimmungsvorbehalte der Finanzbehörde. Nun beschränken sich die Vorschriften darauf, vorzugeben, welche Punkte im einzelnen Zuwendungsverhältnis geregelt werden müssen und geben hierfür Ermessensgesichtspunkte an die Hand, überlassen die konkrete Ausgestaltung jedoch den Fachbehörden.[42] Damit steigt die Bedeutung der Aushandlung der Bedingungen zwischen Zuwendungsgeber und -nehmer im einzelnen Rechtsverhältnis bzw. beim Abschluss von Rahmenvereinbarungen oder dem Erlass von Förderrichtlinien.

Die Aufwertung der Aushandlungsprozesse soll nach den Verwaltungsvorschriften nicht mit einem Formenwandel in der Zuwendungsvergabe einhergehen. Die Gewährung von Zuwendungen durch Zuwendungsvertrag[43] wird von den VV auch in der neuen Fassung lediglich als Ausnahme behandelt. Zuwendungen können danach durch Vertrag gewährt werden, wenn dies zur Betonung der gleichrangigen Partnerschaft im Zuwendungsverhältnis zweckmäßig erscheint.[44]

---

schreiben der Finanzbehörde zur Neufassung der Zuwendungsvorschriften vom 19.09. 1996.

41 Erläuterung zu VV Nr. 5.1-5.1.3 im Einführungsrundschreiben der Finanzbehörde zur Neufassung der Zuwendungsvorschriften vom 19.09.1996.

42 Das Einführungsrundschreiben der Finanzbehörde zur Neufassung der Zuwendungsvorschriften vom 19.09.1996 spricht von einer erhöhten Gestaltungspflicht der Bewilligungsbehörden und empfiehlt den Erlass von Förderrichtlinien und Handlungsanweisungen.

43 Mit dem Argument der Gegenseitigkeit des Verhältnisses und der parallelen Interessen wurde der Einsatz des Verwaltungsvertrages in Kooperationsverhältnissen zwischen Staat und Privaten von der Literatur zeitweise propagiert, vgl. Henke in DÖV 1985, 53; Stober in DÖV 1984, 271; abgewogen Bauer in Hoffmann/ Schmidt-Aßmann, Innovation, 277 ff. Von der wohlfahrtsverbandsnahen Literatur wurde dies wegen der geringeren Rechtsschutzmöglichkeiten aber verhalten aufgenommen, vgl. Goetz in RsDE Bd. 44, 19; Geis, Selbsthilfe, 224; Trenk-Hinterberger in SDSRV Bd. 43, 60; Neumann, Freiheitsgefährdung, 360; ders. in SDSRV Bd. 43, 23.

44 VV Nr. 4.3 zu § 44 mit Fn. 5 zu VV ZU §§§ 23 und 44 LHO. In der Hamburger Praxis werden abgesehen von speziellen Bereichen wie der Drogenhilfe die Zuwendungen nach wie vor durch einseitige Bescheide vergeben. In diesen Fällen geht der Vergabe aber die Aushandlung von Leistungsvereinbarungen zwischen Behörde und Trägern voraus, welche als ‚Konkretisierung des Zuwendungszweckes' als Anlage in den Bescheid aufgenommen werden und damit der Zweckbindung als Nebenbestimmung unterliegen, vgl. Bürgerschafts-Drs. 15/5846, 7 ff.

## III. Die Umsetzung der Neuerungen für den Bereich der BAGS durch den ‚Leitfaden'

Anknüpfend an die Neufassung der zuwendungsrechtlichen Haushaltsvorschriften wurde zwischen der BAGS und den Hamburger Spitzenverbänden der Freien Wohlfahrtspflege ein ‚Leitfaden'[45] mit Rahmenvorgaben für den Umgang mit diesen Verwaltungsvorschriften in den Zuwendungsverhältnissen zwischen BAGS und Wohlfahrtsverbänden erarbeitet. Kernpunkt des Leitfadens ist die verstärkte Einführung einer ergebnisorientierten Steuerung durch Erhöhung der Erfolgskontrolle und die Einführung eines unterjährigen Berichtswesens, verbunden mit Flexibilisierungsmöglichkeiten bei den Bewirtschaftungsvorgaben auf der Inputseite.[46] Die Behörde beabsichtigte mit dem Leitfaden, einen „ämterübergreifenden[47] Mindeststandard (...) zur Konkretisierung des Zuwendungszwecks in den Zuwendungsbescheiden und -verträgen, sowie zu den Anforderungen an die von den Zuwendungsempfängern (...) vorzulegenden Sachberichte"[48] zu schaffen. Die Vorgaben und Empfehlungen des ‚Leitfadens' werden im Folgenden dargestellt.[49]

### A. Erhöhung der Erfolgskontrolle

Die Erfolgskontrolle soll laut ‚Leitfaden' durch Erfolgsdefinition in Ziel- und Leistungsvereinbarungen, also durch Konkretisierung und Operationalisierung des Zuwendungszweckes nach Leistungsinhalt, Leistungsumfang und Leistungsqualität gewährleistet werden.[50] Die geförderten Leistungsinhalte sollen unter Einbeziehung der Konzepte der Zuwendungsempfänger beschrieben werden. Sodann sollen sie durch eine genaue Erfassung von Leistungsumfang und -qualität operationalisiert werden. Mit dieser Dreiteilung in Definition, Festlegung des Umfangs und Bestimmung der Qualität von Leistungen orientiert sich der Leitfaden im Grundsatz an den neueren sozialgesetzlichen Regelungen zum Abschluss von Leistungs-, Entgelt- und Qualitätsvereinbarungen, übernimmt jedoch deren ausdifferenzierte Vorgaben zum Mindeststandard der Definition von Inhalten, Umfang und Qualität nicht ausdrücklich.

Die formulierten Leistungsziele werden durch die Erarbeitung von Kennzahlen hinsichtlich des Umfangs der Leistungen operationalisiert. Kennzahlen können sich etwa auf die Zahl von Klientengesprächen oder Informationsveranstaltungen oder auf

45 AG der Freien Wohlfahrtspflege/ BAGS: Leitfaden. Rahmenregelungen zum Umgang mit den neuen Verwaltungsvorschriften zu den §§ 23/44 LHO (Zuwendungen) in der BAGS.

46 AG der Freien Wohlfahrtspflege/ BAGS, Leitfaden 3.

47 Gemeint sind die Fachämter der BAGS.

48 Mitteilung des Senats, Bürgerschafts-Drs. 16/5992, 6.

49 Zu Rechtsverbindlichkeit und faktischen Wirkungen des ‚Leitfadens' auf die Steuerung unten, Dritter Teil, Kapitel 4.

50 AG der Freien Wohlfahrtspflege/ BAGS, Leitfaden 6 ff.

überprüfbare qualitative Leistungsstandards beziehen.[51] Die Vereinbarung von Qualitätsstandards kann einerseits durch Rahmenvereinbarungen zwischen Behörde und Trägern bestimmter Tätigkeitsbereiche, andererseits in der konkreten Einzelvereinbarung bzw. dem konkreten Zuwendungsbescheid erfolgen.

## B. Berichtswesen

Der ‚Leitfaden' gibt vor, die ergebnisorientierte Steuerung durch die Verstärkung des Berichtswesens zu unterstützen. Zuvor wiesen die Zuwendungsnehmer nach Abschluss der Förderungsperiode, in der Regel also nach einem Jahr, die Verwendung der Mittel in Form eines zahlenmäßigen Nachweises und eines Sachberichts nach. Der zahlenmäßige Nachweis gab die Mittelbewirtschaftung wider, der Sachbericht erstattete Bericht über die Tätigkeit der Organisation und die erbrachten Leistungen.

Dagegen soll die Erfolgssteuerung durch unterjährige Berichte der Organisation über den Maßnahmeverlauf anhand des konkretisierten Zuwendungszweckes unterstützt werden.[52] Um den Verwaltungsaufwand für das Berichtswesen gering zu halten, sollen die Berichte standardisiert und über EDV abgewickelt werden; es wurde auch ein standardisiertes Online-Berichtswesen eingeführt.[53] Es werden auch Auflagen zur Selbststeuerung der Zuwendungsempfänger durch interne periodische Berichtsverfahren, verbunden mit der Verpflichtung zur Berichterstattung bei Abweichungen von den vereinbarten Maßstäben ermöglicht.[54]

Daneben werden die Anforderungen an den Sachbericht im Verwendungsnachweis erhöht; die erforderlichen Informationen sollen anhand der Leistungsbeschreibungen und vereinbarten Kennzahlen zur Verfügung gestellt werden.[55]

## C. Entgeltorientierung

Ein Dissens der Verhandlungspartner des Leitfadens besteht bei der Verknüpfung der Ergebnisse der Erfolgskontrolle mit der Zuwendungshöhe.

Die Behörde strebt für die Zukunft eine Entgeltorientierung der Finanzierung an, d.h. es sollen Entgelte für individualisierte Leistungen des Zuwendungsempfän-

---

51 AG der Freien Wohlfahrtspflege/ BAGS, Leitfaden, 7 ff.

52 AG der Freien Wohlfahrtspflege/ BAGS, Leitfaden, 9.

53 EDV-gestütztes System ‚Integrierte Erfassung und Bearbeitung von Zuwendungen (INEZ)', das ab Sommer 2004 grundsätzlich von allen Fachbehörden in der Zuwendungsvergabe eingesetzt werden sollte, Antwort des Senats in Bürgerschafts-Drs. 17/3112 v. 01.08.2003.

54 AG der Freien Wohlfahrtspflege/ BAGS, Leitfaden, 9. Derartige Abweichungsberichte werden in Hamburg praktiziert bei der Drogen- und Suchthilfe, vgl. § 5 des Zuwendungsvertrags in Bürgerschafts-Drs. 15/ 5846, Anlage 1, 12 f, der eine interne monatliche Überprüfung des Umfangs der Leistungssegmente mit einer Meldungspflicht bei einer über 20-prozentigen Abweichung anordnet.

55 AG der Freien Wohlfahrtspflege/ BAGS, Leitfaden, 10.

gers festgelegt werden.[56] Unterschreiten die Leistungen die vereinbarte Quantität oder Qualität über vereinbarte Toleranzgrenzen hinaus, soll eine entsprechende Verringerung der Zuwendung für die laufende Finanzierungsperiode vereinbart werden oder zumindest eine entsprechende Reduktion der Zuwendung in den Folgejahren erfolgen.[57] Die BAGS entwickelt das Modell eines „entgeltorientierten Fördersystems, in dem prospektiv Festbeträge („Preise") für vereinbarte Leistungseinheiten ausgehandelt werden als Grundlage für die Zuwendungshöhe (im Sinne einer Abschlagszahlung) und deren abschließende Abrechnung."[58]

Dagegen lehnten die Verbände in den Verhandlungen eine derartige Entgeltorientierung der Zuwendungsfinanzierung ab. Sie vertraten die Position, ein derartiges System lasse den Fördercharakter, der Zuwendungen nach dem Sozialrecht innewohne, in den Hintergrund treten. Es handele sich dann um einen reinen Leistungsaustausch, der in anderen Finanzierungsformen außerhalb des Zuwendungsrechtes auszugestalten sei.[59]

### D. Flexibilisierung der Bewirtschaftungsvorgaben

Wie durch die veränderten zuwendungsrechtlichen Verwaltungsvorschriften intendiert,[60] sieht der Leitfaden vor, einhergehend mit der Ausdifferenzierung der Erfolgskontrolle die Inputseite der Mittelbewirtschaftungsvorgaben zu flexibilisieren. Dafür empfiehlt der Leitfaden, Sach- und Personalkosten jeweils zu Budgets zusammenzufassen[61] und in begrenztem Rahmen auch gegenseitige Deckungsfähigkeit zwischen Sach- und Personalkosten herzustellen.

Wesentliche Bedeutung misst der Leitfaden der Schaffung von Wirtschaftlichkeitsanreizen durch die Behandlung von Mehreinnahmen und Minderausgaben zu. Ausführlich werden die Voraussetzungen und Rahmenbedingungen für die Bildung von Rücklagen, d.h. die Übertragbarkeit nicht verbrauchter Zuwendungsmittel in das nächste Haushaltsjahr, geregelt. Die Ausführlichkeit des Leitfadens an dieser Stelle legt nahe, dass über diesen Punkt zwischen den Verhandlungspartnern Unstimmigkeiten existierten; die Verbände wünschten weitere Freiheit beim Einsatz von Minderausgaben und Mehreinnahmen, wogegen die Behörde die zuwendungsrechtliche Zweckbindung auch dieser Mittel betonte. Aus diesem Grund soll auch die Festbetragsfinanzierung, bei welcher Mehreinnahmen und Minderausgaben oh-

---

56 AG der Freien Wohlfahrtspflege/ BAGS, Leitfaden 11 f und Stellungnahme der Verbände in der Anlage (Protokollnotiz zu Punkt 5).

57 Vgl. Mustervertrag Drogen- und Suchtberatungsstellen § 6 Abs. 4.

58 AG der Freien Wohlfahrtspflege/ BAGS, Leitfaden, Anlage (Protokollnotiz zu Punkt 5).

59 AG der Freien Wohlfahrtspflege/ BAGS, Leitfaden, Anlage (Protokollnotiz zu Punkt 5).

60 S. oben Dritter Teil, Kapitel 2, II.

61 Bei Personalkostenbudgets soll aber die Entstehung von Folgekosten ausgeschlossen werden, d.h. sie bleiben an den Stellenplan und die Vorjahreskosten gebunden, AG der Freien Wohlfahrtspflege/ BAGS, Leitfaden, 13 f.

ne besondere Regelungen der Kontrolle und dem Zugriff des Zuwendungsgebers weitgehend entzogen sind, nur im Ausnahmefall Anwendung finden.[62]

## IV. Bewertung der Neuerungen in Zuwendungsrecht und -praxis

### A. Rechtsfolgen der Entgeltorientierung im Zuwendungsrecht

Durch die Neufassung der zuwendungsrechtlichen Haushaltsvorschriften soll nach dem Willen des Vorschriftengebers die Wirtschaftlichkeit und Wirksamkeit der Zuwendungsvergabe gesteigert werden und eine Entgeltorientierung eingeführt werden.[63] Diese Pläne sind, wie oben beschrieben, auf den Widerstand der Wohlfahrtsverbände gestoßen. Unabhängig davon, dass wegen der geringen Operationalisierung der Leistungen der Organisationen ein derartiges Entgeltsystem derzeit noch nicht umgesetzt wird, sollen die rechtlichen Konsequenzen eines solchen Systems beleuchtet werden.

Die Entgeltorientierung von Zuwendungen, d.h. die konkrete Festlegung von Preisen für bestimmte Leistungen, führt zu einer Verwischung der Grenzen zwischen Zuwendungs- und Leistungsvertragsrecht.[64] Die Zuwendung stellt eine Förderung fremder, nämlich organisationseigener Zwecke im öffentlichen Interesse dar, während ein Leistungsvertrag der öffentliche Einkauf von Dienstleistungen zur Verwirklichung eigener öffentlicher Zwecke ist.[65] Nach der Literatur soll die Gegenleistungsfreiheit der Zuwendung als Abgrenzungskriterium dienen: Zur Erfüllung eines im öffentlichen Interesse liegenden Zweckes werde durch die Zuwendung die Wahrnehmung eigener Aufgaben der Organisation gefördert; beim Leistungs- oder Austauschvertrag erbringe die Verwaltung dagegen eine Geldleistung als Gegenleistung für eine zwischen den Parteien vertraglich spezifizierte Leistungserbringung der Organisation.[66]

Eine Vermischung der Instrumente Zuwendungsfinanzierung und Einkauf von Leistungen über Austauschverträge kann Rechtsfolgen auf zwei Ebenen haben, nämlich einerseits im Zuwendungsrecht, andererseits hinsichtlich der steuer- und vergaberechtlichen Folgen des Leistungsvertragsrechtes.

#### 1. Zuwendungsrechtliche Folgen

Implizit wird in der sozialrechtlichen Literatur häufig davon ausgegangen, dass sich Zuwendung und Leistungsvertrag gegenseitig ausschließen. Dies ergibt sich aus der

---

62 AG der Freien Wohlfahrtspflege/ BAGS, Leitfaden , 17 ff.

63 Einführungsrundschreiben der Finanzbehörde vom 19.09.1996, 1.

64 Ähnlich Mrozynski in RsDE Bd. 47, 33 f.

65 Geis, Selbsthilfe, 129; Pöld-Krämer/ Fahlbusch in RsDE Bd. 46, 10; Bernzen, Gutachten, 3 ff.

66 Münder in TuP 8/1997, 21; Pöld-Krämer/ Fahlbusch in RsDE Bd. 46, 10.

Gegenleistungsfreiheit, welche von der Literatur als definitorisches Merkmal der Zuwendung verwandt wird.[67] Als Abgrenzungsmaßstab wird genannt, je stärker die Anforderungen an den Leistungsempfänger hinsichtlich der zu erbringenden Gegenleistung konkretisiert würden, umso mehr spreche für einen Leistungsvertrag.[68]

Im Zuwendungsrecht ist jedoch nicht ersichtlich, dass die Ausgestaltung einer Zuwendung als Gegenleistungsverhältnisse rechtlich ausgeschlossen wäre. Die öffentliche Hand besitzt in dem durch das Haushaltsrecht geschaffenen Rahmen – hervorzuheben sind insbesondere die Grundsätze der Subsidiarität und Jährlichkeit der öffentlichen Finanzierung sowie die Vorschriften über die Verwendungsprüfung und Rückforderung[69] – weitgehende Gestaltungsmöglichkeiten durch die zuwendungsrechtlichen Verwaltungsvorschriften.[70]

Solange die öffentlichen Leistungen also *noch* als Zuwendungen i.S.v. §§ 23, 44 BHO/ LHO zu qualifizieren sind, unterliegen sie den zuwendungsrechtlichen Bindungen. Sofern die Zuwendungsverhältnisse jedoch bereits *auch* als Leistungsaustauschverhältnisse anzusehen sind, ist die Frage, welche Konsequenzen dies im Umsatzsteuerrecht und für die Ausschreibungs- und Vergaberegeln hat.

### 2. Umsatzsteuerpflicht

Eine Umsatzsteuerbarkeit entsteht nach § 1 Abs. 1 Nr. 1 UStG, wenn Leistungen in einem direkten Gegenleistungsverhältnis ausgetauscht werden. Nach st. Rspr. sind Zuwendungen und Subventionen als steuerfreie echte Zuschüsse nicht steuerbar, da der einseitigen staatlichen Förderung keine direkte marktmäßige Gegenleistung gegenübersteht.[71] Sind öffentliche Mittel dagegen als Entgelte zu qualifizieren, ist das Umsatzsteuerrecht anwendbar, unabhängig davon, wie die öffentlichen Mittel bei der Leistung benannt werden.[72] Entgelte liegen dann vor, wenn Kosten in im Einzelnen festgelegter Höhe als unmittelbare Gegenleistungen für spezifische Leistungen erbracht werden.[73]

---

67 Neumann/ Bieritz-Harder in RsDE Bd. 48, 17.

68 Schellhorn/ Jirasek/ Seipp, BSHG, § 10, Rn. 20c.

69 Krämer in DÖV 1990, 548 ff; BMF, Haushaltssystem, 29 ff.

70 Zur außerordentlichen Reichweite des ‚subventionären' Ermessens: Erichsen- *Ossenbühl*, Allgemeines Verwaltungsrecht, § 6 Rn. 6.

71 BFH, Urteil v. 15.10.1998 Az. V R 51/96; BFHE 184, 137 und 177, 154; EuGH, Urteil v. 18.12.1997 Rs. C-384/95 (Landboden-Agrardienste) in UR 1998, 102; Urteil v. 29.02. 1996 Rs. C-215/94 (Mohr) in UR 1996, 119.

72 Vgl. BFHE 177, 154 für sog. „Erstattungen" eines Landkreises an eine durch einen Beliehenen betriebene Rettungswache.

73 BFHE 177, 154.

Sind diese Voraussetzungen gegeben, kann nur noch die Steuerbefreiung gewisser Leistungen nach Befreiungstatbeständen gem. § 4 UStG[74] bzw. der Steuerermäßigung gem. § 12 Abs. 2 Nr. 8 UStG[75] geprüft werden.[76]

### 3. Pflicht zur Vergabe

Mit der Einführung eines Gegenleistungsverhältnisses in der Zuwendungsverwaltung stellt sich auch die Frage der Einschlägigkeit des kartellrechtlichen Vergaberechts nach §§ 97 ff GWB sowie der Pflicht zur Ausschreibung nach § 55 HambLHO.

Der Anwendungsbereich des Vergaberechts nach §§ 97 GWB wäre eröffnet, wenn die Finanzierung über entgeltorientierte Zuwendungen einen öffentlichen Auftrag i.S.d. § 99 GWB darstellten und die Schwellenwerte des § 100 GWB i.V.m. der Vergabeverordnung erreicht wären. Für Liefer- und Dienstleistungsaufträge gilt derzeit der Schwellenwert von jährlich EURO 200.000,- (§ 100 Abs. 1 GWB i.V.m. § 2 Vergabeverordnung). Liegen diese Voraussetzungen vor, sind die Verpflichtung zur europaweiten formalisierten Ausschreibung und die gerichtliche Überprüfbarkeit des Vergabeverfahrens die Folge.

Auch unterhalb des Schwellenwertes besteht für öffentliche Aufträge nach § 55 HambLHO i.V.m. des ersten Abschnitts der VOL/A die Verpflichtung zur Vergabe durch öffentliche Ausschreibung. Wären die Regelungen aus §§ 97 ff GWB oder § 55 LHO einschlägig, wären auch spezielle sachbereichsbezogene Regelungen, wie sie die Hamburger Sozialverwaltung mit der Beschränkung der Ausschreibung auf ‚neue' Vorhaben, dem so genannten Copyright-Schutz oder dem bedingten Vorrang Hamburger Träger getroffen hat,[77] auf den Prüfstand der unter § 55 allein anzulegenden wirtschaftlichen Maßstäbe zu stellen.

Die Einschlägigkeit des kartell- und haushaltsrechtlichen Vergaberechtes ist für den Bereich sozialer Leistungen bislang für Leistungserbringungsverträge, etwa nach §§ 75 ff SGB XII (bzw. der früheren §§ 93a ff BSHG), sowie für haushaltsrechtli-

---

74 Steuerbefreit sind die ‚Leistungen der Wohlfahrtsverbände', § 4 Nr. 18, sowie weitere spezifische Tätigkeiten wie etwa: Umsätze von Krankenhäusern und Altenheimen, § 4 Nr. 16; Krankenbeförderung, § 4 Nr. 17b.

75 Ermäßigung auf den halben Steuersatz für Leistungen gemeinnütziger Körperschaften, die nicht im Rahmen eines steuerpflichtigen wirtschaftlichen Geschäftsbetriebs ausgeführt werden.

76 Auf der Grundlage der Sechsten Richtlinie des Rates zur Umsatzsteuerharmonisierung (Richtlinie 77/388/EWG mit Übergangsrichtlinie ABl. Nr. L. 376) sind bestimmte dem Gemeinwohl dienende Tätigkeiten von der Umsatzsteuer befreit. Zur Besteuerung nach deutschem und europäischem Recht vgl. Loges, Entwicklungstendenzen, 187 ff und 193 ff. Zur Steuerpflicht bei der sozialgesetzlich vorgesehenen Finanzierung über Leistungs- und Austauschverträge siehe BFH in UR 1999, 450 ff.

77 Ausführlich zu den Hamburger Sonderregeln unten, Dritter Teil, Kapitel 3, II.B.

che Leistungsverträge in der Literatur diskutiert worden.[78] Zu derartigen Fallgestaltungen gibt es auch erste Gerichtsentscheidungen.[79] Für Leistungserbringungsverträge wird von einigen Autoren die Entgeltlichkeit des Vertrages im Sinne einer synallagmatischen zweiseitigen Vertragsgestaltung unter Hinweis auf das sozialrechtliche Dreiecksverhältnis verneint und die Anwendung des Vergaberechtes ausgeschlossen.[80] Von anderen wird auf die öffentlich-rechtliche Rechtsnatur der Vereinbarungen[81] oder das Sozialrecht als *lex specialis*[82] abgestellt. Ob diese Argumentationen vor dem EuGH bestehen werden, kann bezweifelt werden: Der EuGH legt zur Durchsetzung des vergaberechtlichen Umgehungsverbotes und mit Rücksicht auf das Ziel der gemeinschaftsrechtlichen Grundlagen, eine tatsächliche Niederlassungs- und Dienstleistungsfreiheit zu erreichen, den Tatbestand des öffentlichen Auftrages weit aus.[83] Dabei ist unerheblich, ob der Vertrag nach dem nationalen Recht als öffentlich-rechtlich oder privatrechtlich zu qualifizieren ist.[84] Entscheidend soll nicht die äußere Rechtsform, sondern die wirtschaftliche Funktion eines Geschäftes sein.

Ob eine Entgeltorientierung der Zuwendungsfinanzierung Pflichten nach § 55 LHO und §§ 97 ff GWB auslösen könnte, kann nur anhand eines konkreten Zuwendungssystems entschieden werden. Allerdings scheint ähnlich wie im Steuerrecht die Hoffnung vorschnell, der Anwendbarkeit allein durch die Benennung als Zuwendung und die öffentlich-rechtliche Rechtsform zu entgehen.

### 4. Ergebnis

Das in Hamburg angestrebte entgeltorientierte Förderungssystem ist angesichts der problematischen Folgen im Steuer- und Vergaberecht fragwürdig. Auch wenn im gegenwärtigen Stadium eine abschließende Bewertung der Rechtsfolgen noch nicht

---

78 Neumann/Nielandt/Philipp, Sozialleistungen nach Vergaberecht, 62 ff; Nielandt in RsDE 2005, 46 ff; Neumann/ Bieritz-Harder in RsDE Bd. 48, 11 ff.; Mrozynski in RsDE Bd. 47, 38 ff; Opitz in RsDE Bd. 44, 29 f; Mehls/ Salas-Gómez in BldW 1+2/99, 6; Mehls in NDV 1996, 128 f.

79 VG Hamburg, Beschluss v. 05.08.2004, 13 E 2873/04; VG Stade, Beschluss v. 14.07.1999 in RsDE 1999, 99.

80 Neumann/Nielandt/Philipp, Sozialleistungen nach Vergaberecht, 62 ff; Nielandt in RsDE 2005, 46 ff.

81 Neumann/ Bieritz-Harder in RsDE Bd. 48, 11, a.A.: Mrozynski in RsDE Bd. 47, 41 f, differenzierend: Opitz in RsDE Bd. 44, 24.

82 Mehls/ Salas-Gómez in BldW 1+2/1999, 6.

83 EuGH NVwZ 1990, 353; OLG Brandenburg NVwZ 1999, 1142. Zur neueren Entwicklung des europäischen Vergaberechtes vgl. Byok in NJW 2001, 2295 ff; ders. in NJW 1998, 2774 ff; Heiermann/ Ax in BB 1998, 1541 ff.

84 EuGH, Urteil v. 12.07.2001, Rs. C-399/98. Dieser Rechtsprechung folgen mittlerweile die deutschen Vergabekammern, BayObLG, Beschluss v. 28.05.2003, Az.: Verg 7/03; Vergabekammer bei der Bezirksregierung Münster, Beschluss v. 28.05. 2004, Az.: VK 10/04; Vergabekammer Baden-Württemberg beim Landesgewerbeamt, Beschluss v. 20.06.2002, Az.: 1 VK 27/02.

erfolgen kann, kann man prognostizieren, dass die angestrebten Umsteuerungen die Zuwendungspraxis nicht von den ‚alten' Bindungen im Sozial- und Haushaltsrecht befreien werden, jedoch neue Bindungen im Steuer- und Vergaberecht hinzukommen werden.

## B. Wirkungen der Veränderungen in der Zuwendungsfinanzierung

### 1. Inputsteuerung und ‚stille' Selbststeuerung der Organisationen

Die traditionelle inputorientierte Steuerung in der Zuwendungspraxis fand über detaillierte, nicht flexible Bewirtschaftungsvorgaben statt. Auf der anderen Seite war der Zuwendungszweck inhaltlich wenig konkretisiert. Der Organisation verblieb hinsichtlich ihres Konzeptes und ihrer inhaltlichen Arbeit damit ein faktischer Selbststeuerungsrahmen noch während der Durchführung der Maßnahme im Bewilligungszeitraum. Dieser kontrollfreie Raum war nicht beabsichtigt, sondern stellte eine je nach Sachkunde und Engagement der betreffenden zuwendungsgebenden Dienststelle mehr oder weniger große Lücke dar, welche die Organisationen zur ‚stillen Selbststeuerung' nutzten.[85]

Dadurch konnten die Organisationen eigenständig etwa Arbeitsschwerpunkte verändern, auf neue Problemlagen durch veränderte Angebote reagieren und Leistungen an Adressaten/innen individuell unterschiedlich ausgestalten. Dies barg zugleich die Gefahr, dass sich die Tätigkeit der Organisationen weit vom vereinbarten Zuwendungszweck entfernte. Zugleich unterlag die Qualität der erbrachten Leistungen einer allenfalls stichprobenartigen Kontrolle bzw. einer Anlasskontrolle, so dass die Position der Adressaten gegenüber der leistungserbringenden Organisation schwach war.[86]

### 2. Das Steuerungsverhältnis im Rahmen des neuen Hamburger Zuwendungsrechtes

Die kontrollfreien Räume werden durch die von der Zuwendungsvorschriften und dem Leitfaden vorgegebene Output-Orientierung mit ihren straffen Leistungsvorgaben verringert. Die Gestaltungsmöglichkeiten der Organisation hinsichtlich Konzept und Durchführung ihrer Tätigkeit wird dadurch auf Aushandlungen mit der Behörde vor der Zuwendungsbewilligung beschränkt. In den Arbeitsgrundlagen wird die Bedeutung dieser Aushandlung für den Maßnahmen- wie Steuerungserfolg betont.[87]

Die Steuerung im einzelnen Zuwendungsverhältnis soll sich auf die Leistungen der Organisation und deren Qualität richten. An den Vorgaben des Leitfadens für

---

85 Knoth, Gratwanderungen, 55.

86 Zur Situation in der Hamburger Suchthilfe Bürgerschafts-Drs. 15/ 3751, Anlage 1, 13 f; allgemein auch Igl in RsDE Bd. 21, 31 ff; Hansen in ZSR 1997, 1 ff.

87 Einführungsrundschreiben der Finanzbehörde zur Neufassung der Verwaltungsvorschriften zu §§ 23 und 44 HambLHO -Zuwendungsvorschriften- vom 19.09.1996, Erl. zu VV 5.1-5.1.3 – Nebenbestimmungen; AG der Freien Wohlfahrtspflege/ BAGS: Leitfaden 3, 7 f.

die Qualitätssicherung lässt sich ablesen, dass die Tätigkeit der Organisation sehr detailliert festgelegt werden soll. Qualitätssteuerung führt dann zu einer kleinteiligen Steuerung.[88] Für die Erfüllung der vereinbarten Vorgaben werden überwiegend quantitative Kriterien hinsichtlich des Leistungsumfangs und qualitative Kriterien in den Dimensionen der Struktur- und Prozessqualität (z.B. Ausgestaltung der Institutionen, Qualifikation des Personals, Öffnungszeiten) herangezogen. Kriterien der Ergebnisqualität (z.B. Erfolgsquoten bei der Beratung und Vermittlung) werden kaum festgelegt. Insofern ist der Steuerungsmodus nach wie vor inputorientiert, indem die einzusetzenden Mittel festgelegt werden – zu flexibilisierten Vorgaben für die Mittelbewirtschaftung kommen Vorgaben über Qualifikation der Mitarbeitenden, über prozentuale Anteile bestimmter Leistungsarten und den zeitlichen Umfang von Leistungen pro Adressat hinzu.

Der Leitfaden betont, dass Selbststeuerungselemente in den neuen Steuerungsansatz aufgenommen werden sollen; der Organisation könne während der Durchführung der Maßnahme je nach Ausgestaltung der Vereinbarung ein Spielraum zur Eigensteuerung beim Erreichen des nach Zielen, Umfang und Qualität festgelegten Rahmens gesetzt werden.[89] Als Beispiel wird eine Beschränkung der unterjährlichen Berichtspflicht gegenüber der Behörde auf Abweichungsberichte genannt.[90] Dieses Beispiel zeigt jedoch, dass der Eigensteuerung lediglich formale Aufgaben überlassen werden – nämlich die Berichte, soweit keine Abweichungen auftreten –, nicht etwa die Entwicklung inhaltlicher Reaktionsmuster auf Abweichungen von den vereinbarten Leistungen.

Somit kann der unter dem neuen Zuwendungsrecht und dem Leitfaden eingeschlagene Weg zur Einführung von erfolgsorientierten Steuerungselementen in Verbindung mit einer Flexibilisierung der Vorgaben für die Mittelbewirtschaftung in Bezug auf die inhaltliche Tätigkeit der Organisationen als kleinteilige Steuerung bewertet werden. Der Selbststeuerung werden nur formale Aufgaben überlassen, und lediglich die Vorgaben für den Mitteleinsatz werden geringer.

### C. Qualitätssicherung, Standardisierung von Leistungen und Adressatenrechte

Bei der Einführung von Qualitätssicherungssystemen in der Zuwendungsverwaltung steht die Behörde nach eigener Einschätzung noch am Anfang. Als Beispiele qualitativer Standards nennt der Leitfaden den prozentualen Anteil einer Leistungsart an der Gesamtarbeitszeit, die durchschnittliche Beratungsdauer und Vermittlungsquoten.[91] Eine Ausdifferenzierung nach Merkmalen der Struktur-, Prozess- und Ergebnisqualität erfolgt nicht; allein die Vermittlungsquoten stellen ein Merk-

---

88 S. oben Erster Teil, Kapitel 6, III.B.

89 AG der Freien Wohlfahrtspflege/ BAGS: Leitfaden 9 und 10.

90 D.h. die Organisation überprüft intern die Zielerreichung anhand vereinbarter Kennzahlen und Dokumentationspflichten und berichtet an die Behörde nur, falls Abweichungen auftreten, Leitfaden 9 und 10.

91 AG der Freien Wohlfahrtspflege/ BAGS: Leitfaden 8.

mal der Ergebnisqualität dar. Die Veränderungen in der Zuwendungsfinanzierung werden von Behördenseite als Maßnahme zur Stärkung der Position der Leistungsadressaten/innen bewertet.[92] Deren Stärkung wird durch die nähere Konkretisierung von Leistungen und deren Kontrolle, insbesondere durch Qualitätssicherungsverfahren, erwartet.

Die Definition und Kontrolle von Leistungs- und Qualitätsstandards im Zuwendungsverhältnis soll qualitativ schlechte Leistungen der Organisationen verhindern und den Leistungsadressaten eine gleichmäßige und gleich bleibende Qualität von Leistungen garantieren. Weder in den Zuwendungsvorschriften noch im Leitfaden sind jedoch institutionelle Sicherungen zur Stärkung der Position der Adressaten gegenüber den leistungserbringenden Organisationen vorgesehen. Es gibt z.B. keine Feedbackzirkel von den Adressaten zum Zuwendungsgeber und keine Evaluation der Organisationen durch Betroffene. Die Adressaten sind nicht an der Definition von Leistungen und von Qualität beteiligt. Es handelt sich daher um ein formales, *top-down* installiertes Qualitätssicherungssystem.[93]

Durch die Betonung der kooperativen Aushandlung zwischen Behörde und leistungserbringenden Organisationen im ‚Leitfaden' könnte man einerseits annehmen, dass es zu einer stärkeren Individualisierung von Leistungen zwischen den freien Trägern kommt. Tatsächlich gehen die Erfolgs- und Qualitätssteuerung und die Einführung von Wettbewerbselementen[94] aber mit einer Standardisierung von Leistungen einher. Dies erschwert die Orientierung des Angebots an den individuellen Bedürfnissen und Erwartungen des einzelnen Adressaten. Soweit der Empfänger einen Anspruch auf die Leistung hat, kann die Standardisierung zu einem Zielkonflikt mit dem sozialhilferechtlichen Prinzip der Ausrichtung der Hilfe an der Besonderheit des Einzelfalls nach § 9 Abs. 1 SGB XII führen. In diesen Fällen kann sich der Sozialhilfeträger nicht auf den Verweis zurückziehen, der vom Standard abweichende individuelle Bedarf sei durch das vorhandene Leistungsangebot der Einrichtungen nicht zu decken.[95]

## V. Zusammenfassung

In Hamburg wurden im Zuge der Veränderungen der Zuwendungsfinanzierung entsprechend des NPM outputorientierte Steuerungselemente und Qualitätssicherungssysteme eingeführt. Langfristig wird von der Behörde das Ziel verfolgt, die Zuwendungsfinanzierung entgeltorientiert auszugestalten. Die Rechtsform der Zuwendungen wird jedoch beibehalten. Dies führt in rechtlicher Hinsicht zu einer Vermischung von Zuwendungs- und Leistungsaustauschrecht und kann zu neuen

---

92 Bürgerschafts-Drs. 15/3751, Anlage 1, 6.

93 Zur Abgrenzung von bottom-up und top-down –Systemen in der Qualitätssicherung: Hansen in ZSR 1997, 18 ff.

94 Dazu unten Dritter Teil Kapitel 3.

95 Pöld-Krämer/ Fahlbusch in RsDE Bd. 46, 5.

rechtlichen Verpflichtungen im Steuer- und Vergaberecht führen. Im Hinblick auf die Steuerung der leistungserbringenden Organisationen scheinen die Reformen zu einer Erhöhung der Steuerungsintensität zu führen. Zu der flexibilisierten Inputsteuerung über die Mittelbewirtschaftung kommen quantitative Vorgaben zum Leistungsumfang und Vorgaben zur Struktur- und Prozessqualität, weniger der Ergebnisqualität, der Leistungen hinzu. Durch die genaue Leistungsdefinition werden Räume ‚stiller Selbststeuerung' der Organisation eingeschränkt. Die Leistungs- und Qualitätsdefinitionen führen auch zur Standardisierung des Angebots der Organisationen, wobei die Leistungsadressaten/innen in die Definition und Bewertung von Qualität nicht einbezogen sind.

# Kapitel 3: Verwaltungsvorschriften zu Bekanntgabeverfahren und Befristungen

## I. Dienstvorschrift „Grundsätze für die Bewilligung von Zuwendungen ...“

Ein halbes Jahr nach Abschluss der Vereinbarung des ‚Leitfadens‘ zwischen der BAGS und den Hamburger Spitzenverbänden erließ die BAGS eine Dienstvorschrift „Grundsätze für die Bewilligung von Zuwendungen, den Abschluss von Vereinbarungen nach § 93 BSHG und andere Maßnahmen bei der Erbringung von Sozial- und Gesundheitsleistungen im Bereich der Behörde für Arbeit, Gesundheit und Soziales (BAGS).“[1] Hintergrund der Regelung war die Einsetzung eines Parlamentarischen Untersuchungsausschusses über die „Vergabe und Kontrolle von Aufträgen und Zuwendungen durch die Freie und Hansestadt Hamburg,“[2] die durch Unregelmäßigkeiten in der BAGS ausgelöst wurde.

Regelungsgehalt der Vorschrift ist zum einen die Abgrenzung der Finanzierungsinstrumente und ihres Einsatzes bei der BAGS. Dabei wird klargestellt, dass für Angebote und Leistungen, die durch objektiv-rechtliche Verpflichtungen[3] des öffentlichen Trägers bestimmt werden, am zuwendungsrechtlichen Instrumentarium festgehalten werden soll und dessen Ablösung durch Leistungsverträge nicht angestrebt wird.[4] Für die Erfüllung individueller Rechtsansprüche seien Vereinbarungen nach § 93 Abs. 2 BSHG abzuschließen.

Zum zweiten enthalten die Grundsätze für die betroffenen Finanzierungsinstrumente Verfahrensvorschriften für die Trägerauswahl.[5] Als Leitkriterien des Auswahlverfahrens werden dabei Transparenz, die Gewährleistung von Fachlichkeit und Wirtschaftlichkeit, die Einräumung von Prüfungsrechten nach Beginn der Maßnahme, die Berücksichtigung der politischen Ziele der Behörde und des Senats, die Gewährleistung sachgerechter Bewertung und Auswahlentscheidung sowie die Verfahrensdokumentation genannt. Für die Trägerauswahl bei der Zuwendungsfinanzierung sehen die Vorschriften die Einführung von Wettbewerbselementen durch öffentliche und beschränkte Bekanntmachung, Förderrichtlinien und die Befristung von Projekten vor.[6]

---

1 Im Folgenden ‚Grundsätze‘, DV 014.22-8 vom 24.03.1999, hierzu Opitz in RsDE Bd. 44, 23 ff.

2 Bericht des PUA: Bürgerschafts-Drs. 16/5000 v. 29.11.2000.

3 Vgl. zu den Begriffen objektiv-rechtliche Verpflichtung, freiwillige Leistung, Sozialleistung: Erster Teil, Kapitel 2, II.B.

4 Grundsätze 2.1.

5 Die Verwaltungsvorschriften können als Reaktion auf die massive Kritik an der Intransparenz der Trägerauswahl durch den Parlamentarischen Untersuchungsausschuss gewertet werden, vgl. Bericht des PUA, Bürgerschafts-Drs. 16/5000.

6 Grundsätze 4.1.

## II. Ausführungsvorschrift „Verfahren vor Bewilligung von Zuwendungen"

Die Vorgaben der ‚Grundsätze' für die Zuwendungsbewilligung nach öffentlicher, beschränkter oder ohne Bekanntgabe und die ersten Bekanntgabeverfahren für den Betrieb von Drogenhilfeeinrichtungen[7] stießen bei den freien Trägern auf erhebliche Kritik. Nach langwierigen Verhandlungen mit der Arbeitsgemeinschaft Freie Wohlfahrtspflege wurde daraufhin die Regelung der Bekanntgabeverfahren für Zuwendungen im Jahr 2000 in der „Ausführungsvorschrift Verfahren vor Bewilligung von Zuwendungen"[8] zur Dienstvorschrift ‚Grundsätze' ausdifferenziert. Die Ausführungsvorschrift regelt die Einführung von Laufzeitbegrenzungen für Projekte und Bekanntgabeverfahren vor der Bewilligung von Zuwendungen.

### A. Laufzeitbegrenzungen

Die geförderten Vorhaben, für die zumeist jährlich Zuwendungen bewilligt werden, sollen mit konkreten Laufzeiten von mehreren Jahren versehen werden.[9] Regelmäßig ein Jahr vor Ablauf der Laufzeit soll die Behörde entscheiden, ob das Vorhaben nach Ablauf der Laufzeit neu bekannt gegeben werden soll, um so einen Wettbewerb um die Fördermittel herzustellen. Nach dem Willen der Behörde sollen die Laufzeitbegrenzungen einen Automatismus ‚einmal Förderung – immer Förderung' ausschließen. Die Laufzeitbegrenzungen sind durch die Verbände scharf kritisiert worden. Insbesondere widersetzten sich die Verbände einer nachträglichen Laufzeitbegrenzung für bereits laufende Projekte. Sie argumentierten insbesondere, die Einführung von Laufzeiten unterlaufe den Vertrauensschutz der Träger hinsichtlich der Weiterförderung.

### B. Bekanntgabeverfahren

Weiter regelt die Ausführungsvorschrift Bekanntgabeverfahren für einzelne Vorhaben, für ganze Förderungsbereiche und für die Konzeptentwicklung. Diese Verfahren sollen nach der Zielsetzung der Behörde durch Wettbewerb zu mehr Wirtschaftlichkeit führen und die Chancengleichheit potentieller Anbieter sowie die Verfahrenstransparenz sichern.[10]

Vor der Zuwendungsbewilligung sollen grundsätzlich öffentliche Bekanntgaben durchgeführt werden. Die öffentliche Bekanntgabe erfolgt entweder im Einzelfall

---

7 Die umstrittenen Bekanntgabeverfahren wurden allerdings vor Erlass der Dienstvorschrift ‚Grundsätze' begonnen.

8 Ausführungsvorschrift DV 01422-8-1 vom 17.07.2000, im folgenden AV.

9 Nr. 3 der AV.

10 Nr. 7 der AV; vgl. auch Mitteilung des Senats in Bürgerschafts-Drs. 16/5992, 3 und 5 f; Rechnungshof der FHH, Jahresbericht 2000, Rz. 417 -424 (zur ambulanten Sucht- und Drogenarbeit) und Jahresbericht 2001, Rz. 162 f (zu Zuwendungen nach dem Landesjugendplan).

bezogen auf ein genau definiertes Vorhaben oder für Förderungsbereiche durch den Erlass von Förderrichtlinien.[11] Das Verfahren bei öffentlicher Bekanntgabe in Vorplanung, Veröffentlichung, Antragseingang und Auswahl wird detailliert geregelt. In Reaktion auf die Kritik der Verbände, das Bekanntgabeverfahren behindere eine innovative Projekt(weiter)entwicklung durch die Träger,[12] sieht die Vorschrift auch Bekanntgaben über Ideenwettbewerbe für ein bestimmtes Handlungsfeld vor.[13] Diese zielen auf die Einreichung von Konzepten für zu fördernde Handlungsfelder und sind nicht bereits durch die Behörde als Vorhaben hinsichtlich Inhalt, Umfang und Qualität der Leistungen sowie Trägervoraussetzungen konkretisiert.

Abweichend vom Grundsatz der öffentlichen Bekanntgabe kann die Behörde in durch die Vorschrift bestimmten Ausnahmefällen auch beschränkte Bekanntgaben an einen beschränkten Kreis potentieller Anbieter durchführen[14] und Zuwendungen ohne vorhergehende Bekanntgabe bewilligen.[15]

Tatsächlich wurden in dem Zweijahreszeitraum seit Erlass der Grundsätze bis zum Mai 2001 21 Bekanntgabeverfahren durchgeführt, davon 16 öffentliche Bekanntgaben eines konkreten Vorhabens, zwei öffentliche Bekanntgaben durch Förderrichtlinien und drei beschränkte Verfahren. Ein Ideenwettbewerb war nicht darunter.[16]

---

11 Nr. 6.2. der AV. Förderrichtlinien regeln als besondere Verwaltungsvorschriften Besonderheiten für einzelne Zuwendungsbereiche. In der Praxis besitzen sie eine Doppelfunktion: Während sie intern als verbindliche Handlungsanweisung für die Verwaltung fungieren, informieren sie extern potentielle Zuwendungsempfänger darüber, welche Maßnahmen gefördert werden sollen, und dienen der Information des Parlamentes, vgl. v. Köckritz/ Ermisch, BHO, § 44 Rn. 6.2.

12 Vgl. Presseerklärung der AGFW vom 20.07.2000, Presseerklärung der BAGS vom 19.07. 2000, jeweils zum Erlass der Ausführungsvorschrift.

13 Nr. 5 Abs. 2 der AV.

14 Nr. 5.2. der AV; Ausnahmevoraussetzungen sind: Wegen der Art der Leistung oder anderer Faktoren kommt nur ein begrenzter Kreis von Trägern in Betracht; der Aufwand der Bekanntgabe stünde in einem Missverhältnis zu dem Vorteil öffentlicher Bekanntgabe oder der Zuwendungshöhe; eine öffentliche Bekanntgabe hatte kein befriedigendes Ergebnis; Bürgerschaft oder Senat haben eine beschränkte Bekanntgabe beschlossen.

15 Nr. 5.3. der AV; Ausnahmevoraussetzungen sind: Wegen der Art der Leistung oder anderer Faktoren kommt nur ein Träger in Betracht; das Vorhaben wird von anderen Stellen kofinanziert; die Behörde hat sich gegenüber einem Träger verpflichtet, im Anschluss an dessen positiven Entwicklungsleistungen Zuwendungen zu gewähren; öffentliche und beschränkte Bekanntgaben hatten kein befriedigendes Ergebnis; Bürgerschaft oder Senat haben eine Bewilligung ohne Bekanntgabe beschlossen; es handelt sich um eine geringfügige einmalige Zuwendung (unter DM 10.000,-/ 5.000 €).

16 Bürgerschafts-Drs. 16/5992, S. 5 und Anlage 3; neuere Statistiken über die Entwicklung der Bekanntgabepraxis waren nicht erhältlich.

## C. Ausnahmen vom Anwendungsbereich: Bestands- und Innovationsschutz

Eine Reihe von Vorhaben wird aus dem Anwendungsbereich der Ausführungsvorschrift unter den Aspekten des Bestandsschutzes und der Förderung von Innovationen ausgenommen. Diese Ausnahmeregelungen sind auf den Widerstand der Wohlfahrtsverbände gegen die Laufzeitbeschränkung und die Bekanntgabevorschriften zurückzuführen.

Zum einen findet die Ausführungsvorschrift keine Anwendung auf die unveränderte Weiterbewilligung bzw. auf die geringfügige oder teilweise Änderung laufender Vorhaben.[17] Als laufende Vorhaben gelten solche, die bereits durch Zuwendungen gefördert werden und bei denen entweder noch keine Laufzeitbefristung besteht oder diese nicht abgelaufen ist.[18] In diesen Fällen findet also keine Bekanntgabe des Vorhabens vor der Bewilligung der Weiterförderung statt; für den überwiegenden Teil der Förderungsbereiche der BAGS existiert damit ein faktischer Bestandsschutz. Zwischen der Behörde und den Verbänden umstritten und durch die Vorschrift nicht eindeutig geregelt ist die Frage, ob für diese bereits laufenden Vorhaben eine Laufzeit nachträglich festgelegt werden kann, nach deren Ablauf eine Bekanntgabe erfolgen könnte.

Eine Ausnahmeregelung trifft die Vorschrift auch für Vorhaben, für welche ein Träger ein Konzept von – auf Hamburg bezogen – besonderer Originalität entwickelt und bereits erhebliche Vorarbeiten geleistet hat.[19] Mit dieser so genannten ‚Copyright-Regelung' soll ein Innovationsstau verhindert werden, der befürchtet wird, wenn Träger nach einer Konzeptentwicklung die Bekanntgabe und damit die Umsetzung und Verwertung des Konzeptes durch Konkurrenten befürchten müssen.

## D. Zielkriterien für das Auswahlverfahren

Als Voraussetzungen, welche die Träger für die Bewilligung einer Zuwendung erfüllen müssen, und damit als Kriterien der Auswahlentscheidung nennt die AV insbesondere die Fachlichkeit (fachliche Qualität der Leistung, Fachkunde, Leistungsfähigkeit, Erfahrung, Zuverlässigkeit), die Wirtschaftlichkeit (Wirtschaftlichkeit der Leistung und wirtschaftlich solide Situation des Trägers), die Bereitschaft zur Einräumung von Prüfungsbefugnissen und einen bedingten Vorrang Hamburger Einrichtungen.[20] Als weitere Kriterien werden die grundsätzlichen gesetzlichen, sozialpolitischen, gesundheitspolitischen und wirtschaftlichen Ziele der BAGS sowie die sonstigen stadtpolitischen Ziele benannt.[21]

---

17 Nr. 1 der AV.
18 Nr. 1 Abs. 2 der AV.
19 Nr. 1 Abs. 3, 3. Spiegelstrich der AV.
20 Nr. 4 Abs. 1 der AV.
21 Nr. 4 Abs. 2 der AV.

### E. Mitwirkung der freien Träger

Eine Beteiligung von Vertretern der freien Träger oder ihrer Verbände an den Planungs- und Auswahlverfahren ist in der Verwaltungsvorschrift grundsätzlich nicht vorgesehen. Im Gegenteil zielt die Vorschrift mit ihren Zielen von Wettbewerb und Chancengleichheit gerade darauf, dass die Behörde erst spät in Verhandlungen mit den leistungserbringenden Organisationen eintritt.[22]

Lediglich für die Entwicklung von Förderrichtlinien nennt die Regelung die Einbeziehung von Trägern ausdrücklich; es können nach der Verwaltungsvorschrift „Erfahrungen und Kenntnisse von Trägern in die Überlegungen einbezogen werden."[23] Daneben können nicht zur BAGS gehörende sachkundige Personen in das beratende Gremium berufen werden, welches die Fachdienststelle bei der Auswahl berät, sofern keine Besorgnis einer Interessenkollision besteht.[24] In beiden Fällen handelt es sich jedoch nicht um Beteiligungsrechte der Verbände, sondern um eine im Ermessen der Behörde liegenden Zuziehung von Verbandsvertretern im Einzelfall.

## III. Bewertung der Regelungen

### A. Laufzeitregelungen und Vertrauensschutz

Von Seiten der Verbände wurde die Befürchtung vorgebracht, durch Laufzeitbeschränkung einen Vertrauensschutz für die zukünftige Bewilligung von Zuwendungen für bereits laufende Projekte zu verlieren.

Dabei wird jedoch übersehen, dass in der Zuwendungsfinanzierung ein Vertrauensschutz über die jährliche Zuwendungsbewilligung hinaus nur in Ausnahmefällen und auch dann nur als Auslaufschutz zur Abwicklung längerfristiger Vertragsverhältnisse wie Miet- und Arbeitsverträge anerkannt wird.[25] Von der Rechtsprechung wird ein auf Vertrauensschutz gestützter Anspruch auf Weiterförderung entweder abgelehnt[26] oder nur dann zugestanden, wenn zu der Zuwendungsbewilligung weitere besondere Umstände hinzukommen, die einen Vertrauenstatbestand begründen, auf dessen Grundlage der Zuwendungsnehmer Dispositionen getroffen hat,

---

22 Vgl. Nr. 6.6, S. 1 der AV: Mit den Antragstellern darf nach der Bekanntgabe und vor der Öffnung der Antragsumschläge nicht zur Sache (z.B. zu Leistungsinhalt, – umfang und – qualität, Kalkulation) verhandelt werden; Nr. 7.3 Abs. 4: Eine Erläuterung des Antrag durch die Antragsteller vor der Entscheidung ist zulässig.

23 Nr. 6.2 Abs. 1 S. 3 der AV.

24 Nr. 7.3 Abs. 2 S. 2 der AV.

25 Trenk-Hinterberger in SDSRV Bd. 43, 81; Neumann in SDSRV Bd. 43, 22 f; Schellhorn/ Jirasek/ Seipp, BSHG, § 10, Rn. 18; Geis, Selbsthilfe, 215 ff.

26 BVerwGE 104, 220 ff; OVG Münster, NDV-RD 1996, 100; VGH Mannheim, NVwZ 1991, 1199; OVG Berlin, LKV 1994, 262; VG Köln RsDE Bd. 29, 106; s. auch VGH München, GewA 1994, 328 (zum Wirtschaftssubventionsrecht).

etwa eine weitgehende Einflussnahme der Behörde auf die Ausgestaltung von Arbeitsverhältnissen oder die Anmietung von Räumlichkeiten.[27] Ein rechtlicher Automatismus ‚Einmal Förderung – immer Förderung' existiert daher ohnehin nicht.

### 1. Vertrauensschutz während einer festgelegten Laufzeit

Dagegen könnte im Gegenteil durch die Laufzeitbefristungen ein Vertrauenstatbestand für die Laufzeit der Förderung gerade entstehen, so dass die Träger in den Stand versetzt würden, sich gegen Förderungskürzungen und -einstellungen während der Laufzeit gerichtlich zur Wehr zu setzen, solange die Zuwendungsbedingungen durch den Träger erfüllt werden.

Die Entstehung von Vertrauensschutz setzt das Vorliegen eines Vertrauenstatbestandes voraus, d.h. der Zuwendungsgeber muss einen konkreten Anlass für das Vertrauen in die Fortsetzung der Förderung über den Bewilligungszeitraum hinaus gegeben haben. Im Vertrauen auf diese Umstände muss der freie Träger sodann Dispositionen getätigt haben, und der Wegfall der Förderung muss zu erheblichen Nachteilen des Zuwendungsnehmers führen.[28]

Durch das Festsetzen einer Laufzeit, die über den in Hamburg üblichen und dem Annuitätsprinzip geschuldeten Bewilligungszeitraum von einem Jahr hinausgeht, liegen konkrete Anhaltspunkte vor, die ein Vertrauen auf die Weiterförderung der Organisation für die Laufzeit begründen. Orientiert sich der Zuwendungsnehmer nun mit seinen Dispositionen, etwa bei Arbeitsverträgen, Mietverträgen oder Leasingverträgen, an dieser Laufzeit, genießt er Vertrauensschutz für die Fortsetzung der Förderung, sofern es nicht zu Verstößen gegen die Zuwendungsbestimmungen kommt, etwa durch Unterschreitung des Leistungsumfangs oder Verstöße gegen Bewirtschaftungsauflagen. Ein völliger Wegfall der Förderung würde zu erheblichen Nachteilen für den Zuwendungsnehmer fallen und wäre somit rechtswidrig. Für Kürzungen der Förderung während der festgelegten Laufzeit müsste im Einzelfall entschieden werden, ob diese Erheblichkeitsgrenze erreicht ist. Dies dürfte etwa der Fall sein, wenn die Kürzung so erheblich ist, dass längerfristige Arbeitsverhältnisse aufgelöst werden müssen.

### 2. Vertrauensschutz für laufende Vorhaben

Im Anschluss stellt sich die Frage, ob durch die AV auch ein Vertrauensschutz für die vom Anwendungsbereich ausgenommenen ‚laufenden Vorhaben' entsteht. Diese werden von der Laufzeitregelung und der Bekanntgabe bei nicht wesentlich veränderter Weiterförderung ausgenommen, wobei nach der AV offen bleibt, ob eine nachträgliche Festsetzung einer Laufzeit möglich sein soll. Grundsätzlich ist die nachträgliche Befristung rechtlich jederzeit möglich, da ein Vertrauensschutz der Zuwendungsnehmer auf zukünftige Förderung im Regelfall nicht besteht. Die zu-

27 VG Düsseldorf, RsDE Bd. 25, 92.
28 Trenk-Hinterberger in SDSRV Bd. 43, 81 f.

wendungsgebende Behörde kann also jährlich neu über die Weiterführung der Zuwendung entscheiden. Damit muss es ihr als Minus umso mehr freistehen, die Bewilligung der Weiterförderung mit der Festsetzung einer Laufzeit zu verbinden.

Fraglich ist aber, ob die ausdrückliche Herausnahme laufender Projekte aus dem Bekanntgabeverfahren in der Ausführungsvorschrift das Vertrauen der Träger darauf begründet, dass diese Projekte weiter gefördert werden, sofern kein Verstoß gegen die Zuwendungsbedingungen vorliegt. Einerseits intendiert die Ausnahme für laufende Vorhaben deren Besserstellung gegenüber neuen befristeten Projekten, so dass die Träger laufender Vorhaben zumindest ebensoviel Vertrauen in die Weiterförderung in Anspruch nehmen können, wie die neu in die Förderung aufgenommenen Träger. Andererseits kann angesichts des Ausnahmecharakters des Vertrauensschutzes bei Zuwendungen die Herausnahme aus dem Bekanntgabeverfahren nicht ein zeitlich unbegrenztes Vertrauen in die Weiterförderung begründen. Daher können sich die Träger laufender Vorhaben ab Erlass der Vorschrift für den Zeitraum einer üblichen Laufzeitbefristung auf Vertrauensschutz gegen die Einstellung oder wesentliche Kürzung der Förderung berufen.

### 3. Ergebnis

Durch die Festlegung von Laufzeiten wird also Bestandsschutz in der Finanzierung nicht ausgehebelt, sondern kann für den Zeitraum der Laufzeit gerade entstehen. Dies führt zu mehr Stabilität und Planungssicherheit für die Träger. Dies ist allerdings nicht mit der Sicherheit vergleichbar, welche durch die Verlängerung von Bewilligungszeiträumen durch Verpflichtungsermächtigungen erreicht wird, wie sie von Verbandsseite häufig gefordert wird.[29] Die Entstehung von Vertrauenstatbeständen kann zudem vom Zuwendungsgeber vermieden werden, indem etwa in die Bewilligungsbescheide aufgenommen wird, dass die festgesetzte Laufzeit kein Präjudiz für eine Fortsetzung der Förderung über den Bewilligungszeitraum hinaus beinhaltet.

## B. Rechtmäßigkeit der Verfahrensregelungen im Hinblick auf das Auswahlermessen

Die Ausführungsvorschrift benennt einige Kriterien für die Auswahl- und Förderungsentscheidungen. Diese Kriterien wurden von den Verbänden als unzureichend kritisiert und ihre Vereinbarkeit mit sozialrechtlichen Vorgaben, insbesondere mit der Stellung der Wohlfahrtsverbände, bezweifelt. Rechtswidrig wäre die Ausführungsvorschrift dann, wenn sie aufgrund der benannten Kriterien oder wegen der unterlassenen Aufnahme von Kriterien das Ermessen der nachgeordneten Dienst-

---

29 Vgl. Deutscher Verein für öffentliche und private Fürsorge in NDV 1986, 342 f (sog. ‚Zuwendungspapier'); Münder in RsDE Bd. 34, 9 ff; Goetz in RsDE Bd. 44, 14 f; Mehls in NDV 1996, 127 f.

stellen bereits derart vorzeichnen würde, dass eine der Vorschrift entsprechende Auswahl- und Förderungsentscheidung in jedem Fall ermessensfehlerhaft wäre.

### 1. Ermessenslenkende Vorschrift mit Außenbezug

Die Ausführungsvorschrift müsste zunächst eine ermessenslenkende Vorschrift mit Außenbezug darstellen, nicht lediglich eine interne Organisationsvorschrift. Reine Organisations- und Dienstvorschriften betreffen die innere Organisation und den Dienstbetrieb einer Behörde, etwa die Bearbeitung der Akten und das Verfahren.[30] Ermessenslenkende Vorschriften dagegen bestimmen, wie von dem der Verwaltung eingeräumten Ermessen Gebrauch gemacht werden soll.[31] Auch wenn mit den in Frage stehenden Vorschriften Verfahrensregelungen getroffen werden, enthalten sie auch eine generelle Ermessensausübung durch Verwaltungsrichtlinien: Sie binden die Auswahlentscheidungen darüber, welches Verfahren bei Zuwendungsvergaben angewandt werden soll, und geben auswahlentscheidende Kriterien für das Bekanntgabeverfahren vor.

### 2. Ermessensrelevante gesetzliche Zielvorgaben und Ermessensgrenzen

Die Rechtmäßigkeit einer Ermessensentscheidung bemisst sich nach § 40 VwVfG danach, ob die Behörde ihr Ermessen entsprechend dem Zweck der Ermächtigung ausgeübt und dessen gesetzliche Grenzen eingehalten hat.[32] Sie muss ihrer Entscheidung alle für die Ermessensausübung maßgeblichen Tatsachen zugrunde legen, die gesetzlichen Zielvorstellungen beachten und in angemessener Weise gewichten.[33] Zu beachten sind auch weitere gesetzliche Ermessensgrenzen, wie etwa Grundrechte.[34] Für die Auswahlentscheidung der Fachdienststellen können im Einzelfall als ermessensrelevante gesetzliche Zielvorgaben und Ermessensgrenzen in Betracht kommen: Regelungen über die Stellung freier Träger, bereichsspezifische Zielvorgaben des Sozialgesetzbuches sowie Vorgaben, die sich aus den Rechten der Leistungsadressaten ergeben.

Für die genannten sozialrechtlichen Vorgaben ist umstritten, ob sie über das formelle Sozialrecht, das heißt die im Sozialgesetzbuch und den zugehörigen Einzelgesetzen geregelten Sozialleistungsansprüche und objektiv-rechtlichen Verpflichtungen, hinaus gelten.[35] Nach der Dienstvorschrift ‚Grundsätze' sollen durch die Behörde mit Zuwendungen regelmäßig keine Anspruchsleistungen finanziert werden,

---

30 Maurer, Allgemeines Verwaltungsrecht, § 24, Rn. 8.
31 Maurer, Allgemeines Verwaltungsrecht, § 24, Rn. 10.
32 Erichsen-*Ossenbühl*, Allgemeines Verwaltungsrecht, § 10, Rn. 13.
33 Erichsen-*Ossenbühl*, Allgemeines Verwaltungsrecht, § 10, Rn. 18; Wolff/ Bachof/ Stober, Verwaltungsrecht Bd. 1, § 31, Rn. 49; Maurer, Allgemeines Verwaltungsrecht, § 7, 22.
34 Erichsen-*Ossenbühl*, Allgemeines Verwaltungsrecht, § 10, Rn. 18; Wolff/ Bachof/ Stober, Verwaltungsrecht Bd. 1, § 31, Rn. 50 ff.
35 S. oben Erster Teil, Kapitel 2, II.D.6.

sondern die Erfüllung objektiv-rechtlicher Verpflichtungen sowie freiwillige soziale Leistungen. Auch die objektiv-rechtlichen Verpflichtungen gehören dem formellen Sozialrecht an, so dass sich die Ausführungsvorschrift an den Vorgaben messen lassen muss.

#### *a) Sozialrechtliche Vorgaben zur Stellung freier Träger*

Als objektiv-rechtliche Bindungen des Verwaltungshandelns[36] gelten bei der Zuwendungsvergabe an freie Träger die Wohlfahrtsprivilegien des § 5 SGB XII, insbesondere das Zusammenarbeitsgebot, das Selbständigkeitsprinzip und das Förderungsgebot.[37] Diese Prinzipien werden in der Ausführungsvorschrift nicht als ermessensrelevante Kriterien benannt.

#### *b) Sozialgesetzliche Zielvorgaben*

Soweit die nach der Ausführungsvorschrift behandelten Vorhaben auch sozialrechtliche Anspruchs- und Ermessensleistungen betreffen, müssen die diesbezüglichen sozialgesetzlichen Zielvorgaben in der Ermessensentscheidung berücksichtigt werden. Zu denken ist etwa an die sozialhilferechtlichen Grundsätze des Vorrangs der ambulanten Leistung, § 13 Abs. 1 S. 3 SGB XII oder der familiengerechten Leistungen, § 16 SGB XII.[38]

#### *c) Pluralismusgebot*

Das Gebot des Pluralismus von Trägern und Angeboten wird aus der Menschenwürde und den Menschenrechten der Leistungsadressaten/innen hergeleitet. Für diese soll durch ein plurales Angebot eine eigene Wahl- und Gestaltungsmöglichkeit für die sie höchstpersönlich betreffende Hilfe sichergestellt werden. Dieses Gebot ist in den sozialrechtlichen Wunsch- und Wahlrechten verankert.[39] Auch das Zusammenarbeitsgebot und die Selbständigkeitsgarantie werden als Ausprägungen des Pluralismusgebotes begriffen.[40] Auch dieses Prinzip ist nicht als explizites Kriterium in die Vorschrift aufgenommen.

Darüber hinaus können Wettbewerbsverfahren in der sozialen Arbeit an sich bereits die Pluralität von Angeboten beschränken. Zwar ist es Zielsetzung von Ausschreibungen und Wettbewerben, aus einem möglichst breiten Spektrum von Angeboten und Anbietern das beste (wirtschaftlichste) Angebot auszuwählen; damit

---

36 Münder u.a., LPK-SGB XII-*Münder*, § 5, Rn. 32 ff.

37 S. oben Erster Teil, Kapitel 2, II.D.

38 Weitgehende ermessensbindende Zielvorgaben enthält das SGB VIII, etwa der Leitgedanke der Prävention, die Grundziele der Kinder- und Jugendhilfe in § 1 Abs. 3 und die Vorgaben des § 9 zur Grundrichtung der Erziehung (Abs. 1), Selbstbestimmung, Berücksichtigung sozialer und kultureller Bedürfnisse und Eigenarten (Abs. 2) und unterschiedlicher Lebenslagen von Mädchen und Jungen (Abs. 3); näher dazu Prölß, Qs Bd. 6, 26 f. Durch die BAGS werden Angebote der Kinder- und Jugendhilfe allerdings nur am Rande erfasst.

39 Münder u.a., LPK-SGB XII-*Roscher*, § 9 Rn. 21 ff.; Geis, Selbsthilfe, 154; Wegener, Staat und Verbände, 190 f.

40 Geis, Selbsthilfe, 152 ff.

könnte man zunächst davon ausgehen, dass Ausschreibungen das Angebotsspektrum vergrößern. Die Festlegung von Standards zur Herstellung von Vergleichbarkeit verschiedener Angebote der sozialen Arbeit setzt aber eine Beschränkung auf einzelne Angebotskonzepte voraus. Die vorgestellten Verwaltungsvorschriften sehen vor, dass die zuständige Dienststelle vor der Ausschreibung den Zuwendungszweck nach Inhalt, Umfang und Qualität der Leistungen im Einzelfall oder durch Förderrichtlinien konkretisiert.[41] Dadurch kann es tatsächlich zu einer Beschränkung der Angebotspluralität kommen, indem andere als die vorgesehenen Konzepte in den Wettbewerbsverfahren zum Ausschluss der Anbieter wegen mangelnder Erfüllung der Vergabebedingungen führen.

### 3. Ergebnis

Die Ausführungsvorschrift benennt explizit einige Kriterien für die Auswahlentscheidung. Die soeben erläuterten Kriterien und Ermessensgrenzen sind nicht darunter. Allenfalls implizit kann man sie unter die in der Ausführungsvorschrift enthaltene Generalklausel der „grundsätzlichen gesetzlichen (...) Ziele“[42] fassen. Somit ist die Ausführungsvorschrift hinsichtlich der zu berücksichtigenden Ermessensgesichtspunkte unvollständig. Die Generalklausel ist als Ermessenslenkung nicht sachgerecht.

Dies führt jedoch nicht zur Rechtswidrigkeit der Verwaltungsvorschrift, da sie das Ermessen der Fachdienststellen nicht derart lenkt, dass sie zwingend zu rechtswidrigen, weil ermessensfehlerhaften, Einzelfallentscheidungen führt.[43] Da wesentliche gesetzliche Kriterien nicht ausdrücklich benannt werden und keine Gewichtung der Kriterien vorgenommen wird, besteht jedoch die Gefahr, dass auf Grundlage der Vorschrift ermessensfehlerhafte Einzelfallentscheidungen ergehen.

## C. Wirkungen der Einführung von Wettbewerbselementen

Wie oben erläutert, führt die Umstellung auf eine outputorientierte Steuerung zur Verringerung einer ‚stillen‘ inhaltlichen Selbststeuerung der Organisationen während der Aufgabenerfüllung. Die Verhandlungen über Konzepte, die Definition von Leistungen und deren Qualität werden auf die Phase vor Bewilligung der Förderung verlagert.

---

41 Nr. 6.1.3. der AV: Als Abschluss der Vorplanung nach Nr. 6.1.1 werden die Zuwendungsbewilligungsunterlagen erstellt. Sie enthalten (...) eine ausführliche Beschreibung des Zuwendungszwecks nach Inhalt, Umfang sowie Qualität der Leistungen und der Voraussetzungen, die der Träger erfüllen muss und die für die Entscheidung bedeutsam sind, sowie der dafür geforderten Nachweise, (...), vgl. auch Nr. 6.1.1 der AV: „..., werden das zu fördernde Vorhaben oder das zu fördernde Handlungsfeld (...) nach dem Zuwendungszweck genau beschrieben“; zu Förderrichtlinien vgl. Nr. 6.2. der DV.

42 Nr. 4 Abs. 2 der AV.

43 Vgl. auch Bernzen, Gutachten, 3 ff.

Zur Herstellung von Wettbewerbsbedingungen ist eine weitgehende Konkretisierung der auszuschreibenden Leistungen hinsichtlich Quantität und Qualität[44] und hinsichtlich der anzuwendenden Methode[45] bereits vor der Ausschreibung erforderlich. Die Träger müssen sodann auf dieses bereits durch die Behörde konkretisierte Angebot durch Anträge reagieren, die nach Ablauf der Frist in einem Prüfungs- und Auswahlverfahren geöffnet und geprüft werden.[46]

Damit wird die Aushandlung von Konzepten und die kooperative Definition von Leistungen und deren Qualität, wie sie die veränderten zuwendungsrechtlichen Vorschriften und der ‚Leitfaden' betonen,[47] im Falle der Bekanntgabeverfahren obsolet. Im Sinne der Chancengleichheit und des Wettbewerbs dürfen Aushandlungen nach der Bekanntgabe und vor der Auswahlentscheidung nicht stattfinden;[48] nach der Auswahl dürfen mit dem ausgewählten Träger nur noch „... Änderungen der Leistungen und der Zuwendung abgesprochen werden, die lediglich eine Konkretisierung der Leistung oder eine Änderung zum Vorteil der BAGS zum Inhalt haben."[49]

Eine Einbeziehung der Träger und Verbände in die Vorplanung der Ausschreibung und damit in die Konkretisierung von Vorhaben ist nur in begrenztem Umfang möglich und in das Ermessen der zuwendungsgebenden Dienststelle gestellt. Gerade die Beteiligung der fachkundigen basisnahen Träger in die Diskussion von Konzepten, Leistungs- und Qualitätsmerkmalen wird wegen der drohenden Interessenkollisionen selten zulässig sein, weil diese Träger potentielle Anbieter im Bekanntgabeverfahren sind.

Damit sind die Zielsetzungen des ‚Leitfadens' und der Ausführungsvorschrift gegenläufig: Der ‚Leitfaden' betont die Notwendigkeit einer frühen Einbeziehung der Träger in die Formulierung von Leistungszielen und deren Konkretisierung und Operationalisierung,[50] die Ausführungsvorschrift muss eine solche Einbeziehung zur Gewährleistung der Transparenz und Chancengleichheit verhindern. Dieser Widerspruch besteht nicht, soweit nicht konkrete Vorhaben oder Förderungsbereiche, sondern Ideenwettbewerbe bekannt gegeben werden. Nach der bisherigen Praxis in Hamburg muss man allerdings feststellen, dass die prominente Position der Ideenwettbewerbe in der Ausführungsvorschrift durch die Praxis nicht gerechtfertigt ist; seit dem Erlass der ‚Grundsätze' bis zum Mai 2001 fand sich unter 21 Bekanntgabeverfahren noch kein einziger Ideenwettbewerb.

---

44 Rechnungshof der FHH, Jahresbericht 2000, Rz. 422.

45 Rechnungshof der FHH, Jahresbericht 2000, Rz. 424, 2. Spiegelstrich.

46 Zum Verfahren Nr. 7 der AV.

47 Auf welche die AV auch in ihrer Nr. 1 S. 2 Bezug nimmt.

48 Nr. 6.6, S. 1 der AV: Mit den Antragstellern darf nach der Bekanntgabe und vor der Öffnung der Antragsumschläge nicht zur Sache (z.B. zu Leistungsinhalt, -umfang und -qualität, Kalkulation) verhandelt werden; Nr. 7.3 Abs. 4: Eine Erläuterung des Antrag durch die Antragsteller vor der Entscheidung ist zulässig.

49 Nr. 7.3. Abs. 8 der AV.

50 Arbeitsgemeinschaft der Freien Wohlfahrtspflege /BAGS, Leitfaden, 9.

## IV. Zusammenfassung

Die Einführung von Bekanntgabeverfahren und Befristungen in der Zuwendungsverwaltung führen zu mehr Wettbewerb und damit möglicherweise zu einer größeren Fluktuation und Konkurrenz in der Trägerlandschaft. Andererseits kann aus der Festlegung von Laufzeiten eine mittelfristige rechtliche Bindung des Zuwendungsgebers über den Vertrauensschutz folgen, so dass sich die Planungssicherheit für die Träger erhöht.

Die Ausführungsvorschrift erwähnt unter den Kriterien für die Auswahl von Trägern für den Sachbereich wesentliche sozialrechtliche Ziel- und Rahmenvorgaben nicht. Aufgrund ihrer ermessenslenkenden Funktion entsteht dadurch die Gefahr ermessensfehlerhafter Einzelfallentscheidungen.

Selbststeuerungsräume für die Organisationen des Dritten Sektors werden durch die Verbindung von Outputsteuerung und Bekanntgabeverfahren verringert. Das Gebot strikter Neutralität im Wettbewerb wirkt einer Einbeziehung der Kenntnisse der Organisationen in Planung und Entscheidung entgegen. Zugleich wird die Behörde mit umfangreichen Aufgaben bei der Definition von Leistungen und deren Qualitätskriterien und der Durchführung von Auswahlverfahren belastet. Die Steuerungsintensität scheint sich insgesamt zu erhöhen.

# Kapitel 4: Kooperative Rahmenvereinbarungen

## I. ‚Leitfaden' und Qualitätsvereinbarungen

Der von der BAGS und den Landesverbänden der Wohlfahrtspflege erarbeitete ‚Leitfaden' mit Rahmenvorgaben für den Umgang mit den neuen zuwendungsrechtlichen Verwaltungsvorschriften, der inhaltlich bereits dargestellt wurde,[1] ist eines der Beispiele kooperativer Rahmenvereinbarungen zwischen Behörde und Organisationen des Dritten Sektors in Hamburg. Zwischen den beiden Parteien wurde eine schriftliche Vereinbarung getroffen, wonach beide Seiten den Leitfaden als Handlungsorientierung für die weitere Ausgestaltung des zuwendungsrechtlichen Fördersystems anerkennen.

Neben dem ‚Leitfaden' als sachbereichsübergreifender Vereinbarung existieren für einzelne Förderbereiche der BAGS weitere Vorgaben, welche kooperativ ausgehandelt und vereinbart wurden. Es sind dies vor allem Qualitätsvereinbarungen, d.h. Absprachen über bestimmte Leistungsdefinitionen und Qualitätsstandards, die einzelnen Zuwendungsverhältnissen des Sachbereichs als Mindeststandards zugrunde gelegt werden.

So schloss die BAGS für den Bereich der Drogen- und Suchthilfe mit der Mehrzahl der freien Träger 1996 erstmals eine „Rahmenvereinbarung über Qualitätsstandards in der ambulanten Sucht- und Drogenarbeit (Suchtberatung) in Hamburg" (Qualitätsvereinbarung in der Suchtberatung)[2] ab. Diese enthält Vorgaben für die Definition und Konkretisierung des Gesamtleistungsspektrums und der Einzelleistungen der Einrichtung, zu Team- und Verantwortungsstrukturen, zur Vernetzung und zu Arbeitsbedingungen und Ausstattung der Einrichtung. Festgeschrieben werden auch die Niederschwelligkeit des Angebots und nutzerorientierte Öffnungszeiten. Die Organisationen erklären sich zur Dokumentation der Hilfe, insbesondere der Teilnahme an der Basisdatendokumentation[3] und internen und externen Evaluation der Tätigkeit der Einrichtung bereit. Die Qualitätsvereinbarung hatte in dem Konflikt um die Umgestaltung der Sucht- und Drogenarbeit in Hamburg eine Befriedungsfunktion, indem mit der Konkretisierung der Leistungen, der Basisdatendokumentation und Evaluation sowie den Abend- und Wochenendöffnungszeiten zentrale Streitpunkte geregelt wurden.[4] Sie wurde den Zuwendungsverträgen mit den unterzeichneten Trägern in der Folgezeit zugrunde gelegt. Auch die Zuwendungsverhältnisse mit jenen Trägern, die eine Unterzeichnung ablehnten, wurden

---

1 Dritter Teil, Kapitel 2, III.

2 Abgedruckt in Freie und Hansestadt, Modernisierung, Dokument 2, vgl. oben Kapitel 8.I. B.1 zur Entwicklung in der Suchtberatung.

3 S. oben Dritter Teil, Kapitel 1.

4 Freie und Hansestadt, Modernisierung, Bürgerschafts-Drs. 15/5846, Anlage 1, 4.

zunächst fortgesetzt. Die in der Vereinbarung festgelegten Standards wurden später faktisch zu Auswahlkriterien für die Förderung zumindest bei neuen Vorhaben.

## II. Rechtliche Einordnung der kooperativen Rahmenvereinbarungen

Der ‚Leitfaden' und die Qualitätsvereinbarung in der Suchtberatung sind zweiseitige, von gesellschaftlichen Organisationen und staatlicher Behörde kooperativ ausgehandelte Leitlinien, im Falle des Leitfadens über den Umgang mit dem neuen Hamburger Zuwendungsrecht, im Falle der Qualitätsvereinbarung über fachliche Mindeststandards der Tätigkeit der Organisationen.

Sie haben damit als Ergebnis von Aushandlungen zweier Parteien den Charakter einer Vereinbarung. Es stellt sich die Frage, ob die Vereinbarungen nach dem Willen der Parteien und ihrem Inhalt rechtsverbindlich sind. Zu klären ist auch die Wirkung der Vereinbarungen: Sie regeln nicht Einzelfälle der öffentlichen Finanzierung der Tätigkeit freier Träger, sondern stecken einen Rahmen ab, innerhalb dessen die Aushandlungen über einzelne Zuwendungsverhältnisse geführt werden. Welche Rechtswirkung hat diese Rahmensetzung für die Parteien und entfaltet sie Wirkungen über die Parteien der Vereinbarung hinaus? Ist letzteres der Fall, schließt sich unmittelbar die Frage nach der demokratischen Legitimation dieser ‚kooperativen Regulierung' an.

### A. Rechtsverbindlichkeit

Die Rechtsverbindlichkeit kooperativer Regelungen ergibt sich grundsätzlich aus dem Rechtsbindungswillen der Parteien und ihrem rechtsbindungsfähigen Inhalt.[5]

Daneben kann sich im öffentlichen Recht die Rechtsverbindlichkeit auch aus einer gesetzlichen Anordnung ergeben. So sieht das Sozialrecht im Leistungserbringungsrecht für die Kostenübernahme im sozialrechtlichen Dreiecksverhältnis Landes- und Bundesrahmenvereinbarungen zwischen den öffentlichen Sozialleistungsträgern und den Verbänden der privaten Leistungserbringer vor.[6] Die Landesrahmenverträge zu den einzelnen Leistungs-, Vergütungs- und Prüfungsvereinbarungen nach § 79 Abs. 1 SGB XII, werden als rechtsverbindliche öffentlich-rechtliche Rahmenverträge qualifiziert.[7] Die in ihnen getroffenen Vereinbarungen über wesentliche Bestandteile der sozialhilferechtlichen Leistungserbringung sind für die Verbandsmitglieder bindend. Sie werden deshalb als Normenverträge bezeichnet,

---

5 Kopp/ Ramsauer, VwVfG, § 54 Rn. 25; Wolff/ Bachof/ Stober, Verwaltungsrecht Bd. 2, § 57 Rn. 15.

6 S. oben Erster Teil, Kapitel 6, IV.A.1.c).

7 Münder u.a., LPK-SGB XII-*Münder* § 79, Rn. 3; vgl. auch zur inhaltgleichen Vorschrift des § 93d Abs. 2 BSHG: Griep/ Renn in RsDE Bd. 47, 76 f; Mehls/ Salas-Goméz in BldW 1+2/1999, 6; einschränkend Schellhorn/ Jirasek/ Seipp, BSHG, § 93d Rn. 8.

weil sie norm(er)setzenden Charakter besitzen, auch wenn ihnen in den gesetzlichen Grundlagen keine Rechtswirkung über die Parteien hinaus zugewiesen wird.[8]

Der ,Leitfaden' und die Qualitätsvereinbarung in der Suchtberatung beruhen nicht auf gesetzlicher Grundlage, aus welcher auf ihre Rechtsverbindlichkeit geschlossen werden könnte. Sie erfüllen jedoch als Rahmenregelungen eine ähnliche Funktion wie die sozialhilferechtlichen Rahmenvereinbarungen: Auf übergeordneter Ebene werden konsensual Regelungen getroffen, die im einzelnen Zuwendungsverhältnis Aushandlungen zwischen Träger und Dienststelle überflüssig machen. Für die Frage ihrer Rechtsverbindlichkeit kommt es damit auf eine Auslegung hinsichtlich des Rechtsbindungswillens der Parteien an, sowie darauf, ob die Vereinbarung einen Regelungsinhalt besitzt, der rechtliche Verbindlichkeit erlangen kann.[9]

Es stellt sich also die Frage, ob die Vereinbarungen mit Rechtsbindungswillen geschlossen wurden, oder ob sie als unverbindliche Absprachen nur ,*Gentlemen's Agreements*' darstellen, mit denen keine rechtlich durchsetzbaren Rechte und Pflichten begründet werden, und welche dem Bereich des informellen Verwaltungshandeln zuzuordnen wären. Für die Abgrenzung ist maßgeblich, ob nach dem Inhalt der konkreten Erklärungen und den Gesamtumständen anzunehmen ist, dass eine verbindliche Regelung getroffen werden sollte, oder ob noch weitere Schritte zu einer rechtsförmigen Umsetzung erfolgen sollten.[10]

### 1. ,Leitfaden'

Für einen Rechtsbindungswillen der Parteien spricht die dem Leitfaden vorangestellte schriftliche Vereinbarung der Verhandlungsparteien, die den Leitfaden als Handlungsorientierung für die weitere Ausgestaltung der Zuwendungsförderung anerkennt. Die schriftliche Fixierung allein reicht allerdings für die Annahme eines Rechtsbindungswillens der Parteien nicht aus.[11] Ein weiteres Argument für den Rechtsbindungswillen ist die dem Leitfaden als Anlage beigefügte Protokollnotiz, welche den Dissens der Parteien über einen einzelnen Punkt, nämlich die Verknüpfung von Zuwendungshöhe und Leistungsumfang, darstellt.

Die Inhalte der Vereinbarung haben jedoch keinen Regelungscharakter. Es handelt sich bei den Vorgaben des Leitfadens um allgemeine und grundsätzliche Ausführungen zur Anwendung des neuen Zuwendungsrechtes; sie sind daher als informelle Absprache zu qualifizieren. Informelle Absprachen lösen keine rechtlichen,

---

8 Pöld-Krämer/ Fahlbusch in RsDE Bd. 46, 19 f; Griep/ Renn in RsDE Bd. 47, 85. Die ebenfalls kooperativ zu vereinbarende Bundesempfehlung nach § 93 d Abs. 3 BSHG, welche Vorgaben für diese Landesrahmenverträge geben soll, hat keinen verbindlichen, sondern nur empfehlenden Charakter, vgl. Pöld-Krämer/ Fahlbusch in RsDE Bd. 46, 15; Nawrath in BldW 1+2 1999, 12.

9 Kopp/ Ramsauer, VwVfG, § 54 Rn. 25; Wolff/ Bachof/ Stober, Verwaltungsrecht Bd. 2, § 57 Rn. 15.

10 Kopp/ Ramsauer, VwVfG, § 54 Rn. 26.

11 Kopp/ Ramsauer, VwVfG, § 54 Rn. 10 und 24.

sondern nur faktische Bindungen aus, durch die die Beteiligten sich veranlasst sehen, sich den Absichtserklärungen entsprechend zu verhalten, in der Erwartung, dass dies auch im Interesse des Partners liegt.[12] Sie dienen der gegenseitigen Interessensklärung.[13] Es wird auch im Text des Dokumentes betont, der ‚Leitfaden' solle wegen der Vielfalt der Förderungsbereiche als Hilfestellung für die jeweiligen Aushandlungen „Empfehlungscharakter"[14] haben. Die Parteien bekunden damit die Absicht, sich bei Aushandlungen in einzelnen Zuwendungsverhältnissen entsprechend der allgemeinen Richtlinien des Leitfadens zu verhalten. Er dient damit einer gemeinsamen Annäherung an das neue Zuwendungsrecht und dem Abbau von Misstrauen auf Seiten der Organisationen, stellt aber keine rechtsverbindliche Vereinbarung dar.

### 2. Qualitätsvereinbarung in der Suchtberatung

Dagegen enthält die Qualitätsvereinbarung in der Suchtberatung verbindliche Mindeststandards, welche den Zuwendungsverhältnissen zwischen den Parteien im Einzelfall zugrunde gelegt werden sollen. Auch wenn auch hier aufgrund der unterschiedlichen Tätigkeiten der Träger – umfasst sind Angebote für unterschiedliche Suchtstoffe und Abhängigkeiten, und es existieren Unterschiede im Angebotsschwerpunkt[15] – keine spezifischen Leistungsdefinitionen enthalten sind, welche eine Konkretisierung des Zuwendungszwecks im Einzelfall gänzlich überflüssig machen würden, werden durch die Qualitätsvereinbarung zentrale Streitpunkte für die Ausgestaltung der Kooperation geregelt. Zu diesen gehören Vorgaben für die Definition und Konkretisierung des Gesamtleistungsspektrums und der Einzelleistungen der Einrichtung, zu Team- und Verantwortungsstrukturen, zur Vernetzung und zu Arbeitsbedingungen und Ausstattung der Einrichtung. Vereinbart werden auch die Niederschwelligkeit des Angebots, nutzerorientierte Öffnungszeiten und die Teilnahme an der Basisdatendokumentation. Nach dem Willen der Parteien sollen diese Punkte als verbindlicher Rahmen für die Aushandlung einzelner Zuwendungsverhältnisse außer Disposition gestellt werden.

Insofern liegt hier sowohl Rechtsbindungswillen der Parteien als auch ein rechtswirkungsfähiger Regelungsinhalt vor, so dass die Qualitätsvereinbarung rechtsverbindlich ist.

---

12 Kopp/ Ramsauer, VwVfG, § 54 Rn. 25. Eine Zwischenstufe zwischen informellen Absprachen ohne Rechtsbindungswillen und rechtsverbindlichen Vereinbarungen bilden die Kooperationsverträge im Umweltrecht, die im wesentlichen Verfahrensregelungen enthalten; ihnen wird zwar keine rechtliche Bindungswirkung hinsichtlich primärer Leistungspflichten zugeschrieben, aber hinsichtlich sekundärer Sorgfalts-, Konsultations- und Informationspflichten, vgl. Fluck/ Schmitt in VerwArch Bd. 89 (1998), 255 f.

13 Wolff/ Bachof/ Stober, Verwaltungsrecht Bd. 2, § 57 Rn. 15.

14 ‚Leitfaden', 3.

15 Etwa Überlebenshilfe, Suchtbegleitung, Beratung, Therapievorbereitung, psychosoziale Betreuung, vgl. die Übersicht über die Leistungspalette der Träger in Bürgerschafts-Drs. 15/ 5846, Anlage 1, 15 f.

## B. Öffentlich-rechtlicher oder privatrechtlicher Vertrag

Für die rechtsverbindliche Qualitätsvereinbarung stellt sich die Frage, ob sie dem Privatrecht oder dem öffentlichen Recht zuzuordnen ist.

Bei sozialgesetzlich angeordneten Rahmenregelungen ergibt sich die öffentlich-rechtliche Natur bereits aus ihrer gesetzlichen Grundlage, da jene Normen aus dem öffentlichen Recht stammen.[16] Ansonsten ist die Zuordnung des Vertrages zum öffentlichen oder privaten Recht gemäß § 54 S. 1 VwVfG objektiv nach dem Vertragsgegenstand zu bestimmen. Es kommt also darauf an, ob der Vertrag sich auf einen im Schwerpunkt öffentlich-rechtlich zu beurteilenden Vertragsgegenstand bezieht, insbesondere ob die vertraglich übernommenen Verpflichtungen bzw. vertraglich vollzogenen Verfügungen öffentlich-rechtlichen Charakter haben.[17] Öffentlich-rechtlich sind solche Verträge, die sich auf einen nach den maßgeblichen Rechtsvorschriften und Grundsätzen öffentlich-rechtlich geregelten Sachverhalt beziehen,[18] und die auf eine Ausgestaltung öffentlich-rechtlicher Verpflichtungen oder Berechtigungen abzielen, insbesondere von Pflichten und Rechten in Über- und Unterordnungsverhältnissen.[19]

Regelungsgegenstand der Qualitätsvereinbarung ist die Schaffung eines Rahmens für zukünftige Zuwendungsverhältnisse. Regelungen für die Zuwendungsverhältnisse werden durch die Vereinbarung sozusagen ‚vor die Klammer gezogen'. Da es sich bei der Zuwendungsbewilligung um ein öffentlich-rechtliches Rechtsverhältnis handelt, muss dies auch für die in Rede stehende Vereinbarung gelten. Sie ist Außenrecht,[20] da sie zwischen der Verwaltung und außerhalb dieser stehenden Rechtssubjekte mit Rechtsbindungswillen geschlossen wurden, bindet aber unmittelbar nur die Vertragspartner.

## C. Reichweite der Rechtswirkung

Die Frage nach der Reichweite der Rechtswirkung der Qualitätsvereinbarung in der Suchtberatung bezieht sich zum einen auf die Wirkung zwischen den Parteien, insbesondere darauf, ob eine einseitige Abänderung durch die Behörde, etwa durch den Erlass neuer Verwaltungsvorschriften, möglich ist. Zum anderen stellt sich die Frage, wie sich die Vereinbarung auf die Rechtsbeziehungen zwischen der Verwaltung und Dritten auswirkt. Dritte können zum einen die an der Vereinbarung

---

16 Kopp/ Ramsauer, VwVfG, § 54 Rn. 33; BGHZ 116, 339; BVerwG NJW 1994, 3027, jeweils zur alten Rechtslage der Pflegesatzvereinbarungen.

17 BVerwGE 42, 331, 333 f; 74, 368, 370; Erichsen-*Erichsen*, Allgemeines Verwaltungsrecht, § 24 Rn. 4 ff; Kopp/ Ramsauer, VwVfG, § 54 Rn. 27 ff; Stelkens/Bonk/Sachs, VwVfG, § 54 Rn. 75 f; Maurer, Allgemeines Verwaltungsrecht, § 14 Rn. 11.

18 BVerwG NJW 1995, 1105; NJW 1973, 1895; DÖV 1981, 878.

19 Kopp/ Ramsauer, VwVfG, § 54 Rn. 33.

20 Anders als etwa Geschäftsordnungen kondomnialer Gremien stellen sie kein Binnenrecht dar, da die verhandelnden Akteure kein Kollegialorgan der Verwaltung formen, vgl. Maurer, Allgemeines Verwaltungsrecht, § 24 Rn. 12.

nicht beteiligten Organisationen, zum anderen die Klienten der Suchtberatung durch die freien Träger sein.

### 1. Einseitige Abänderung durch die Behörde

Der Inhalt der Qualitätsvereinbarung hätte auch Gegenstand einer einseitigen Regelung durch die Behörde sein können. Durch eine Förderrichtlinie als Sonderform der Verwaltungsvorschrift hätte die Behörde die Regelungen der Qualitätsvereinbarung als Förderungsvoraussetzungen für die betreffenden Einrichtungen festlegen können. In diesem Fall bestünde die Möglichkeit zur einseitigen Änderung der Vorschriften für die Zukunft. Zwar ist die Verwaltung an die eigene rechtmäßige Verwaltungspraxis über den Gleichheitssatz gebunden, doch hindert diese Bindung sie nicht an einer Änderung der Verwaltungspraxis für die Zukunft aus sachlichen, willkürfreien Gründen.[21] Fraglich ist, ob sich durch die Wahl der kooperativen statt der einseitig-hoheitlichen Regelungsform an dieser Möglichkeit der Behörde etwas ändert.

Grundsätzlich können zweiseitige Vereinbarungen auch nur zweiseitig wieder geändert werden, sofern nicht eine Möglichkeit zur einseitigen Beendigung bzw. Abwicklung des Vertrages, etwa durch Kündigung, vorgesehen ist.[22] Rücktritts- oder Kündigungsregeln enthält die Qualitätsvereinbarung nicht. Das bedeutet, dass für den vereinbarten Geltungszeitraum die Behörde nicht zur einseitigen Abänderung der Zuwendungspraxis, ob durch Erlass von Verwaltungsvorschriften oder durch die reine Verwaltungspraxis, befugt ist, soweit der Regelungsbereich der Vereinbarungen reicht.

Allerdings dürften die praktischen Auswirkungen für die Vereinbarung in der Suchtberatung gering sein. Denn zum einen sind die geregelten Rahmenbedingungen recht allgemein gehalten; zum anderen erwächst den unterzeichneten oder vertretenen Organisationen aus der Vereinbarung keinerlei Anspruch auf Förderung. Der Behörde steht es damit trotz ihrer Bindung an die Vereinbarung frei, einseitig zusätzliche konkretere oder stärker einschränkende Förderungsvoraussetzungen festzulegen. Größere Bedeutung gewinnt die Bindung, je detaillierter etwa Leistungsdefinitionen bereits in kooperativen Rahmenregelungen vorgenommen werden: Enthielte eine Qualitätsvereinbarung etwa eine detaillierte Beschreibung für ein gewisses Leistungssegment, könnte die Behörde der Förderungspraxis gegenüber ihren Vereinbarungspartnern nicht andere Leistungs- und Qualitätsmerkmale für dieses Leistungssegment zugrunde legen.

---

21 Maunz/ Dürig-*Dürig* Bd. 1, Art. 3 Rn. 449; AK-GG-*Stein* Art. 3 Abs.1, Rn. 66; für Förderrichtlinien: BVerwGE 104, 220 ff.

22 Vgl. Wolff/ Bachof/ Stober, Verwaltungsrecht Bd. 2, § 54 Rn. 48.

## 2. Erstreckung des Regelungsgehalts auf Dritte

### *a) Nicht beteiligte Organisationen*

Für Dritte können die Vorgaben der Qualitätsvereinbarung unmittelbar zwar keine Rechtswirkung entfalten, da sie an der Aushandlung nicht beteiligt waren und somit nicht Partei des Vertrages werden. Ein Vertragsschluss zu Lasten Dritter ist nicht zulässig.[23]

Da die Vereinbarungen darauf angelegt sind, Standards zu formulieren, auf welche in den einzelnen Zuwendungsverträgen oder -bescheiden nur noch Bezug genommen wird, besitzen sie verwaltungsvorschriftersetzenden Charakter wegen ihrer faktischen Bindung der Einzelrechtsverhältnisse.[24] Die Erfüllung der rahmenvertraglichen Anforderungen wird regelmäßig in die Ermessensentscheidung der zuwendungsgebenden Dienststelle einfließen. Die Rahmenvereinbarungen entwickeln damit den Charakter von ermessenslenkenden Verwaltungsvorschriften.[25] Verwaltungsvorschriften entfalten mittelbare Außenwirkung, wenn sich die Verwaltung durch ihre gleichmäßige Anwendung selbst bindet;[26] die Vorschriften werden zur Ermittlung der Verwaltungspraxis herangezogen.[27] Ebenso können also – trotz fehlender unmittelbarer Wirkung über die Vertragsparteien hinaus – kooperative Vereinbarungen zur Ermittlung einer Verwaltungspraxis herangezogen werden. Sofern die Vereinbarungen für die Organisationen günstige ermessenslenkende oder normersetzende Regelungen enthalten, können auch nicht beteiligte Organisationen über den Gleichheitsgrundsatz, Art. 3 Abs. 1 GG, grundsätzlich einen Anspruch auf Einhaltung der Regelungen besitzen.[28] Im Einzelfall muss allerdings überprüft werden,

---

23 Für die oben angesprochenen Landesrahmenverträge im Sozialhilferecht wird eine solche Verbindlichkeit auch für nicht an der Aushandlung durch Vertreter beteiligte Dritte als verfassungswidrig abgelehnt, vgl. Pöld-Krämer/ Fahlbusch in RsDE Bd. 46, 20 m.w.N.; vom Gesetzgeber war eine solche offensichtlich vorgesehen gewesen, BT-Drs. 13/2440, 30. Vgl. auch den Landesrahmenvertrag für Baden-Württemberg, der eine Anwendung des Vertrages auch für dritte Einrichtungen anordnet, zitiert nach Pöld-Krämer/ Fahlbusch in RsDE Bd. 46, 21.

24 Ähnlich die Argumentation von Pöld-Krämer/ Fahlbusch in RsDE Bd. 46, 21 ff für die Bindungswirkung der sozialhilferechtlichen Landesrahmenverträge für Dritte.

25 Vgl. zur Abgrenzung ermessenslenkender Verwaltungsvorschriften Erichsen-*Ossenbühl*, Allgemeines Verwaltungsrecht, § 6, Rn. 48; Maurer, Allgemeines Verwaltungsrecht, § 24, Rn. 10.

26 Wolff/ Bachof/ Stober, Verwaltungsrecht Bd. 1, § 24 Rn. 27 ff; Maurer, Allgemeines Verwaltungsrecht, § 24, Rn. 21.

27 Maunz/ Dürig-*Dürig* Bd. 1 Art. 3, Rn 432 f; vgl. insbesondere zur Außenwirkung von Förderrichtlinien über die Selbstbindung der Verwaltung BVerwGE 58, 45; Geis, Selbsthilfe, 233 ff; Luthe in NDV 1994, 379.

28 Vgl. zur Außenwirkung von Verwaltungsvorschriften über den Gleichheitssatz: BVerwGE 8, 4, 10; 34, 278, 280; 44, 72, 74 f.; 104, 220, 223; Wolff/ Bachof/ Stober, Verwaltungsrecht Bd. 1, § 24 Rn. 27 ff; Maurer, Allgemeines Verwaltungsrecht, § 24 Rn. 21 ff.

ob die Nichtunterzeichnung der Vereinbarung durch den Träger einen sachlichen willkürfreien Grund für eine Ungleichbehandlung darstellt.[29]

### *b) Leistungsadressaten/innen*

Die Interessen von Leistungsadressaten/innen werden durch kooperative Vereinbarungen betroffen, sofern durch diese die Leistungspalette freier Träger festgelegt wird, also insbesondere durch die Qualitätsdefinition und Standardisierung von Leistungen.

Wo die Leistungsadressaten/innen keine subjektiven Rechte auf bestimmte soziale Leistungen innehaben, bestimmt die Leistungsdefinition zwischen den Parteien des Zuwendungsverhältnisses die Angebotspalette, die ihnen zur Verfügung steht.[30] Soweit es sich um freiwillige Leistungen handelt, auf die kein Anspruch besteht, liegt nur die Beeinflussung einer faktischen, nicht aber einer Rechtsposition Dritter vor.

Sofern auch die Erbringung von Sozialleistungen durch freie Träger durch Zuwendungen finanziert wird, vermag die abschließende Vereinbarung einer Leistungspalette zwischen dem öffentlichen Sozialhilfeträger und der leistungserbringenden Organisation dagegen den Sozialhilfeanspruch des Hilfeberechtigten rechtlich nicht einzuschränken: Denn der Hilfeberechtigte hat gegen den öffentlichen Träger immer einen Anspruch auf die Deckung seines individuellen Bedarfs, § 9 SGB XII.[31] Es stellt sich hier allerdings die Problematik der Ausfüllung der unbestimmten Rechtsbegriffe bei der Sozialhilfe in Form der Dienstleistung;[32] es liegt nahe, dass eine Standardisierung von Leistungskatalogen zwischen den öffentlichen Leistungsträgern und Leistungserbringern Auswirkungen auf die Ermittlung des individuellen Bedarfes haben wird, so dass durch die Standardisierung sozialrechtliche Wunsch- und Wahlrechte eingeschränkt werden.

## D. Ergebnis

Während der ‚Leitfaden' keine Rechtsbindungswirkung hat, stellt die Qualitätsvereinbarung in der Suchthilfe eine rechtsverbindliche öffentlich-rechtliche Vereinbarung dar, welche die Funktion einer Förderrichtlinie übernimmt. Damit wirkt sie sich auf die Verwaltungspraxis aus und entfaltet faktische Wirkungen auch für an der Vereinbarung nicht beteiligte Organisationen sowie Leistungsadressaten/innen.

---

29 Vgl. zu zulässigen Differenzierungskriterien der Verwaltung AK-GG-*Stein* Art. 3 Abs. 1, Rn. 68. Insofern dürfte ein freier Träger keine Aussicht auf Erfolg haben, wenn er sich über den Gleichbehandlungsgrundsatz lediglich die für ihn vorteilhaften Bestandteile der von ihm nicht unterzeichneten Vereinbarung in Anspruch nehmen will.

30 Vgl. Dritter Teil, Kapitel 2, I.C.

31 Vgl. zu den Auswirkungen von Vereinbarungen nach den früheren §§ 93 ff BSHG auf die individuelle Bedarfsdeckung Pöld-Krämer/ Fahlbusch in RsDE Bd. 46, 5 ff.

32 Münder u.a., LPK-SGB XII-*Roscher*, § 10, Rn. 3 ff. Vgl. auch zum Begriff der persönlichen Hilfe in § 3 BSHG Bley/ Kreikebohm/ Marschner Rn. 100 ff; BSGE 38, 282, 289.

## III. Demokratische Legitimation der kooperativen Rahmenvereinbarungen

Die Vereinbarungen wurden mit Privaten ausgehandelt und abgeschlossen. Auch wenn sie unmittelbare Rechtswirkung nur für die Verhandlungspartner entfalten, gewinnen sie praktische Bedeutung für die Gestaltung eines ganzen Bereichs und stellen damit Beispiele kooperativer Regulierung dar.[33] Indem sie die Verwaltungspraxis prägen, wirken sie sich für nicht beteiligte Organisationen wie für die Adressaten/innen der sozialen Leistungen ähnlich wie Verwaltungsvorschriften aus. In der Zuwendungsfinanzierung ist das Ermessen weit über das herkömmliche gesetzesakzessorische Ermessen hinaus durch Verwaltungsvorschriften geprägt.[34] Im Folgenden soll untersucht werden, wie in der Ausgestaltung und dem Aushandlungsverfahren der Vereinbarungen ihre demokratische Legitimation gesichert und das Ziel der Gemeinwohlsicherung erreicht wird.[35]

Oben[36] wurden bereits die unterschiedlichen Modelle der Verwaltungslegitimation dargestellt. Nach dem klassischen Modell muss die Ausübung von Staatsgewalt personell, inhaltlich-sachlich und funktionell-institutionell legitimiert sein. Bei Formen kooperativen Staatshandelns steht vor allem die personelle Legitimation durch eine ununterbrochene Legitimationskette in Frage. Dagegen stellen neuere Modelle auf die Herstellung eines dauerhaft wirksamen Zurechnungszusammenhang zwischen Volk und staatlichem Handeln durch ein Zusammenwirken organisatorischer, personeller, sachlich-inhaltlicher und prozeduraler Legitimationsinstrumente ab.

Wendet man das klassische Modell der Verwaltungslegitimation auf die kooperativen Rahmenvereinbarungen an, zeigt sich wiederum die Schwäche einer an der formellen Legitimationskette orientierten Betrachtung bei der Erfassung kooperativer Regulierung: Die Entscheidung über den Abschluss eines öffentlich-rechtlichen Vertrages als Entscheidung zur Regelung des Rechtsverhältnisses zwischen den Parteien wird allein durch in der Verwaltungshierarchie eingebundene, unmittelbar personell legitimierte Beamte getroffen. Damit wäre die Vereinbarung, sofern sie die Voraussetzungen der §§ 54 VwVFG bzw. §§ 53 ff SGB X erfüllt, ohne weiteres zulässig. Die faktische Regulierungswirkung über die Vertragsparteien hinaus wird von einer solchen Betrachtung nicht erfasst.

Dies vermag angesichts der verwaltungsvorschriftersetzenden Funktion der Vereinbarungen und der außerordentlichen Bedeutung von Verwaltungsvorschriften

---

33 Schuppert, Verwaltungskooperationsrecht, 61 bezeichnet die gemeinsame Erarbeitung von Leistungsstandards für Angebotsbereiche der sozialen und gesundheitlichen Versorgung, welche dann der künftigen Zuwendungs- und Finanzierungspraxis zugrunde gelegt werden sollen, als „Beispiel einer Form kooperativer Regulierung im kooperativen Verwaltungsstaat."

34 Erichsen-*Ossenbühl*, Allgemeines Verwaltungsrecht, § 6 Rn. 36; Oldiges in NJW 1984, 1927 ff.

35 Zu den theoretischen Grundlagen und den Kriterien der Überprüfung s. oben Zweiter Teil, Kapitel 3, II.B.

36 Zweiter Teil, Kapitel 3, II.

im Subventionsrecht nicht zu befriedigen. Zwar stellen auch Verwaltungsvorschriften keine Rechtsakte mit Außenwirkung dar, sondern entfalten zunächst nur Binnenwirkung innerhalb der Exekutive, doch prägen sie durch ihre ermessenslenkende Funktion autoritative Verwaltungsentscheidungen wesentlich vor.[37]

Untersucht man die Rahmenregelungen anhand des Modells einer überwirkenden staatlichen Legitimationsverantwortung für die Kooperation mit Privaten, kann man ihre verwaltungsvorschriftenersetzende Funktion dagegen besser berücksichtigen: Am Zustandekommen der Vereinbarungen sind beide Parteien als formal gleichgeordnete Verhandlungspartner beteiligt. Es ist also zu untersuchen, ob eine kooperative Regulierung des Sachbereiches aufgabenangemessen ist und ihre Gemeinwohlfähigkeit durch prozedurale institutionelle Sicherungen im Entscheidungsverfahren und eine sachlich-inhaltliche Bindung der Akteure abgesichert ist.

Die Aufgabenangemessenheit der kooperativen Regulierung ist aufgrund der tradierten Kooperationsstrukturen bei der Aufgabenerfüllung in der Suchtberatung und die sozialrechtlichen Vorprägungen durch das Subsidiaritätsprinzip, das Zusammenarbeitsgebot und die Selbständigkeitsgarantie gegeben.

Für die institutionelle Sicherung der gleichmäßigen Berücksichtigung von Interessen sind insbesondere die Rechte nicht beteiligter Organisationen und die Rechte der Leistungsadressaten/innen zu berücksichtigen. Der Zugang zu den Aushandlungen und zu der geschlossenen Vereinbarung war für alle interessierten Träger von Suchthilfeeinrichtungen eröffnet. Insofern war für sie eine ausreichende Absicherung der Interessen gegeben. Keine institutionelle Sicherung gab es jedoch für die Adressaten/innen. Sie waren nicht in den Verhandlungen vertreten, obwohl sich die vereinbarten Standards unmittelbar auf die Angebote der freien Träger auswirken. Dies führt die strukturell schwache Position der Leistungsadressaten/innen im Dreiecksverhältnis fort, wie sie für das Zuwendungsrecht typisch ist.[38]

Die Verhandlung der Qualitätsvereinbarung war durch die Opposition einiger Suchthilfeträger zwar durch Diskussionen in der Öffentlichkeit begleitet, eine Transparenz der Verhandlungen und des Entscheidungsverfahrens war jedoch bedingt durch den informellen Charakter nicht im Verfahren abgesichert. Gleiches gilt für eine Transparenz gegenüber dem Parlament. Diese Befunde gelten allerdings ebenso für die klassische einseitig-hoheitliche Zuwendungsverwaltung. In der institutionellen Ausgestaltung setzt sie die Schwächen der Zuwendungsverwaltung bei der Absicherung der Adressaten/innenrechte und der Transparenz und Publizität fort. Angesichts der geringen Regelungstiefe der Qualitätsvereinbarung in der Suchtberatung und der Tatsache, dass die dort getroffenen Regelungen für den Förderbereich nicht abschließend sind, sondern zumindest zunächst auch andere Projekte weiter gefördert wurden, können die Regelungen als ausreichend betrachtet werden.

---

37 Ähnlich hinsichtlich der Legitimationsbedürftigkeit: v.Mangoldt/ Klein/ Starck-*Sommermann* Art. 20 Rn. 140.

38 S. oben Dritter Teil, Kapitel 2, I.C.

Der überwirkenden staatliche Legitimationsverantwortung wird die Verwaltung bei der kooperativen Regulierung durch die Qualitätsvereinbarung in der Suchthilfe damit gerecht.

## IV. Wirkungen der Rahmenvereinbarungen

Will man die Wirkungen der kooperativen Rahmenregelungen auf die Kooperation im Bereich ambulanter sozialer Dienstleistungen beurteilen, sind die Ebene der Steuerungsverhältnisse mit den konkret leistungserbringenden Organisationen und die Ebene der Kooperation mit deren verbandlichen Organisationen zu unterscheiden. Der Gestaltungsspielraum der einzelnen Organisation bei ihrer Tätigkeit, soweit diese staatlich gefördert wird, nimmt durch die kooperative Vereinbarung von Standards oder Rahmenbestimmungen ab. Damit wird der faktische Selbststeuerungsrahmen in der inhaltlichen und konzeptionellen Arbeit verringert. Die Einflussnahme der Dritte-Sektor-Organisationen wird verlagert auf übergeordnete informelle Verhandlungsgremien, welche kooperative Rahmenregelungen über die Vergabebedingungen von Zuwendungen und die Standardisierung von Leistungen in einzelnen Förderbereichen vereinbaren oder durch welche die Organisationen entsprechende einseitig-hoheitliche Richtlinien beeinflussen. In die informellen Gremien werden zum Teil die Zuwendungsempfänger selbst, überwiegend die Landesarbeitsgemeinschaft der Wohlfahrtsverbände als Vertreter der Projektträger einbezogen.

Der Einfluss dieser Gremien wird durch die parallel verlaufende Umstellung auf Outputsteuerung erhöht. Durch diese hat die Bedeutung vorheriger Aushandlungen zugenommen, so dass der Zugang zu den Verhandlungsgremien entscheidenden Einfluss auf Konzepte und Inhalte der ambulanten sozialen Arbeit hat. Damit kommt es auch zu einem Bedeutungsverlust des klassischen Verwaltungsverfahrens zwischen Zuwendungsnehmer und Zuwendungsgeber, welches partiell durch die informellen Aushandlungsverfahren mit einer privilegierten Gruppe von Organisationen ersetzt wird. Dies erhöht den Druck zur vertikalen verbandlichen Organisation der Projektträger und kann damit zu einer weiteren Korporatisierung des Bereiches ambulanter sozialer Leistungen führen.

## V. Zusammenfassung

In der Hamburger Praxis werden kooperative Rahmenvereinbarungen zwischen Behörde und Zuwendungsempfängern als Steuerungsmittel eingesetzt. Hier wurden der bereichsübergreifende ‚Leitfaden für die Bewilligung von Zuwendungen' und die sachbereichsspezifische Qualitätsvereinbarung in der Suchtberatung im Hinblick auf Rechtswirkung, demokratische Legitimation und Auswirkungen auf die Steuerungsverhältnisse zum Dritten Sektor untersucht.

Während der ‚Leitfaden' aufgrund seines allgemeinen Gehaltes und seiner Empfehlungscharakters keine Rechtsverbindlichkeit besitzt, stellt die Qualitätsvereinbarung in der Suchtberatung einen rechtsverbindlichen Rahmenvertrag dar, der dem öffentlichen Recht zuzuordnen ist.

Die Behörde ist zur einseitigen Abänderung der Qualitätsvereinbarung nicht befugt; sie kann lediglich innerhalb des gesteckten Rahmens zusätzliche konkrete Förderungsvoraussetzungen aufstellen. Allerdings kann den unterzeichneten Organisationen aus der Vereinbarung kein Förderungsanspruch erwachsen, da sie lediglich Rahmenregelungen enthält.

Die Qualitätsvereinbarung entfaltet keine Rechtswirkungen gegenüber an ihr nicht beteiligten Organisationen oder den Leistungsadressaten/innen. Durch ihre Wirkung auf die Gestaltung von Förderungs- und Angebotsbereichen ersetzt sie jedoch faktisch Verwaltungsvorschriften in Form von Förderrichtlinien. Damit muss geprüft werden, ob die Anforderungen an die überwirkende staatliche Legitimationsverantwortung im Aushandlungsverfahren der kooperativen Regelung eingehalten werden. Dies ist angesichts der geringen Regelungstiefe der Qualitätsvereinbarung und ihrer nicht abschließenden Funktion zu bejahen.

In den Auswirkungen des Einsatzes kooperativer Rahmenregelungen zur Steuerung muss man die Ebene der leistungserbringenden Organisationen und die Ebene der Verbände differenzieren. Die Einflussnahme der Dritte-Sektor-Organisationen wird auf übergeordnete informelle Verhandlungsgremien verlagert. Der Einfluss dieser Gremien wird durch die parallel verlaufende Umstellung auf Outputsteuerung erhöht. Dadurch kommt es einem Bedeutungsverlust des klassischen Verwaltungsverfahrens zwischen Zuwendungsnehmer und Zuwendungsgeber. Dies erhöht den Druck zur vertikalen verbandlichen Organisation der Projektträger und kann damit zu einer weiteren Korporatisierung des Bereiches ambulanter sozialer Leistungen führen.

# Kapitel 5:
# Zusammenfassung des Dritten Teils

## I. Die rechtliche Umsetzung der Verantwortungsteilung

Die Reform der Zuwendungsfinanzierung ambulanter sozialer Leistungen im Lichte des NPM wird in Hamburg durch die Änderung der rechtlichen Grundlagen auf Ebene der Verwaltungsvorschriften und die daraus resultierenden Veränderungen in der Ausgestaltung der einzelnen Zuwendungsverhältnisse in der Praxis, sowie durch den Abschluss kooperativer Rahmenvereinbarungen mit Akteuren des Dritten Sektors umgesetzt.

Die geänderten zuwendungsrechtlichen Verwaltungsvorschriften stellen auf erfolgsorientierte Steuerungselemente um und streben eine Entgeltorientierung des Finanzierungssystems an, indem sie die Zuwendungshöhe an die erbrachten Leistungen knüpfen. Dies führt zu einer Vermischung von Zuwendungsrecht und Leistungsaustauschrecht. Dabei stellt die Hamburger Praxis nicht auf Leistungsverträge um, sondern bleibt in der Rechtsform der Zuwendung. Beibehalten werden im Grundsatz auch die Jährlichkeit der Zuwendungsbewilligung und die Gestaltung der Rechtsverhältnisse durch Zuwendungsbescheid mit Nebenbestimmungen als einseitigen Verwaltungsakt. Durch die Entgeltorientierung soll das Zuwendungsverhältnis jedoch faktisch in einen gegenseitigen Leistungsaustausch umgestaltet werden. Dadurch kann es – unter Aufrechterhaltung der zuwendungsrechtlichen Bindungen – zu weiteren Bindungen aus dem Steuer- und Vergaberecht kommen, nämlich zur Umsatzsteuerpflichtigkeit der Leistungen sowie der Ausschreibungspflicht und der Verpflichtung zur Durchführung von Vergabeverfahren.

Ebenfalls durch Verwaltungsvorschriften, in diesem Fall begrenzt auf den Zuständigkeitsbereich der BAGS, wurden in Hamburg Wettbewerbselemente wie Laufzeitbefristungen und Bekanntgabeverfahren eingeführt. Diese Vorschriften folgen nicht rein den Wirtschaftlichkeitskriterien des Haushaltsrechtes, sondern enthalten hinsichtlich der Verpflichtung zur Bekanntgabe, des einzuhaltenden Verfahrens und der anzulegenden Auswahlkriterien spezielle sachbereichsbezogene Regelungen. Zudem sind durch die Intervention der Wohlfahrtsverbände weitreichende Ausnahmeregelungen vorgesehen. Durch die Vermischung mit dem Leistungsaustauschrecht können diese Spezialregelungen in Konflikt mit Ausschreibungspflichten, Verfahrensvorschriften und Auswahlkriterien des Haushalts- und Vergaberechtes aus § 55 HambLHO und §§ 99 ff GWB geraten. Auch die Einführung von Laufzeitbefristungen kann entgegen der Absicht, einen ‚Förderungsautomatismus' auszuschalten, für die Dauer der Laufzeit zu erweiterten rechtlichen Bindungen der Sozialverwaltung durch die Schaffung von Vertrauenstatbeständen führen.

Als weitere Instrumente werden in Hamburg zweiseitige kooperative Vereinbarungen zwischen Sozialverwaltung und Organisationen des Dritten Sektors eingesetzt. Sie bilden einen Rahmen für Angebot und Qualitätskriterien in einzelnen Förderungsbereichen und übernehmen dadurch die Funktion von Verwaltungsvorschriften, insbesondere von Förderrichtlinien. Sie stellen damit Instrumente sektoraler kooperativer Regulierung dar, die faktische Wirkung auch über die Parteien hinaus für an den Vereinbarungen nicht beteiligte Projektträger und die Leistungsadressaten/innen entfalten.

Insgesamt hat die Regelungsdichte des Untersuchungsbereiches durch die Reformen im Zuge des NPM zugenommen; Regelungstypen sind dabei sowohl einseitige Verwaltungsvorschriften, als auch zweiseitige Rahmenvereinbarungen mit oder ohne Rechtsverbindlichkeit.

## II. Die Sicherung rechtlich notwendiger staatlicher Rahmensteuerung

In der Hamburger Praxis ist die Umsetzung rechtlich notwendiger Rahmensteuerung einerseits hinsichtlich der Auswirkungen des NPM auf die Verwirklichung sozialrechtlicher Individualansprüche, Leitbilder und Strukturvorgaben zu überprüfen. Andererseits geht es um die Frage, wie die kooperative Regulierung des Bereichs durch Rahmenvereinbarung unter dem Gesichtspunkt der demokratischen Legitimation zu beurteilen ist.

Die Veränderungen der Zuwendungspraxis im Licht des NPM können zu Konflikten zwischen den Rationalitäts-, Effektivitäts- und Ökonomisierungszielen des NPM und den fachlichen, qualitativen und strukturellen Vorgaben des Sozialrechts führen. Die sozialrechtlichen Vorgaben müssen in der staatlichen Rahmensteuerung der Kooperationsverhältnisse abgesichert werden.

In Hamburg zeigt sich, dass durch die Definition von Leistungen und formellen, überwiegend an Quantität sowie an der Strukturqualität orientierten Qualitätskriterien die Angebotspalette der Einrichtungen und damit die Ausgestaltung sozialrechtlicher Anspruchs- und Ermessensleistungen vorgegeben wird. Die Standardisierung von Leistungen, die durch die Kombination aus outputorientierter Steuerung und der Einführung von Wettbewerbselementen forciert wird, erschwert die Orientierung des Angebots an den individuellen Bedürfnissen der Leistungsadressaten/innen und gefährdet die Bereitstellung einer pluralen Trägerlandschaft. Dadurch wird die sozialrechtlich geforderte Orientierung am individuellen Bedarf erschwert. Zugleich wird durch die Wahl formeller Qualitätssicherungssysteme das Potential der Qualitätssicherung für eine Beteiligung der Leistungsadressaten/innen an der Bewertung der ihnen gegenüber erbrachten Leistungen ungenutzt gelassen.

Auch die Hamburger Verwaltungsvorschriften für Bekanntgabeverfahren geben als Auswahlkriterien überwiegend Effektivitäts- und Rationalitätskriterien des NPM vor; die sozialrechtlichen Ziele, Leitbilder und Strukturprinzipien werden dagegen nicht benannt. Damit bergen die Vorschriften die Gefahr der unzureichenden Berücksichtigung der sozialrechtlichen Vorgaben in den Einzelentscheidungen der Dienststellen.

Die kooperative Regulierung durch informelle Verhandlungsgremien und den Abschluss von Rahmenvereinbarungen, die verwaltungsvorschriftenersetzende Funktion haben, kann durch das klassische Modell der Verwaltungslegitimation nicht adäquat erfasst werden, da eine formelle staatliche Letztentscheidung durch die Sozialverwaltung gegeben ist. Die Untersuchung der Kooperationsstrukturen im Hinblick auf institutionelle Gemeinwohlsicherungen zeigt Mängel in der Transparenz und der institutionellen Absicherung der Adressatenrechte. In den neuen arbeitsteiligen Strukturen werden damit Grundprobleme des herkömmlichen Zuwendungsrechtes, insbesondere die strukturell schwache Position der Leistungsadressaten/innen, fortgeschrieben.

### III. Die Auswirkungen auf die Steuerung des Sektors und bestehende Strukturen der Kooperation

Die Einführung erfolgsorientierter Steuerungselemente, insbesondere der formalen Qualitätssicherungssysteme, führt in Hamburg zu einer Begrenzung faktischer Selbststeuerungsräume für die inhaltliche Ausgestaltung der Angebote der Dritte-Sektor-Organisationen. Die Regelungsdichte hinsichtlich des Inhaltes der geförderten Tätigkeiten nimmt durch einseitig-hoheitliche Vorschriften und kooperative Rahmenvereinbarungen über Förderbestimmungen und Regelungen über Qualitätsstandards zu. Die Steuerung erfolgt über kleinteilige Vorgaben für Umfang und Qualität der einzelnen geförderten Leistungen. Ansätze zur Steuerung über die Dimension der Ergebnisqualität sind dagegen kaum zu erkennen. Diese Ergebniswerte sind zum einen nur langfristig zu gewinnen; zum anderen sind sie wegen der Multifaktoralität sozialer Problemlagen lediglich begrenzt zu ermitteln und nur in seltenen Fällen zu quantifizieren.

Zugleich wird die Inputsteuerung über die Mittelbewirtschaftung flexibilisiert, aber nicht aufgegeben. Detaillierte Bindungen der Mittel werden verringert und Anreize für wirtschaftliches Verhalten der Organisationen geschaffen. Die grundlegenden haushaltsrechtlichen Schranken bleiben bestehen; eine rein outputorientierte Steuerung kann es im Zuwendungsrecht nicht geben.

Die Kombination von Outputorientierung, Qualitätssicherung und Wettbewerbselementen verringert die Möglichkeiten der Organisationen, ihre besondere Sach- und Klientennähe und innovative Konzepte in die Verantwortungsteilung einzubringen und flexibel auf veränderte Bedarfslagen zu reagieren. Die Organisation kann aufgrund der Outputorientierung auf fachliche Konzepte und die Definition von Qualität nur noch vor Bewilligung einer Zuwendung Einfluss nehmen. Durch die gleichzeitige Einführung von Bekanntgabeverfahren wird der Einfluss der leistungserbringenden Organisation in dieser Phase jedoch geradezu ausgeschlossen. Strukturell ist damit eine geringere Nutzung der spezifischen Kenntnisse und Fähigkeiten der Organisationen angelegt. Auf Seiten der Sozialverwaltung muss mit einem erhöhten Steuerungsaufwand für die Entwicklung von Leistungsbeschreibungen, die Durchführung von Ausschreibungsverfahren und die Qualitätsprüfung gerechnet werden.

Zugleich erfolgt in Hamburg ein Ausbau kondomnialer Steuerung des Untersuchungsfeldes durch die Zunahme kooperativer Rahmenregelungen. In die informellen Verhandlungsgremien werden eher die Spitzenverbände als die Projektträger einbezogen. Durch die Etablierung derartiger Gremien und den Abschluss kooperativer Rahmenregelungen – seien sie rechtsverbindlich oder nicht – wird ein Teil der Steuerung des Sektors in Kooperation staatlicher und gesellschaftlicher Akteure erbracht.

Damit kann die These einer Entflechtung neokorporatistischer Strukturen durch Einführung des NPM auch anhand des Hamburger Beispiels nicht verifiziert werden. Eine gewisse Entflechtung in der Politikformulierung hat durch die Einführung von Wettbewerbselementen stattgefunden. Durch die ersten Bekanntgabeverfahren sind einige neue Träger in die Förderung aufgenommen worden, und die Organisationen können bei Bekanntgabeverfahren in der Definition von Leistungen und deren Qualität geringen Einfluss nehmen. Allerdings sprechen die weitgehenden Ausnahmen in den Verwaltungsvorschriften über Befristung und Bekanntgabe für einen nach wie vor starken informellen Einfluss der Verbände. Ebenso deutet die Zunahme kooperativer Regulierung durch zweiseitige Vereinbarungen, zu deren Aushandlung zumindest teilweise nur die Spitzenverbände Zugang haben, eher auf eine zunehmende Korporatisierung des Bereiches ambulanter sozialer Leistungen hin.

# Schluss

Die Analyse der Praxisbeispiele als Anwendungsfälle der Verantwortungsteilung zwischen Staat und Drittem Sektor ergab in tatsächlicher Hinsicht dreierlei: Erstens wird die Einbeziehung von Organisationen des Dritten Sektors in Entscheidungen der Zuwendungsverwaltung und deren Umsetzung zunehmend institutionalisiert. Zum Zweiten sind Formen formalisierter und informeller kooperativer Regulierung der ambulanten sozialen Arbeit festzustellen. Drittens wird die Steuerung der Kooperation als Konsequenz des New Public Management umgestellt.

Zur rechtlichen Bewertung der Kooperationen in Berlin und Hamburg wurden die Wahl von Rechtsinstrumenten für die Zusammenarbeit, die demokratische Legitimation in der arbeitsteiligen Struktur, deren parlamentarische Anbindung, die Rückholbarkeit der Auslagerungsentscheidung sowie Konflikte zwischen den Rationalitätszielen des NPM und sozialrechtlichen Vorgaben und Leitbildern untersucht.

Neben den Fragen der rechtlichen Ausgestaltung und Zulässigkeit war auch die Adäquanz der arbeits- und verantwortungsteiligen Strukturen für Staatsentlastung und eine nachhaltige Nutzung der institutionellen Vorteile des Dritten Sektors von Bedeutung. Zur Beurteilung der Adäquanz wurden die Erkenntnisse der Dritte-Sektor-Forschung über die Spezifika des Sektors und seiner Organisationen und über die institutionellen Entwicklungslinien des deutschen Dritten Sektors und seiner Einbeziehung in sozialstaatliche Aufgaben herangezogen.

Der Schlussteil fasst die Ergebnisse aus der Untersuchung der Praxisbeispiele hinsichtlich der rechtlichen Umsetzung der Verantwortungsteilung zwischen Verwaltung und Drittem Sektor, der rechtlich erforderlichen Rahmensteuerung dieser Kooperation und der Wirkungen auf die Steuerungs- und Kooperationsverhältnisse zusammen. Im Anschluss wird reflektiert, inwieweit in den Praxisbeispielen die Kooperation zwischen Sozialverwaltung und freien Trägern die Erwartungen erfüllt, die aus Sicht der Steuerungsdebatte, kommunitaristisch-zivilgesellschaftlicher Strömungen und der Privatisierungsstrategien in eine Kooperation von Staat und Drittem Sektor gesetzt werden.

## I. Die rechtliche Umsetzung der Verantwortungsteilung

Die Praxisbeispiele zeigen unterschiedliche *Instrumente zur Einbeziehung von Organisationen des Dritten Sektors*. Die Gestaltung der Kooperationsverhältnisse geschieht durch auf mittlere Frist angelegte öffentlich-rechtliche Verträge, wie die Berliner Zuwendungsmittlungsverträge,[1] und die Hamburger Qualitätsvereinbarungen.[2] Auch wo derartige Vereinbarungen keinen rechtsverbindlichen Charakter ha-

1 Zweiter Teil, Kapitel 2-4.

2 Dritter Teil, Kapitel 4.

ben, lässt sich aus der schriftlichen Fixierung eine Formalisierung von informellen Verhandlungen und der faktischen Mitwirkung von Akteuren aus dem Dritten Sektor ablesen.

In Berlin und Hamburg unterscheiden sich die Regelungstiefe und das Ausmaß der Einbeziehung von Organisationen des Dritten Sektors in den öffentlichen Sektor. Die Berliner Verträge beziehen die Verbände in abgeschlossenen Sachbereichen in originär staatliche Tätigkeit in der Zuwendungsverwaltung ein. Sie enthalten daher detaillierte Regelungen über die Aufgabenübertragung durch Beleihung oder privatrechtliche Zuwendungsmittlung, die Weitergabe von Verfahrensvorschriften und von rechtlichen und politischen Bindungen auf die Verbände, etablieren neue kondomniale Gremien und schreiben deren Kompetenzen fest. Dem Kooperationsgremium des LIGA-Vertrages werden gar Letztentscheidungsbefugnisse übertragen. Dagegen sind die kooperativen Vereinbarungen in Hamburg lediglich Rahmensetzungen, innerhalb derer detaillierte Einzelregelungen notwendig sind, welche durchaus auch durch einseitig-hoheitlichen Akt erfolgen können.

Diese *Formalisierung und Institutionalisierung der Kooperation* hat eine stärkere Bindung beider Parteien zur Folge. Sie folgt dem Leitbild des Kontraktmanagements, das über eine zweiseitige Vereinbarung von Zielen steuern will. Im Gegensatz zu den behördeninternen nicht rechtsverbindlichen Kontrakten des NPM kommt es durch die Einbeziehung nichtstaatlicher Akteure auch zu mittelfristigen Rechtsbindungen der Verwaltung.[3] Insgesamt nimmt der *Grad der Verrechtlichung* der Finanzierung und Steuerung der ambulanten sozialen Arbeit auf untergesetzlicher Ebene in den untersuchten Beispielen zu, sei es durch zweiseitige Rahmenvereinbarungen und Kooperationsverträge, sei es durch Verwaltungsvorschriften und Förderrichtlinien.

Zugleich kann aus der stärkeren Institutionalisierung der Arbeits- und Verantwortungsteilung nicht zwingend gefolgert werden, dass es nun ein Mehr an Kooperation und einen Zuwachs des Einflusses der Organisationen des Dritten Sektors gibt. Wie die historische Entwicklung des deutschen Dritten Sektors zeigt, sind staatliche Implementierungsstrukturen für die Sozialpolitik in den hier betroffenen Sachbereichen durch das sozialpolitische Subsidiaritätsprinzip von vornherein nicht aufgebaut worden, so dass eine Verflechtung und gegenseitige Abhängigkeit von Sozialverwaltung und Drittem Sektor lange tradiert ist.[4] Auch informelle Formen von Beteiligung und Einflussnahme von Akteuren des Dritten Sektors bestehen fort, etwa vor Erlass von Verwaltungsvorschriften und Förderrichtlinien. So haben sich in Hamburg feste Verhandlungsstrukturen mit der Landesarbeitsgemeinschaft der Wohlfahrtsverbände oder Zusammenschlüssen von Trägern in bestimmten Bereichen herausgebildet. Wie das Beispiel der Aushandlung der ‚Ausführungsvorschrift Verfahren vor Bewilligung von Zuwendungen' zeigt,[5] besitzen die Akteure

3 Zweiter Teil, Kapitel 4, III und Dritter Teil, Kapitel 4, II C.
4 Erster Teil, Kapitel 4.
5 Dritter Teil, Kapitel 3, II.

des Dritten Sektors auch über diese informellen Gremien erheblichen Einfluss auf die Entscheidungen der Sozialverwaltung.

Trotz der Unterschiede in der Art und im Grad der Einbeziehung von Organisationen des Dritten Sektors in arbeitsteilige Strukturen in der ambulanten sozialen Arbeit werden in Berlin wie in Hamburg die Grenzen des klassischen Zuwendungsrechtes zwar ausgedehnt, das *zuwendungsrechtliche Rechtsregime* aber nicht verlassen. In beiden Fällen wird eine stärkere Outputorientierung durch Leistungsdefinitionen und Qualitätssicherungssysteme angestrebt. Dadurch gleicht sich die Förderung der Organisationen durch Zuwendungen immer mehr einem Leistungsaustausch an. In besonderem Maße tritt dies in Hamburg in der angestrebten ‚Entgeltorientierung der Zuwendungsfinanzierung' zu Tage. Auf die möglichen zusätzlichen Verpflichtungen aus dem Steuer- und Vergaberecht wurde hingewiesen.[6] Demgegenüber ist der in Berlin zunächst von einigen Akteuren forcierte Weg, das Zuwendungsregime zu verlassen und die Finanzierung über reine Leistungsverträge zu gestalten, unter anderem wegen dieser Folgen weitgehend aufgegeben worden.[7]

Eine Folge der Beibehaltung des zuwendungsrechtlichen Rahmens ist, dass im Rahmen der einzelnen Zuwendungsverhältnisse die grundlegenden Grenzen der Kameralistik bestehen bleiben. Es bleibt überwiegend bei der Jährlichkeit der Zuwendungsbewilligung, und Anreize für wirtschaftliches Verhalten der Zuwendungsempfänger, etwa eine Übertragbarkeit von Mitteln, werden nur in geringem Umfang eingesetzt. Die Möglichkeiten des Haushaltsrechtes zur Flexibilisierung durch Mehrjährigkeit und Globalbudgets werden bei den Berliner Zuwendungsmittlungsverträgen angewendet.[8]

## II. Die rechtlich erforderliche Rahmensteuerung der Kooperation

Hinsichtlich der *demokratischen Legitimation* der arbeitsteiligen Struktur[9] zeigten die Praxisbeispiele die Schwierigkeit, die Realität der Mitwirkung und Mitentscheidung Privater mit dem klassischen Modell der Verwaltungslegitimation und dessen Konzentration auf die formelle personale Legitimationskette zu erfassen. Dies führt bei einer institutionalisierten paritätischen Mitentscheidungsbefugnis, wie sie beim LIGA-Vertrag vorliegt, zur Unzulässigkeit. Andererseits kann sie den weitreichenden faktischen Einfluss, den private Akteure bei der Hamburger Qualitätsvereinbarung durch deren Wirkung als kooperative Regulierung eines Sachbereichs haben, nicht berücksichtigen. Auf die Praxisbeispiele wurden daher die neueren Modelle der Legitimation einer pluralistischen und differenzierten Verwaltung angewendet, die staatlich-private Kooperationsstrukturen mit *dem Konzept überwirkender staatlicher Legitimationsverantwortung* erfassen will. Im Ergebnis finden sich in Berlin und

---

6 Dritter Teil, Kapitel 2, IV A.
7 Zweiter Teil, Kapitel 1.
8 Zweiter Teil, Kapitel 4, III.
9 Zweiter Teil, Kapitel 3, II und Dritter Teil, Kapitel 4, III.

Hamburg zulässige, aber suboptimale Strukturen. Mängel bestehen hinsichtlich der Absicherung der Rechte von Leistungsadressaten/innen und von nicht an den Kooperationsstrukturen beteiligten Organisationen, sowie bei der Transparenz der Förderungsentscheidungen gegenüber Öffentlichkeit und Parlament.

Dies sind einerseits klassische Schwachpunkte des zuwendungsrechtlichen Systems, die in den institutionalisierten verantwortungsteiligen Strukturen nicht ausgeglichen, sondern fortgeschrieben werden. Auch existierende Machtpositionen, insbesondere die starke Position der großen Verbände, setzen sich fort. Auf der anderen Seite bilden sie aber auch eine Schwäche prozeduraler Systeme ab, nämlich die *Schwierigkeit der Repräsentation nicht oder schlecht organisierter Interessen.* Dies gilt insbesondere für die *Position der Adressaten/innen.*[10] Sie selbst sind nicht in den Gremien repräsentiert, vielmehr gibt es eine Art doppelte Stellvertretungsfiktion: Einerseits gelten die Verbände und Organisationen in ihrer sozialanwaltlichen Funktion als Stellvertreter der Adressaten/innen. Diese Sicht ignoriert jedoch die Eigeninteressen der Organisationen, die in ihrem Bestand von der verhandelten staatlichen Finanzierung abhängig sind. Zugleich müsste auch der Staat als Interessenswahrer fungieren, er ist rechtlich durch die sozialrechtlichen Ansprüche und Leitbilder gebunden. Allerdings konfligieren diese Vorgaben wiederum mit den Ökonomisierungszielen aus dem NPM, welche der Staat in der Kooperation verfolgt. Auch das sozialrechtliche Leitbild der am individuellen Bedarf ausgerichteten persönlichen Hilfe, sowie jenes der Mitgestaltung des Hilfeprozesses durch den Betroffenen, sind ohne eigene Repräsentation in der Aushandlung der Konzepte und der Qualitätskriterien für die Angebote schwer umzusetzen. Hinzu kommt der im Zuwendungsrecht typische schwache Rechtsschutz für Adressaten/innen. Selbst wenn es um Anspruchsleistungen etwa in Form der persönlichen Hilfe geht, aber Angebotspalette und Konzepte in Leistungsdefinition zwischen Zuwendungsgeber und -nehmer festgelegt werden, bestehen aufgrund des weiten staatlichen Spielraums bei der Ausgestaltung der Leistungen nur geringe Chancen auf die gerichtlich Durchsetzung von Ansprüchen gegen den öffentlichen Sozialleistungsträger. Dennoch wird der Weg einer Beteiligung der Adressaten bei der Leistungsdefinition und Qualitätsbewertung oder der Etablierung nachfrageorientierter Modelle in den Praxisbeispielen nicht eingeschlagen.

Die *Absicherung parlamentarischer Rechte*[11] ist sowohl im Hinblick auf die Zuwendungsvergabe als auch für die Einrichtung arbeitsteiliger Strukturen von Bedeutung. Die Intransparenz der Zuwendungsvergabe auch für das Parlament wurde oft beklagt, so auch im Parlamentarischen Untersuchungsausschuss über die Zuwendungspraxis der BAGS in Hamburg. Ein Gegenmittel soll der Produkthaushalt des NPM sein, der konkreten Leistungen Kosten zuordnen soll. Durch einen flexiblen Umgang mit dem Haushaltsrecht durch Verpflichtungsermächtigungen und Globalzuwendungen wie bei den Berliner Verträgen beschneidet das Parlament sein Budgetrecht andererseits selbst. Hinsichtlich der Einrichtung der arbeitsteiligen

10 Zweiter Teil, Kapitel 3, II.B.3.b und Dritter Teil, Kapitel 2, IV.C.

11 Zweiter Teil, Kapitel 3,III.

Strukturen ist bei den Berliner Verträgen durch das Haushaltsgesetz eine parlamentarische Grundlage gegeben. Dem Parlament standen auch die detaillierten Vereinbarungen über die Arbeits- und Kompetenzverteilung in den Verträgen zur Verfügung. Dagegen wurde die Qualitätsvereinbarung in der Suchthilfe in Hamburg der Hamburger Bürgerschaft erst nach ihrem Abschluss im Rahmen der Beantwortung einer Anfrage vorgelegt.

Die rechtlichen Voraussetzungen zumindest für eine mittelfristige *Rückholbarkeit der Auslagerung in arbeitsteilige Strukturen*[12] sind in den stärker institutionalisierten Formen durch Kündigungsklauseln oder Laufzeitvereinbarungen gewährleistet; in den Fällen informeller Beteiligung sind sie nicht notwendig. Jenseits der rechtlichen Möglichkeit setzt die Errichtung arbeitsteiliger Strukturen – ähnlich wie die Privatisierung der Erfüllung öffentlicher Aufgaben – einer Rückholbarkeit faktische Grenzen. Mit einer derartigen Institutionenwahlentscheidung, die auch die Entlastung des Staates von Steuerungsaufgaben zum Ziel hat, sind Umstrukturierungen und Personalabbau in der Verwaltung verbunden. Eine Rückführung der Aufgabe in rein staatliche Strukturen ist faktisch und ökonomisch kaum zu verwirklichen. Um bei verantwortungsteiligen Strukturen die *Ausübung der staatlichen Kontroll- und Steuerungsaufgaben* in den neu installierten kondomnialen Gremien sicherzustellen, muss der Verlust fachlicher Kompetenz in der Verwaltung vermieden werden. Ansonsten besteht die Gefahr, dass sich die Verwaltung ihrer Steuerungsfähigkeit begibt. Allerdings war im Untersuchungsfeld durch das weitgehende Fehlen staatlicher Implementationsstrukturen eine Rückholbarkeit hinsichtlich der Aufgabenerfüllung ohnehin ausgeschlossen.

Die verstärkte Formalisierung und Verrechtlichung der Arbeits- und Verantwortungsteilung ist auch eine Folge der Leitbilder des NPM. Die Sozialverwaltung will in der Verantwortungsteilung auch die *Rationalisierungs- und Effektivitätsziele des NPM* umsetzen.[13] Zugleich muss sie in der rechtlich notwendigen Rahmensteuerung der Kooperation auch die *Verwirklichung sozialrechtlicher Ziele* sicherstellen. In den Berliner Verträgen wie in den Hamburger Verwaltungsvorschriften über Bekanntgabeverfahren wird auf die sozialrechtlichen Leitbilder und sozialstaatlichen Verpflichtungen allenfalls in Generalklauseln hingewiesen.[14] Damit besteht die Gefahr, dass diese in der Praxis der Arbeitsteilung als Ermessensgrenzen im Einzelfall nicht wahrgenommen werden und ihre Umsetzung in Gefahr gerät. Dies wird umso bedeutsamer, weil die sozialrechtlichen Vorgaben insbesondere die Rechte der Leistungsadressaten/innen betreffen, die – wie bereits ausgeführt – in den verantwortungsteiligen Strukturen als Interessensgruppen nicht repräsentiert sind.

---

12 Zweiter Teil, Kapitel 3, III und Dritter Teil, Kapitel 4, II.

13 Dritter Teil, Kapitel 2 und 3.

14 Zweiter Teil, Kapitel 2, III.F und Dritter Teil, Kapitel 3 III.B.

## III. Wirkungen auf die Steuerungs- und Kooperationsverhältnisse

Das NPM fordert die *Änderung des Steuerungsmodus* von der input- zur outputorientierten Steuerung und die *Herstellung von Wettbewerbsbedingungen*. Im Falle der Hamburger Praxis zeigt sich, dass die Kombination beider Anforderungen die Steuerungsintensität erhöht und die Einbeziehung spezifischer Kenntnisse und Fähigkeiten des Dritten Sektors und seiner Selbstregulierungsressourcen geradezu ausschließt. Auch wird keine wirkliche Erfolgssteuerung erreicht; vielmehr wird an einer flexibilisierten Mittelbewirtschaftung festgehalten und die Operationalisierung des Outputs erfolgt in Kriterien der Prozess- und Strukturqualität, die sich ebenfalls auf die eingesetzten Mittel beziehen. Die in der Hamburger Praxis eingeführten Leistungsdefinitionen und Qualitätssicherungssysteme sind formal und status-quo-orientiert und führen so zu einer Standardisierung von Leistungen. Damit bleibt den Organisationen wenig Raum, flexibel auf Bedarfe zu reagieren. Ein Potential für Innovationen bieten jedoch die in den Bekanntgabevorschriften vorgesehenen Ideenwettbewerbe, ein Bekanntgabeverfahren für Konzepte für einen bestimmten Sachbereich; allerdings ist dieses Instrument im Untersuchungszeitraum noch nicht praktisch bedeutsam geworden.[15]

Im Falle der Berliner Verträge überwiegt bei einer Gesamtbetrachtung der arbeitsteiligen Struktur das Überwälzen staatlicher Verfahren und Handlungsrationalitäten auf die Verbände die *Nutzung spezifischer Fähigkeiten des Dritten Sektors*. Die Bindungen und Verfahren der Zuwendungsverwaltung müssen in vollem Umfang auf die Verbände übertragen werden. Daraus resultieren Strukturkonvergenzen und ein Rollenwandel der Verbände, die zum Verlust sektoraler Eigenheiten führen können. Die Projektträger schotten sich gegenüber der Kontroll- und Ordnungsfunktion der Verbände ab; zugleich verringert sich der direkte Zugang der Projektträger zur Sozialverwaltung. Eine nachhaltige Nutzung der Kenntnisse und Fähigkeiten der Organisationen des Dritten Sektors in der Kooperation ist damit nicht gewährleistet.[16]

Auf beide Praxisbeispiele trifft gleichermaßen der Befund zu, dass die Veränderungen in der Kooperation die etablierten Strukturen, insbesondere die Machtpositionen der großen Verbände, nicht grundlegend erschüttert haben. Auch die These, durch das NPM komme es zu einer *Auflösung neokorporatistischer Strukturen* und zur Entflechtung der Ebenen von Politikformulierung und -implementation, hat sich nicht bestätigt. In Berlin schaffen sich die Verbände durch ihre Einbeziehung in die Zuwendungsverwaltung ein neues Monopol,[17] in Hamburg reicht ihr Einfluss in informellen Verhandlungsgremien aus, um weitgehende Ausnahmen von Wettbewerbsbedingungen für etablierte Projekte zu erreichen.[18] Durch die Verfestigung oder Verteidigung der Machtpositionen wird der Zugang neuer Organisatio-

15 Dritter Teil, Kapitel 2, IV B. und Kapitel 3, III.C.
16 Zweiter Teil, Kapitel 5, I.
17 Zweiter Teil, Kapitel 5, III.
18 Dritter Teil, Kapitel 3, II C.

nen zu den arbeits- und verantwortungsteiligen Strukturen trotz der Einführung von Wettbewerbselementen nur begrenzt erleichtert. Durch die Bedeutungszunahme institutionalisierter und informeller Verhandlungsgremien, die direkte Verhandlungen zwischen Verwaltung und Projektträgern verdrängen, entsteht für letztere ein Druck zur vertikalen verbandlichen Organisation.

## IV. Erfüllung der Erwartungen an eine Kooperation des Staates mit dem Dritten Sektor?

Wie im ersten Teil der Arbeit dargestellt, gilt der Dritte Sektor in Überlegungen über die Neudefinition der Grenzen zwischen öffentlich und privat und zwischen den Verantwortlichkeiten von Bürgern/innen und Staat als Hoffnungsträger.[19] Aus den Blickwinkeln der Steuerungsdebatte, des kommunitaristisch-zivilgesellschaftlichen Diskurses und der finanzwirtschaftlichen Privatisierungsdebatte werden unterschiedliche Erwartungen an den Dritten Sektor als Kooperationspartner des Staates gerichtet. Anhand der Ergebnisse zu dem kleinen Ausschnitt, den die vorliegende Arbeit anhand der Praxisbeispiele für die ambulante soziale Arbeit beleuchten, kann überprüft werden, inwieweit diese Erwartungen erfüllt werden.

Die Steuerungsdebatte sieht die Organisationen des Sektors funktionalistisch als *Steuerungsressource*, und zwar als intermediäre Vermittlungsinstanz zwischen den angrenzenden Sektoren, als Selbststeuerungsressource sowie als Interessenswalter für schlecht organisierbare Interessen in prozeduralen Systemen.[20]

Die Berliner Verträge knüpfen an die *Intermediarität* der Verbände an. Ihre Einbindung in die Zuwendungsverwaltung dient nicht nur der Verwaltungsentlastung durch die Auslagerung untergeordneter Tätigkeiten, sondern auch der Entschärfung von Konflikten über Leistungskürzungen und Umstrukturierungen in der Trägerlandschaft. Kurzfristig scheint es zu gelingen, Konflikte in die Verbände zu verlagern und Förderungsentscheidungen vom politischen Prozess abzukoppeln. Als Indiz dafür kann auch angeführt werden, dass es in der Laufzeit des ersten LIGA-Vertrages keine gerichtlichen Auseinandersetzungen mit Zuwendungsletztempfängern gab. Die Nachhaltigkeit der Konfliktentschärfung ist allerdings wegen des Rollenwandels der Verbände zur Ordnungs- und Kontrollinstanz und der Überwälzung staatliche Strukturen zweifelhaft; indem die Verbände Funktion und Handlungsrationalität des öffentlichen Sektors übernehmen, drohen sie die Bindungsfähigkeit gegenüber den Organisationen und ihre Vermittlungsfunktion zu verlieren.[21] Auch die Hamburger kooperativen Rahmenregelungen setzen auf die Intermediarität, sind jedoch weniger weitreichend.

Sowohl die Berliner als auch die Hamburger Praxis nutzen die Organisationen

19 Erster Teil, Kapitel 5.

20 Erster Teil, Kapitel 5, II.

21 Zweiter Teil, Kapitel 4, I B.

des Sektors nur in geringem Maße als *Selbststeuerungsressource.*[22] Leistungsdefinitionen, Standardisierungen und status-quo-orientierte formale Qualitätssicherungssysteme ohne Einbindung der Leistungsadressaten/innen verringern den konzeptuellen Gestaltungsspielraum der Organisationen und erschweren die Einbeziehung des individuellen Bedarfs.

In Berlin wie in Hamburg agieren Organisationen des Dritten Sektors in verschiedenen Gremien unterschiedlichen Formalisierungsgrades und sind damit in *prozedurale Steuerungssysteme* eingebunden.[23] In beiden Fällen bezieht sich die Einbindung vorrangig auf die großen Verbände, die eine gewisse Repräsentations- und Verpflichtungsfähigkeit besitzen. Die Verbände sind nicht vorrangig in sozialanwaltlicher Funktion für die nicht repräsentierten Leistungsadressaten/innen tätig, sondern vertreten durch ihre Abhängigkeit von staatlicher Finanzierung überwiegend Eigeninteressen als Zuwendungsempfänger. Daher können die Organisationen, die umfangreiche Implementationsstrukturen für die Sozialpolitik bereitstellen, nicht zugleich die Gemeinwohlorientierung oder die Repräsentanz schlecht organisierter Interessen garantieren. Anders wäre es, wenn Organisationen mit zumindest partieller Konsumenten- und Produzentenidentität in die Gremienstrukturen eingebunden wären, die auch die Interessen der Adressaten als eigene vertreten könnten.

Aus den Überlegungen zu den Steuerungskonzepten erschließt sich bereits, dass die Praxisbeispiele den Erwartungen des kommuntaristisch-zivilgesellschaftlichen Diskurses[24] an eine Stärkung des Dritten Sektors nicht entsprechen können. Die in der Kooperation agierenden Organisationen entsprechen wegen der starken Vormachtstellung der großen Verbände nicht dem Typus lokal integrierter Organisationen mit aktiver Mitgliederpartizipation, an die das *Konzept bürgerschaftlicher Teilnahme* am Gemeinwesen durch Selbstorganisation und Reziprozität anknüpft. Vielmehr zeigt sich in den Beispielen das Beharrungsvermögen der neokorporatistischen Strukturen im deutschen Sozialsystem.

Die finanzwirtschaftliche Staatsaufgabendiskussion setzt auf arbeits- und verantwortungsteilige Strukturen, um durch *Staatsentlastung* Einsparungen zu erzielen.[25] Die Berliner Verträge enthalten Elemente eines Outsourcings untergeordneter Tätigkeiten in der Zuwendungsverwaltung und sind auch mit einem Personalabbau in der Verwaltung verbunden.[26] Dagegen sehen Praktiker der Hamburger Sozialbehörde zumindest für einen mittelfristigen Zeitraum durch die vorgenommenen Umsteuerungen einen erhöhten Verwaltungs- und Personalbedarf. Das deckt sich mit dem Ergebnis der Untersuchung, dass in Hamburg eine Erhöhung der Steuerungsintensität anzunehmen ist.[27] Langfristig werden Einsparungen auch durch die Nut-

---

22 Zweiter Teil, Kapitel 4, II und Dritter Teil, Kapitel 2, IV.B, Kapitel 3, III.C.
23 Zweiter Teil, Kapitel 4, III und Dritter Teil, Kapitel 4.
24 Erster Teil, Kapitel 5, III.
25 Erster Teil, Kapitel 5, IV.
26 Zweiter Teil, Kapitel 4, II.
27 Dritter Teil, Kapitel 3, III.C.

zung der Selbststeuerungsressourcen des Sektors erwartet. Die Fähigkeiten der Organisationen, neue Problemlagen zu erkennen und flexibel mit angemessenen Lösungen zu reagieren, sollen genutzt werden, um Folgekosten zu vermeiden. Angesichts der geringen Nutzung der Selbststeuerungsressourcen des Sektors in den Praxisbeispielen wird dieser Erwartung nicht entsprochen.

Damit lässt sich zusammenfassend sagen, dass die untersuchten Praxisbeispiele die Erwartungen in die Kooperation von Staat und Drittem Sektor nur sehr eingeschränkt erfüllen. Dies hängt einerseits mit den formulierten Erwartungen zusammen: Es wurde bereits darauf hingewiesen, dass in den Debatten über eine Neudefinition des Verhältnisses zwischen Staat und Gesellschaft die Heterogenität der im Dritten Sektor agierenden Organisationen häufig nicht ausreichend berücksichtigt wird, so dass nicht differenziert wird, an welchen Typus von Organisationen die Zielerwartungen geknüpft werden. Zudem werden die Gegenläufigkeit erwarteter Effekte und die besondere Ausprägung des deutschen Dritten Sektors durch seine institutionellen Entwicklungslinien, für den Bereich der sozialen Arbeit insbesondere die Vormachtstellung der großen Wohlfahrtsverbände, nicht ausreichend berücksichtigt.

Andererseits ist auch die Ausgestaltung der Kooperationsstrukturen in den untersuchten Praxisbeispielen nicht ausreichend darauf ausgerichtet, die gestellten Ziele, nämlich den Sektor als Steuerungsressource und zur Staatsentlastung sowie als Rahmen für bürgerschaftliche Teilnahme am Gemeinwesen zu nutzen, zu erreichen. Als zentrale Schwachstellen können erneut die unzureichende Absicherung der (Beteiligungs-)Rechte der Adressaten/innen und die Fortschreibung neokorporatistischer Strukturen benannt werden. Diese Mängel führen, wie die Untersuchung gezeigt hat, zugleich zu rechtlich suboptimalen Lösungen.

Dem Recht kommt damit im Untersuchungsfeld eine zweifache Funktion zu: Einerseits kann es – als ‚besonderes Verwaltungskooperationsrecht' – Formen für die Ausgestaltung der verantwortungsteiligen Kooperationsstrukturen zur Verfügung stellen. Zum anderen bildet es den Rahmen und die Begrenzung für die Ausgestaltung dieser Beziehungen. In einem Konzept abgestufter staatlicher Verantwortungsintensitäten gehören die hier untersuchten Bereiche der Leistungs- und Zuwendungsverwaltung sicherlich zu den ‚weicheren' Verantwortungsstufen. Zugleich zeigt aber die in den Praxisbeispielen festgestellte geringe Absicherung der Rechte und Interessen der Adressaten/innen in einem Bereich, in dem Leistungen in der grundrechtssensiblen Sphäre individueller Selbstgestaltung erbracht werden, dass eine Absenkung staatlicher Verantwortungsintensität nur soweit möglich ist, wie zugleich multipolare Interessenslagen in Kooperationsstrukturen adäquat erfasst und repräsentiert sind.

# Literaturverzeichnis

*Achterberg, Norbert u.a. (Hrsg.):* Recht und Staat im sozialen Wandel. Festschrift für Hans Ulrich Scupin zum 80. Geburtstag. Berlin 1983. *(Zitiert: FS Scupin)*

*von Aleman, Ulrich:* Vom Korporatismus zum Lobbyismus? Die Zukunft der Verbände zwischen Globalisierung, Europäisierung und Berlinisierung, in: PolZG, Bd. 26-27/2000, 3-6.

*ders. (Hrsg.):* Verbände und Staat. Vom Pluralismus zum Korporatismus. Analysen, Positionen, Dokumente. 2. Auflage Opladen 1981.

*ders. (Hrsg.):* Neokorporatismus. Frankfurt a.M. 1981.

*Anheier, Helmut K./ Priller, Eckhard/ Seibel, Wolfgang/ Zimmer, Annette (Hrsg.):* Der Dritte Sektor in Deutschland. Organisationen zwischen Staat und Markt im gesellschaftlichen Wandel. 2. Auflage Berlin 1998. *(Zitiert: Sektor 1998)*

*ders./ Salamon, Lester M./ Archambault, Edith:* Ehrenamtlichkeit und Spendenverhalten in Deutschland, Frankreich und den USA, in: Anheier u.a., Sektor 1998, 197-209.

*ders./ Seibel, Wolfgang:* Defining the nonprofit sector in developed societies: Germany, in: Salamon/ Anheier, Defining, 128-168.

*ders.:* Der Dritte Sektor in Zahlen: Ein sozial-ökonomisches Porträt, in: Anheier u.a., Sektor 1998, 29-74.

*ders.:* Vergleichende Forschung zum Nonprofit-Sektor: Vier Fragestellungen, in: Schauer/ Anheier/ Blümle 1994, 17-39.

*Arbeitsgemeinschaft der Freien Wohlfahrtspflege Hamburg e.V.:* Soziales Ehrenamt und neue Freiwilligenarbeit. Dokumentation der Fachtagung vom 8. Juli 1999 im Bürgerhaus Wilhelmsburg. *(Zitiert: Ehrenamt)*

*Archambault, Edith:* Der Dritte Sektor in Frankreich: Vom jakobinischen Staat zur Dezentralisierung, in: Anheier u.a., Sektor 1998, 175-196.

*Arenhövel, Marc:* Kommunitarismus – Eine Kritik am politischen Liberalismus, in: Neumann, Handbuch Bd.1, 235-266.

*Backhaus-Maul, Holger:* Wohlfahrtsverbände als korporative Akteure. Über eine traditionsreiche sozialpolitische Institution und ihre Zukunftschancen, in: PoluZG, Bd. 26-27/2000, 22-30.

*Badelt, Christoph (Hrsg.):* Handbuch der Nonprofit Organisation. Strukturen und Management. Stuttgart 1997. *(Zitiert: Handbuch)*

*ders.:* Zwischen Marktversagen und Staatsversagen? NPO aus sozioökonomischer Sicht, in: Badelt, Handbuch, 83-102.

*von Bandemer, Stephan/ Blanke, Bernhard/ Hilbert, Josef/ Schmid, Josef:* Staatsaufgaben – Von der „schleichenden Privatisierung" zum „aktivierenden Staat", in: Behrens u.a., Den Staat neu denken, 41-60.

*ders.:* Qualitätsmanagement und Controlling in der öffentlichen Verwaltung: Ansatzpunkte für eine Verwaltung, die weniger kostet und mehr leistet?, in: Behrens u.a., Den Staat neu denken, 199-228.

*Bauer, Hartmut:* Anpassungsflexibilität im öffentlich-rechtlichen Vertrag, in: Hoffmann-Riem/ Schmidt-Aßmann, Innovation, 245-288.

*ders.:* Privatisierung von Verwaltungsaufgaben, in: VVDStRL Bd. 54, 243-286.

*ders.:* Zur notwendigen Entwicklung eines Verwaltungskooperationsrechtes – Statement – , in: Schuppert, Verantwortungsteilung, 251-272.

*Bauer, Rudolph:* Vereine und das intermediäre Hilfe- und Dienstleistungssystem, in: Zimmer, Vereine heute, 151-169.

*ders.:* Nonprofit-Organisationen und NPO-Forschung in der Bundesrepublik Deutschland, in: Schauer/ Anheier/ Blümle NPO-Colloquium 1994, 59-96.

*ders. / Thränhardt, Anna-Maria (Hrsg.)*: Verbandliche Wohlfahrtspflege im internationalen Vergleich. Opladen, 1987. *(Zitiert: Wohlfahrtspflege)*

*Beck, Ulrich/ Giddens, Anthony/ Lash, Scott (Hrsg.):* Reflexive Modernisierung. Eine Kontroverse. Frankfurt a.M. 1996.

*ders.:* Das Zeitalter der Nebenfolgen und die Politisierung der Moderne, in: ders. u.a., Reflexive Modernisierung, 19-112.

*Becker, Elke/ Wolf, André Christian:* Stiften findet Stadt. Eine Arbeitshilfe zum Aufbau von Bürgerstiftungen. Bonn 1999.

*Becker, Heide/ Löhr, Rolf-Peter:* „Soziale Stadt" – Ein Programm gegen die sozialräumliche Spaltung in den Städten, in: PolZG Bd. 10-11/2000, 22-29.

*Beher, Karin/ Liebig, Reinhard/ Rauschenbach, Thomas (Hrsg.* BMFSFJ): Das Ehrenamt in empirischen Studien – ein sekundäranalytischer Vergleich, 2. Auflage Stuttgart 1999. *(Zitiert: Ehrenamt)*

*Behrens, Fritz (Hrsg.):* Den Staat neu denken. Reformperspektiven für die Landesverwaltungen. Berlin 1995.

*Ben-Ner, Avner:* Producer Cooperatives: Why Do They Exist in Capitalist Economies?, in: Powell, Nonprofit Sector, 434-449.

*ders.:* Non-Profit Organizations: Why Do They Exist in Market Economies?, in: Rose-Ackerman, Nonprofit Institutions, 94-113.

*Berg, Wilfried:* Hilfsdienste der Wirtschaft für den Staat – Neuere Aspekte der Arbeitsteilung zwischen Staat und Wirtschaft, in: Achterberg, FS Scupin, 519-535.

*Berman, Evan M.:* Productivity in Public and Nonprofit Organizations. Sage Publ. 1998. *(Zitiert: Productivity)*

*Bernzen, Christian:* Kurzgutachten zur Praxis der Freien und Hansestadt Hamburg, BAGS, Zuwendungen nach sog. Ausschreibungen zu vergeben, Gutachten im Auftrag der Arbeitsgemeinschaft der Freien Wohlfahrtspflege Hamburg e.V., Oktober 1999. *(Zitiert: Gutachten)*

*ders.:* Die rechtliche Stellung der freien Jugendhilfe. Systematische Darstellung. Köln 1993. *(Zitiert: Jugendhilfe)*

*Bertelsmann Stiftung (Hrsg.):* Handbuch Bürgerstiftung. Ziele, Gründung, Aufbau, Projekte. 2. Auflage Gütersloh 2004.

*Bischoff, Friedrich:* Auf dem Weg zu einer Reform des Stiftungsrechts, in: ZRP 1998, 391-394.

*Blanke, Thomas:* Antidemokratische Effekte der verfassungsgerichtlichen Demokratietheorie, in: KJ Bd. 31 (1998), 452 – 471.

*Bley, Helmar u.a. (Hrsg.):* Sozialgesetzbuch-Sozialversicherung. Kommentar zum gesamten Recht der Sozialversicherung einschließlich zwischenstaatlicher Abkommen und internationaler Übereinkommen. Stand März 2002. *(Zitiert: SGB-SozVers-GesKomm-Bearbeiter/in).*

ders./ Kreikebohm, Ralf/ Marschner, Andreas: Sozialrecht. 8. Auflage Neuwied 2001.

*Bloesy, Stephan/ Kreft, Dieter:* Sie fördert uns – sie fördert uns nicht...Erfahrungen und Probleme alternativer Projekte mit der Verwaltung. Eine empirische Kurzstudie zur Ermittlung der Sichtweise selbstorganisierter Projekte/Initiativen. Berlin 1987. *(Zitiert: Sie fördert uns...)*

*Bock, Teresa:* Rechtliche und organisatorische Rahmenbedingungen des Ehrenamtes, in: AG der freien Wohlfahrtspflege Hamburg e.V., Ehrenamt, 37-40.

*Bockhacker, Jürgen:* Die Unternehmen im Deutschen Paritätischen Wohlfahrtsverband, in: ZögU 1985, 6-16.

*Böhret, Carl/ Konzendorf, Gottfried:* Mehr Sein als Scheinen: Der funktionale Staat, in: Behrens u.a., Den Staat neu denken, 17-40.

*Braun, Helga/ Jung, Dörthe (Hrsg.*): Globale Gerechtigkeit? Feministische Debatte zur Krise des Sozialstaates. Hamburg 1997.

*Brauns, Hans-Jochen/ Menninger, Oswald:* Dritter Sektor. Positionspapier des Paritätischen Wohlfahrtsverbandes LV Berlin, undatiert.

*ders.:* Leistungsverträge statt Zuwendungen. Das Land Berlin ändert die Finanzierungsgrundlagen für soziale Dienste und Einrichtungen, in: BldW 3/1995, 56-61.

*Britz, Gabriele:* Die Mitwirkung Privater an der Wahrnehmung öffentlicher Aufgaben durch Einrichtungen des öffentlichen Rechts, in: VerwArch 91 (2000), 418-437.

*Bryde, Brun-Otto:* Das Demokratieprinzip des Grundgesetzes als Optimierungsaufgabe, in: Redaktion Kritische Justiz (Hrsg.), Demokratie, 59-70.

*Budäus, Dietrich:* Neue Kooperationsformen zur Erfüllung öffentlicher Aufgaben. Charakterisierung, Funktionsweise und Systematisierung von Public Private Partnership, in: Harms, Ökonomisierung, 213-233.

*ders./ Finger, Stefanie:* Verwaltungsreform in Deutschland – Ausgewählte theoretische Bezüge und praktische Umsetzung, Hamburg 1999. *(Zitiert: Verwaltungsreform)*

*ders.:* Privatisierung öffentlich wahrgenommener Aufgaben – Grundlagen, Anforderungen und Probleme aus wirtschaftswissenschaftlicher Sicht, Hamburg 1997. *(Zitiert: Privatisierung).*

*Bull, Hans Peter:* Die Staatsaufgaben nach dem Grundgesetz. 2. Auflage Kronstein/Ts. 1977. *(Zitiert: Staatsaufgaben)*

*Bulling, Manfred:* Kooperatives Verwaltungshandeln (Vorverhandlungen, Arrangements, Agreements und Verträge) in der Verwaltungspraxis, in: DÖV 1989, 277-289.

*Bundesministerium der Finanzen (Hrsg.)*: Das Haushaltssystem der Bundesrepublik Deutschland. Berlin 2000. *(Zitiert: Haushaltssystem)*

*Bundesministerium für Familie, Senioren, Frauen und Jugend (Hrsg.):* Schriftenreihe Qs, Materialien zur Qualitätssicherung in der Kinder- und Jugendhilfe,

Bd. 6: Qualitätsstandards in der Jugendsozialarbeit, Düsseldorf 1996.

Bd. 7: Qualitätsanforderungen in der Jugendsozialarbeit, Düsseldorf 1996.

Bd. 15: Qualität schaffen. Welches Know-how brauchen Freiwilligen-Agenturen? Bonn 1998.

Bd. 22: Qualitätsprodukt Erziehungsberatung. Empfehlungen zu Leistungen, Qualitätsmerkmalen und Kennziffern, Düsseldorf 1999.

Bd. 25: Zielorientierte Zusammenarbeit von Zuwendungsgebern und Zuwendungsnehmern, Düsseldorf 1999.

*Bundesverband Deutscher Stiftungen*: Stiftungen in Zahlen 2004. Stand 12. Mai 2004. URL: www.stiftungen.org/aktuelles/index.html, besucht am 05.08.2005.

*ders.*: Bürgerstiftungen in Deutschland. Entstehung, Struktur, Projekte, Netzwerke. Bonn 2002

*Burgi, Martin:* Privat vorbereitete Verwaltungsentscheidungen und staatliche Strukturschaffungspflicht. Verwaltungsverfassungsrecht im Kooperationsspektrum zwischen Staat und Gesellschaft, in: DV 2000, 183 – 206.

*Burmeister, Jürgen:* Benchmarking statt Zertifikate, in: BMFSFJ, Qs Bd. 7, 26-35.

*Bußhoff, Heinrich (Hrsg.):* Politische Steuerung, Steuerbarkeit und Steuerungsfähigkeit. Beiträge zur Grundlagendiskussion. Baden-Baden 1992. *(Zitiert: Steuerung)*

*Byok, Jan:* Die Entwicklung des Vergaberechts seit 1999, in: NJW 2001, 2295-2302.

*ders.:* Das neue Vergaberecht, in: NJW 1998, 2774-2779.

*von Campenhausen, Axel (Hrsg.):* Kann der Staat für alles sorgen? Zur Geringschätzung freier Initiativen durch die öffentliche Hand. Düsseldorf 1976.

*Dahme, Heinz-Jürgen:* Kontraktmanagement und Leistungsvereinbarungen – Rationalisierung des sozialen Dienstleistungssektors durch Vernetzung, in: TuP 2/2000, 62-67.

*Däubler, Wolfgang:* Privatisierung als Rechtsproblem. Neuwied und Darmstadt 1980. *(Zitiert: Privatisierung)*

*Daum, Ralf:* Zur Situation der Vereine in Deutschland: Materialien für eine europäische Studie über das Vereinswesen am Beispiel der freien Wohlfahrtspflege. Baden-Baden 1998. *(Zitiert: Vereine)*

*Degenhart, Christoph:* Rechtsstaat – Sozialstaat. Anmerkungen zum aktuellen Problemstand, in Achterberg, FS Scupin 1983, 537-553.

*Deutscher Verein für öffentliche und private Fürsorge:* Probleme bei der Gewährung von Zuwendungen im sozialen Bereich und Überlegungen zu ihrer Verbesserung, in: NDV 1986, 337-347.
*Di Fabio, Udo:* Die Verwaltung und das Verwaltungsrecht zwischen gesellschaftlicher Selbstregulierung und staatlicher Steuerung, in VVDStRL Bd. 56, 235-282.
*ders.:* Vertrag statt Gesetz?, in: DVBl. 1990, 338-346.
*Dierkes, Meinolf/ Zimmermann, Klaus:* Sozialstaat in der Krise. Hat die soziale Marktwirtschaft noch eine Chance? Frankfurt/Main; Wiesbaden 1996.
*Dose, Nicolai:* Reflexion als Steuerungsprinzip – Darstellung und Kritik -, in: Görlitz/ Voigt, Postinterventionistisches Recht, 81-102.
*Douglas, James:* Political Theories of Nonprofit Organization, in: Powell, Nonprofit Sector, 43-54.
*Dreier, Horst (Hrsg.):* Grundgesetz. Kommentar. Bd. II, Art. 20 – 82. Tübingen 1998.
*ders.:* Hierarchische Verwaltung im demokratischen Staat, Tübingen 1991. *(Zitiert: Hierarchische Verwaltung)*
*Druwe, Ulrich:* Recht als autopoietisches System: Zur Kritik des reflexiven Rechtskonstrukts, in: Görlitz/ Voigt, Postinterventionistisches Recht, 103-120.
*von Eckardstein, Dudo/ Zauner, Alfred:* Veränderungsmanagement in NPOs, in: Badelt, 1997, 345-356.
*Eckert, Dieter:* Neue Qualität auch im Verhältnis zwischen freien und öffentlichen Trägern?, in: BMFSFJ, Qs Bd. 7, 50-58.
*Ehlers, Dirk:* Die Kontrolle von Subventionen, in: DVBl. 1993, 861-868.
*ders.:* Rechtsfragen der freien Wohlfahrtspflege – dargestellt am Beispiel der Nichtseßhaftenhilfe, in: NJW 1990, 800-807.
*ders.:* Rechtsverhältnisse in der Leistungsverwaltung, in: DVBl. 1986, 912-922.
*Ehrlich, Dietmar:* Die rechtliche Stellung der freien Wohlfahrtsverbände unter besonderer Berücksichtigung sammlungsrechtlicher Vorschriften. Diss. Würzburg 1970. *(Zitiert: Wohlfahrtsverbände)*
*Ellwein, Thomas/ Hesse, Joachim Jens (Hrsg.):* Staatswissenschaften: Vergessene Disziplin oder neue Herausforderung? Baden-Baden 1990. *(Zitiert: Staatswissenschaften)*
*Emde, Ernst:* Die demokratische Legitimation der funktionalen Selbstverwaltung, Berlin 1991. *(Zitiert: Legitimation)*
*Engelhardt, Gunther/ Hegmann, Horst/ Schweizer, Christoph:* Neues Steuerungsmodell und Globalbudgetierung in Hamburg. Ergebnisse eines Projektseminars zum Thema. Diskussionsschriften aus dem Institut für Finanzwissenschaft Nr. 59. Hamburg 1998. *(Zitiert: Neues Steuerungsmodell)*
*Engelhardt, Werner W.:* Der gemeinnützige Gedanke bei der Gründung von Genossenschaften, in: ZfgG Bd. 50 (2000), 73-76.
*Erichsen, Hans-Uwe/ Ehlers, Dirk (Hrsg.):* Allgemeines Verwaltungsrecht. 12. Auflage Berlin 2002. (Zitiert: Erichsen-Bearbeiter/in).
*Esping-Andersen, Gosta:* The Three Worlds of Welfare Capitalism, Princeton, 1990. *(Zitiert: Welfare Capitalism)*
*Etzioni, Amitai:* Die Entdeckung des Gemeinwesens. Ansprüche, Verantwortlichkeiten und Programm des Kommunitarismus. Stuttgart 1995.
*ders.:* The Third Sector and Domestic Missions, in: PAR 1973, 314-323.
*Fink, Ulf:* Subsidiarität – Lösung für sozialpolitische Probleme der Gegenwart, in Heinze, Neue Subsidiarität, 157-169.
*Finckh, Andreas:* Regulierte Selbstregulierung im Dualen System. Die Verpackungsordnung als Instrument staatlicher Steuerung. Baden-Baden 1998. *(Zitiert: Regulierte Selbstregulierung)*

*Flierl, Hans:* Freie und öffentliche Wohlfahrtspflege. Aufbau, Finanzierung, Geschichte, Verbände. 2. Auflage München 1992. *(Zitiert: Wohlfahrtspflege)*

*Flora, Peter/ Heidenheimer, Arnold J.:* The Development of Welfare States in Europe and America. 1981. (Zitiert: Welfare States)

*Fluck, Jürgen/ Schmitt, Thomas:* Selbstverpflichtungen und Umweltvereinbarungen – rechtlich gangbarer Königsweg deutscher und europäischer Umweltpolitik?, in VerwArch Bd. 89 (1998), 220-263.

*Fürst, Dietrich:* Diversifikation staatlicher Steuerungsinstrumente, in: Ellwein/ Hesse, Staatswissenschaften, 291-305.

*Gantz-Rathmann, Birgit:* Sozialbilanz Niedersachsen: Sozialpolitik und Verwaltungsreform, in: Behrens u.a., Den Staat neu denken, 335-348.

*Garth-Mingels, Anita:* Qualitative Anforderungen an die Jugendsozialarbeit – Brauchen wir neue Qualitätsstandards?, in: BMFSFJ, Qs Bd. 6, 35-36.

*Geis, Max-Emanuel:* Die öffentliche Förderung sozialer Selbsthilfe. Verfassungsrechtliche Grundlagen und verwaltungsrechtliche Ausgestaltung. Baden-Baden 1997. *(Zitiert: Selbsthilfe)*

*Gerth, Ulrich/ Menne, Klaus/ Roth, Xenia:* Qualitätsprodukt Erziehungsberatung. Empfehlungen zu Leistungen, Qualitätsmerkmalen und Kennziffern, in BMFSFJ, Qs Bd. 22, 7-86.

*Giddens, Anthony:* Jenseits von Links und Rechts. Die Zukunft radikaler Demokratie. Frankfurt a. M. 1997.

*Giger, Hans*-Georg: Die Mitwirkung privater Verbände bei der Durchführung öffentlicher Aufgaben. Bern 1951. *(Zitiert: Mitwirkung privater Verbände)*

*Glagow, Manfred (Hrsg.)*: Gesellschaftssteuerung zwischen Korporatismus und Subsidiarität. Bielefeld 1984. *(Zitiert: Gesellschaftssteuerung)*

*Goll, Eberhardt:* Die freie Wohlfahrtspflege als eigener Wirtschaftsfaktor. Theorie und Empirie ihrer Verbände und Einrichtungen. Baden-Baden 1991. *(Zitiert: Wohlfahrtspflege)*

*Görlitz, Axel/ Voigt, Rüdiger (Hrsg.):* Postinterventionistisches Recht. Jahresschrift für Rechtspolitologie 1990. Pfaffenweiler 1990.

*ders.:* Mediales Recht, in: Görlitz/ Voigt, Postinterventionistisches Recht, 151-163.

*Götz, Michael:* Neue Wege in der Finanzierung freier Einrichtungen und Dienste – vom Zuwendungsbescheid zum Zuwendungs- und Leistungsvertrag – in: RsDE Bd. 44, 12-22.

*Grabbe, Jürgen:* Verfassungsrechtliche Grenzen der Privatisierung kommunaler Aufgaben. Berlin 1979. *(Zitiert: Privatisierung)*

*Graf Strachwitz, Rupert (Hrsg.):* Die Rahmenbedingungen des Dritten Sektors und ihre Reform, in: Aus Politik und Zeitgeschichte Bd. 9/1999, 22-30.

*ders.:* Dritter Sektor – Dritte Kraft. Versuch einer Standortbestimmung. Düsseldorf 1998.

*Griep, Heinrich/ Renn, Heribert:* Die Relevanz von Rahmenverträgen im Sozialleistungserbringungsrecht (am Beispiel SGB XI und BSHG), in: RsDE Bd. 47, 72-87.

*Groß, Thomas:* Das Kollegialprinzip in der Verwaltungsorganisation. Tübingen 1999. *(Zitiert: Kollegialprinzip)*

*Gusy, Christoph:* Privatisierung und parlamentarische Kontrolle, in: ZRP 1998, 265-270.

*Gusy, Christoph:* Subventionsrecht, in: JA 1991, 286-291 und 327-333.

*Haltern, Ulrich K.:* Kommunitarismus und Grundgesetz. Überlegungen zu neueren Entwicklungen in der deutschen Verfassungstheorie, in: KritV 2000, 153-193.

*Hansen, Eckhard:* Qualitätskontrolle Sozialer Dienstleistungen zwischen Professionalisierung und Konsumentenorientierung. Qualitätsdiskurse in Großbritannien und Deutschland, in: ZSR 1997, 1-28.

*Hansmann, Henry:* Economic Theories of Nonprofit Organization, in: Powell, Nonprofit Sector, 27-42.

*Harms, Jens:* Die Ökonomisierung des öffentlichen Sektors. Baden-Baden 2003. *(Zitiert: Ökonomisierung)*

*Haverkate, Görg:* Finanzierung durch institutionelle oder personenbezogene Förderung, in: SDSVR Bd. 43, 89-104.
*Heiermann, Wolfgang/ Ax, Thomas:* Neueste Entwicklungen im deutschen Vergaberecht, in: BB 1998, 1541-1547.
*Heimerl-Wagner, Peter:* Organisation und NPOs, in: Badelt, Handbuch, 189-209.
*Heinze, Rolf G. (Hrsg.):* Neue Subsidiarität: Leitidee für eine künftige Sozialpolitik?, Opladen 1986. *(Zitiert: Neue Subsidiarität)*
*ders.:* „Neue Subsidiarität" – Zum soziologischen und politischen Gehalt eines aktuellen sozialpolitischen Konzepts, in: ders., Neue Subsidiarität, 13-38.
*ders./ Voelzkow, Helmut:* Verbände und „Neokorporatismus", in Roth/ Wollmann, Kommunalpolitik, 245-255.
*ders./ Olk, Thomas:* Die Wohlfahrtsverbände im System sozialer Dienstleistungsproduktion. Zur Entstehung und Struktur des bundesrepublikanischen Verbändewohlfahrt, in: Kölner Zeitschrift für Soziologie und Sozialpsychologie 1981, 94-111.
*Helfrich, Marcus:* Überlegungen zur rechtlichen Problematik einer Beleihung auf dem Wege haushaltsrechtlicher Regelungen, in: DÖV 1990, 553-558.
*Hendler, Reinhard:* Selbstverwaltung als Ordnungsprinzip. Zur politischen Willensbildung und Entscheidung im demokratischen Verfassungsstaat der Industriegesellschaft. Köln u.a. 1984. *(Zitiert: Selbstverwaltung)*
*Henke, Wilhelm:* Praktische Fragen des öffentlichen Vertragsrechtes – Kooperationsverträge-, in: DÖV 1985, 41-53.
*Herrmann, Peter:* Partizipationskulturen in der Europäischen Union. Nichtregierungsorganisationen in EU-Mitgliedstaaten. Rheinfelden und Berlin 1998. *(Zitiert: Partizipationskulturen)*
*Hesse, Joachim Jens:* Staatliches Handeln in der Umorientierung. Thesen zur institutions- und verwaltungspolitischen Diskussion, in: Ellwein/ Hesse, Staatswissenschaften, 151-172.
*Heuer:* Kommentar zum Haushaltsrecht (hrsg. v. Hedda von Wedel, Dieter Engels, Hermann Dommach, Manfred Eibelshäuser, Axel Nawrath). Neuwied, Stand Januar 2001. *(Zitiert: Heuer-Bearbeiter/in, Haushaltsrecht)*
*Hill, Hermann:* Staatliches Handeln bei veränderlichen Bedingungen, in: Ellwein/ Hesse, Staatswissenschaften, 55-71.
*ders.:* Rechtsverhältnisse in der Leistungsverwaltung, in: NJW 1986, 2602-2612.
*Hinte, Wolfgang:* Leistungsverträge und Fachlichkeit. Leistungsverträge als Grundlage fachlicher und finanztechnischer Innovationen – Beispiel: ambulante Hilfen zur Erziehung, in: BldW 1+2/99, 20-24.
*Hirsch, Joachim:* Das demokratisierende Potential von „Nichtregierungsorganisationen". Wien 1999. *(Zitiert: Nichtregierungsorganisationen)*
*Hirschmann, Albert O.:* Exit, Voice and Loyality, Cambridge 1970.
*Hoffmann-Riem, Wolfgang/ Schmidt-Aßmann, Eberhard / Vosskuhle, Andreas (Hrsg.):* Handbuch der Verwaltungsrechtswissenschaft, Band II, im Erscheinen. *(Zitiert: Bearbeiter/in in HbVerwRWiss Bd. II)*
*ders.:* Modernisierung von Recht und Justiz. Eine Herausforderung des Gewährleistungsstaates, Frankfurt a. M. 2001. *(Zitiert: Modernisierung)*
*ders.:* Kriminalpolitik ist Gesellschaftspolitik, Frankfurt a.M. 2000.
*ders./ Schmidt-Aßmann, Eberhard (Hrsg.):* Innovation und Flexibilität des Verwaltungshandelns. Baden-Baden 1994. *(Zitiert: Innovation)*
*ders.:* Ermöglichung von Flexibilität und Innovationsoffenheit im Verwaltungsrecht – Einleitende Problemskizze, in: ders./ Schmidt-Aßmann, Innovation, 9-66.

*ders./ Schmidt-Aßmann, Eberhard/ Schuppert, Gunnar Folke (Hrsg.):* Reform des Allgemeinen Verwaltungsrechts. Grundfragen. Baden-Baden 1993. *(Zitiert: Hoffmann-Riem/ Schmidt-Aßmann/ Schuppert: Reform)*

*ders.:* Mittlerunterstützte Verhandlungslösungen im staatlichen Bereich, in: Ellwein/ Hesse, Staatswissenschaften, 85-95.

*Hohlstein, Michael/ Pflugmann-Hohlstein, Barbara/ Sperber, Herbert/ Sprink, Joachim:* Lexikon der Volkswirtschaft, München 2000.

*Honneth, Axel (Hrsg.):* Kommunitarismus- eine Debatte über die moralischen Grundlagen moderner Gesellschaften, Frankfurt a.M. 1994. *(Zitiert: Kommunitarismus)*

*Horak, Christian/ Matul, Christian/ Scheuch, Fritz:* Ziele und Strategien von NPOs, in: Badelt, Handbuch, 135-158.

*Horch, Heinz-Dieter:* Selbstzerstörungsprozesse freiwilliger Vereinigungen: Ambivalenzen von Wachstum, Professionalisierung und Bürokratisierung, in: Rauschenbach/ Sachße/ Olk, Wertgemeinschaft, 280-296.

*ders.:* Zur Sozioökonomie freiwilliger Vereinigungen, in: Zimmer, Vereine heute, 43-74.

*Hoyer, Martin:* Leistungsentgeltfinanzierung für Kindertagesstätten freier Träger in Berlin, in: RsDE Bd. 44, 36-40.

*Hufen, Friedhelm:* Gesetzesgestaltung und Gesetzesanwendung im Leistungsrecht, in: VVDStRL Bd. 47, 142-171.

*Hüttemann, Rainer:* Die Neuregelung des Spendenrechts, in: NJW 2000, 638-640.

*Igl, Gerhard:* Rechtliche Fragen der Qualitätssicherung bei der Pflege alter und behinderter Menschen, in: RsDE Bd. 21, 31-45.

*Ipsen, Jörn (Hrsg.):* Privatisierung öffentlicher Aufgaben. Private Finanzierung kommunaler Investitionen. Köln u.a. 1994. *(Zitiert: Privatisierung)*

Isensee, Josef/ Kirchhof, Paul (Hrsg.): Handbuch des Staatsrechts der Bundesrepublik Deutschland. (Zitiert: Bearbeiter/in HbdStR Bd.).
Bd. II: Die Staatsorgane des Bundes, 2. Auflage 1998.
Bd. III: Das Handeln des Staates. 3. Auflage Heidelberg 1996.
Bd. V: Allgemeine Grundrechtslehren. 3. Auflage Heidelberg 2000.

*Jäger, Wilhelm:* Der gemeinnützige Gedanke bei der Gründung von Genossenschaften, in: ZfgG Bd. 50 (2000), 77-83.

*Jakob, Gisela:* Freiwilliges Engagement als „Rettungsanker"? Tendenzen der Vereinnahmung des Bürgerengagements für die Lösung gesellschaftlicher Krisen, in: AG der freien Wohlfahrtspflege Hamburg e.V., Ehrenamt, 29-36.

*James, Estelle:* The Nonprofit Sector in Comparative Perspective, in: Powell, Nonprofit Sector, 397-415.

*Jarass, Hans D./ Pieroth, Bodo:* Grundgesetz für die Bundesrepublik Deutschland. Kommentar. 5. Auflage München 2000. *(Zitiert: Jarass/Pieroth-Bearbeiter/in)*

*Jestaedt, Matthias:* Demokratieprinzip und Kondomnialverwaltung. Entscheidungsteilhabe Privater an der öffentlichen Verwaltung auf dem Prüfstand des Verfassungsprinzips Demokratie. Berlin 1993. *(Zitiert: Demokratieprinzip)*

*Kessels, Johannes:* Das Zusammenwirken der Träger der Öffentliche und der Freien Wohlfahrtspflege im Landesbereich der Sozialhilfe, Jugendhilfe und Gesundheitshilfe, in: v. Campenhausen, Kann der Staat für alles sorgen, 28-51.

*Kommunale Gemeinschaftsstelle für Verwaltungsvereinfachung (KGSt):* Kontraktmanagement zwischen öffentlichen und freien Trägern in der Jugendhilfe. KGSt-Bericht 12/98, Köln 1998.

*dies.:* Kontraktmanagement: Steuerung über Zielvereinbarungen. KGSt-Bericht 4/1998.

*dies.:* Outputorientierte Steuerung der Jugendhilfe. KGSt-Bericht 9/1994

*dies.:* Das neue Steuerungsmodell. Begründung, Konturen, Umsetzung. KGSt-Bericht 5/1993

*Kirchhof, Ferdinand:* Das Haushaltsrecht als Steuerungsressource, in: DÖV 1997, S. 749-754.

*Knack, Hans Joachim (Begr.):* Verwaltungsverfahrensgesetz (VwVfG) Kommentar. 8. Auflage 2004. *(Zitiert: Knack-Bearbeiter/in)*

*Knoth, Andreas:* Gratwanderungen – Anspruchskonflikte in der sozial-kulturellen Arbeit. Diplomarbeit Freie Universität Berlin 1999. *(Zitiert: Gratwanderungen)*

*von Köckritz, Sieghardt/ Ermisch, Günther/ Dittrich, Norbert/ Lamm, Christel:* Bundeshaushaltsordnung. Kommentar. Stand Mai 2000. *(Zitiert: v. Köckritz/ Ermisch, BHO)*

*König, Klaus:* Rückzug des Staates – Privatisierung der öffentlichen Verwaltung, in: DÖV 1998, 963-967.

*Kopp, Ferdinand O./ Ramsauer, Ulrich:* Verwaltungsverfahrensgesetz. Kommentar. 8. Auflage München 2003. *(Zitiert: VwVfG)*

*ders./ Schenke, Wolf-Rüdiger:* Verwaltungsgerichtsordnung. 13. Auflage München 2003. *(Zitiert: VwGO)*

*Kraemer-Fieger, Sabine/ Roerkohl, Alfons/ Kölsch, Roland (Hrsg.):* Qualitätsmanagement in Non-Profit-Organisationen. Beispiele, Normen, Anforderungen, Funktionen, Formblätter. Wiesbaden 1996. *(Zitiert: Qualitätsmanagement)*

*Krämer, Erwin (Begr.)/ Schmidt, Jürgen (Bearb.):* Zuwendungsrecht – Zuwendungspraxis. Kommentar zu den zuwendungsbezogenen haushaltsrechtlichen Vorschriften des Bundes und der Länder mit Verfahrenshinweisen für Behörden und Zuwendungsempfänger. Heidelberg, Stand April 1996.

*ders.:* Die Abgrenzung des haushaltsrechtlichen Zuwendungsbegriffs und ihre Bedeutung, in: DÖV 1990, 546-552.

*Kramer, Ralph M.:* The roles of voluntary social service organizations in four European states: policies and trends in England, The Netherlands, Italy and Norway, in: Kuhnle/ Selle, Government and Voluntary Organizations, 34-52.

*ders.:* Voluntary Agencies in the Welfare State. Berkeley 1981. *(Zitiert: Voluntary Agencies)*

*Krashinsky, Michael:* Transaction Costs and the Theory of Nonprofit Organizations, in: Rose-Ackerman, Nonprofit Institutions, 114-132.

*Kroll, Ilona:* Vereine und Bürgerinitiativen heute. Zur sozialen und individuellen Funktion der Vereine und Bürgerinitiativen – dargestellt am Beispiel von Marburg. Pfaffenweiler 1991.

*Kuhnle, Stein/ Selle, Per (Hrsg.):* Government and Voluntary Organizations. A Relational Perspective. Avebury 1992.

*dies.:* Government and Voluntary Organizations: A Relational Perspective, in dies., 1-33.

*Kunig, Philip/ Rublack, Susanne:* Aushandeln statt Entscheiden? Das Verwaltungsverfahrensrecht vor neuen Herausforderungen, in: Jura 1990, 1-11.

*Leadbeater, Charles:* Menschen, die Zukunft schaffen. Gemeinwohlunternehmer in Großbritannien, in: Reflexion und Initiative. Zur Arbeit der Körber-Stiftung 1999/2000, 16-27.

*Lehmbruch, Gerhard:* Der Beitrag der Korporatismusforschung zur Entwicklung der Steuerungstheorie, in: PVS 1996, 735-751.

*Loges, Frank:* Entwicklungstendenzen Freier Wohlfahrtspflege im Hinblick auf die Vollendung des Europäischen Binnenmarktes. Freiburg i.Br. 1994. *(Zitiert: Entwicklungstendenzen)*

*Lord Dahrendorf, Rolf:* Die Kraft des Dritten Sektors. Impulse für die Bürgergesellschaft, in: Reflexion und Initiative. Zur Arbeit der Körber-Stiftung 1999/2000, 10-15.

*Luhmann, Niklas:* Soziale Systeme. Grundriß einer allgemeinen Theorie. Frankfurt a.M. 1984.

*Lundström, Tommy/ Wijkström, Filip:* The Nonprofit Sector in Sweden. Manchester/ New York 1997.

*Luthe, Ernst-Wilhelm:* Einige Anmerkungen zum Sozialsubventionsrecht, in: NDV 1994, 377.

*Maelicke, Bernd (Hrsg.):* Qualitätsmanagement in sozialen Betrieben und Unternehmen. Baden-Baden 1996. *(Zitiert: Qualitätsmanagement) von Mangoldt, Hermann/ Klein, Friedrich/ Starck, Christian (Hrsg.):* Das Bonner Grundgesetz. Band 2: Artikel 20 bis 78. 4. Auflage München 2000. *(Zitiert: v.Mangoldt/ Klein/ Starck-Bearbeiter/in, GG)*

*Marquard, Peter:* Verwaltungsmodernisierung als Demokratisierung, in: BldW 1999 (Heft 1+2), 25-27.

*Matul, Christian/ Scharitzer, Dieter:* Qualität von Leistungen in NPOs, in: Badelt, Handbuch, 387-412.

*Maunz, Theodor/Dürig, Günter u.a. (Hrsg.):* Grundgesetz. Kommentar. Bd. I (Art. 1-11), München, Stand Februar 1999) . *(Zitiert: Maunz-Dürig-Bearbeiter/in, GG)*

*Maurer, Hartmut:* Allgemeines Verwaltungsrecht. 14. Auflage München 2002.

*Mayntz, Renate:* Die Soziologie der öffentlichen Verwaltung. 4. Auflage Heidelberg 1997. *(Zitiert: Soziologie)*

*dies./Scharpf, Fritz W. (Hrsg.):* Gesellschaftliche Selbstregelung und politische Steuerung. Frankfurt a.M.; New York 1995. *(Zitiert: Selbstregelung)*

*dies. (Hrsg.):* Verbände zwischen Mitgliederinteressen und Gemeinwohl. Gütersloh 1992. *(Zitiert: Verbände)*

*dies.:* Politische Steuerung und gesellschaftliche Steuerungsprobleme – Anmerkungen zu einem theoretischen Paradigma, in: JbStVerwW Bd. 1 (1987), 89-110.

*McCarthy, Kathleen D./ Hodgekinson, Virginia A./ Sumariwalla, Russy D. (Hrsg.):* The Nonprofit Sector in the Global Community. Voices from Many Nations. San Francisco 1992. *(Zitiert: Global Community)*

*Mehde, Veith:* Neues Steuerungsmodell und Demokratieprinzip, Berlin 2000. *(zitiert: Steuerungsmodell)*

*Mehls, Sigurd/ Salas-Gómez, Pedro:* Von der Zuwendung zum Leistungsvertrag, in: BldW 1999 (Heft 1+2), 5-11.

*ders.:* Leistungsverträge statt Zuwendungen?, in: NDV 1996, 127.

*Menninger, Oswald:* Private und gemeinnützige soziale Dienstleister – Konkurrenten auf einem gemeinsamen Markt? Positionspapier des Paritätischen Wohlfahrtsverbandes LV Berlin, Februar 2001. *(Zitiert: Konkurrenten)*

*ders.:* LIGA-Vertrag – Leistungsfinanzierung. Positionspapier des Paritätischen Wohlfahrtsverbandes LV Berlin, Dezember 2000. *(Zitiert: Liga-Vertrag)*

*ders.:* Reform des Stiftungs- und Gemeinnützigkeitsrechts, Positionspapier des Paritätischen Wohlfahrtsverbandes LV Berlin, März 2000.

*ders.:* Leistungsvereinbarung und Globalförderung, in: BldW 1999 (Heft 1+2), 15-17.

*ders.:* Neue Formen der Finanzierung gemeinnütziger Organisationen. Positionspapier des Paritätischen Wohlfahrtsverbandes LV Berlin, November 1999. *(Zitiert: Finanzierung)*

*ders.:* Ökonomisierung und Folgen für die Wohlfahrtsverbände. Positionspapier des Paritätischen Wohlfahrtsverbandes LV Berlin, Dezember 1998. *(Zitiert: Ökonomisierung)*

*Möller, Michael:* Das „Neue Steuerungsmodell“: Konsequenzen für die soziale Arbeit, in: ZSR 1997, 685-703.

*Möllers, Christoph:* Braucht das öffentliche Recht einen neuen Methoden- und Richtungsstreit?, in: VerwArch 90 (1999), 187-207.

*Möschel, Wernhard:* Privatisierung, Deregulierung und Wettbewerbsordnung, in: JZ 1988, 885-893.

*Mrozynski, Peter:* Kinder- und Jugendhilfegesetz (SGB VIII). Textausgabe mit Erläuterungen, 3. Auflage München 1998. *(Zitiert: SGB VIII)*

*ders.:* Leistungsverträge zwischen hoheitlicher Steuerung und privatrechtlichem Wettbewerb, in: RsDE Bd. 47, 29-56.

*Müller, Nikolaus:* Rechtsformenwahl bei der Erfüllung öffentlicher Aufgaben (Institutional choice). Köln u.a. 1993. *(Zitiert: Rechtsformenwahl)*

*von Münch, Ingo/ Selmer, Peter (Hrsg.):* Gedächtnisschrift für Wolfgang Martens. Berlin 1987. *(Zitiert: GS Martens)*

*Münch, Richard:* Gesellschaftliche Dynamik und politische Steuerung: Die Kontrolle technischer Risiken, in: Bußhoff, Steuerung, 81-106

*Münder, Johannes u.a.:* Sozialgesetzbuch XII. Sozialhilfe. Lehr- und Praxiskommentar. 7. Auflage Baden-Baden 2005. *(Zitiert: LPK-SGB XII-Bearbeiter/in)*

*ders. u.a:* Bundessozialhilfegesetz. Lehr- und Praxiskommentar. 6. Auflage Baden-Baden 2003. .*(zitiert: LPK-BSHG-Bearbeiter/in)*

*ders. u.a.:* Frankfurter Kommentar zum SGB VIII: Kinder- und Jugendhilfe. 4. Auflage Weinheim 2003. *(Zitiert: SGB VIII)*

*ders.:* Überblick über mögliche Finanzierungsarten der Dienste und Einrichtungen freier Träger, in: TuP 8/1997, 20-28.

*ders.:* Wahrnehmung sozialstaatlicher Aufgaben durch gemeinnützige Träger, in: RsDE Bd. 34, 1-25.

*Mutz, Gerd:* Strukturen einer Neuen Arbeitsgesellschaft. Der Zwang zur Gestaltung der Zeit, in: Aus Politik und Zeitgeschichte, Bd. 9/1999, 3-11.

*Nahamowitz, Peter:* Interventionistisches Recht als Steuerungskonzept, in: Görlitz/ Voigt, Postinterventionistisches Recht, 7-36.

*ders.:* Kritik des medialen Rechtskonstrukts, in: Görlitz/ Voigt, Postinterventionistisches Recht, 164-173.

*Naschold, Frieder:* „Der Blick über den Tellerrand" – Internationale Erfahrungen bei der Modernisierung des öffentlichen Sektors und ihre Bedeutung für die Bundesrepublik Deutschland, in: Behrens u.a., Den Staat neu denken, 81-92.

*Nawrath, Viktoria:* Die Bundesempfehlung als Hürdenlauf, in: BldW 1+2 1999, 12-14.

*Neumann, Franz (Hrsg.):* Handbuch Politische Theorien und Ideologien, Bd. 1, 2.Aufl. Opladen 1998. *(Zitiert: Handbuch Bd. 1)*

*Neumann, Volker/ Nielandt, Dörte/ Philipp, Albrecht:* Erbringung von Sozialleistungen nach Vergaberecht? Rechtsgutachten im Auftrag des Deutschen Caritasverbandes und des Diakonischen Werkes der Evangelischen Kirche in Deutschland. O. Erscheinungsort, 2004. URL: http://www.news.jugendsozialarbeit.de/DCVGutachten.pdf (zuletzt besucht am 10.08. 2005). *(Zitiert: Sozialleistungen nach Vergaberecht)*

*ders./ Bieritz-Harder, Renate:* Vergabe öffentlicher Aufträge in der Sozial- und Jugendhilfe?, in: RsDE Bd. 48, 1-27.

*ders.:* Die institutionelle Förderung als Instrument der Sozialplanung und Steuerung der Leistungserbringer, in: SDSRV Bd. 43, 7-31.

*ders.:* Subventionen oder Leistungsentgelte? – Drei Anmerkungen zum Leistungserbringungsrecht des SGB VIII, in: RsDE Bd. 31, 42-60.

*ders.:* Freiheitsgefährdung im kooperativen Sozialstaat. Rechtsgrundlagen und Rechtsformen der Finanzierung der freien Wohlfahrtspflege. Köln u.a. 1992. *(Zitiert: Freiheitsgefährdung)*

*Neumayer, Jochen/ Schmidt, Andreas:* Einsatzmöglichkeiten und -risiken für die GmbH im Gemeinnützigkeitsrecht, in: GmbH-StB 1998, 72-76.

*Nielandt, Dörte:* Die Beteiligung Freier Träger bei der Vergabe von Sozialleistungen, in: RsDE 2005, 44-57.

*Öhlschläger, Rainer:* Freie Wohlfahrtspflege im Aufbruch. Ein Managementkonzept für soziale Dienstleistungsorganisationen. Baden-Baden 1995.

*Oldiges, Martin:* Richtlinien als Ordnungsrahmen der Subventionsverwaltung, in: NJW 1984, 1927-1936.

*Oliva, Hans:* „Die neuen Freiwilligen", in: BMFSFJ, Qs Bd. 15, 9-21.

*Olk, Thomas:* Ehrenamt und Freiwilligenarbeit als Wesensmerkmal freier Wohlfahrtspflege, in: AG der freien Wohlfahrtspflege Hamburg e.V., Ehrenamt, 8-21.

*ders.:* „Neue Subsidiaritätspolitik" – Abschied vom Sozialstaat oder Entfaltung autonomer Lebensstile?, in: Heinze, Neue Subsidiarität, 283-302.

*Olson, Mancur:* The Logic of Collective Action. Public Goods and the Theory of Groups. Cambridge 1965. *(Zitiert: Collective Action)*

*Opitz, Hans Peter:* Inanspruchnahme und Finanzierung außerbehördlicher Träger bei der Erfüllung öffentlicher Aufgaben im Bereich der Behörde für Arbeit, Gesundheit und Soziales in Hamburg, in: RsDE Bd. 44, 23-35.

*Osterloh, Lerke:* Privatisierung von Verwaltungsaufgaben, in: VVDStRL Bd. 54, 204-242.

*Organisation for Economic Co-operation and Development (OECD):* The Non-Profit Sector in a Changing Economy. Paris 2003. (Vorber. v. Antonella Noya).

*Otto, Dirk/ Rüdlin, Mark/ Koch, Uwe:* Weitergabe von Explorationsdaten aus der Drogenberatung an Leistungsträger, in: DuD 2002, 484-492.

*Palandt:* Bürgerliches Gesetzbuch. 63. Auflage München 2004. *(Zitiert: Palandt-Bearbeiter/in)*

*Pankoke, Eckart/ Nokielski, Hans/ Beine, Theodor:* Neue Formen gesellschaftlicher Selbststeuerung in der Bundesrepublik Deutschland – Diskussion an Beispielen aus den Bereichen Bildung, Soziale Sicherung und Kommunale Selbstverwaltung. Göttingen 1975. *(Zitiert: Gesellschaftliche Selbststeuerung)*

*Pestoff, Victor A.:* Beyond the Market and State. Social enterprises and civil democracy in a welfare society. Ashgate 1998.

*Piduch, Erwin Adolf (Begr.):* Bundeshaushaltsrecht. Kommentar zu den Artikeln 91 a, 91 b, 104 a, 109 bis 115 des Grundgesetzes und zur BHO mit rechtsvergleichenden Hinweisen auf das Haushaltsrecht der Länder und ihrer Gemeinden. Fortgef. v. Hans-Heinrich Dreßler. Stand Juli 1999. *(Zitiert: Piduch-Bearbeiter/in, Bundeshaushaltsrecht)*

*Pöld-Krämer, Silvia/ Fahlbusch, Jonathan I.:* Das Recht der Leistungserbringung in der Sozialhilfe im Lichte der §§ 93 ff. BSHG, in: RsDE Bd.46, 4-32.

*Powell, Walter W.* (Hrsg.): The Nonprofit Sector. A Research Handbook. Yale University Press, New Haven/ London 1987. *(Zitiert: Nonprofit Sector)*

*Priller, Eckhard/ Zimmer, Anette/ Anheier, Helmut K.:* Der Dritte Sektor in Deutschland. Entwicklungen, Potentiale, Erwartungen, in: Aus Politik und Zeitgeschichte Bd. 9/1999, 12-21.

*ders.:* Der Dritte Sektor in den neuen Bundesländern: Eine sozial-ökonomische Analyse, in: Anheier u.a., Sektor 1998, 99-125.

*Prölß, Reiner:* Steuerung nach dem KJHG: Qualitätsstandards und Qualitätssicherung im Kontext von Pluralität und Partnerschaft – 10 Thesen und einige Erläuterungen, in: BMFSFJ, Qs Bd. 6, 24-34.

*Puhl, Thomas:* Budgetflucht und Haushaltsverfassung. Tübingen 1996.

*Putnam, Robert D.:* What Makes Democracy Work, in: National Civic Review 1993, 101-107.

*Püttner, Günter:* Mitbestimmung und demokratische Legitimation, insbesondere im Kulturbereich, in: DÖV 1988, 357362.

*Rauschenbach, Thomas/ Sachße, Christoph/ Olk, Thomas (Hrsg.):* Von der Wertgemeinschaft zum Dienstleistungsunternehmen. Jugend- und Wohlfahrtsverbände im Umbruch. Frankfurt a.M. 1996. *(Zitiert: Wertgemeinschaft)*

*Redaktion Kritische Justiz (Hrsg.):* Demokratie und Grundgesetz: Eine Auseinandersetzung mit der verfassungsrechtlichen Rechtsprechung, Baden-Baden 2000. *(Zitiert: Demokratie)*

*Redeker, Konrad/ von Oertzen, Hans-Joachim:* Verwaltungsgerichtsordnung: Kommentar. 13. Auflage Stuttgart 2000. *(Zitiert: VWGO)*

*Reichard, Christoph:* Der Dritte Sektor – Entstehung, Funktion und Problematik von „Nonprofit"-Organisationen aus verwaltungswissenschaftlicher Sicht, in: DÖV 1988, 363-370.

*Reichert, Bernhard:* Handbuch des Vereins- und Verbandsrecht. 9. Auflage Neuwied 2003. *(Zitiert: Vereins- und Verbandsrecht 7. Aufl.)*

*Reutter, Werner*: Organisierte Interessen in Deutschland. Entwicklungstendenzen, Strukturveränderungen und Zukunftsperspektiven, in: PolZG, Bd. 26-27/2000, 7-15.

*Ritter, Ernst-Hasso*: Der kooperative Staat, in: AöR 104 (1979), 389-413.

*Röhl, Hans*-Christian: Staatliche Verantwortung in Kooperationsstrukturen. Organisationsrechtsfragen am Beispiel des Wissenschaftsrates und der Deutschen Forschungsgemeinschaft, in: DV 1996, 487-510.

*Ronge, Volker*: Theorie und Empirie des „Dritten Sektors", in: JBStVerwW Bd. 2 (1988), 113-148.

*Rose-Ackerman, Susan (Hrsg.)*: The Economics of Nonprofit Institutions: Studies in Structures and Policy, Oxford University Press, New York 1986. *(Zitiert: Nonprofit Institutions)*

*Roth, Roland/ Wollmann, Hellmut (Hrsg.)*: Kommunalpolitik. Politisches Handeln in den Gemeinden. Opladen 1994.

*ders.*: Lokale Demokratie „von unten", in: ders./ Wollmann Kommunalpolitik, 228-244.

*ders.*: Demokratie von unten. Neue soziale Bewegungen auf dem Wege zur politischen Institution. Köln 1994.

*Salamon, Lester M./ Anheier, Helmut K. und Mitarbeiter*: Der Dritte Sektor. Aktuelle internationale Trends. The Johns Hopkins Comparative Nonprofit Sector Project, Phase II. Gütersloh 1999. *(Zitiert: Sektor 1999)*.

*ders./ Anheier, Helmut K*: Der Dritte Sektor in internationaler Perspektive, in: Anheier u.a., Sektor 1998, 153-174.

*ders./ Anheier, Helmut K.*: Der Nonprofit-Sektor: Ein theoretischer Versuch, in: Anheier u.a., Sektor 1998, 211-246.

*ders./ Anheier, Helmut K.(Hrsg.)*: Defining the Nonprofit Sector. A Cross-national Analysis. Manchester und New York 1997. *(Zitiert: Defining)*.

*ders./ Anheier, Helmut K.*: Towards a Common Classification, in dies., Defining 51-100.

*ders./ Anheier, Helmut K.*: Towards a Common Definition, in dies., Defining 29-50.

*ders.*: Partners in Public Service: Government-Nonprofit Relations in the Modern Welfare State. Baltimore u.a. 1995.

*ders.*: Partners in Public Service: The Scope and Theory of Government-Nonprofit Relations, in: Powell, Nonprofit Sector, 99-117.

*Schauer, Reinbert u.a. (Hrsg.)*: Nonprofit-Organisationen und gesellschaftliche Entwicklung: Spannungsfeld zwischen Mission und Ökonomie. Dokumentation. 5. Colloquium der NPO-Forscher im deutschsprachigen Raum, Johannes Kepler Universität Linz, 17.-19. April 2002. *(Zitiert: NPO- Colloquium 2002)*

*ders./ Anheier, Helmut K. (Hrsg.)*: Nonprofit-Organisationen im Wandel: Herausforderungen, gesellschaftliche Verantwortung, Perspektiven. 3. Colloquium der NPO-Forscher im deutschsprachigen Raum, Universität Fribourg/Schweiz, 16.-17.März 2000 – Dokumentation. *(Zitiert: NPO- Colloquium 2000)*

*ders./ Anheier, Helmut K./Blümle, Ernst-Bernd (Hrsg.)*: Der Nonprofit-Sektor im Aufwind – zur wachsenden Bedeutung von Nonprofit-Organisationen auf nationaler und internationaler Ebene. 2. Colloquium der NPO-Forscher im deutschsprachigen Raum, Johannes Kepler Universität Linz, 26.-27.9.1996 – Dokumentation. *(Zitiert: NPO- Colloquium 1996)*

*ders./ Anheier, Helmut K./Blümle, Ernst-Bernd (Hrsg.)*: Nonprofit-Organisationen (NPO) – dritte Kraft zwischen Markt und Staat? Ergebnisse einer Bestandsaufnahme über den Stand der NPO-Forschung im deutschsprachigen Raum. NPO-Forschungs-Colloquium an der Universität Fribourg 29.-30.9.1994 – Dokumentation. *(Zitiert: NPO- Colloquium 1994)*

*Schellhorn, Walter/ Jirasek, Hans/ Seipp, Paul*: Das Bundessozialhilfegesetz. Ein Kommentar für Ausbildung, Praxis und Wissenschaft. 16. Auflage Neuwied 2002 *(Zitiert: BSHG)*

*Schellhorn, Walter (Hrsg.)*: SGB VIII/ KJHG, Sozialgesetzbuch Achtes Buch/ Kinder- und Jugendhilfe. Ein Kommentar für Ausbildung, Praxis, Rechtsprechung und Wissenschaft. 2. Auflage Neuwied u.a. 2000. *(Zitiert: Schellhorn-Bearbeiter/in, SGB VIII)*

*Schmehl, Arndt:* Teilprivatisierung der Daseinsvorsorge, Demokratieprinzip und Gewinnerzielungsmaxime – BerlVerfGH, NVwZ 2000, 794; in: JuS 2001, 233-236.

*Schmidt, Rainer:* Flexibilität und Innovationsoffenheit im Bereich der Verwaltungsmaßstäbe, in: Hoffmann-Riem/ Schmidt-Aßmann, Innovation, 67-110.

*Schmidt-Aßmann, Eberhard:* Flexibilität und Innovationsoffenheit als Entwicklungsperspektiven des Verwaltungsrecht, in: Hoffmann-Riem/ Schmidt-Aßmann, Innovation, 407-423.

*ders.:* Zur Reform des Allgemeinen Verwaltungsrechtes – Reformbedarf und Reformansätze – in: Hoffmann-Riem/ Schmidt-Aßmann/ Schuppert: Reform, 11-63.

*ders.:* Verwaltungslegitimation als Rechtsbegriff, AöR, Bd. 116 (1991), 329- 348.

*ders.:* Zum staatsrechtlichen Prinzip der Selbstverwaltung, in: von Münch/ Selmer: GS Martens, 249-264.

*Schmidt-Bleibtreu, Bruno/ Klein, Franz:* Kommentar zum Grundgesetz. 10. Auflage Neuwied 2004 *(Zitiert: GG)*

*Schmidt-Preuß, Matthias:* Die Verwaltung und das Verwaltungsrecht zwischen gesellschaftlicher Selbstregulierung und staatlicher Steuerung, in VVDStRL Bd. 56, 160-234.

*Schoch, Friedrich:* Der Verwaltungsakt zwischen Stabilität und Flexibilität, in: Hoffmann-Riem/ Schmidt-Aßmann, Innovation, 199-244.

*ders.:* Privatisierung von Verwaltungsaufgaben, in: DVBl. 1994, 962-977.

*Scholz, Rupert:* Pluralismus und grundgesetzlicher Verfassungsstaat, in: von Campenhausen, Kann der Staat für alles sorgen?, 9- 27.

*Schreyer, Edith:* Pluralistische Entscheidungsgremien im Bereich sozialer und kultureller Staatsaufgaben. Berlin 1982. *(Zitiert: Pluralistische Entscheidungsgremien)*

*Schriftenreihe des Deutschen Sozialrechtsverbandes Bd. 43*: Institutionelle Förderung im Sozialrecht. Subventionen und Zuwendungen. 7. Sozialrechtslehrertagung 12.-14.März 1997. Wiesbaden 1997. *(Zitiert: SDSRV Bd. 43).*

*Schulin, Bertram/ Gebler, Olaf:* Rechtliche Grundlagen und Probleme des Beratungswesens, in: VSSR 1992, 33-70.

*Schünemann, Uwe:* Qualitätsanforderungen und -sicherung in der Jugendhilfe – Total Quality Management in der Jugendsozialarbeit, in: BMFSFJ, Qs Bd.7, 19-25.

*Schuppert, Gunnar Folke:* Grundzüge eines zu entwickelnden Verwaltungskooperationsrechts. Regelungsbedarf und Handlungsoptionen eines Rechtsrahmens für Public Private Partnership. Gutachten im Auftrag des Bundesministeriums des Innern. Juni 2001. *(Zitiert: Verwaltungskooperationsrecht)*

*ders. (Hrsg.):* Jenseits von Privatisierung und „schlankem" Staat. Verantwortungsteilung als Schlüsselbegriff eines sich verändernden Verhältnisses von öffentlichem und privatem Sektor. Baden-Baden 1999. *(Zitiert: Verantwortungsteilung).*

*ders.:* Staatsaufsicht im Wandel, in: DÖV 1998, 831-838.

*ders.:* Die Privatisierungsdiskussion in der deutschen Staatsrechtslehre, in: DV 1996, 541-564.

*ders.:* Rückzug des Staates? – Zur Rolle des Staates zwischen Legitimationskrise und politischer Neubestimmung – in DÖV 1995, 761-770.

*ders.:* Die Erfüllung öffentlicher Aufgaben durch Staat, kommunale Gebietskörperschaften und Private, in: J. Ipsen, Privatisierung, 17-36.

*ders.:* Verwaltungsrechtswissenschaft als Steuerungswissenschaft. Zur Steuerung des Verwaltungshandelns durch Verwaltungsrecht, in: Hoffmann-Riem/ Schmidt-Aßmann/ Schuppert: Reform, 65-114.

*ders.:* Markt, Staat, Dritter Sektor – oder noch mehr? Sektorspezifische Steuerungsprobleme ausdifferenzierter Staatlichkeit, in: JbStVerwW Bd. 3 (1989), 47-87.

*ders.:* Selbstverwaltung, Selbststeuerung, Selbstorganisation – Zur Begrifflichkeit einer Wiederbelebung des Subsidiaritätsgedanken, in: AöR 114 (1989), 127-148.

*ders.:* Die Erfüllung öffentlicher Aufgaben durch verselbständigte Verwaltungseinheiten. Eine verwaltungswissenschaftliche Untersuchung. Göttingen 1981. *(Zitiert: Verwaltungseinheiten)*

*ders.:* Die öffentliche Aufgabe als Schlüsselbegriff der Verwaltungswissenschaft, in: VerwArch 71 (1980), 309-321.

*Schwarz, Bernhard (Hrsg.):* Kommentar zur Abgabenordnung. Freiburg 1998ff. *(Zitiert: Schwarz-Bearbeiter/in, AO)*

*Schwegler, Helmuth/Roth, Gerhard:* Steuerung, Steuerbarkeit und Steuerungsfähigkeit komplexer Systeme, in: Bußhoff, Steuerung, 11-49.

*Seibel, Wolfgang:* Erfolgreich gescheiterter Institutionentransfer: Eine politische Analyse des Dritten Sektors in den neuen Bundesländern, in: Anheier u.a., Sektor 1998, 127-149.

*ders.:* Der Nonprofit-Sektor in Deutschland, in: Badelt, Handbuch, 19-34.

*ders.:* Funktionaler Dilettantismus. Erfolgreich scheiternde Organisationen im Dritten Sektor zwischen Markt und Staat. Baden-Baden 1992.

*ders.:* Erfolgreich scheiternde Organisationen: Zur politischen Ökonomie des Organisationsversagens, in: PVS 1991, 479-495.

*ders.:* Verbindungsmuster zwischen Öffentlichem und Drittem Sektor im Ländervergleich, in: JbStVerwW Bd. 4 (1990), 113-141.

*ders.:* Der Staatsstil für Krisenzeiten: Selbststeuerung öffentlicher Aufgabenträger und das Problem der Kontrolle, in: PVS 1987, 196-219

*Seifart, Werner/ von Campenhausen, Axel (Hrsg.):* Handbuch des Stiftungsrechts. 2. Auflage München 1999. *(Zitiert: Seifart/ von Campenhausen-Bearbeiter/in, Stiftungsrecht)*

*Selznick, Philip:* The Moral Commonwealth. Social Theory and the Promise of Community. Berkeley 1992.

*Siemes, Andreas:* Die einseitige Festsetzung eines Besserstellungsverbotes im Kinder- und Jugendhilferecht des SGB VIII. Münster 1998. *(Zitiert: Besserstellungsverbot)*

*Staiber, Helmut/ Kuhn, Ulrich:* Selbststeuerung anstelle von Staatslenkung-. – Neue Wege der Finanzierung sozialer Dienstleistungen -, in: RsDE 17, 65-76.

*Staub-Bernasconi, Silvia:* Ein fachlich begründetes Qualitätssicherungsinstrument. Die Soziale Arbeit braucht Fakten für eine datengestützte Sozialpolitik – Die Rolle der Aktenführung, in: BldW 1+2/99, 28-31.

*Steding, Rolf:* Gründung und Umwandlung der eG im Spiegel des Rechts, in: ZfgG Bd. 50 (2000), 49-55.

*Steinberg, Rudolf (Hrsg.):* Staat und Verbände. Zur Theorie der Interessensverbände in der Industriegesellschaft. Darmstadt 1985.

*Stelkens, Paul/ Bonk, Heinz Joachim / Sachs:* Verwaltungsverfahrensgesetz. Kommentar. 6.Auflage München 2001. *(Zitiert: VwVfG)*

*Stern, Klaus:* Das Staatsrecht der Bundesrepublik Deutschland. Bd. III: Allgemeine Lehren der Grundrechte /Teilband 1. München 1988. *(Zitiert: Staatsrecht III/1).*

*Stöber, Kurt:* Handbuch zum Vereinsrecht. 8. Auflage Köln 2000. *(Zitiert: Vereinsrecht)*

*Stober, Rolf:* Zur Problematik des § 44a Abs.1 BHO und des entsprechenden Länderrechts, in: DÖV 1984, 265-278.

*Streeck, Wolfgang:* Vielfalt und Interdependenz. Überlegungen zur Rolle von intermediären Organisationen in sich ändernden Umwelten, in: Kölner Zeitschrift 1987, 471-495.

*Struck, Norbert:* Neue Qualitätsstandards und Qualitätssicherung in der Jugendhilfe am Beispiel der Jugendsozialarbeit – Was ist eigentlich neu? Anforderungen, Standards oder Rhetorik?, in: BMFSFJ, Qs Bd. 7, 11-18.

*Sudhof, Margaretha:* Das prozedurale Recht als „Steuerungskonzept"?, in: Görlitz/ Voigt, Postinterventionistisches Recht, 53-64.

*Teubner, Gunther:* Recht als autopoietisches System. Frankfurt a.M. 1989. *(Zitiert: Recht)*

*Thermann, Gottfried:* Einrichtungen der Diakonie als gemeinwirtschaftliche Unternehmen, in: ZögU 1979, 443-456.

*Thiel, Jochen:* Die gemeinnützige GmbH. Wesensmerkmale und körperschaftssteuerrechtliche Struktur, in: GmbHR 1997, 10-16.

*Thiel, Wolfgang:* Selbsthilfe und „informeller Sektor" auf der lokalen Ebene, in: Roth/ Wollmann, Kommunalpolitik, 281-295.

*Tonner, Klaus:* Der Rechtsstellung der Leistungserbringer als Subventionsempfänger, in: SDSVR Bd. 43, 33-87.

*ders.:* Kritik des prozeduralen Rechtskonstrukts, in: Görlitz/ Voigt, Postinterventionistisches Recht, 65-77.

*Treutner, Erhard:* Kooperatives Handeln in der kommunalen Sozialpolitik und Sozialverwaltung, in: Voigt, Der kooperative Staat, 273-296.

*Trute, Hans-Heinrich:* Die demokratische Legitimation der Verwaltung, in: Hoffmann-Riem u.a. (Hrsg.), Handbuch der Verwaltungsrechtswissenschaft, Band II. Im Erscheinen.

*ders.:* Verantwortungsteilung als Schlüsselbegriff eines sich verändernden Verhältnis von öffentlichem und privatem Sektor, in: Schuppert, Verantwortungsteilung, 13-45.

*ders.:* Die Verwaltung und das Verwaltungsrecht zwischen gesellschaftlicher Selbstregulierung und staatlicher Steuerung, in: DVBl. 1996, 950-964.

*Verband der evangelischen Einrichtungen für geistig und seelisch Behinderte e.V. (Hrsg.):* Das sogenannte Dreiecksverhältnis, Stuttgart 1987.

*Verband für sozial-kulturelle Arbeit, Landesgruppe Berlin e.V. (Hrsg.):* Arbeitsmaterialien IV: Nachbarschaftshäuser, Stadtteilzentren. Berlin, Juli 2000.

*Voelzkow, Helmut/ Heinze, Rolf G.:* Organisierte Interessen im „öffentlichen Dienst", in: Behrens u.a., Den Staat neu denken, 61-80.

*Voigt, Rüdiger (Hrsg.):* Der kooperative Staat. Krisenbewältigung durch Verhandlung? Baden-Baden 1995. *(Zitiert: Der kooperative Staat)*

*ders.:* Recht als Instrument staatlicher Steuerung. HiMon-Sammelband 54. Siegen 1988. *(Zitiert: Recht als Instrument)*

*Voßkuhle, Andreas:* Gesetzgeberische Regelungsstrategien der Verantwortungsteilung zwischen öffentlichem und privatem Sektor, in: Schuppert, Verantwortungsteilung, 47-90.

*Wagner, Antonin:* Teilen statt umverteilen. Sozialpolitik im kommunitarischen Wohlfahrtsstaat. Bern u.a. 1999. *(Zitiert: Teilen)*

*Wagner, Franz W./ Walz, Rainer:* Zweckerfüllung gemeinnütziger Stiftungen durch zeitnahe Mittelverwendung und Vermögenserhaltung: Eine ökonomische und rechtliche Analyse. Baden-Baden 1997. *(Zitiert: Zweckerfüllung)*

*Wahl, Rainer:* Die Aufgabenabhängigkeit von Verwaltung und Verwaltungsrecht, in: Hoffmann-Riem/ Schmidt-Aßmann/ Schuppert, Reform, 177-218.

*ders.:* Die Einschaltung privatrechtlich organisierter Verwaltungseinrichtungen in den Straßenbau, in: DVBl. 1993, 517-527.

*ders.:* Staatsaufgaben im Verfassungsrecht, in: Ellwein/Hesse Staatswissenschaften, 29-53.

*Walz, Rainer:* Die Selbstlosigkeit gemeinnütziger Non-Profit-Organisationen im Dritten Sektor zwischen Staat und Markt, in: JZ 2002, 268-275.

*Wannagat, Georg/ Eichenhofer, Eberhard (Hrsg.):* Sozialgesetzbuch. Kommentar zum gesamten Recht des Sozialgesetzbuches. München 2000. *(Zitiert: Wannagat-Bearbeiter/in SGB).*

*Wassermann, Rudolf (Gesamthrsg.):* Kommentar zum Grundgesetz für die Bundesrepublik Deutschland. Bd. I (Art. 1-37). Reihe Alternativkommentare. Neuwied 1989. *(Zitiert: AK-GG-Bearbeiter/in)*

*Wegener, Roland:* Staat und Verbände im Sachbereich Wohlfahrtspflege. Eine Studie zum Verhältnis von Staat, Kirche und Gesellschaft im politischen Gemeinwesen, Berlin, 1978. *(Zitiert: Staat und Verbände)*

*Weisbrod, Burton A.:* The Nonprofit Economy. Cambridge u.a.1988.

*ders.:* Towards a Theory of the Voluntary Nonprofit Sector in a Three-Sector Economy, in: Rose-Ackerman, Nonprofit Institutions, 22-44.

*Weiß, Marcus:* Der „dritte Sektor" zwischen Markt und Staat. Eine Analyse zur Relevanz ökonomischer Theorien amerikanischer Provenienz am Beispiel der USA und der BRD. Frankfurt a.M. 1998. *(Zitiert: Der „dritte Sektor")*

*Welti, Felix:* Das neue SGB IX – Recht der Rehabilitation und Teilhabe behinderter Menschen, in: NJW 2001, 2210-2215.

*Wendt, Wolf Rainer (Hrsg.):* Zivilgesellschaft und soziales Handeln. Bürgerschaftliches Engagement in eigenen und gemeinschaftlichen Belangen. Freiburg i.Br. 1996.

Wertenbruch, Wilhelm (Hrsg.): Bochumer Kommentar zum Sozialgesetzbuch. Berlin 1979. (Zitiert: BochKomm-Bearbeiter/in)

*Werthmanns-Reppekus, Ulrike:* Mädchenarbeit- Qual oder Qualitätssicherung?, in: BMFSFJ, Qs Bd. 6, 63-69.

*Weßels, Bernhard:* Die Entwicklung des deutschen Korporatismus, in: PoluZG, Bd. 26-27/2000, 16-21.

*Willke, Helmut:* Prinzipien politischer Supervision, in: Bußhoff, Steuerung, 51-80.

*Witt, Dieter u.a.(Hrsg.):* Ehrenamt und Modernisierungsdruck in Nonprofit-Organisationen. Dokumentation. 3. Internationales Colloquium der NPO-Forscher im deutschsprachigen Raum, Freising-Weihenstephan, 19.-20-März 1998. *(NPO- Colloquium 1998)*

*Wochner, Georg:* Der Stiftungs-Verein, in: RPfleger 1999, 310-317.

*Wolff, Hans J./ Bachof, Otto/ Stober, Rolf:* Verwaltungsrecht Band 2. 6. Auflage München 2000.

*dies.:* Verwaltungsrecht Band 1. 11. Auflage München 1999.

*dies.:* Verwaltungsrecht II. 5. Auflage München 1987.

*Zacher, Hans F.:* Das soziale Staatsziel, HdBdStR Bd. I, 1987, § 25.

*Zander, Magharita:* Feminisierung sozialer Lasten im Wohlfahrtsstaat? oder: Wie entläßt der Wohlfahrtsstaat seine Frauen?, in: Braun/ Jung, Globale Gerechtigkeit?, 22 -48.

*Zauner, Alfred:* Von Solidarität zu Wissen. NPO aus systemtheoretischer Sicht, in: Badelt, Handbuch, 103-119.

*Ziekow, Jan:* Verankerung verwaltungsrechtlicher Kooperationsverhältnisse (Public Private Partnership) im Verwaltungsverfahrensgesetz. Gutachten im Auftrag des Bundesministeriums des Innern. Juni 2001. *(Zitiert: Verwaltungsrechtliche Kooperationsverhältnisse)*

*Zimmer, Annette/ Priller, Eckhard:* Gemeinnützige Organisationen im gesellschaftlichen Wandel. Ergebnisse der Dritte-Sektor-Forschung. Wiesbaden 2004. *(Zitiert: Gemeinnützige Organisationen)*

*dies./ Sauer, Klaudia/ Hallmann, Torsten/ Priller, Eckhard:* Gemeinnützige Organisationen im Wandel. Ergebnisse einer Organisationsbefragung. Erste Projektergebnisse. Münster; Berlin 1999. *(Zitiert: Organisationsbefragung)*

*dies.:* Public-Private-Partnerships: Staat und Dritter Sektor in Deutschland, in: Anheier u.a., Sektor 1998, 75-98.

*dies./ Priller, Eckhard:* Zukunft des Dritten Sektors in Deutschland, in: Anheier u.a., Sektor 1998, 249-283.

*dies./ Nährlich, Stefan:* Krise des Wohlfahrtsstaates und New Public Management, in: ZSR 1997, 661-684.

*dies.:* Vereine – Basiselemente der Demokratie. Eine Analyse aus der Dritte-Sektor-Perpektive. Opladen 1996. *(Zitiert: Vereine – Basiselemente)*

*dies.:* New Public Management und Nonprofit-Sektor in der Bundesrepublik, in: ZSR 1996, 285-305.
*dies.*: Stand und Perspektiven der Non-Profit-Forschung, in: Schauer/Anheier/Blümle, NPO-Colloquium 1996, 63-88.
*dies. (Hrsg.)*: Vereine heute – Zwischen Tradition und Innovation. Ein Beitrag zur Dritten-Sektor-Forschung. Basel u.a. 1992. *(Zitiert: Vereine heute)*

# Verzeichnis ausgewählter Praxisdokumente

## Land Berlin

*AbgH-Drs. 12/3556:* Mitteilung über Umgestaltung der bisherigen jährlichen Zuwendungspraxis auf eine Vertragsgestaltung.

*AbgH-Drs. 13/1053 v. 18.12.1996:* Antrag der Fraktion der CDU und der Fraktion der SPD über Änderungen der Zuwendungspraxis im Kinder-, Jugend- und Familienbereich.

*AbgH-Drs. 13/1968 v. 25.01.1997:* Mitteilung über Änderungen der Zuwendungspraxis im Kinder-, Jugend- und Familienbereich.

*Expertenkommission Staatsaufgabenkritik Berlin:* Zweiter Zwischenbericht der Expertenkommission Staatsaufgabenkritik vom 25. September 2001.

*Grimm, Klaus:* Gutachterliche Stellungnahme zur Weitergabe von Zuwendungsmitteln. Hier: Anwendung des Ligavertrages. Gutachten für die LIGA der Spitzenverbände der Freien Wohlfahrtspflege in Berlin, 08.09.1997. *(Zitiert: Gutachten)*

*Land Berlin/ Verband für soziokulturelle Arbeit LV Berlin e.V. und Verein zur Förderung von Selbsthilfe-Kontaktstellen e.V.:* Vertrag v. 18.12.1998. *(Zitiert: Vertrag mit VskA/SELKO)*

*Land Berlin/ Wohlfahrtsverbände LV Berlin:* Öffentlich-rechtlicher Rahmenvertrag zur Finanzierung und Weiterentwicklung von überbezirklichen Projekten der sozialen und gesundheitlichen Versorgung in Berlin v. 18.09.2000. *(Zitiert: LIGA-Vertrag)*

LIGA der Spitzenverbände der Freien Wohlfahrtsverbände in Berlin/ Familienplanungszentrum Berlin e.V.: Zielvereinbarung 01.01.2002 bis 31.12.2002.

*LIGA der Spitzenverbände der Freien Wohlfahrtsverbände in Berlin:* Strukturierter Sachbericht 2001; Stand Januar 2001.

*LIGA der Spitzenverbände der Freien Wohlfahrtsverbände in Berlin:* Quantifizierbare Darstellung der Leistungen im Bereich Öffentlich-rechtlicher Vertrag über die Verwaltung und Vergabe von Zuwendungsmitteln Berlins für Projekte der sozialen und gesundheitlichen Versorgung, Berichtszeitraum 1.1.2000 bis 31.12.2000 (‚Transparenzbericht').

*Purmann, Rainald (Paritätischer Wohlfahrtsverband, Landesverband Berlin):* Vortragsmanuskript zum Berliner LIGA-Vertrag, gehalten in Bremen, 04.Februar 2000. *(Zitiert: Vortragsmanuskript).*

*Rechnungshof von Berlin:* Jahresbericht 1995.

*Rechnungshof von Berlin:* Jahresbericht 2002.

*Rechnungshof von Berlin:* Jahresbericht 2004.

*Senatsverwaltung für Arbeit, Soziales und Frauen / Spitzenverbände der freien Wohlfahrtspflege in Berlin:* Geschäftsordnung für das Kooperationsgremium, beschlossen am 20. Dezember 2000.

*Senatsverwaltung für Arbeit, Soziales und Frauen:* Bericht an den Hauptausschuss des Abgeordnetenhauses von Berlin vom 30.Mai 2000, Betreff: Kapitel 1100, Titel 684 79 – Zuschüsse an soziale oder ähnliche Einrichtungen. *(Zitiert: Bericht an den Hauptausschuss vom 30. Mai 2000)*

*Senatsverwaltung für Finanzen:* Verwaltungsvorschriften zur Berliner LHO, Stand 24.10.2000.

*Senatsverwaltung für Gesundheit und Soziales/ Senatsverwaltung für Schule, Jugend und Sport:* Bericht an den Hauptausschuss des Abgeordnetenhauses von Berlin vom 30. Oktober 1998, Betreff: Kapitel 1191- Titel 684 47 und 684 48 – sowie Kapitel 1000 – Titel 685 48. *(Zitiert: Bericht an den Hauptausschuss vom 30. Oktober 1998).*

*Senatsverwaltung für Gesundheit, Soziales und Verbraucherschutz:* Bericht an den Hauptausschuss des Abgeordnetenhauses von Berlin vom 03. Dezember 2002, Betreff: Kapitel 0930, Titel

68455 – Zuschüsse zur Bildung und Förderung von Stadtteilzentren/Sicherung der Nachbarschaftsheime und Stadtteilzentren. *(Zitiert: Bericht an den Hauptausschuss vom 03. Dezember 2002)*

*Verband für sozial-kulturelle Arbeit, LV Berlin*: Nachbarschaftshäuser, Stadtteilzentren. Arbeitsmaterialien IV. 2. Auflage Berlin Juli 2000.

## Freie und Hansestadt Hamburg

*Arbeitsgemeinschaft der Freien Wohlfahrtspflege Hamburg e.V./ Freie und Hansestadt Hamburg, Behörde für Arbeit, Gesundheit und Soziales:* Leitfaden. Rahmenregelungen zum Umgang mit den neuen Verwaltungsvorschriften zu den §§ 23/ 44 LHO (Zuwendungen) in der BAGS. Vereinbarung zwischen den Verbänden der Arbeitsgemeinschaft der Freien Wohlfahrtspflege Hamburg e.V. und der Behörde für Arbeit, Gesundheit und Soziales vom 18. Februar 1998. *(Zitiert: AG der Freien Wohlfahrtspflege/ BAGS: Leitfaden).*

*Bürgerschafts-Drs. 16/5000 v. 16.11.2000:* Bericht des Parlamentarischen Untersuchungsausschusses „Vergabe von Aufträgen und Zuwendungen durch die Freie und Hansestadt Hamburg".

*Bürgerschafts-Drs. 16/5992 v. 08.05.2001*: Mitteilung des Senats an die Bürgerschaft. Bericht des Parlamentarischen Untersuchungsausschusses „Vergabe von Aufträgen und Zuwendungen durch die Freie und Hansestadt Hamburg", Drucksache 16/5000. Ersuchen der Bürgerschaft vom 29. November 2000.

*Bürgerschafts-Drs. 17/678 v. 27.08.2002*: Erster empfängerbezogener Zuwendungsbericht.

*Bürgerschafts-Drs. 17/3108 v. 22.07.2003*: Mitteilung des Senats an die Bürgerschaft. Stellungnahme des Senats zum Ersuchen der Bürgerschaft (Drs. 17/1892) – Zuwendungen-.

*Bürgerschafts-Drs. 17/3262 v. 02.09.2003*: Kleiner Zuwendungsbericht 2002 (empfängerbezogene Zuwendungen bis 10.000 €).

*Freie und Hansestadt Hamburg, Behörde für Arbeit, Gesundheit und Soziales:* Ambulante Sucht- und Drogenarbeit in Hamburg. Modernisierung als Prozess. Eine Dokumentation. Hamburg, August 1996. *(Zitiert: Modernisierung)*

*Freie und Hansestadt Hamburg, Behörde für Arbeit, Gesundheit und Soziales:* Dienstvorschrift: Grundsätze für die Bewilligung von Zuwendungen, den Abschluss von Vereinbarungen nach § 93 BSHG und andere Maßnahmen bei der Erbringung von Sozial- und Gesundheitsleistungen, DV 014.22-8 v. 24.03. 1999.

*Freie und Hansestadt Hamburg, Behörde für Arbeit, Gesundheit und Soziales:* Ausführungsvorschrift: Verfahren vor der Bewilligung von Zuwendungen, DV 01422-8-1 v. 17.07. 2000.

*Freie und Hansestadt Hamburg, Behörde für Arbeit, Gesundheit und Soziales:* Dienstvorschrift zur Vergabe von Zuwendungen der BAGS an Stellen außerhalb der Verwaltung (ZuwendungsDV), DV 180.20-5-7 v. 01.01. 2001.

*Freie und Hansestadt Hamburg, Finanzbehörde:* Änderungen der VV zu §§ 23 und 44 LHO, Schreiben an die Behörden, Senats- und Bezirksämter vom 25.04. 2001.

*Freie und Hansestadt Hamburg, Finanzbehörde:* Einführungsrundschreiben der Finanzbehörde, Amt für Haushalt und Aufgabenplanung v. 19.09.1996 zur Neufassung der Verwaltungsvorschriften zu §§ 23 und 44 LHO – Zuwendungsvorschriften -.

*Freie und Hansestadt Hamburg, Finanzbehörde:* Grundsätze für Förderrichtlinien, Anlage 7 VV zu §§ 23 u. 44 LHO, in: Haushaltsrecht der Freien und Hansestadt Hamburg, Bd. I, Stand Dezember 1999, Nr. 14.023.

*Freie und Hansestadt Hamburg, Finanzbehörde:* Haushaltsvorschriften – Zuwendungsvorschriften – Verwaltungsvorschriften zu §§ 23 und 44 LHO, Inkrafttreten 01.01. 1997.

*Freie und Hansestadt Hamburg, Finanzbehörde:* Hinweise für Erfolgskontrollen im Zuwendungsbereich, 1997. *(Zitiert: Erfolgskontrollen im Zuwendungsbereich).*

*Freie und Hansestadt Hamburg, Senatsamt für den Verwaltungsdienst, Organisationsamt:* Neue Wege im Verwaltungsmanagement. Ein Neues Steuerungsmodell – Die öffentliche Verwaltung als kostenbewußter Dienstleister für den Bürger. Hamburg, 1994. *(Zitiert: Verwaltungsmanagement).*

*Freie und Hansestadt Hamburg, Senatsamt für den Verwaltungsdienst, Organisationsamt:* Leitfaden für Erfolgskontrollen. Hinweise für die Verwaltung der Freien und Hansestadt Hamburg. Hamburg, 1992. *(Zitiert: Erfolgskontrollen).*

*Rechnungshof der Freien und Hansestadt Hamburg:* Jahresbericht 2000.

*Rechnungshof der Freien und Hansestadt Hamburg:* Jahresbericht 2001.

# Ausführliches Inhaltsverzeichnis

FSC
www.fsc.org
MIX
Papier | Fördert gute Waldnutzung
FSC® C083411

Kolibri 360 GmbH
Ferdinand-Jühlke-Straße 7
99095 Erfurt, Deutschland
produktsicherheit@kolibri360.de

Druck:
CPI Druckdienstleistungen GmbH
im Auftrag der
Kolibri 360 GmbH
Ferdinand-Jühlke-Str. 7
99095 Erfurt